道光《佛山忠义乡志》校注

佛山市人民政府地方志办公室　佛山市档案馆　校注

南方传媒

岭南古籍出版社

·广州·

图书在版编目（CIP）数据

道光《佛山忠义乡志》校注/佛山市人民政府地方志办公室，佛山市档案馆校注. —广州：岭南古籍出版社，2024.9
ISBN 978-7-80775-003-1

Ⅰ.①道… Ⅱ.①佛…②佛… Ⅲ.①乡镇—地方志—佛山—清代 Ⅳ.①K296.55

中国国家版本馆CIP数据核字（2024）第091890号

DAOGUANG《FOSHAN ZHONGYIXIANG ZHI》JIAOZHU

道光《佛山忠义乡志》校注

佛山市人民政府地方志办公室
佛山市档案馆 校注

出 版 人：肖风华

责任编辑：张贤明　周潘宇镝
封面设计：瀚文工作室
责任技编：周星奎

出版发行：岭南古籍出版社
地　　址：广州市越秀区恤孤院路12号（邮政编码：510080）
电　　话：（020）87776449（总编室）　（020）87774479（售书热线）
印　　刷：广州市豪威彩色印务有限公司
开　　本：787mm×1092mm　1/16
印　　张：27.75　　字　数：430千
版　　次：2024年9月第1版
印　　次：2024年9月第1次印刷
定　　价：238.00元

版权所有　翻印必究

如发现印装质量问题，影响阅读，请与出版社（020-87778643）联系调换。

《道光〈佛山忠义乡志〉校注》编委会

主　　任：孙少娜
副 主 任：关珏华　胡光秋
成　　员：冼艳芬　潘建成　赖庭汉
　　　　　刘　岩　麦凤庄
点校注释：王小超　刘　黛
评审专家：刘正刚　戚斗勇　刘淑萍
　　　　　韩　健

目 录

整理说明	1
佛山忠义乡志目录	1
重修佛山忠义乡志叙	3
佛山忠义乡志凡例	5
忠义乡域图	7
五斗口司属全图	8
佛山形势龙脉图	9
灵应祠图即八景内庆真楼观	10
佛山八景全图	11
佛山忠义乡志卷一	1
乡域志	1
形势	2
地脉	2
山川	3
田亩	6
铺社	7
道路	10
里巷	10
墟市	15
桥梁	15
津渡	16
水利	17

潮汐	19

佛山忠义乡志卷二 ……28
祀典 ……28
祝文 ……29
祭器 ……29
题札 ……30
明景泰御题匾额、对联 ……33
祀产 ……33
各铺庙宇 ……36
寺观 ……40

佛山忠义乡志卷三 ……44
官署 ……44
衙署 ……44
各官 ……45
国初驻防官附 ……51

佛山忠义乡志卷四 ……54
乡学志 ……54
社学 ……54
书院 ……55
义学 ……56

佛山忠义乡志卷五 ……58
乡俗志 ……58
四礼 ……58
氏族 ……60
习尚 ……65
气候 ……65
语音 ……66
物产 ……66
岁时 ……68
家庙 ……72
坟墓 ……79

坊表	82
名胜	83
园林	85
会馆附	86

佛山忠义乡志卷六 …… 89
乡事志 …… 89
编年 …… 89

佛山忠义乡志卷七 …… 101
乡防 …… 101
营哨 …… 101
铺役练馆 …… 102
更楼 …… 103
图甲 …… 103
盐法 …… 105
税馆 …… 105
杂税 …… 105
水闸 …… 106
炮台 …… 106
水柜 …… 106

佛山忠义乡志卷八 …… 108
名宦 …… 108
流寓附 …… 111

佛山忠义乡志卷九 …… 114
人物志 …… 114
名臣 …… 114
循吏 …… 119
文苑 …… 128
武功 …… 131
孝友 …… 133
义行 …… 136
貤赠 …… 138

隐逸	142
耆寿	144
方技	147
列女	148

佛山忠义乡志卷十 ... 160
选举志上 ... 160
进士 ... 160
武进士 ... 161
举人 ... 162
武举 ... 167
贡生 ... 169
监生 ... 172

选举志下 ... 178
文学 ... 178
武学 ... 184
仕宦 ... 185
职衔议叙附 ... 196
武功 ... 196
封赠 ... 197
荫袭 ... 202

佛山忠义乡志卷十一 ... 204
艺文志上 ... 204
疏折 ... 204
记 ... 214
序 ... 217

艺文志下 ... 242
赋记 ... 242
古今体诗 ... 255
著述 ... 298

佛山忠义乡志卷十二 ... 300
金石志上 ... 300

金 …………………………………………………………… 300
　　　石 …………………………………………………………… 302
　　金石志下 ……………………………………………………… 348
　　　石 …………………………………………………………… 348
　　　法帖 ………………………………………………………… 380
佛山忠义乡志卷十三 …………………………………………… 382
　　乡禁志 ………………………………………………………… 382
　　　告示 ………………………………………………………… 382
佛山忠义乡志卷十四 …………………………………………… 408
　　杂录志 ………………………………………………………… 408

整理说明

一、本书为清道光《佛山忠义乡志》的校注本，采取标点、校勘、注释的方式整理。

二、本书以清道光年间纂修的《佛山忠义乡志》为底本，以清乾隆及民国《佛山忠义乡志》为参校本，兼参考清乾隆、道光《南海县志》，清雍正、道光《广东通志》，清乾隆《广州府志》等。

三、本书简体横排，除个别人名、地名及某些特殊用法保留异体字外，均改为通用规范汉字。

四、校勘记附每卷之后，主要校正脱、讹、衍、倒等，并说明校改依据；有参考价值的异文，亦出校记；明显的误字如己、已、巳和太、大之类及与原书统一体例不符者，径改不出校；底本漫漶、无法辨识而又无别本可资参校者，用□标示。

五、避讳字如"元""宏""邱"等，分别径改回原字"玄""弘""丘"等，不出校。

六、因历史原因，对少数民族的歧视用字，如"蛋"径改为"疍"，不出校。

七、注释采取页下注的方式，主要解释重要方物、人事、典故、史实，间亦疏通文义。

八、原目录有与正文不一致者，或据目录增加正文标题，如卷二据原目录增加"祝文""祭器""题札"等标题；或据正文删减标题，如卷五据正文删去"古迹"标题；等等。此类情况，据整理体例径行修改，均不出校。

佛山忠义乡志目录

序

凡例

图

卷之一　乡域志
　　　　形势　地脉　山川　田亩　铺社　道路　里巷　墟市
　　　　桥梁　津渡　水利　潮汐　内涌界至附

卷之二　祀典
　　　　祝文　祭器　题札　明御笔匾联　祀产　各铺庙宇　寺观

卷之三　官署
　　　　衙署　各官　驻防官附

卷之四　乡学志
　　　　社学　书院　义学

卷之五　乡俗志
　　　　四礼　氏族　习尚　气候　语音　物产　岁时　家庙
　　　　坟墓　古迹　坊表　名胜　园林　会馆

卷之六　乡事志
　　　　编年

卷之七　乡防
　　　　营哨　铺役练馆　更楼　图甲　盐法　税馆　杂税　水闸
　　　　炮台　水柜

1

卷之八　名宦
　　名宦
卷之九　人物志
　　名臣　循吏　文苑　武功　孝友　义行　貤赠　隐逸
　　耆寿　方技　列女
卷之十　选举志上
　　进士　武进士　举人　武举　贡生　监生
　　选举志下
　　文学　武学　仕宦　职衔议叙[1]　武功　封赠　荫袭
卷之十一　艺文志上
　　疏折　记　序　论说附
　　艺文志下
　　赋　古今杂诗　著述
卷之十二　金石志上
　　金　石
　　金石志下
　　石　法帖
卷之十三　乡禁志
　　告示
卷之十四　杂录志

【校记】

[1] 职衔议叙：此处原有空格，据正文删去。

重修佛山忠义乡志叙

　　道光丙戌春，余在黔南得请归省，同人以《佛山乡志》体例未协，采辑未广，且前《志》迄今已七十余年，属余续辑。余以简书期促，父命就道，而未有以应也。且谓之曰："为一事而不能度越前人者，勿为可也。"续辑之难，莫难于采访，尤莫难于手笔。因挟陈云麓吉士所纂原《志》，以行涂次，将应删、应改、应增者复之。越岁戊子夏，在闽藩任，奉先通奉①讳遹归，经营两先茔几及两载。庚寅春，同人复以续辑请，窃念余受禄于朝，尚不至藉笔砚以糊其口，复谓之曰："《志》可续矣。纸笔、脩脯、膏伙、剞劂之助，君等均之，余不敢受。但以稿本来，三阅月，余将有以复诸君也。"夏五月，稿本至。以其未备，复持去。秋七月，洗雪门孝廉来，出稿本曰："此嚆矢[2]②耳，其门类排署，艺文金石，搜罗增改，将有待也。"余北行有日，且乡中事迹采访已定，仅就家中所有之书，于《艺文》《金石》各增益之，汰其繁冗，厘定其门类，各加论正。原《志》凡十门，今衍为十四门；《乡域》《乡事》《选举》《乡俗》《乡学》《乡防》《名宦》《人物》《艺文》九门，悉仍其旧；析《官典》为《祀典》《官署》两门，以归典则；增《乡禁》一门，全载告示，以别艺文；再增《金石》《杂录》两门，以广闻见。以八月之杪告成。越月余服阕③，俶装首涂④，其书写格式、字句校雠，均不暇及也。自《周礼》有乡师、乡老、乡大夫，次有党正、族师、闾

---

① 先通奉：指吴荣光父吴济运，因其受赠通奉大夫。
② 嚆矢：响箭。因发射时声先于箭而到，故常用以比喻事物的开端。
③ 服阕：守丧期满除服。阕，终了。
④ 俶装：整理行装。首涂：涂通"途"。动身上路。

胥、鄙师、酂长、里宰、邻长之设。汉文帝置三老、孝悌、力田，无常员[3]。三老掌教化，凡有孝子顺孙、贞女义妇、让财救患及学士为民式者，皆匾表其门，以兴善行。由晋洎唐，乡官皆以乡之有德行者为之。至德以后，始掌以官司。然秦制十里一亭，十亭一乡，汉因秦制，县方百里，则乡之大与县等。今佛山忠义乡广七里、袤十里耳，而其间孝子顺孙、贞女义妇、让财救患及学士为民式者，沐浴圣朝重熙累洽之化，日新月盛，又七十余年。甲榜乙科，倍于前数，则乡不可以不志，《志》不可以不续。但恐搜访尚多遗漏，而余之手笔于陈先辈无能为役耳。既脱稿，书以复诸君。

道光十年岁在庚寅冬十月，里人吴荣光撰并书于三十六江舟次。

【校记】

[1] 嚆矢：原作"蒿矢"，据文意改。

[2] 无常员：疑误，《汉书·文帝纪》："以户口率置三老、孝悌、力田，常员。"

佛山忠义乡志凡例

一、陈《志》云："《邑志》首载分野，此独缺者，缘地在邑中，乡野自与邑同，《邑志》既详，毋庸赘述。"今仍之。

一、陈《志》云："《邑志》载文武科甲至岁贡而止，其各途出身、军功出身、例贡国学、郡县文武学不与焉。今则尽登之，非好繁也。盖以齿于衣冠，异于凡民，或仕禄之初阶，或科名之发轫，是宜并存，以励进取。"今仍之。

一、陈《志》云："《邑志》所载耆寿，俱有行谊，可传否，则百龄以上。兹则宽收，九十以上悉录，以乡党尚齿也。"今仍之。

一、陈《志》云："《艺文》以有关于乡之风土者乃载，余虽巨藻鸿裁，概不旁采。"今仍之。

一、陈《志》于《选举》门凡前明宗室僭号除授科目者，概不敢登。今仍之。

一、陈《志》于《名宦》门现任者不立传，《人物》门虽功名显赫、苦节可贞及岩穴高蹈之士，其人尚在，亦不立传，以杜谀诬而矢慎公。今仍之。

一、陈《志》，《职官》《祀典》合纪，名为《官典》，未知所出。查《汉官仪》《唐六典》等书，俱载一代制作，未闻有设官、祀典合而为一者。且原《志》，《祀典》内附入不见经史之神庙，何以为典？佛山同知乃分防之员，与厅县有城池学校者迥别。今析《祀典》为一门，以官存署；《官署》为一门，与府县《志》所载职官者微有区分。至佛山应改设直隶同知，管见谨叙入《乡域》《乡防》二门小引内。

一、陈《志》内前明上谕、特敕等字，俱系两抬头写，使人阅之竟不知为何代之书。且《灵应祠祝文》载于卷首，竟似《庙志》而非《乡志》。又只载前明祝文，国朝谕祭系康熙间事，在陈《志》前，而祝文不载，未知何意。今悉分别增改。

一、陈《志》水道支派、山脉远近，不无舛错，今以同人得自亲历者正之。至陈《志》所云"汾水与晋汾并"，及"黄伞铺为积善余庆""彩阳堂为彩凤朝阳"，徒事夸大，未当体要，今悉汰之。至前《志》有关乡中事迹，不敢妄删，亦不敢妄改，以俟后人采择。

一、陈《志》告示入《艺文》，似属滥收，然告示有关于乡中利弊，碍难删汰，今专立《乡禁》一门，悉载告示。

一、近人文字经刻石者，悉入《金石》一门，而以灵应祠铁镜及唐贞观石榜冠之，末附法帖一类。

一、《艺文》《人物》先存陈《志》，后列续增。或有陈《志》所遗而年代在前者，仍依次列入。至原载《佛山》二赋则错漏不可读，今宁删去。

一、志内全依陈《志》者，则注明"陈《志》"二字。有节增者，则注出"节增"。有采取各书者及得自采访者，皆一一注明，不敢掠美。至续增搜罗去取，皆冼零门孝廉手辑，总纂者不过分别门类、商定体例、附陈管见而已。

一、李《志》日久无存，故编纂多依陈《志》之旧。

忠义乡域图

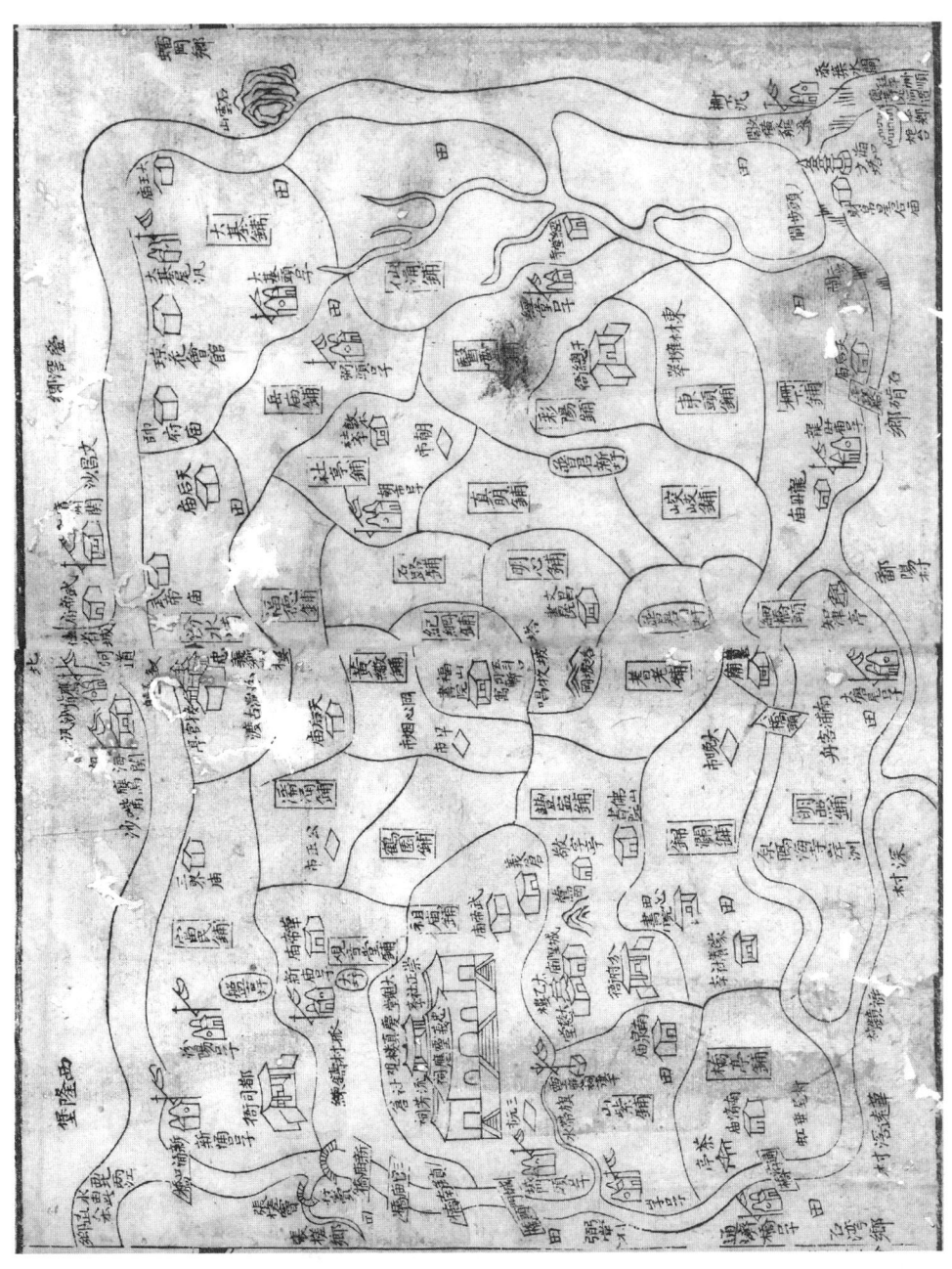

五斗口司属全图

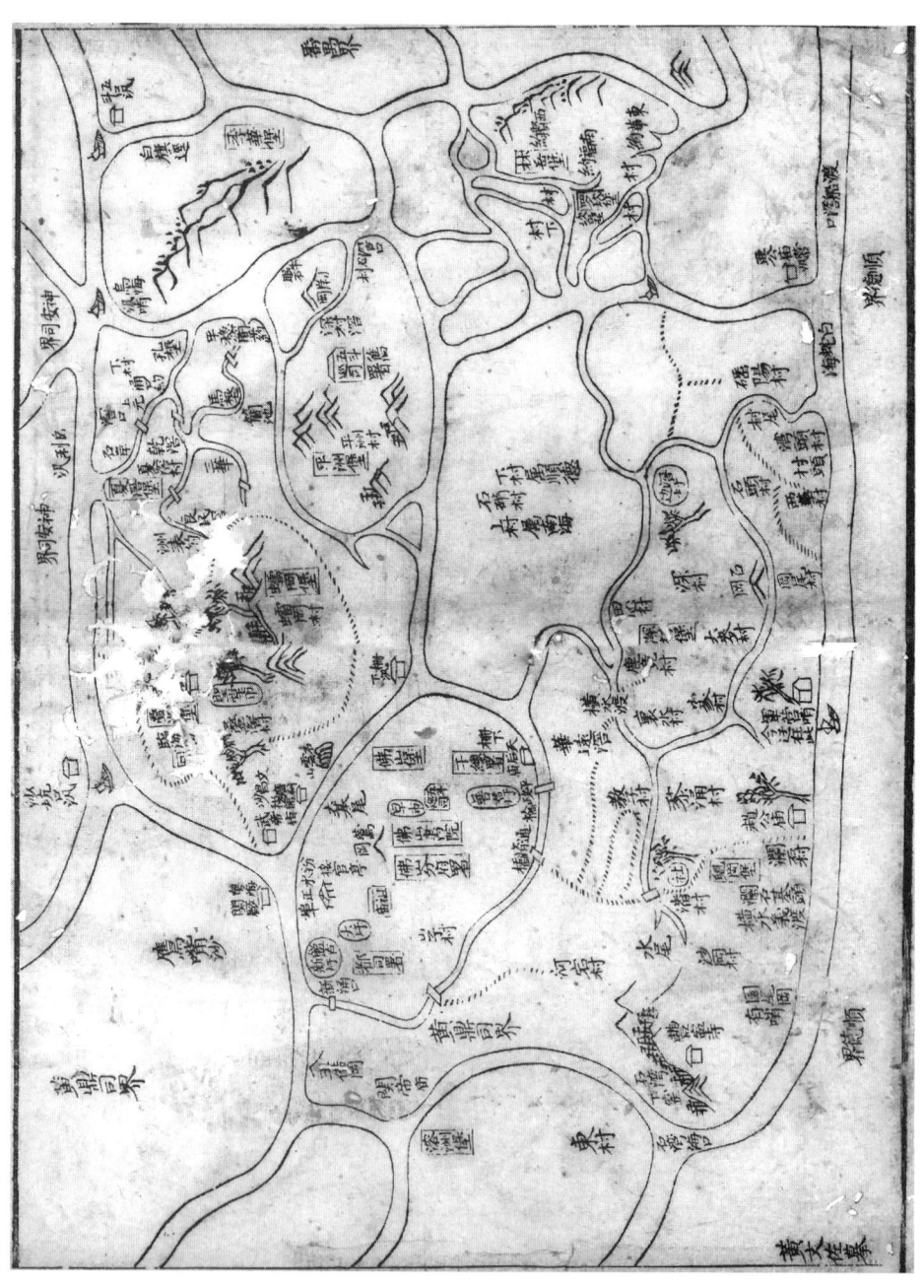

佛山形势龙脉图

灵应祠图即八景内庆真楼观

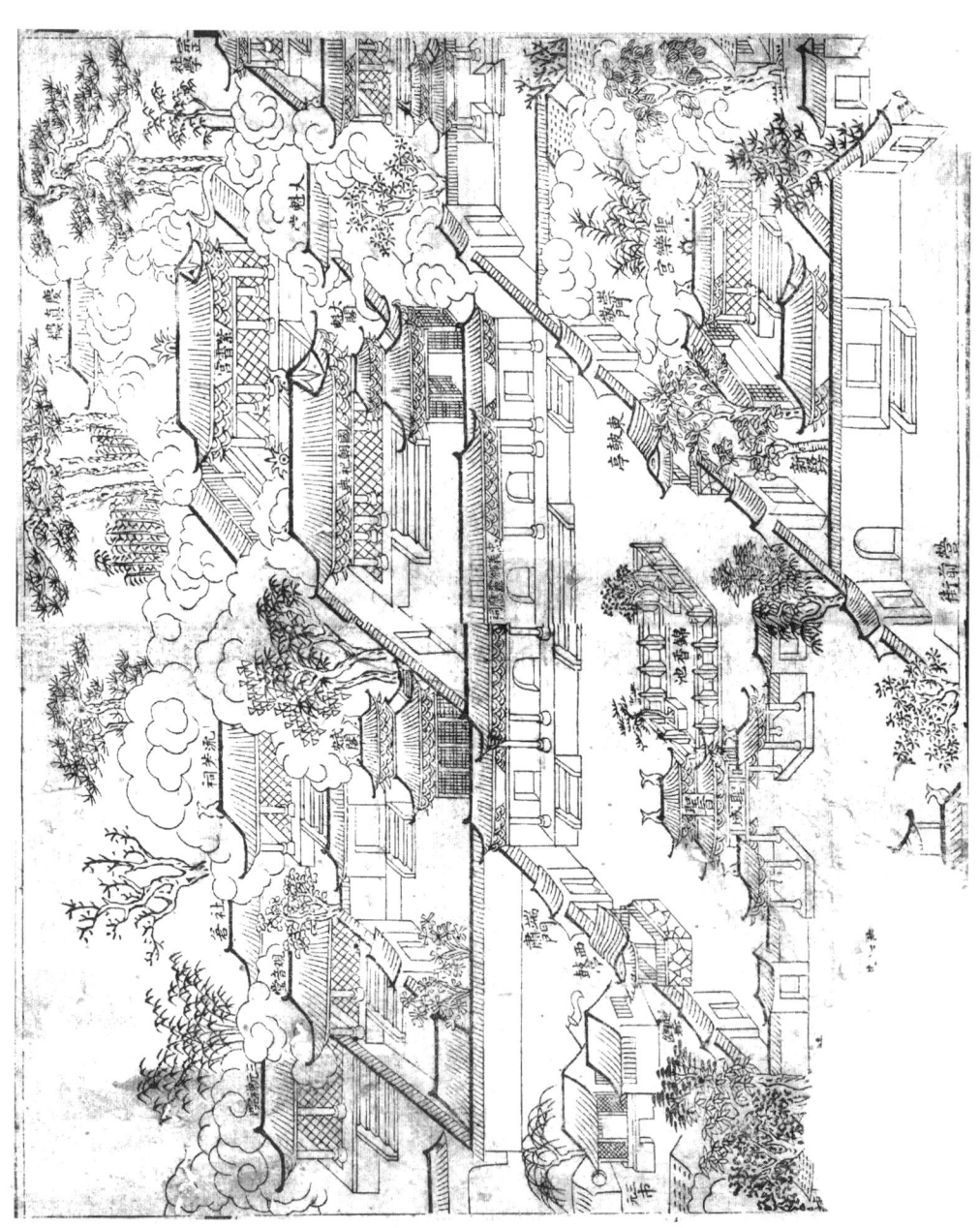

佛山八景全图

佛山八景全图

佛山八景全图

佛山八景全图

佛山忠义乡志卷一

乡域志 形势　地脉　山川　田亩　铺社
　　　　　道路　里巷　墟市　桥梁　津渡
　　　　　水利　潮汐

　　古者十州为乡，使之相宾，乡师稽其乡器。《说文》曰："乡，国离邑，民所封乡也。"范柏年对宋文帝曰："臣汉中惟有文里武乡。"徐岱所居为复礼乡；王烈以义行称，居为君子乡。是择乡而居，所贵乎风淳俗美也。顾地灵者人杰，俗阜者物繁。

　　佛山自前明乡人梁广等捍海贼黄萧养之乱，名"忠义乡"，原二十四铺今增为二十七铺，周三十四里。外与邻乡犬牙相错者，陆则张槎之低路、夹山，弼塘之圣堂乡、高秧地，水则上而沙口，下而五斗口汛，均为稽防要地。重以处省会之上游，水陆交通，百货总至，五方杂处，九市殷填，日积月盛，于今至为富庶。夫民富则保聚宜亟，民庶则讼狱必繁。五年前，奸民刘亚添、张有等聚众至千余人，勒赈不遂，拆毁有司官署及抢劫居民房室，皆以无城池守御之故。事定，父老为余言，其时文武带兵缓至一日，则佛山为墟矣。况游手求食之民，来往日以千数，诱拐赌博之案层出不穷。统治于南海，实有鞭长不及之势，倘能仿连山升厅、佛冈增设之成法，析南海、番禺、顺德、三水四县分界之地，改分驻同知为直隶厅，俾之建城池、备仓库、添兵卫、立学校、设监狱，庶几常有防守，急有军储，绝盗贼觊觎之奸，重省会咽喉之寄，是所望于当轴者。志《乡域》。

形势

佛山镇在县西南四十里，当八府孔道，为县大镇，今有海防捕务同知驻此。《大清一统志》。

佛山镇为南韶孔道，南通梧、桂，东达会城，商贾辐辏，帆樯云集，亦南海剧地也。节《广州府志》。

佛山向名"季华乡"，不知始自何时。至唐贞观二年，居人见塔坡冈夜辄有光，因掘地得铜佛三，奉于经堂，即塔坡寺，遂以"佛山"名乡。节《塔坡寺志》。

佛山倚山襟河，王借耸乎上势，蟠冈峙于下流，如日月之相望焉。西、北二江浩瀚奔注，三山、西淋交牙关锁，青乌家①所谓捍门也。至石湾各冈之辅翊，如几如屏，如帐如幕，如拱如揖，如俯如伏，蜿焉袤焉，加以古洛涌之旋绕，旗带水之潆洄，莺冈则石骨崚嶒，塔坡则佛光璀璨，外河内涌，两水合流，文笔特峙，砥柱中洲。雄哉镇也，炎方之尤。

五斗口司巡检辖西淋都，离县治二十里。东至番禺茭塘司界一十五里，西至江浦司界四十里，南至顺德都宁司界二十里，北至神安司界十里。佛山堡乃五斗口司十堡之一。

佛山堡属五斗口司西淋都季华乡，其地袤十里，广七里，东抵蟠冈堡，西抵张槎堡，南抵魁冈堡，北抵叠滘堡，至省五十里，至京师八千一百三十五里。

地脉

佛山，岭南一巨镇也。其来龙之远者不及详，惟自仙人岭、将军冈

---

① 青乌家：堪舆家。

分支擘脉，其一由帽冈过沙口渡海，穿王借山脚，入大富乡，至张槎，起圭冈、驷马、狮冈，直走石湾一路。其结佛山者，则自将军冈出脉，至桶头寨边，群山崒立，如丘延翰①所云"五虎讲"者，遂从郎溪渡海，入郎边乡，至张槎接龙里，起后底冈、茶冈，至郁龙冈，顿伏脱卸，以入佛山，是郁龙冈为佛山之少祖山也。郁龙分一枝为赤珠冈、蟠龙冈，皆与入石湾之圭冈、驷马、狮冈簇于一隅，两龙固聚讲焉。聚讲既成，即分去，遂由夹山开帐，串田以入，而石湾各冈俨为之辅，杨筠松②所谓"雌若为龙雄作应，雄若为龙雌听命"也。入佛山，则以祖庙为正结，坐子向午，栅下文塔为水口，值巽辰之位，刘太保云："群流来汇东南乾亥之龙，毓秀若合符节。"盖龙脉之美如此，用能结为巨镇，不特商贾辐辏，货物甲于东南，且人物之盛，名贤巨公相继而起，又岂徒科甲文章跨于各乡已哉？陈《志》"王借为乡之远脉，赤珠为乡之近脉"，未确。

山川

郁龙冈。又名"陈冈"，在乡之西七里，属张槎堡。高一十余丈，降势出脉，为乡之少祖山。旁出赤珠冈、蟠龙冈以为护砂，与圭冈、又名绿松冈。驷马、又名赤霞。狮冈又名白泥。各山簇立，如聚讲然。旧《志》指赤珠为近脉，引形家谓"五星聚美"者，宜移在此冈。

赤珠冈。旧《志》以为乡之近脉，未确。盖此冈由郁龙分枝过蟠龙，同为乡护砂护脉之山，不甚高峻。离乡七里，与蟠龙冈皆在张槎堡。

三星冈。离乡一里许，平衍为乡夹脉。以郁龙卸落至夹山开帐，三星冈则夹脉而入，遂由扇骨园、新庙一路而结镇矣。以上《采访册》。

---

① 丘延翰：字翼之，唐代闻喜（今山西省闻喜县）人。风水学家。
② 杨筠松：名益，字筠松，唐代窦州（今广东省信宜市）人。官至金紫光禄大夫，掌灵台地理事。风水学家。

王借冈。在乡西北二十里，当浈、郁二水之冲。孤峙河干，产石青色如剑戟，开采则盗贼频兴，明御史屠应坤奏封之。麓西北有大士、关帝庙。陈《志》误为"乡之远脉"，不知王借与蟠冈相望，实为夹大龙过脉之山也。余见《地脉》说。

蟠冈。在乡之东蟠冈堡，渡河里许可至。状圆如月，端严丰满，与王借之如日者相望。陈《志》谓"西北诸山迤逦而来，至此驻脉，为乡之镇山"是也。

三山。在乡西南十里，属平洲堡。三峰杰出，奇秀临江，详载省府县志。在佛山望之，则形如顿鼓，与西淋同峙水口焉。

西淋冈。在乡西南十里，孤峙海畔，跨南海、顺德两县界。中有十余峰，延袤数里，望之如顿旗，与三山同为乡之捍门云。

塔坡冈。在乡之耆老铺。相传唐贞观间得三佛像于此，因名"佛山"。今已平为市地，稍高处祀东岳大帝，其下为普君墟。

三穴冈。在乡之黄伞铺。高仅培塿①，不知何代何人之穴，今已平为列肆，肆后坟迹犹存。

石云山。在大基铺对岸河边。峭石林立，奇兀可喜。乡中诸丘阜高不盈二丈，率纯土无石。此山亦甚小，顾独以石显，岂一水之隔，气即不同欤？河下亦有石，与山相属，形家谓"石龙渡河"。

莺冈。在丰宁铺。高可五丈许，弥望②田间诸小丘仅高数尺，则此冈固翘然尊矣。三面俱为房屋遮蔽，止露其巅，惟右为青云路，有小丘三四，与冈若断若连，差有旷致。曰"莺冈"者，以丘首昂若莺鸣也。一名凤冈。有举人吕淑铭平其大半为园，冈非本来面目矣。自"塔坡冈"以下俱节录陈《志》。

汾水。在乡之北。"汾"原作"分"，以西、北两江由王借冈而分二道也。东从石湾、澜石入海，西从黄鼎、街边下佛山，顾不以名黄

---

① 培塿：小土丘。
② 弥望：一望无际。

鼎、街边之水，而以名此水，盖上流沙积日浅，至张槎而渐深，至佛山而益深且广，故以"分"属之此间也。又曰"汾水头"者，亦以深、广甲于前后，宜称首也。"分"添水为"汾"，则以人情喜合恶分也。对岸有关帝庙，其下绝深不可测，殆水气之停潴①欤。节陈《志》。

北江水道。按旧《志》：北江本浈、武二水合流。《通志》止云其水来自桂阳之武水。考韶郡《志》：浈水源出大庾岭，经乌迳入保昌，南流至韶城，与武水合。汉征南粤，楼船将军入浈水，即此。又载：三泷水，一名"武水"，源出湖广莽山，经临武，入乐昌县西，为三泷。东流经县治南，又八十里经韶城西南，与浈水合。《连州志》：湟水出中宿，南注阳山，合溱水，出洭口，合浈水，东南入海。是北江本浈、武、湟三水合流而下，《通志》止载来自武水，盖未详考也。旧《志》又载：郁水源于滇、邕，遵封川，南合桂水、浈水、湟水，入灵洲，出石门，经会城南，东注扶胥入海。考北江抵省故道，初由胥江芦包趋石门，尚未与郁水合。迨芦包淤塞，下由西南潭趋石门，始会郁水合流。后西南潭口再淤，今由小塘、紫洞入王借冈、沙口，趋佛山、神安，南注三山入海，而江流之经省会者无几矣。年来王借冈、沙口渐淤涸，下至三家店，倒流皆然。每候潮长，舟楫始便通行。前《志》谓欲疏西南之沙以明蓄泄之理，今上溯西南故道，及现经王借冈数处沙浅，皆宜亟为疏通，使江水常注不涸，匪独舟楫便利，而省会形胜，襟带益固矣。《县志》。

西江水道。按旧《志》，西江源自牂牁，经邕、横、浔、藤，合绣水、漓水，抵苍梧，历德庆、端州，东下与浈水合，入于海。《通志》载西江水来自郁水，源出牂牁、夜郎，东流至郁林，与温水合，又东经苍梧合漓水，封川合临贺水，高要合四会浦水，入南海之西，经九江入于海。则于旧《志》"东下与浈水合，入于海"者，判然不侔②矣。盖

---

① 停潴：停留蓄积。
② 侔：相等，等同。

西江至高要，合四会浦水，即分二派。其一由大江西经九江入海。其一由思贤滘东流，入三水，会北江浈、武、湟诸水，合流至西南潭，下灵洲，出石门，旧《志》所云"灵洲山，其下郁水经焉"是也。今西南潭水口淤塞，径东流至紫洞，别趋鼎安、龙津、吉利，分东、南入海。又由紫洞南趋王借冈，东从石湾、澜石入海，西从黄鼎、街边下佛山汾水，一经蟠冈，南趋五斗口入海，一经三家店，倒流神安，南注三山、北汇珠江入海。此西江之源流分合可知者也。《县志》。

新涌。在黄鼎张槎堡。引流委折而入，直达胜门桥、通济桥，东南抵海，旁注简村、弼唐诸乡。按《方言》：恿，满也。郭注：音踊，言恿出也，或作"涌"。顾炎武《天下郡国利病书》引晋孙处袭卢循至东衝，一作"东冲"，俗以"冲"为"涌"，东冲今在番禺江中云，此即"涌"字相沿之始也。

大塘涌。在彩阳堂铺。水从栅下海口折入，经龙母庙、大小桥头，通澳口，至村尾，与新涌合。

婆滘涌。在栅下铺。按《省志》及《郡国利病书》俱有"滘"字。《月令》"穿窦窌"，"滘"当即"窌"字，俗以其为水窦，加水旁耳。

大口涌。在栅下铺。

沙涌。在栅下铺。

二步涌。在社亭铺。

洛涌。在祖庙铺。

山涌。在山紫铺。诸涌惟洛涌上最浅，缘地脉所从入，浚深则伤也。

东溪。在锦澜铺。梁永叔筑，琼山丘文庄为作《东溪记》。

潘涌、仙涌。皆当日引流之处，今俱淤为平壤。

田亩

佛山商旅所聚，庐肆多于农田。然乡中隙地，涌水环绕，时资灌溉，春畦碧浪，秋陇黄云，亦居然①太平村落也。

观音堂铺田四顷。

仙涌铺高荒洲边田三顷。

仙涌铺石角一坊田四顷四十亩零。

锦澜铺书院前稻田二十三亩，菜田二十七亩，蜘蛛山、铸犁、澳口、鳓鱼嘴、财源社各处田约一顷三十一亩，共田一顷八十一亩零。

栅下铺平政桥外田二十四顷四十二亩。

岳庙铺登云桥外田七顷三十亩零。

明照铺大桥头至鸭沙田二顷五十亩零。

祖庙铺古洛社前田一顷一十亩零。

山紫铺田一顷三十九亩零。

桥亭铺田二顷九十二亩零。

铺社

乡之分为二十四铺，明景泰初御黄贼时所画也。"舖"本作"铺"，列肆之名，讹作"舖"。而卒伍戍宿处亦曰"舖"，邮卒曰"舖兵"，又计程以十里为舖，盖取"次舍②"之义。当日御贼，分为二十四处，以战以守，故兼取营戍、里舍之意，而目之曰"舖"。首尾联络，互相应援，诚工于谋矣。嗣于沿海处增大基一铺，为二十五铺。今增富文、鹤园二铺，为二十七铺。节增陈《志》。

汾水铺、潘涌铺、福德铺、岳庙铺、山紫铺、或讹作"子"。丰宁铺、观音堂铺、真明堂铺、祖庙铺、医灵庙铺、黄伞铺、明心铺、纪纲铺、彩阳堂铺、社亭铺、明照铺、嵝岐铺、锦澜铺、石路头铺、桥亭铺、仙涌铺、东头铺、耆老铺、栅下铺、邑人梁广等立栅御贼故址。大基铺、富文

---

① 居然：明白、清楚。
② 次舍：止息之所。

铺、鹤园铺。

《邑志》载佛山堡村十五，按之殊未确。盖实合为大村，中分二十七铺耳。其新附之白鹭洲、大基畸畛。华远滘[1]桥亭畸畛。不与焉。陈《志》。

东边社、北约社、宝山社。

右在山紫铺。

坐地社、沐恩社、新安社。

右在丰宁铺。

朝南社、朝北社。

右在耆老铺。

明心社、明安社、宜兴社。

右在明心铺。

登阁社。

右在彩阳堂铺。

义榕社、青龙社、会源社。

右在栅下铺。

清洲社。

右在明照铺。

仙涌社。

右在仙涌铺。

君臣社、会真社、报恩社。

右在锦澜铺。

洪灵社、青云社、白云社、真明社、平乐社。

右在真明铺。

太平社、接龙社、大富社、石亭社。

右在社亭铺。

禄丰社、弼头社、六村社。

右在岳庙铺。

到向社、兴民社、振安社、琼芝社。

右在大基铺。

朝阳社、灵应社、富文社、西胜社、北胜社。

右在富文铺。

鹤园社。

右在鹤园铺。

福安社、乐霖社、福德社。

右在福德铺。

兴隆社、仁兴社。

右在石路头铺。

癸向社、巷心社、中正社、乐平社、细巷社。

右在嵊岐铺。

镇安社、繁露社。

右在纪纲铺。

宝贤社、通云社、保安社。

右在桥亭铺。

古洛社、麒麟社。

右在祖庙铺。

富里社。

右[2]在黄伞铺。

东头社、忠义第四社、万寿社。

右在东头铺。

滘边社。

右在观音堂铺。

聚龙社、安宁社、东胜社、显应社。

右在汾水铺。

道路

东由粥头朝市路过河,至蟛冈、夏滘、平洲、季华、林岳[3]等堡,通省城。

东南由沙涌过河,至西华、石硝、奇槎等村,直通顺德县。

南由通济桥,直至潘村、魁冈、蓉洲[4],横至绿境、深村、石路[5],通顺德、新会等县。

西由大基、新庙、胜门头三路,至张槎、大江等堡,抵王借冈,通庄步、紫洞等村。

西北由疍家沙过河,至垦头、街边等村,直通西南、三水县。

北由汾水过河,至叠滘、扶南、盐步、贝底水[6],直达省城。

里巷

大基铺街道:

大基头、源汇街[7]、接源坊、康庆里、拱宸里、会龙坊、社巷、华康街、烧灰垆、东胜街、康胜街、东胜大街、华庆街、迎云大街、东胜下街、煤炭地、振安坊、蟛冈渡头、迎云里、杨家庄、兴民社、田胜坊、东胜坊、忠心巷、福泰里、聚贤坊。

丰宁铺街道:

莺冈大街、牲街、通胜街、丰胜街、兰桂坊、牲源坊、通明街、新安上街、书院前、通宁里、青龙古庙、庙道、福宁里、丰宁里、沐恩里、走马路、新安正街、新安大街、西街、全安里、杉街、西厅旁、衙旁街、道接新安。

祖庙铺街道:

祖庙大街、大塘头、花衫街、文明里、福神巷、青龙巷、臣总里、鹤洞坊、仁寿里、天衢坊、高第坊、西边头、古洛社大街、超幽坛、三元市大街、捷元坊、楼观古道、大山园、木塘坊、恩光里、凿石街、胜门头、万福后街、九巷、沙堆巷、新路坊、隔塘大街、麒麟里、居义里、道接文明、营前大街、霍紫坊[8]、协天胜里、协胜坊、到运路、宝塔坊、炮象车、文会里、大巷、上贤里。

山紫铺街道：

拱北里、九间、长塘边坊、西平里、南馨里、东胜里、忠宁里、汇源里、山紫村、社地、西宁里、模泥冈、南安里、中正里、东升里、梓里、南基坊、德星里、南泉庙道。

耆老铺街道：

金华里、金鱼塘大街、登龙里、银带巷、三多堂、朝北社街、鸡蛋地、普君旧圩、打叶巷、绿阴深处。

明心铺街道：

明心直街、梓桂里、文昌大街、风箱巷、太上庙直街、京果街、胜地里、辫带廊、镇头街。

彩阳堂铺街道：

彩阳大街、江边巷、大塘涌直街、九江基、大元里、三念巷、龙船埕、正仁里[9]、青石桥、登阁社、龙牌塘。

医灵庙铺街道：

万寿坊、牛乳基、华村巷、花楼巷、尊贤里、司马坊、牛栏头、冈梓里、麻车巷、郡邑乡贤、普君新里。

汾水铺街道：

永兴里、太平街、白米街、源头街、石柱街、东胜街、东宁街、畸岭街、长兴街、雅巷正街、西便巷[10]、朝观里、善门街、永聚街、永安街、镇北街、汾宁里、龙袍街、官厅脚、安福街、汾流街、亚婆巷、雅巷直街、西街、南擎街、龙聚街、排草街、板枋街[11]、接龙街、聚龙社街、华丰街、会龙社街、东庆街、安宁大街、安宁直街、天庆街、咸鱼街、聚龙巷、聚龙社坊、天成街、福宁街、永宁里、万宁坊、打锡街、花楼塘、安宁社街、安宁里。

社亭铺街道：

舒步街、社巷、中和里、臣巷、朝市、饼料街、省元巷、接龙街、朝市街、水圳街、新美坊、竹栏街、丛梓坊、社前直街、犁巷。

潘涌铺街道：

潘涌里、潘涌横街、公正市、永茂巷、公正大街、高低巷、福兴街、水松巷、维新街[12]、大新街、致祥里、维新街、快子直街、大兴街、快子新街、源汇里[13]、快子正街、大塘正街、快子上街、松桂里、快子大街、花红街、福源直街、三角市、福源正街、仁厚里、青云正街、叶巷、青云大街、九间、源原正街、太平街、新填地、仰先街、大塘大街。

富文铺街道：陈《志》无此铺，后将汾水铺分设。

富文里、北胜后街、升龙排后窦街、八间楼、朝阳大街、聚文里、长庆坊、安怀大街、观澜大街、南阳里、雾龙街、承龙街、遇龙街、承龙新街、乌烟巷、腾龙街、新宁街、贵县街、直义街、盘古坊、新兴街、北胜街、豆豉巷、豆豉巷大街、旧槟榔街、升平街、梁巷、凿石街、兴宁街、安怀里、汾阳大街、淘沙氹、盘古新街、盘古直街、观澜直街、包头地、车盘街、木瓯塘、会龙街、西竺街、新华街、盐仓街、迎龙里、盘恩里。

鹤园铺街道：陈《志》无此铺，后将潘涌铺分设。

鹤园前街、鹤园大街、鹤园上街、鹤园正街、公兴街、荫善坊、鸥鹏巷、燕乔里、皋里、马廊、锦豪里、清正堂、行仁里、教善坊。

栅下铺街道：

栅水通津、蟠龙大街、上巷直街、永宁里、天官坊、蚬栏、细桥头、波罗园、会源坊、青龙坊、藕栏、冼巷、文塔海口、区巷、荷包塘、青气巷、大井头、崇庆里、茶基、陇西里、三角地、司直坊、沙涌坊、北边巷、平安桥、遇安里、庙巷直街、果栏街、朝阳里、嘉贤里、乐善里、义榕坊、忠义里、集庆坊、广德里、模纲坊、聚福里。

桥亭铺街道：

茶亭大街、黄涌口大街、晒布地、通宁街、柴栏、南济庙后街、纸盒街、白果园、水松基、聚源里、石狮直街、九巷、富荣里、水便。

真明铺街道：

兴龙里、社前街、水圳大街、剃鸡巷、朝市大街、白云堂街、线香街、卖箩巷、白云坊、面粉巷、长线塘、青云大街、南头园、乐仁里、石牛、平乐里、青安里[14]、太平门、白礤头、园尾坊、石园坊、塘边坊。

福德铺街道：

福寿里、金线街、金水街、楼安里、深衙巷、福新街、十七间[15]、鹤洞[16]、金线上街、福贤里、水巷上街、水巷正街、福兴街、大地街、太和里、丝源坊、福闸重兴、衙前大街、舍人新街、衙前上街、槐花巷、舍人右街、竹坡古道、舍人后街、狮子坊、舍人大街、皮箱街、高低巷、深庆里、高地里、安定里、绒线街、太原坊、太原街、牛栏口、石巷、福禄大街、福禄新街。

岳庙铺街道：

禄丰里、禄丰大街、禄丰横街、禄丰直街、禄丰新街、永丰大街、永丰新街、永丰直街、粥头正街、粥头左街、粥头右街、东胜坊、土地巷、六村社街、纲边坊[17]、道姑园、蛟腾里、会庆里、东边巷、冲天坊、万庆里、由义里、麟角里、妈庙巷、三门楼、锦贤里、借基巷、日月巷、遗安里、四方塘、蛟腾里横街。

纪纲铺街道：

纪纲街、纪纲右街、刚正里、洁净巷、咸鱼地、更楼后街、居仁里、水楼塘。

石路头铺街道：

石路头大街、石路东约、兴隆街、兴桂街、兴仁里、和睦里、简园大街、简园坊。

黄伞铺街道：

黄伞大街、潘巷、仁兴里、长生树、找办巷、白米街、黄巷、东华里、九巷、江夏里、族源里、黄鹤基、早市大街、兴麟里、南边巷、长石街。

仙涌铺街道：

仙涌上街、仙涌下街、文昌里、庙左中街、郡马祠街、大塘前街、萃锦里、南胜坊、横塘基、市心、永安里、海南塘、石角、上池里、经堂基、塘边、铁门练。

东头铺街道：

走马灯、牛路坊、聚源街。

嵊岐铺街道：

嵊岐里、乐平里、铁矢街、古石龙街、癸向社前、庆源坊、兰台里、巷心社街、康宁里、细巷、细巷仔闸、凤鸣里、西街、集贤里、高巷、象春巷、岐安里、福庆里、深巷、道院巷。

明照铺街道：

知津亭、生猪步、元坛庙街、清洲社街、大桥头街、龙见里、白鹤觳、大塘尾、深衍基、涌边坊、泰宁坊、亚婆滘、三元里、山园坊、石街头、厚俗里。

锦澜铺街道：

锦澜里、沙滘上街、鹤鸣里、纲华里、市巷、大瓮巷、敦元里、晚市上街、晚市新街、黄磡、沙滘大街、忠义里、道济坊、花楼巷、金瓯里、铸砧街[18]、金龙街、长塘大街、铸犁大街、路出名区。

观音堂铺街道：

观音巷、田心里、高闸门、天祐里、大树堂坊、滘边古道、善庆里、西荣里、五行里、近思里、表冈里、美里、苏巷、淳里、大墟、涌边坊、富路大街、富路坊、天香里、万元里、地官里、西贤里、沙塘坊、永宁里、福山古洞、古洞正街、二洞、三洞、大湾、天华里、德星里、三官大街、镇南大街、拱北里、仁安里、富贤里、车公正街、秋官坊、余庆里、聚庆坊。

墟市

盘古墟。在富文铺。

普君墟。原名"塔坡墟",在耆老铺[19],逢一、六日期。

表冈墟。又名"大墟",在观音堂铺,逢二、七日期。

新墟。在明心铺。

官厅脚。在汾水铺。

三角市。在潘涌铺。

公正市。在潘涌铺。

早市。原名"冈心墟",在黄伞铺。

晚市。在锦澜铺。

朱紫市。又名"朝市",在社亭铺。

三元市。在祖庙铺。

大基头市。在大基铺。

细桥头市。在栅下铺。

桥梁

胜门头桥。在祖庙铺。昔御黄贼时,曾筑木栅于此。

遇龙桥、迎龙桥、北胜桥、五斗升平桥。俱在富文铺。

平政桥。在栅下铺沙涌坊,原有沙涌渡。

平安桥。在栅下铺蚬栏。

万安桥。在彩阳堂畸畛之大塘涌,即旧《志》大塘涌桥也。

通济桥。在桥亭铺。明天启六年丙寅建,嘉靖三十八年己未修,隆庆二年戊辰重修,万历九年辛巳重修,国朝嘉庆十二年丁卯重修。

登云桥。在岳庙铺。

跃龙桥。在仙涌铺石角。

现龙桥。在仙涌铺石角。

大桥头桥。即南浦客舟,在明照铺。

细桥头桥。在栅下铺。

跃溪桥。在大塘尾汛。

接济桥。在水便陈家祠前。

三官桥。在三官庙前。

新庙桥。在观音堂铺华光庙前。

镇南桥。在仁寿寺前。

津渡

汾水正埠官马头①。

甘竹渡头。在华丰街。

小江渡头。在华康街。

伦滘渡头。在猪栏上。

三洲渡头。在猪栏下。

龙江渡头。在东胜街。

陈村渡头。在帅府庙前。

市桥渡头。在琼馆下。

肇庆渡头。原在天庆街。

金利渡头。在直义街。

---

① 马头:即码头。

清远渡头。在凿石街。

四会渡头。在西竺街。

平洲渡头。在栅下铺通津。

直义街马头。

尹陈马头。在正埠白米街,又名"新隆马头"。

盘古马头。广利、黄塘、芦包、肇庆等处渡船泊处。

盐仓马头。在镇北街。

敦厚马头。在雾龙街。

三界庙马头。在北胜街,各乡亦有渡船泊此。

豆豉巷马头。

栅下海口官埠渡头。

省城往来渡船。泊汾水正埠,又泊石角坊。

塱头横水渡船。

叠滘横水渡船。在正埠。

蠕冈横水渡船。泊大基尾。

街边渡船。泊丁渡头。

栅下横水渡船。泊文塔脚。

汾水正埠横水渡船。

此外各府、各县、各乡日渡、夜渡。或泊汾水及大基尾,或泊栅下海口。节陈《志》。

水利

"古人卜里①,先相流泉,非徇堪舆家说也。盖平阳地脉验于水,观水而气之厚薄可知,居者之荣悴②亦可决矣。佛山忠义乡枕海通潮,导

---

① 卜里:选择居地。
② 荣悴:荣枯,盛衰。

流以入，匝绕四垂，灵气所钟，洇凝且厚。涌澳[20]之开凿，不知肇于何年，而加浚深广，则自明景泰间始。当日以木栅为城，以涌堑为池，忠义盘结，令贼不能飞渡，非宽广而深渺不为功，而吉祥遂从此兴矣。声名文物，日进而上；商贾货贝，日集而繁。居是乡者可忘所自欤？乃今则或隘而浅矣。浅固积污所致，隘则填筑使然。浅迫于势之无可如何，浚之尚易为力；隘泯其迹之有可证，拓之遂恐无凭。有心桑梓者，尚思所以维之哉。且水非徒福利之云也，以溉田畴，以通舟楫挽运①，于民生更为切要也。海口之去水，犹建塔以为镇锁。涌澳[21]之来水，顾不展浚以大灌输乎？欲大有造于乡者，不在创新，但求其故而已。"此前《志》之说也。嗣因涌日淤浅，道光元年，地方文武捐廉率绅士倡劝鸠工清浚。工将竟，尚余十一段与栅下文塔前坦之四段，以费绌暂停。而蔗围村民遂借前与镇内所买文塔前之北坦田附近涌尾，毁界占筑，横塞下游。四年，奉官牒催葳工②。在事者以前情禀案，由县断令蔗围所买之北坦田照价收归镇内勘拆挖浚。在事者聚商阖镇衿耆③，按照碑刻旧章，裒④义仓买谷羡余银二千三百余两，以为浚挑余段之用。至五年工竣，里人吴荣光有《记》。诚恐沿涌居民堆积，复就浅淤，所望留心桑梓者于乡费撙节⑤，每岁雇工挑挖，共享乐利于无穷也。《记》载《金石》门。右乡中涌水。

西、北二江原委分合，《县志》所载已备列矣。惟近日西、北上游沙口浅淤日甚，非遇潮汐，则舟不可行。而杉簰、木簰又塞其半，至汾水一带，铺店栏尾占筑者弥望皆然。新涌口太平沙之疍民搭簝水面以居，几占其半。下流入海于五斗口汛，亦颇浅狭，而大基尾、天放街为尤窄。汾水势已浩瀚，每遇西潦暴涨，两岸船只层层排泊束压，仅余急

---

① 挽运：运输。
② 葳工：竣工，完工。
③ 衿耆：儒生中的耆老。
④ 裒：取出。
⑤ 撙节：节省，节约。

溜中泓，宽不数丈。横水渡冲浪而过，过每覆没，日以十数计。计一渡载至二三十人，覆十渡则二三百人之命休矣。现在大吏委员勘拆所占河道，不过去其太甚，而积重难返，事尚因循。佛山扼省之吭，河道壅塞，平时官船过往亦须守候多时，况西潦可虞，民命尤重，我辈何忍自私自利而挤人于险也？右乡外河水。

潮汐

初一二三日。子午长，卯酉消。

初四五日。丑未长，辰戌消。

初六七日。寅申长，巳亥消。

初八九十日。卯酉长，子午消。

十一二日。辰戌长，丑未消。

十三四日。巳亥长，寅申消。

十五六七日。子午长，卯酉消。

十八九日。丑未长，辰戌消。

二十、廿一、廿二日。寅申长，巳亥消。

廿三四日。卯酉长，子午消。

廿五六七日。辰戌长，丑未消。

廿八九、三十日。巳亥长，寅申消。

天字一号。自新涌口起，至汛地，长四十丈，口阔六丈一尺，尾阔三丈六尺，石界一。新涌口竖高石杙①二。

天字二号。新涌汛至黄家塘，长三十五丈，头阔三丈六尺，尾阔四丈六尺，石界一。社湾阔四丈六尺，石杙一。

天字三号。黄家塘至义隆店，长三十五丈，头尾俱阔四丈六尺，石界一。

---

① 石杙：泊船时用于系船绳的石条。

天字四号。义隆店至大窦边，长三十丈，头尾俱阔四丈六尺，石界一。大观湾阔五丈，石杙一。

天字五号。大窦边至大窦口，长三十丈，头尾俱阔四丈六尺，石界一。窦内湾阔五丈六尺，石杙一。

天字六号。大窦口至松树基，长三十丈，头阔四丈六尺，尾阔三丈六尺，石界一。江夏湾阔五丈一尺，石杙一。

天字七号。松树基至柴栏，长三十丈，头尾俱阔三丈六尺，石界一。

天字八号。柴栏至大湾社，长三十丈，头阔三丈六尺，尾阔三丈四尺，石界一。

天字九号。大湾社至水月宫，长三十丈，头尾俱阔三丈四尺，石界一。医灵庙湾阔五丈，石杙一。

天字十号。水月宫至车水步头①，长三十丈，头阔三丈四尺，尾阔三丈六尺，石界一。

天字十一号。车水步头至甘宅，长三十丈，头尾俱阔三丈六尺，石界一。车水步头湾阔五丈，石杙一。

天字十二号。甘宅至黄宅路，长三十丈，头尾俱阔三丈六尺，石界一。

天字十三号。黄宅路至豆腐巷，长三十丈，头尾俱阔三丈六尺，石界一。

天字十四号。豆腐巷至圳口，长三十丈，头阔三丈六尺，尾阔三丈三尺，石界一。

天字十五号。圳口至新庙桥，长三十丈，头阔三丈三尺，尾阔二丈六尺，石界一。

天字十六号。新庙桥至旧何祠，长三十丈，头阔二丈六尺，尾阔三丈六尺，石界一。

---

① 步头：埠头。水边停船处或渡口。

天字十七号。旧何祠至源里，长三十丈，头阔三丈六尺，尾长[22]二丈六尺，石界一。三官庙湾阔四丈六尺，石杙一。

天字十八号。源里至灰炉，长三十丈，头尾俱阔二丈六尺，石界一。湾阔四丈六尺，石杙一。

天字十九号。灰炉至有源里，长三十丈，头阔二丈六尺，尾阔三丈，石界一。

天字二十号。有源里至冯祠口，长三十丈，头尾俱阔三丈，石界一。

天字廿一号。冯祠口至新厅脚，长三十丈，头尾俱阔三丈，石界一。镇南桥湾阔四丈五尺，石杙一。

天字廿二号。新厅脚至聚庆坊，长三十三丈，头尾俱阔三丈，石界一。

天字廿三号。聚庆坊至大塘基今西荣里，长二十五丈，头阔三丈，尾阔三丈六尺，石界一。

天字廿四号。大塘基至高堆，今无。长十三丈，头尾俱阔三丈六尺，石界一。

天字廿五号。高堆今无。至大山园，长三十丈，头尾俱阔三丈六尺，石界一。

天字廿六号。大山园至城门头，长三十六丈，头尾俱阔三丈六尺，石界一。

地字一号。城门头至连昌柴店，长三十丈，头阔三丈六尺，中阔三丈，尾阔三丈二尺，石界一。

地字二号。连昌柴店至吴家园，长三十丈，头阔三丈二尺，尾阔三丈六尺，石界一。

地字三号。吴家园至黎宅，长三十丈，头尾俱阔三丈六尺，石界一。

地字四号。黎宅至地藏古道，长三十丈，头阔三丈六尺，尾阔三丈三尺，石界一。

地字五号。地藏古道至雷公墩生和柴店，长三十丈，头阔三丈三尺，尾阔三丈六尺，石界一。

地字六号。生和柴店至岑家山前，长三十丈，头尾俱阔三丈六尺，石界一。

地字七号。岑家山前至李家墩，长三十丈，头尾俱阔三丈六尺，石界一。

地字八号。李家墩至陈家山前，长三十丈，头尾俱阔三丈六尺，石界一。

地字九号。陈家山前至简村桥脚，长三十丈，头尾俱阔三丈六尺，石界一。

地字十号。简村桥脚至石路中，长三十丈，头尾俱阔三丈六尺，石界一。

地字十一号。石路中至低基，长三十丈，头尾俱阔三丈六尺，石界一。

地字十二号。低基至花基柴店，长三十丈，头尾俱阔三丈六尺，石界一。简村涌口湾阔五丈五尺，石杙一。

地字十三号。柴店至花基中，长三十丈，头尾俱阔三丈六尺，石界一。

地字十四号。花基中至花基桥外，长三十丈，头尾俱阔三丈六尺，石界一。

地字十五号。花基桥外至鸿发炉，长三十丈，头阔三丈六尺，尾阔三丈二尺，石界一。花基桥外湾阔五丈五尺，石杙一。

地字十六号。鸿发炉至炉屋，长三十丈，头阔三丈二尺，尾阔四丈五尺，石界一。

地字十七号。炉屋至柴栏，长三十丈，头阔四丈五尺，尾阔三丈六尺，石界一。

地字十八号。柴栏至五斗埠巡馆，长三十丈，头尾俱阔三丈六尺，石界一。通济桥外湾阔七丈，石杙一。

地字十九号。五斗埠巡馆至通济桥脚，长三十丈，头阔三丈六尺，尾阔四丈七尺，石界一。

地字二十号。通济桥脚至土地祠，长二十三丈，头阔四丈七尺，尾阔五丈，石界一。

玄字一号。土地祠至铁地，长三十丈，头阔五丈，尾阔四丈五尺，石界一。

玄字二号。铁地至水便涌口，长三十丈，头尾俱阔四丈五尺，石界一。水便涌口湾阔五丈九尺，石杙一。

玄字三号。水便涌口至振兴炉屋，长三十丈，头尾俱阔四丈五尺，石界一。

玄字四号。振兴炉屋至万全炉前潘姓田，长三十丈，头尾俱阔四丈五尺，石界一。

玄字五号。万全炉前潘姓田至陈姓田基，长三十丈，头尾俱阔四丈五尺，石界一。

玄字六号。陈姓田基至陈姓田基，长三十丈，头尾俱阔四丈五尺，石界一。

玄字七号。陈姓田基至梁姓田基，长三十丈，头尾俱阔四丈五尺，石界一。田湾阔五丈九尺，石杙一。

玄字八号。梁姓田基至梁姓田基，长三十丈，头阔四丈五尺，尾阔三丈六尺，石界一。

玄字九号。梁姓田基至冼姓田基，长三十丈，头尾俱阔三丈六尺，石界一。

玄字十号。冼姓田基至永和炉，长三十丈，头尾俱阔三丈六尺，石界一。

玄字十一号。永和炉至白花社前梁姓地，长三十丈，头尾俱阔三丈六尺，石界一。

玄字十二号。白花社前梁姓地至白花社侧，长三十丈，头尾俱阔三丈六尺，石界一。白花社侧湾阔四丈九尺，石杙一。

玄字十三号。白花社侧至白花社后三丫涌横水艇步头，长三十丈，头尾俱阔三丈六尺，石界一。

玄字十四号。三丫涌横水艇步头东出至船栏，长三十丈，头尾俱阔三丈六尺，石界一。三丫涌口湾阔五丈八尺，石杙一。

玄字十五号。船栏至鸭沙，长三十丈，头尾俱阔三丈六尺，石界一。

玄字十六号。鸭沙至杨氏书舍，长三十丈，头尾俱阔三丈六尺，石界一。

玄字十七号。杨氏书舍至同合石台，长三十丈，头尾俱阔三丈六尺，石界一。

玄字十八号。同合石台至知津亭，长三十丈，头尾俱阔三丈六尺，石界一。

玄字十九号。知津亭至龙母庙，长三十丈，头阔三丈六尺，尾阔四丈，石界一。

玄字二十号。龙母庙至康步，长三十丈，头阔四丈，尾阔四丈四尺，石界一。龙母庙前湾阔五丈四尺，知津亭湾阔五丈六尺，同石杙一。

黄字一号。康步至致亭何祠前，长四十二丈，头阔四丈四尺，尾阔四丈九尺，石界一。

黄字二号。致亭何祠前至汇源社，长三十丈，头阔四丈九尺，尾阔四丈四尺，石界一。

黄字三号。汇源社至平政桥，长三十丈，头阔四丈四尺，尾阔六丈，石界一。

黄字四号。平政桥至乡约，长三十丈，头阔六丈，尾阔五丈七尺，石界一。

黄字五号。乡约至果栏街，长三十丈，头阔五丈七尺，尾阔六丈，石界一。

黄字六号。果栏街至天后庙前，长三十丈，头阔六丈，尾阔四丈六尺，石界一。大塘涌口湾阔五丈，石杙一。

黄字七号。天后庙至蚬栏钰全炉，长三十丈，头阔四丈六尺，中阔六丈，尾阔五丈二尺，石界一。

黄字八号。钰全炉至益升炉，长三十丈，头阔五丈二尺，尾阔七丈八尺，石界一。

黄字九号。益升炉至平洲渡头安泰灰炉，长三十丈，头阔七丈八尺，尾阔五丈九尺，石界一。

黄字十号。安泰灰炉至恒发灰炉，长三十丈，头尾俱阔五丈九尺，石界一。

黄字十一号。恒发灰炉至冼姓田基，长三十丈，头尾俱阔五丈九尺，石界一。

黄字十二号。冼姓田基至麦婆涌口黎姓田基，长三十丈，头阔五丈九尺，尾阔六丈九尺，石界一。

黄字十三号。黎姓田基至龙眼基，长三十丈，头阔六丈九尺，尾阔五丈九尺，石界一。

黄字十四号。龙眼基至李姓田基，长三十五丈，头阔五丈九尺，尾阔十三丈，石界一。

黄字十五号。李姓田基至广同堂田竹基，长三十丈，头阔十三丈，尾阔十丈零五尺，石界一。

黄字十六号。广同堂田竹基至驻龙社墩，长三十丈，头尾俱阔十丈零五尺，石界一。

黄字十七号。驻龙社墩至栅下官步头，长三十丈，头阔十丈零五尺，尾涌口阔十三丈，石界一。

黄字十八号。栅下官步头对涌文塔左便财神庙前步头，有石界一。

又自官步头至栅下汛，河面阔三十二丈五尺，两岸共石界二。

又自栅下汛右便陈姓田头，河面阔十丈零二尺，石界一。

又自义仓田基角河水入口处，河面阔十丈零二尺，石界一。

又自栅下汛左便游姓田头至对涌炮台上水闸脚，河面阔二十一丈四尺，两岸共石界二。

宇字一号。由玄字十三号三丫涌横水艇步头北入鰦鱼嘴，长三十丈。左入水便横涌，涌口阔三丈二尺。直入澳口涌，涌口阔二丈七尺。石界一。

宇字二号。鰦鱼嘴至锦香亭，长三十丈，头阔二丈七尺，中阔五丈七尺，尾阔七丈三尺，石界一。

宇字三号。锦香亭至志合柴店，长三十丈，头阔七丈三尺，尾阔五丈二尺，石界一。

宇字四号。志合柴店至澳口梁祠前，长三十丈，头尾俱阔五丈二尺，石界一。

宇字五号。梁祠前至黄磡，长三十丈，头阔五丈二尺，尾阔四丈六尺，石界一。

宇字六号。黄磡至大桥头，长三十丈，石磡阔四丈九尺，李祠前阔六丈九尺，石界一。

宇字七号。大桥头至青洲社，长三十丈，头阔六丈九尺，尾阔三丈九尺，石界一。

宇字八号。青洲社至唐祠，长三十丈，头阔三丈九尺，尾阔三丈六尺，社冈脚阔七丈，石界一。

宇字九号。唐祠至细桥头会隆店，长三十丈，头阔三丈六尺，尾阔三丈一尺，石界一。

宇字十号。细桥头会隆店至龙母庙，长四十丈，炉屋前阔三丈一尺，中阔三丈。龙母庙前湾阔五丈六尺，石界一。

共涌段九十四号。计长二千八百一十四丈。

佛山忠义乡志卷一终

【校记】

[1] 滘：原作"深"，据乾隆《佛山忠义乡志》改。

[2] 右：原作"古"，据文意改。

[3] 林岳：乾隆《佛山忠义乡志》作"淋岳"。

[4] 蓉洲：乾隆《佛山忠义乡志》作"溶洲"。

[5] 石路：乾隆《佛山忠义乡志》作"石头"。

[6] 贝底水：乾隆《佛山忠义乡志》作"背底水"。

[7] 源汇街：民国《佛山忠义乡志》同，乾隆《佛山忠义乡志》作"汇源街"。

[8] 霄紫坊：民国《佛山忠义乡志》同，乾隆《佛山忠义乡志》作"甘紫坊"。

[9] 正仁里：乾隆《佛山忠义乡志》作"正人里"。

[10] 西便巷：民国《佛山忠义乡志》同，乾隆《佛山忠义乡志》作"西边巷"。

[11] 板枋街：乾隆《佛山忠义乡志》作"板坊街"，在大基铺。

[12] 维新街：疑衍。民国《佛山忠义乡志》仅有一维新街。

[13] 源汇里：民国《佛山忠义乡志》同，乾隆《佛山忠义乡志》作"源会里"。

[14] 青安里：乾隆《佛山忠义乡志》作"清安里"。

[15] 十七间：乾隆《佛山忠义乡志》作"十八间"，民国《佛山忠义乡志》作"十七间街"。

[16] 鹤洞：民国《佛山忠义乡志》同，乾隆《佛山忠义乡志》作"白鹤洞"。

[17] 纲边坊：民国《佛山忠义乡志》同，乾隆《佛山忠义乡志》作"冈边头"。

[18] 铸砧街：乾隆《佛山忠义乡志》作"铸钻街"。

[19] 耆老铺：民国《佛山忠义乡志》作"明心铺"。

[20] 澳：乾隆《佛山忠义乡志》作"洛"。

[21] 澳：乾隆《佛山忠义乡志》作"洛"。

[22] 长：疑为"阔"。

佛山忠义乡志卷二

祀典 祝文　祭器　题札
　　　　明景泰御题匾额、对联　祀产
　　　　各铺庙宇　寺观

祀典莫备于省城。若有御灾捍患之功者，祀于一府、一州、一县则有之矣，祀于一乡者罕矣。佛山祖庙真武神之入祀典也，始于明景泰间海贼黄萧养之乱，乡民梁广等祷于神，定战守策，有青袍白马、飞鸟聚蚊之异。事定，有司以闻，褒庙号曰"灵应"，春秋遣官致祭。我朝因之，每岁即以佛山分防同知承祭。是神之灵所以福佑我乡里者，亘四百余年而未艾①也。乡有祀，故特志之，而以乡人之祀正神者庙宇及寺观附焉。志《祀典》。

灵应祠。祀真武帝。祠之始建不可考，或云宋元丰时。历元至明，皆称"祖堂"，又称"祖庙"。以历岁久远，且为诸庙首也。祠自明景泰三年始，以神显庇佛山，威破黄贼，特加敕封，定春秋祀典，国朝因之。旧传，祠之初立，不过数楹，至元末为贼所毁，则前此规模已无可据。明洪武中，乡人赵仲修始修复之，宣德中，梁文缙等继拓修之，凿灌花池于祠前。已而霍时贵等再修建牌楼，增凿锦香池，而庙貌乃宽整矣。越百余年，为崇祯时，祠渐圮，尚书李忠定遂大新之，壮丽宏敞，视前有加。照壁饰以鸱吻②，益成巨观。国朝康熙二十三年，李锡祚等

---

① 艾：止，绝。
② 鸱吻：古代宫殿屋脊两端的兽形装饰物。

复行修葺，更觉巍焕云。陈《志》。

祝文

国朝谕祭灵应祠祝文

维道光某年岁次某某仲春、秋望日，承祭官广州府佛山海防同知某钦承谕旨，致祭于灵应祠神，曰："惟神庙食南土，肇宋元丰。捍患御灾，屡著民功。向兹盗发，克副讨凶。寇用剪除，实资神通。岁时致祭，于礼宜隆。特敕有司，祀事修崇。伏祈景贶，永藉骈幪①。尚飨。"

附载前明祝文

维景泰四年八月壬申朔越十五日丙戌，广东等处承宣布政使司、广州府知府、南海县知县钦承上谕，敢昭告于灵应祠神，曰："维神庙食南土，肇宋元丰，捍患御灾，累著民绩[1]。向兹盗发，克副祷禳，寇用剪除，实资神贶②。王朝致[2]祭，于礼宜隆，特敕有司，岁修常祀。尚祈景贶，永福生民。尚飨。"

祭器

请官主祭呈

具呈佛山堡甲排现年某等，为谕祭出自大典，行礼恳委正官，以严对越，以崇祀典事：本堡灵应祠神，有功民社，向奉春秋致祭，载在祀典。至今率由旧章，历年皆系奉上宪委官赴祠行礼。但从前多有河泊所阴阳学营代，殊亵大典。本月十五日恭遇祭期，恳委任正官至期黎明行礼，庶对越虔恭，大典有光。为此呈赴本县太爷台前，伏乞作主，金批施行。康熙四十五年八月日呈。

---

① 骈幪：本指帐幕，后引申为覆盖、庇荫、庇护。
② 神贶：神灵的恩赐。

谕祭祭器、祭品

硎二。即汤盂，用盛庶馐、戴羹。豆五。有火焰者。铺五。圆而鼎足者。簠五。方者。簋五。圆而无足者。筐五。竹器，圆者。筥五。竹器，方者。盘五。爵三。豕一。羊一。斋供五。荤[3]供五。熟供五。牲供五。饼供五。面供五。京果、鲜果各五。糖供五。

题札

明景泰元年疏并勘合

广东等处承宣布政使司左布政使臣揭稽题为激劝忠义事：照得正统十四年八月二十二日，有反狱强贼黄萧养，纠合凶徒，谋为不轨。而南海、番禺等东涌、马宁等都俱各惶恐，其中不肖多有投贼，受伪官职，管领贼众，攻围广东城池，流劫乡村，杀害官军良民。彼时惟南海佛山耆民梁广、梁懋善、霍伯仓、梁厚积、霍佛儿、伦逸森、梁潛浩、冼灏通[4]、梁存庆、何焘凯[5]、冼胜禄、梁敬亲、梁裔坚、伦逸安、谭履桢[6]、梁裔诚、梁颢、梁彝颊、冼光、何文鉴、霍宗礼、陈靖，首倡大义，率领当地八图人民出，备财力，立木栅，开沟堑，利器械，以为防备之计。后贼果至，于是杀其伪官贼首彭文杰[7]、梁昇、李观奴，生擒张嘉积等。贼党愤怒，聚船一千七百艘，四面攻围，势甚猖獗。每遇敌时，各人供给民夫酒食，用大飞枪摧破其车，又镕铁水浇焚皮帐。计谋叠出，不能具述。招抚各处被难人民，动以万计，招徕抚恤，卒以保全。

臣究其所以，盖彼处旧有神祠，不知创于何代，元季兵起，乡之神祠俱毁，独此祠人不敢犯，故名之曰"祖堂"。中奉真武玄天上帝等神，平居无事，有祷即应，捷于影响①。有悖礼于祠下者，辄使之狂病以

---

① 捷于影响：比影之随形、响之随声还要快。

警[8]惧之，故乡人事之甚谨。贼起，环境①多被焚劫。乡人计无所出，乃斋戒沐浴，共谒于祠下，祝以敌贼之故，神遂许之。凡与贼对敌之时，有海鸟结群飞噪贼船之上；又有聚蚊为旗，建立于榕树之杪②；人马仿佛，驰于木栅之外。由是群贼数败，前后杀贼五千余级[9]，斯皆神灵所助。

又有番禺县人曹誾，任广西田州府经历，丁忧③回家守制。因见贼起，与民人李福全、李善祥、简彦文亦倡大义，立三大镇，保障居民一十三村，人口万计，贼来辄杀败之。与伦逸安等又俱各自备船只，率领民壮，随同大军杀贼，咸有劳绩。

臣切惟大军即日肃将天威，歼厥渠魁，余党殄灭殆尽，军民安堵如旧。向非此二十二人保障乡间，则贼徒益众，虽竟殄灭，杀戮多矣。臣谓：秉忠仗义，固臣民之当为；崇德报功，乃朝廷之大典。至于神灵感应，阴翼皇度，捍患御灾，有功斯民，理宜崇祀。如蒙准题，乞敕该部议行有司，将前项神灵新其庙宇，赐额褒嘉，春秋致祭，以答神庥④。及将曹誾等并二十二人量加升赏，旌表其门，永蠲其家杂派差徭，使天下之人晓然知忠义是尚。非惟广东之幸，实天下之大幸也。景泰元年七月日广东等处承宣布政使司左布政使臣揭稽谨题，奉圣旨"敕封为灵应祠，该部行有司岁时致祭，其有功人员依例升赏。钦此"。

礼部尚书王伏乞圣恩褒嘉祀典护民神功事：据都察院御史曾到部备言，伏承发下查审臣民奏疏内一款，系广东广州府南海县佛山堡耆民伦逸安抱本赍奏，说"本乡北方玄武神祠，其神酬应民卜，捷如影响。于正统十四年秋，海贼黄萧养生发，聚众万余，劫掠乡村，胁民降服，意欲叛谋。各俱投服，城门为之谨闭，田野不耕，商旅不行。贼以佛山为

---

① 环境：周围的地方。指佛山镇周边区域。
② 杪：树枝的细梢。
③ 丁忧：遭遇父母的丧事。
④ 神庥：神灵护佑。

奇货，得之以利器，城可攻，民可服，资斧枪铳可赖而继，战船八百余只泊于汾水之岸，锣鼓喧天，旌旗耀日。民惶恐甚，逃生无地。乡老誓血，祷于神明，愿死坚守，神现卦说许之。乡老即率子弟乡民，一夜立栅，卫于村外，开堑护于栅外，与贼守，不愿屈从，屡与贼战而屡胜其贼。出战之时，常见一人青袍白马，走于栅外。又见飞蚊团结成旗，排阵游于空中。贼以北方扬灰，欲伤民目，霎时则转南风吹之，贼反自击。日夜铃锣不息，民将怠倦，贼攻日甚，西北角栅城几陷。乡老奔叩于神，神卜许其勇敌，民遂迎花瓶长五尺，诡作大铳状，出诳贼。贼疑，不敢攻。又见红鸟一队飞坠于海，贼遂就擒。黄贼剿除之后，乡无一人亡命，此见神明保障之功，赫赫威灵之助，神灵显应，恩同再造者也。伏乞圣恩褒嘉祀典"等因。都察院按行广东御史杨忠勘审缴报。忠仰布政司参议陈赟委南海县主簿李纲按临佛山堡，督会排年里老梁广等佥同结状"果系神功维持，生民安堵，并不扶捏①"。又恐附同不的，复委经历张应臣亲临覆勘，乡判霍佛儿、乡耆冼浩通呈状"果系神功持助"，各无异词。御史杨体得始末案卷，如合符验，得以细备开具情由申奏。伏蒙圣旨准题"着礼部议处"。本职依奉处议"记[10]《记》曰：'法施于民则祀之，御大灾大患则祀之。'理合嘉崇，隆以常祀，申蒙允奏，兹降以祭文一道、匾额对联各款，议以果酒烛面香帛。即发四百二十四号勘合，札付行广东道御史欧阳、承宣布政司参议，合行州县掌印官，每岁供祭品物，春秋杂职亲致祭祀，用酬神贶，毋致隳缺，以负朝廷褒崇之典。如有隳缺，许乡民具呈上司，坐以不恭之罪。及庙宇朽坏，务要本县措置修葺，毋致倒塌。如有不悛事体，乃许乡老申呈有司转行奏治究不恕"。为此议合通行责令府县立案，以凭查理，庶祀典无穷。须至②帖者。景泰四年二月十四日行。

---

① 扶捏：捏造。
② 须至：必须，一定。旧时公文及执照结句习惯用语。

明景泰御题匾额、对联

玄灵圣域。牌坊。

忠义灵应祠。正门。

国朝祀典。前殿。

忠义鸿名重地。正殿。

捍患御灾,今古英灵不泯。

褒功赐额,春秋享祀无穷。前殿。

法界大开真武殿,正直从人祷。

神光普照兆民家,奸邪不尔私。正殿。

祀产

窃惟朝廷念切,真武神通,显圣护国,捍患御灾,救民水火,浩瀚功勋。递年春秋祭祀,未足酬报。合行本县,尽蠲庙地粮差,毋得征扰。外合刻碑,永世遵而有考。庙将修完,有乡判霍佛儿、乡耆梁文縉见得庙前逼狭,无以壮观,二人推心,合将己财买洛水氶民地三亩五分,其税收入霍、梁二户粮差,以地凿灌花池,池上构梁以接中道。从洛水尾、官路脚起,直至咸旗垦,吴进舍田八分,正直以弓步计之一百二十有五步。左右道旁余土,池北种波罗、梧桐,池南种绿槐、翠柳,附近咸旗垦竖棂星坊,中题"玄灵圣域"四字,极甚庄严胜景。神庙修完,景致犹如武当胜概①,威名播于粤郡。

后有里人何康求嗣果应,喜舍深村灶涌田七亩五分。次有里人梁滔,为白沙步友人曾宗礼祈嗣生男曾万余,同滔喜舍排后窦田五亩。累至道士苏碧真手上,共田地七十六亩五分八厘。遂以苏碧真为户,充本

---

① 胜概:非常好的风景或环境。

堡二十图第九甲甲首。应纳粮差、中间前后事体备开，炳然刊传，后世永记神功矣。

嘉靖三十一年壬子，住持道士起造花龙石照壁。以后施主寥寥，罕舍入庙。现存大铜镜一圆，原悬照壁，因见远方不利，已行收贮。其镜现藏殿后，不知铸自何朝年号矣。但世传日久，奸盗并起，欺神明，蠹庙宇，侵占壁后土地，填池伐树，偷盗香炉、烛台。至原日铜香火圣像三尊，所存一尊被叠滘乡迎去建醮，后乃久假不归①，即今叠滘所建庙宇奉祀二帝圣像是也。然神护国庇民，均属一体，事远亦不深究，亦当书之，不忘始末，以传于后世也。《庙志》。

一、正统七年，巡按广东监察御史张公善断给长河渡二只，于本堡汾水渡头开至羊城西庙前登岸，排年②里甲、夫匠不许取钱，买卖人量取，供奉本祠香灯用，毋得变易。

一、深村灶涌田七亩五分，佛山堡民何康求嗣果遂，喜舍。

一、庙前洛水氹三亩五分，霍佛儿、梁文䌽捐财买作灌花池用[11]。

一、排后窦田五亩，本堡梁滔为友人曾宗礼祈嗣果遂，同滔喜舍。

一、河洛田八亩五分，石硝堡耆民梁文涧喜舍。

一、大垦田四亩，山紫村田四亩，丰冈堡民邓瑀荣喜舍。

一、牛路涌张槎后山边田三亩，本堡霍益、李芳、霍廷密、冼淳、何晓、黄士华、陈妙尊等喜舍，号"大烛田"。

一、隔垦田三亩，本堡何林、何端喜舍。

一、河泗洛尾井麦婆田一亩二分，本堡何文浩同男何诲喜舍。

一、西滘塘关涌及石坎头田共六亩三分，信女陈法通同男冼清、冼辉喜舍。

一、竹山垦田一亩三分，本堡谭辉喜舍。

一、山紫村边田三分，本堡杨志喜舍。

---

① 久假不归：长期借用不还。

② 排年：古代称里甲轮流值年当差。

一、牛路涌田一亩二分六厘，本堡布铭喜舍，凑大烛田。又牛路涌田四分，凑同。

一、咸旗墼田二分五厘，本堡梁伯骞喜舍，后霍珪将牛路涌田替，凑大烛田。

一、牛路后山边田五分，大富堡梁氏喜舍，凑大烛田。

一、隔冈塘田一亩，兴贤堡民吴元敬喜舍。

一、本堡东涌等处田四段二亩三分，扶南堡刘氏喜舍。

一、涌表并庄边田二亩，丰冈堡民冯良喜舍。

一、山紫村边田六分，八郎墼田三分，石坎头田一亩五分，凑同冼辉自舍田。银子冈田二亩四分，本祠道士叶盘秀置。

一、众田并大乌臼天妃庙[12]大洲头田三亩，登洲[13]村民何三敬喜舍。

一、横岭田七分，本堡耆民霍桢[14]喜舍。

一、三山田一亩，本堡黄兴喜舍。

一、咸旗墼田八分，兴贤堡民吴进喜舍。

一、石子坎田八分，小冈头田九分，本堡信官霍翼喜舍。

一、小桥浦田三亩二分，半浦村信官何□喜舍。

一、小桥浦田八分，本堡民陈善喜舍，本祠前项田作一处。

一、塘坳田一亩二分，本堡霍高妻陈氏喜舍。

一、庄边田一亩五分，庙东地三分，信士陈广舍，替表冈地屋。

一、牛路涌田一亩，地邻元敬对，替本堡陈亚朱喜舍走马路[15]一分二厘。

一、表冈墟地二分，屋六间，本堡李氏喜舍。

一、庙前塘五分，众信买到本堡霍亚奴地，作锦香池胜概。

一、庙后地三分，众信买到霍普序地，作殿后园地。

一、庙西地二分，屋一间，众买修祠添用。

一、庙东地三分，本堡民梁植喜舍。

一、庙东地二分，坊民霍铭妻何氏喜舍。

一、庙东地三分，坊民霍时贵妻喜舍。

一、禄村屋地三分，本堡陈佛善妻霍氏喜舍，后霍政买庙东地三分替凑。

一、东莞县客人谢风月喜舍白银四十两，作新修殿宇用。

一、东莞宝潭村人谢时章喜舍白银二十两，作新修殿宇用。

一、龙溪县尹孺人陈氏喜舍银一十两，作新修殿宇用。

本庙道士苏碧真手上共田地六十八亩，以灵应祠为户，充本堡二十图另户。陈《志》。

按：以上四十条，陈《志》前列《灵应祠田地渡额事记》。今细阅《记》文，与各条本不联属。各条为祀产所关，故改列《田地渡额事记》及各修庙《记》于《金石》门，而以此四十条附入《祀典》。

各铺庙宇

祖庙铺：

圣乐宫。祀真武帝之父母，在营前街。

桂香宫。祀文昌，在协天胜里，乾隆癸丑年重修。

关帝庙。在协天胜里，乾隆癸丑年重修，道光九年拓宽庙前余地。

斗姥庙。祀斗神，在西边头，嘉庆十九年重修。

观音堂。在灵应祠右。

山紫铺：

南泉庙。祀观音大士，在田边，乾隆乙巳年重修。

雷公庙。祀雷神，在古雷公墩，雍正壬子年重修，乾隆丙申年重修。

圣亲宫。祀大士之父母，在南泉庙左。

天后庙。在中和里，乾隆甲寅年重修。

东岳庙。在社地，康熙丁酉年重修，乾隆丙戌年重修。

水月宫。祀观音大士,在涌边。

花王庙。祀花神,在地藏庙右边,嘉庆壬申年重修。

痘母庙。祀痘神,在社地,雍正壬子年重修,乾隆辛巳年重修。

地藏庙。祀地藏王,在涌边,嘉庆壬申年重修。

华帝庙。祀火神,在山紫村口,乾隆辛亥年重修。

丰宁铺:

四圣庙。祀太岁、地藏等神,在莺冈,嘉庆壬戌年重修。

医灵庙。祀扁鹊,道光戊子年重修。

城隍庙行台。即万真观,在莺冈。

国公庙。祀唐鄂国公尉迟敬德,在新安街,乾隆乙酉年重修。

天后庙。华帝庙。俱在通胜街,此两庙栋宇相连,俗呼"孖庙",乾隆己丑年皆重修。

耆老铺:

普君庙。祀东岳神,在鲤鱼地,乾隆十八年重修,嘉庆丙辰年重修。

明心铺:

太上庙。祀老子,在太上庙道,嘉庆丙子年重修。

塔坡庙。祀东岳神,在京果街,嘉庆丙辰年重修。

彩阳堂铺:

真君庙。祀许真人,在大元里,乾隆丙申年重修,嘉庆乙亥年重修。

医灵庙铺:

医灵庙。在万寿坊,康熙三年、三十六年重修,乾隆十年、四十九年重修,道光乙酉年重修。

医灵庙。在司马坊,乾隆辛巳年重修,嘉庆壬戌年重修。

洪圣庙。祀南海神,旁祀先锋,在普君新墟。相传先锋为汉伏波、楼船副将军,先下各关隘,全活甚多,神尤感应,今俗呼为"先锋庙"云。雍正己酉重修。

嵚岐铺:

镇江龙王庙。祀龙神,在岐安里,嘉庆庚辰年建。

东头铺:

关帝庙。在东头，雍正四年建，嘉庆甲戌年重修。

栅下铺：

天后庙。在藕栏，崇祯元年建，乾隆十五年、四十二年重修，嘉庆庚申年重修。

龙母庙。祀龙神，在蟠龙街，嘉庆庚辰年重修。

青龙庙。祀龙神，在青龙巷，顺治庚子年建，乾隆丙寅年重修。

财神庙。在海口文阁左，道光乙酉年建。

明照铺：

二帝庙。祀文帝、武帝，在厚俗里，康熙丙午年重修，雍正壬子年重修。

锦澜铺：

观音庙。在宝贤祠前涌边，嘉庆丙寅年重修。

天后庙。在忠义里，雍正壬子年重修，乾隆丙戌年重修。

华帝庙。在烂炉屋，嘉庆甲戌年重修。

文武庙。祀文帝、武帝，在忠义里，雍正壬子年重修，乾隆丙戌年重修。

武帝庙。在忠义里，乾隆庚戌年重修。

仙涌铺：

武帝庙。在仙涌上街，嘉庆乙亥年重修。

文武庙。在石角坊，乾隆甲午年建。

真武庙。在石角涌边，乾隆四年重修，嘉庆壬戌年重修。

真明铺：

真君庙。在白磡头，雍正庚戌年建，乾隆庚子年重修，嘉庆己未年重修。

社亭铺：

武帝庙。在朝市街，嘉庆丁卯年重修。

南禅庙。祀观音大士，在竹栏，康熙四十六年重修，乾隆十五年重修，嘉庆丁卯年重修。

药皇庙。在朱紫市，道光甲申年重修。

岳庙铺：

武帝庙。在永丰大街，乾隆二年重修，乾隆三十年重修。

洪圣庙。在蛟腾里，乾隆辛亥年重修。

花王庙。在永丰社前，乾隆辛亥年重修。

大基铺：

真君庙。在华康街，嘉庆戊寅年重修。

大王庙。祀南海神，在煤厂下，乾隆己巳年重修。

汾水铺：

华帝庙。在正埠。

北帝庙。在盐仓马头。

华帝庙。在叠滘渡头。

关帝庙。在永兴街，顺治八年建，嘉庆乙丑年重修，道光庚寅年重修。

南擎庙。祀观音大士，在善门街，雍正丁未年重修，乾隆乙巳年重修。

圣欢宫。祀观音大士之父母，在南擎庙前，雍正丁未年重修，乾隆乙巳年重修。

天后庙。在天庆街，乾隆癸丑年重修。

华帝庙。在甘竹渡头。

北帝庙。在旧肇庆渡头。

太上庙。在安宁直街，乾隆庚辰年重修，嘉庆己未年重修。

关帝庙。在正埠对海，旧《志》宝洲寺。

北帝庙。在龙袍街，附祀前明太子少保、礼部尚书、南海石硝渭涯文敏霍公，有"容台俨若"匾额，康熙丁亥年重修。

潘涌铺：

先锋庙。在快子街，雍正辛亥年建，嘉庆甲子年重修。

镇西庙。祀汉伏波将军马援，在沙洛坊，康熙庚子建，嘉庆戊寅年重修。

富文铺：

洪圣庙。在长庆坊，道光辛巳年建。

盘古庙。在盘古直街，乾隆戊子年重修。

鬼谷庙。在汾阳大街，乾隆癸丑年建。

先锋庙。在盘古直街木棉树，乾隆戊子年建。

鹤园铺：

先锋庙。在鹤园前街，乾隆乙酉年重修，道光甲申年重修。

洪圣庙。在鹤园大街。

石路头铺：

花王庙。在兴隆街，乾隆甲子年重修，道光丁亥年重修。

三官庙。祀天、地、水官，在兴隆街。

观音堂铺：

南善庙。祀观音大士，在三官街涌边，嘉庆癸亥年重修。

南涧庙。祀白衣观音大士，在沙塘大街，嘉庆己巳年重修。

镇南庙。祀汉伏波将军，在拱北里，顺治壬辰年建，道光庚寅年重修。

三元庙。祀天、地、水官，在三官街对涌，乾隆癸亥年重修，嘉庆己未年重修，道光戊子年重修。

天后庙。在富路坊口，嘉庆十九年重修。

花王庙。在涌边坊，乾隆癸卯年重修。

华帝庙。在低街，乾隆癸丑年重修。

医灵庙。在都司署前，乾隆丙午年重修。

医灵庙。在大墟，雍正乙卯年建，乾隆戊子年重修，嘉庆辛酉年重修。

桥亭铺：

南济庙[16]。祀观音大士，在通济桥。顺治乙未年，白衣庵僧圆朗将白衣庵改为通济庙，嘉庆丁卯年重修。

北帝庙。在富荣里。

观音庙。在水便，嘉庆己未年重修。

福德铺：

武帝庙。在高地下巷。

天后庙。在水巷正街，康熙十七年重修，乾隆二十五年重修，嘉庆丁丑年重修。

寺观

经堂。古塔坡寺，原在耆老铺塔坡冈上。东晋时，有西域僧到此结茅讲经，时此地犹海洲也。隆安二年戊戌，三藏法师达昆耶舍尊者因讲经始建经堂。堂后有冈，相传唐贞观二年，冈地夜放金光，掘之得铜佛三尊，穴间有碣曰"塔坡寺佛"。有联云："胜地骤开，一千年前，青山我是佛。莲花极顶，五百载后，说法起何人？"乡名"佛山"，盖始于此。寺毁于明洪武二十四年，天启七年复建于医灵铺，即今地也。或谓其佛乃过去世塔坡寺之佛，或谓其佛乃舍利塔上所供之佛。雍正九年，潮省和尚祈请东莞宝昙舍利来，始建铁浮图①，高一丈零八寸，重一千八百余斤，藏舍利于塔下，安古佛在塔中。嘉庆四年，僧敬来重建，增高一丈八尺，重七千余斤，仿阿育王塔式。

仁寿寺。顺治十三年，僧枞堂建，在观音堂铺，康熙八年僧玉琳重修。

德寿寺。顺治四年，僧达睿由罗浮华首台来佛山创建，在峻岐铺庆源坊。

宏圣庵。康熙三年，僧尧美建，在丰宁铺新安街。

三元寺。康熙六年，僧佛裕建，在祖庙铺三元市。嘉庆九年，僧秀文重修。

湖峰寺。寺枕高基，腰环带水，古树凌云，群芳向日，僧翻贝叶，百鸟和鸣。康熙八年，僧际端建，在山紫铺高基坊。

借庵。康熙十七年，僧亦堂建，在锦澜铺纲华里。

别院。古树参天，野花映日，幽静为诸寺冠。康熙十八年，僧渠我建，在观音堂铺聚庆坊。道光十年，僧元机募缘重建。

鹿峰。康熙丙午年，僧大车建，在岳庙铺。

豹庵。康熙二十三年，僧两山自捐衣钵资创建，在锦澜铺纲华里。

西庵。门外旗带水四面环绕，前控南泉，右接湖峰，暮磬晨钟，铿然相应。康熙辛未年，罗定州长春寺僧济溥建，在山紫铺高基坊。嘉庆六年，僧赞西重修。

龙池庵。康熙三十八年，僧云谷募建，在锦澜铺。

竹院。康熙三十九年，僧十洲募建，在锦澜铺。

莲子庵。康熙四十二年建，在山紫铺莲子坊。

福寿庵。雍正六年，僧本大、绍芳同建，在祖庙铺恩光里。嘉庆九年，僧贯禅重修。

观音堂。康熙四十六年，乡人创建，在观音堂铺华光庙右街。乾隆三十九年，僧奕辉重修；嘉庆四年，同知李永青、都司祁世和重修。

慈隐庵。雍正九年建，在栅下铺广德里。乾隆五十六年，僧居林重修。

明隐庵。雍正十一年建，在栅下铺横冈里。乾隆四十三年，僧淡然重修。

---

① 浮图：佛塔。

定觉庵。顺治八年建,在福德铺。

铁佛庵。又名"僧伽庙",崇祯丙子年建,在福德铺,后改为铁佛庙。

通济庵。在桥亭铺。

三昧庵。在桥亭铺。

观音堂。在祖庙铺。

福源庵。在祖庙铺。

吉祥庵。在祖庙铺。

茶庵。即今敬字亭,在丰宁铺。

地藏庵。在山紫铺。

宝洲禅院。在对海文昌沙武帝庙后,有《记》。

万真观。在丰宁铺莺冈之麓。康熙癸巳年里人陈有则联十友构地建。左为大慈堂,祀无依木主。雍正丁未年,游魂不安,怪异屡见,乃奉城隍神以镇抚之。佛山之有城隍行台,肇此也。护法者众,结构渐增。三元殿、吕祖殿、斗姥殿峙其东,洞天宫、十王殿、文武殿、大乙楼、洗心亭、清水池绕其西。四方云游道侣咸驻足焉。

按：越人勇之言"粤尚鬼"。东瓯王敬鬼,寿百六十岁。其后,人求财、求嗣、求婚姻者各私祀有神,多不见于经史。楚瓯闽粤皆然,而佛山为甚。余不能遏其流,而重防其靡也,于原《志》神庙之入祀典、见经史者登之。此外,如三界、太尉之属,皆另入《杂录》,庶不背于大雅,而一乡人心风俗亦或有裨焉。若佛老寺观,从来志乘所不遗,且国家祈晴雨、祷雪泽,亦均有祀,故并存之。

佛山忠义乡志卷二终

【校记】

[1] 绩：乾隆《佛山忠义乡志》作"迹"。

[2] 致：乾隆《佛山忠义乡志》作"制"。

[3] 荤：原作"晕",据文意改。

[4] 冼灏通：乾隆《佛山忠义乡志》作"冼浩通"。

[5] 何焘凯：乾隆《佛山忠义乡志》作"何寿凯"。

[6] 谭履桢：乾隆《佛山忠义乡志》作"谭履祯"。

[7] 彭文杰：乾隆《佛山忠义乡志》作"彭文俊"。

[8] 警：乾隆《佛山忠义乡志》作"惊"。

[9] 五千余级：乾隆《佛山忠义乡志》作"二千余名"。

[10] 此处疑衍一"记"字。

[11] 用：乾隆《佛山忠义乡志》作"川"。

[12] 天妃庙：乾隆《佛山忠义乡志》作"天妃庙前"。

[13] 登洲：原作"登州"，乾隆《佛山忠义乡志》亦作"登州"，据《顺德县志》改。

[14] 霍桢：乾隆《佛山忠义乡志》作"霍祯"。

[15] 走马路：乾隆《佛山忠义乡志》作"走马路地"。

[16] 南济庙：据下文，疑应为"通济庙"。

佛山忠义乡志卷三

官署 衙署 各官 国初驻防官附

佛山宜改直隶厅，管见①已首列《乡域志》矣。溯自雍正十一年巡抚杨公永斌奏请添设广州同知，分驻佛山，弹压十堡剧镇。嗣五斗口司巡检亦由平洲堡移驻佛山，于是佛山文、武官署并都司、千总而四矣。虽地方统治于县，并无城池、仓库、学校、监狱之寄，而堂皇高坐，茇舍②巡行，弭奸宄于未然，整戎行而以暇，将使赫赫者具尔瞻③，槛槛者畏不敢④，乡师里老缕指某官某府而纪太平岁月也。志《官署》，并以初设驻防官附焉。

衙署

国朝广州府佛山海防捕务同知署。在十字路，属丰宁铺。雍正十一年巡抚杨公永斌奏请添设佛山同知，弹压十堡剧镇。十三年改茑冈都司署为分府署，移都司署于游击旧署。

国朝五斗口巡司署。在县南平湖堡，明景泰三年置。嘉靖八年移治

---

① 管见：管中窥物。比喻所见浅小，多用为自己意见的谦辞。
② 茇舍：言军队芟除草莽，即于野地宿息。
③ 赫赫者具尔瞻：出自《诗经·小雅·节南山》："赫赫师尹，民具尔瞻。"意思是在高位者受到民众的注视。
④ 槛槛者畏不敢：出自《诗经·王风·大车》："大车槛槛，毳衣如菼。岂不尔思？畏子不敢。"意思是执法者严厉，使民众畏惧守法。

磨刀石，后又移治佛山镇，寻又改置平洲，曰"平洲巡司"。《大清一统志》。查"磨刀石"即今石头乡。县南西淋都平洲堡，明景泰三年巡抚揭稽同三司奏设。《粤大记》。按"平湖"即平洲。

《县志》：巡司署向在佛山，明景泰三年建。雍正十一年新设同知，弹压剧镇，乃迁司署于平洲堡，或移驻佛山，皆僦①民舍以居，无定所。按：今佛山并无五斗口司旧署，而邑《舆图》云司署旧在平洲堡。今纪纲街五斗口司公所，原系福山书院，通乡捐建以课童蒙者。自巡检金元爵以来，相沿借住，其实非署也。

国朝佛山都司署。在观音堂铺大湾地方，原为游击署，后裁游击，改设都司，今为都司署。

国朝佛山千总署。在彩阳堂铺彩阳营，雍正元年毁天主堂建。道光九年，千总刘大彰捐资修葺，并买署前民房舍余地改建照壁及东、西栅门。又建祠一所，祀本营无依兵丁木主于东栅门外照壁旁。

各官

佛山分防同知

国朝

王联晋。江南山阳人，荫生②，雍正十二年任，有传。

黄兴礼。江南休宁人，贡生，乾隆四年任，有传。

田弘祚。贵州石阡人，举人，乾隆十一年任。

毛维锜。江南吴县人，监生，乾隆十六年任。

赵廷宾。江南长洲人，贡生，乾隆十七年署任。

王以夔。直隶清苑人，举人，乾隆十九年署任。

沈生遴。浙江人，乾隆二十七年任。

---

① 僦：租赁。
② 荫生：因先世有功而得入国子监读书的学生。

祖承祐。河南人，乾隆三十年任。

黄燧照。安徽人，乾隆三十二年任。

陈景埙。江南人，乾隆三十三年任。

陈胪声。福建人，乾隆三十七年任。

萨尔图。正蓝旗人，乾隆四十一年任。

多庆。镶黄旗人，乾隆四十四年任。

孔继栋。顺天人，乾隆四十七年任。

叶汝兰。直隶沧州人，拔贡，乾隆五十二年任。

毛圻。山东历城人，举人，乾隆五十年署任。

刘毓琇。安徽亳州人，监生，乾隆五十五年署任。

王朋。山西安邑人，监生，乾隆五十五年署任。

庄文和。江苏武进人，监生，乾隆五十六年署任。

陈兴和。江苏武进人，监生，乾隆五十六年署任。

吴翰。安徽南陵人，拔贡，乾隆五十八年任。

李栴。江西南丰人，优贡，南海县知县，乾隆五十九年署任。

熊敦彝。江西南丰人，监生，布政司照磨①，乾隆五十九年署任。

王谔。浙江归安人，举人，乾隆六十年署任。

吴光祖。福建浦城人，监生，惠州府同知，乾隆六十年署任。

王宿善。山西安邑人，举人，乐会县知县，乾隆六十年署任。

闫曾步。河南孟津人，举人，石城县知县，乾隆六十年署任[1]。

宗圣垣。浙江会稽人，举人，乾隆六十年署任。

许乃来。浙江仁和人，举人，乾隆六十年署任。

杨楷。云南建水人，监生，乾隆六十年任，有传。

王行芳。江苏溧阳人，监生，嘉庆二年署任。

李永青。河南武安人，拔贡，嘉庆二年署任。

官德。正红旗满洲翻译，举人，嘉庆八年任。

---

① 照磨：元代以后设置的掌管宗卷、钱谷的属吏。

易万里。湖北宜城人，廪贡，嘉庆十年署任。

罗天桂。贵州毕节人，进士，嘉庆十年署任。

谢涛。顺天大兴人，吏员，南海县知县，嘉庆十四年署任。

潘仁。浙江仁和人，监生，嘉庆十五年署任。

司能任。山西汾阳人，拔贡，嘉庆十五年署任。

杨时行。云南琅盐井人，举人，嘉庆十七年署任。

刘星渠。四川渠县人，贡生，嘉庆十八年署任。

朱庭桂。广西临桂人，监生，嘉庆十九年代理。

徐维清。山东临清州人，监生，嘉庆二十年署任。

李传鐄。湖北石首人，贡生，嘉庆二十年任。

王汝桢。顺天大兴人，吏员，嘉庆二十一年署任。

王继嘉。江苏华亭人，监生，嘉庆二十二年任。

观瑞。内务府正白旗满洲人[2]，举人，嘉庆二十五年署任。

徐维清。道光元年五月奉文调补回任。

周绍蕙。浙江仁和人，增贡，道光二年署任。

张钧。浙江会稽人，议叙①，道光三年署任。

尹佩绅。云南蒙自人，进士，道光四年署任。

徐青照。顺天大兴人，进士，道光五年署任。

孙东旸。浙江长兴人，举人，道光五年署任。

阳耀祖。广西灵川人，举人，道光六年署任。

李绳先。浙江钱塘人，监生，道光六年署任。

马士龙。浙江鄞县人，进士，道光七年署任。

敬承谕。甘肃环县人，举人，道光八年署任。

俞孜善。浙江山阴人，贡生，道光九年署任。

任曾祐。山东聊城人，监生，道光十年署任。

穆克登安。正蓝旗满洲人，监生，道光十一年署任。

---

① 议叙：清制，于考核官吏以后，对成绩优良者给以议叙，以示奖励。

五斗口司巡检

国朝

鲁麟。会稽人，顺治七年任。

冯士魁。山阴人，顺治十五年任。

苏士谦。仁和人，康熙十一年任。

李继恒。宛平人，康熙四十年任。

田诏尹[3]。咸宁人，康熙四十六年任。

郑禹彦。江宁人，康熙五十一年任。

任乾。河南人，康熙五十三年任。

徐道。奉天人，康熙六十年任。

常梦熊。陈留人，雍正六年任。

史磐。山阴人，雍正九年任。

朱德煜。钱塘人，雍正十三年任。

陆仁德。浙江人，乾隆三年任。

黄基宏。大兴人，乾隆五年任。

毛对廷。奉天籍江西人，乾隆十一年任，有传。

蔡琦[4]。浙江人[5]，乾隆十六年任。

孙锡慧。□□[6]人，乾隆十七年任。

王棠。南川人，乾隆二十二年任。

郑籽。浙江仁和人，附监，乾隆四十□[7]年任，有传。

金元爵。浙江人，贡生，乾隆五十六年任。

柳因材。浙江人，供事，乾隆六十年署任。

傅熊。湖南人，监生，嘉庆元年署任。

吕潆。浙江人，监生，嘉庆元年署任。

金元潞。江苏人，监生，嘉庆元年署任。

崔镇。浙江人，供事，嘉庆二年任。

李永青。河南人，拔贡，署佛山同知，嘉庆三年兼理。

申继志。甘肃人，吏员，嘉庆三年署任。

孟垲。浙江人，吏员，嘉庆四年署任。

徐长烜。正蓝旗汉军，监生，嘉庆六年任。

王履祥。顺天人，供事，嘉庆八年署任。

吴尔祐。安徽人，监生，嘉庆十二年署任。

卢楚元。福建人，监生，嘉庆十五年署任。

花东苑。陕西人，监生，嘉庆十六年署任。

邓良相。四川人，吏员，嘉庆十六年署任。

陈泰和。浙江人，附监，嘉庆十八年署任。

孙葆初。顺天人，监生，嘉庆十八年任。

吴溶。浙江人，供事，嘉庆二十一年署任。

甘维藩。江西人，监生，嘉庆二十二年署任。

冒芬。江苏人，监生，道光元年署任。

赵清凝。顺天人，供事，道光三年署任。

冯立卓。顺天人，举人，道光四年任。

吴象坤。江西人，供事，道光七年任。

萧增。湖北人，监生，道光九年署任。

刘祺。甘肃人，议叙，道光十年署任。

分防都司

国朝

任魁。宁夏人，军功[8]，康熙四十九年任。

苏琳芳。巫山人，世袭，康熙五十一年任。

仇元正。歙县人，武进士，康熙五十六年任。

孔得明[9]。商丘人，雍正元年任。

周宗旦。江宁人，武进士，雍正四年任。

永福。正白旗人，文举人，武进士，雍正九年任。

刘启宗。咸宁人，武进士，乾隆元年[10]任。

刘振功。宁夏人，武进士，乾隆元年任。

马弘勋。西宁人，世袭，乾隆五年任。

黄堂。江南人，武进士，乾隆五年[11]任。

陈元善。贵州人，军功[12]，乾隆十四年[13]任。

杜发纬。山西平遥人，乾隆三十三年任。

刘善承。山东历城人，武进士，乾隆四十二年任。

李清栋。云南建水人，武举，乾隆四十七年署任。

张象履。甘肃平番人，武进士，乾隆四十九年任。

龚懔。四川新繁人，武举，乾隆五十五年任。

朱朝振。广东归善人，行伍，乾隆五十七年署任。

海龄阿。正黄旗满洲五甲永亮佐领下人，乾隆五十八年署任。

刘汉贵。直隶正定人，行伍，乾隆六十年任。

祁世和。直隶永平人，武进士，嘉庆二年任。

区清。广东南海人，行伍，嘉庆三年兼护。

卢必显。江西义宁州人，武举，嘉庆十二年署任。

宁舒。镶红旗包衣汉军孙荣佐领下人，武举，嘉庆十二年任。

张仁。广东三水人，世袭，嘉庆十三年署任。

杨大鹏。江苏高邮州人，武进士，嘉庆十七年任。

常永。正蓝旗蒙古京温泰佐领下人，骁骑校，嘉庆十七年署任。

苏兆熊。江西鄱阳人，武生，嘉庆十九年署任。

冯卜熊。直隶河间人，武举，嘉庆二十一年任。

徐祝亮。广东高要人，行伍，嘉庆二十二年署任。

余化龙。广东高要人，世袭，道光元年署任。

黄廷彪。广东南海人，世袭，道光二年署任。

萧联贵。湖北江夏人，行伍，道光二年任。

崔国安。江西湖口人，荫监，道光九年署任。

蔡邦庆。江苏宿迁人，武进士，道光十年署任[14]。

分防千总

朱参瑛。

余起正。

李永元。

吴辉文。

汪后来。

陈有禄。

胡德寿。

邱胜宗。

王耀。

张成。

洪镇。

李良。

杨秀。

黄士章[15]。南海人，乾隆十五年任。

许瑞昌。南海人，乾隆二十二年任。

杨景山。南海人，乾隆三十一年任。

张云。番禺人，乾隆四十年任。

王雄泰。番禺人，乾隆四十三年任。

区清。顺德人，嘉庆五年任。

严金荣。顺德人，嘉庆五年任。

官定成。始兴人，嘉庆十八年任。

刘大彰。番禺人，道光七年任。

国初驻防官附

屠彪。浙江人，顺治四年以通判移驻。

官玉都。辽东人，顺治七年以同知移驻。

周宪章。山阴人，顺治八年以通判移驻。

叶上标。金华人，顺治九年以经历移驻。

李继美。上元人，顺治十年以经历移驻。

高汉章。浙江人，顺治十一年以知事移驻。

徐翱。浙江人，顺治十三年以经历移驻。

郁文昭。湖广人，顺治十六年以经历移驻。

翁人龙。襄阳人，顺治十八年以经历移驻。

侯世封。陕西人，康熙元年以经历移驻。

郑道洪。会稽人，康熙二年以照磨移驻。

周汝斌。山阴人，康熙三年以经历移驻。

张慎发。夏县人，康熙四年以知事移驻。

刘之朗。河南人，康熙五年以理问移驻。

佛山忠义乡志卷三终

【校记】

[1] 任：原作"住"，据文意改。

[2] 人：原无，据文意补。

[3] 田诏尹：道光《南海县志》作"田召尹"。

[4] 蔡琦：道光《南海县志》作"蔡锜"。

[5] 浙江人：道光《南海县志》作"大兴人"。

[6] □□：原缺。

[7] □□：原缺。

[8] 军功：乾隆《佛山忠义乡志》作"功加"。

[9] 孔得明：乾隆《佛山忠义乡志》作"孙得明"。

[10] 乾隆元年：乾隆《佛山忠义乡志》作"雍正十一年"。

[11] 五年：乾隆《佛山忠义乡志》作"十四年"。

[12] 军功：乾隆《佛山忠义乡志》作"功加"。

［13］十四年：乾隆《佛山忠义乡志》作"十七年"。

［14］任：原无，据文意补。

［15］黄士章：乾隆《佛山忠义乡志》作"黄士昌"。

佛山忠义乡志卷四

乡学志 社学　书院　义学

《汉书》："三代之道，乡里有教。"故郑侨不毁乡校①，任昉请立学馆，亦党庠术序②意也。乡之社学始于明洪武三年，嗣是而设义学、建书院，堂馆屡增，人文愈蔚，山陬海澨亦喤然有承平雅颂之声焉。然延师授徒，只佛山书院一处，横舍粗备，膏火亦绌，其余皆乡人会文地耳。社学四，仅存其一。书院九，仅存其三。志乐育者，不必博"多而鲜当"之虚名，将乡学归并一二区，为之增其横舍，厚其膏火，以广集生徒。乡虽小，百年树人，未必无良材以供培植也。志《乡学》。

社学

崇正社学。在灵应祠左，与祠相属，外门联建，甚壮伟。外墀③有石坊，曰"云汉为章"，高耸兀峙。过此为内墀④，中为堂，后为寝，规模宏整。祀文昌梓潼帝君⑤，左魁斗神、右金甲神为配。外右为宣化宫，为大魁堂，堂中祀魁斗神，后祀霍仲儒公。乡人士岁时会于社学，会文

---

① 郑侨不毁乡校：郑侨，春秋时期郑国的子产。不毁乡校，出自《左传·襄公三十一年》。
② 党庠术序：出自《礼记·学记》："古之教者，家有塾，党有庠，术有序，国有学。"塾、庠、序、学都是学校的名称。
③ 外墀：外殿前的空地。墀，殿宇前的台阶或台阶上的空地，常有涂色或装饰。
④ 内墀：内殿前的空地。
⑤ 文昌梓潼帝君：相传文昌帝君曾转世为梓潼帝君张亚子。

则以四仲月①,岁拨灵应祠租银三十六两以供课费。酌增陈《志》。

厚俗社学。在明照铺。

蒙养社学。在锦澜铺。

敦本社学。在社亭铺。

忠义社学。

报恩社学。

按:冼主事《四社学记》:"崇正、厚俗、蒙养、敦本,皆督学魏公校毁淫祠时改建者也。"今蒙养、敦本已就荒,而忠义、报恩二社学不知创于何时,今仅有社存焉,学地竟无可考矣。陈《志》。

书院

文昌书院。在明心铺,明乡尚书李忠定公建。中祀梓潼帝君,后祀李忠定。乡人士不忘公德,奉以配神也。陈《志》。

田心文昌书院。在南泉观音庙左,侨籍人士合建。地当闲旷②,弥望皆平畴,近槛环青,远峰贡翠,为幽赏胜处。乡人士课文③咸集于此。嘉庆四年,里人吴昆同、陈维屏请于总督觉罗吉,发煤厂充公银二千两,同知李永青发公羡余二百两,置买铺产,每年所得租息,分拨佛山书院四十两外,余为多士会文之资。道光十年,里人吴荣光复请于总督李□□、巡抚卢□□,将查封乡中赌博入官房产五所拨给田心书院。总督李公仍恐不敷,捐银一千两置买店产,将每年各处租息增会文经费,由值事定立章程,禀督抚衙门存案。各乡闻风而来,会文者多至四五百人,极一时之盛焉。

佛山书院。在丰宁铺分府署左。原为汾江义学,在栅下铺。嘉庆五

---

① 四仲月:四季中每季的第二个月的合称。
② 闲旷:安静空阔,指空阔而无人使用的地方。
③ 课文:推敲文字,读书做文章。

年，同知杨楷移建于此，岁拨灵应祠租八十余两、田心书院租四十两，为延师修脯、课士膏火费。

心性书院。在嵊岐铺，举人陈宾王建，今圮。

桂香书院。在祖庙铺，李锡祚等建，今圮。

陇西书院。在明照铺，今改为参军李公祠。

颖川书院。在耆老铺，今圮。

浣江书院。在祖庙铺，今圮。

辉映书院。在祖庙铺，今圮。

义学

汾江义学。在栅下铺，佛山同知黄兴礼倡建。嘉庆五年，同知杨楷迁建于分府署左，改名"佛山书院"，《碑记》载《金石》门。

论曰：广州有滨海邹鲁①之称，则文学其天性，殆将比隆于在昔欤？不然，何吾乡之社学、书院之多嘉会，而义学又专以课生徒也？夫人文之聚，固风土之良；而学术所宗，以性道②为贵。吾广自陈白沙③以道学倡，而湛甘泉④接其绪，王阳明⑤又遥应于浙水，海内翕然从之。乡先生辈如梁日孚、冼少汾，或[1]远问业于王，或近得师于湛，皆能澹于仕进而静会本原。故梁出则直声震天下，冼处则高致匹古人。其时有庞振卿嵩者，甘泉高弟子也，所居距乡咫⑥尺，人称"弼唐先生"。甘泉命主天关书院，盖即白沙之以嘉会楼付甘泉欤？当日与梁、冼并兴，蔚为儒

---

① 海滨邹鲁：沿海文化昌盛之地。邹鲁，为孔孟故里。

② 性道：人性与天道。出自《论语·公冶长》："子贡曰：'夫子之文章，可得而闻也；夫子之言性与天道，不可得而闻也。'"

③ 陈白沙：陈献章，新会人，人称"白沙先生"。明代理学家。

④ 湛甘泉：湛若水，号甘泉，广州增城人。明代理学家。

⑤ 王阳明：王守仁，号阳明，浙江余姚人。明代理学家。

⑥ 咫：古代长度单位。周制八寸，合现在市尺六寸二分二厘。

表，流风余韵，今犹未远矣。有志之士，其肯甘自菲薄，不希踪①于诸贤哉！若徒徇词章之俗学，侈声气于名场，则院社止供文酒之欢，而义学不收育才之效，曷足尚欤！夫惟肩圣贤之大业，绍理学于海滨，端介②足信乎乡邦，出处悉符于曩哲③，斯乃迈绝④时流，共钦豪俊耳。噫！微斯人，吾谁与归？陈《志》。

佛山忠义乡志卷四终

【校记】

[1] 或：原无，据乾隆《佛山忠义乡志》补。

---

① 希踪：仰慕而跟随。希，仰慕。踪，追随踪迹。
② 端介：端正、耿介。
③ 曩哲：先贤，先哲。曩，过去，从前。
④ 迈绝：超绝。

佛山忠义乡志卷五

乡俗志 四礼　氏族　习尚　气候　语音
物产　岁时　家庙　坟墓　坊表
名胜　园林　会馆附

三代下，乡无乡师、党正之教，每因其风气而成俗。俗始于富家巨室，一家偷则相与偷之矣，一家僭则相与僭之矣，一家正则相与正之矣。乡民僻远，不获见朝廷制度法律，苟不与之讲切修明而随所便，安以为率？则或逾于礼或习于陋而不自知，故士大夫居乡不可不慎也。佛山素称淳朴，尚无偷且僭之俗，而民物日益其康阜，则风会日即于奢华。夫奢华者，浇漓①之渐也。今所志者，自《四礼》以至《园林》，据事直书，以待转移风气者焉。其俗之美者，则坊表多而祠墓备也。志《乡俗》。

四礼

古冠礼中州少行，广属间有行之者，率简略从事，临娶而始冠。《府志》。

按：乡人父冠其子，并醮而命迎者，尚是古礼，虽富室亦不筮宾②，相沿已久也。

婚礼用槟榔、扶留叶、椰子、芝麻、枣、栗之属以当委禽③，其义

---

① 浇漓：浮薄不厚。多用于指社会风气浮薄。
② 筮宾：挑选在冠礼仪式上为受冠者加冠的来宾。
③ 委禽：下聘礼。古代婚礼，纳采用雁，故称。

各有所取，而尤以槟榔为重。亲迎惟士大夫行之，娶者必二十前后为率。《府志》。

按：乡内娶者以鹅二馈妇家，受一璧一，其即委禽之义。先娶数日，男家以生猪、酒果、鸡蛋送妇家，名为"催妆"。

丧礼用乐，如苏轼所讥"钟鼓不分哀乐事"者。近来士大夫悉遵丘濬仪节，然亦仍有用鼓乐者。丧祭用七，至四十九日而止。亲戚诔奠，主人报礼，元《志》所谓"丧葬必盛肴馔以待送客"是也。俗尚佛事，有识者亦为之，曰"习俗固然"。青乌家言惑俗已久，有停棺数十年不葬者。近奉严禁，俗亦稍变。《府志》。

按：近日乡之祭奠戚友，盛饰品物，罗列花卉，鼓乐导行，侈靡喧哗，大失哀死吊生之意。用佛事则侈灯色，备彩幔，盛鼓乐，僧道设位，召亡者魂，名曰"超幽"。少不举行，则指为俭其亲。至初丧未成服时，孝子捧盆，沿途哭，至河畔，投数钱，以盆取水归，浴尸以殓，名曰"买水"，闽浙人亦有行之者。

祭礼旧四代神主设于正寝。今巨族多立祠堂，置祭田，以供祭祀，并给族贤灯火。春秋二分及冬至庙祭，一遵《朱子家礼》。下邑僻壤，亦有祖厅祀事，岁时荐新。惟清明则墓祭，各处相仿。《府志》。

按：乡中清明扫墓者多，亦有春用清明，秋用重阳，每岁墓祭两次者。

考《府志·四礼》所记，冠既简略，而丧礼用乐，诚如苏氏所讥。然百年以前，丧葬尚俭约也，今则或稍流于靡矣。富者既以侈为尊亲尽孝之道，贫者又争相效尤，以致中人之产，一遇丧葬即无以自存，几何不沦胥以铺①乎？彼一二达观者，又谓"富人丧葬多费其财，则食力佣工者皆得沾其余润，何必为吝啬者借口？与其积于无用之地，孰若散诸仰食之人？"斯言也抑又过矣。史迁不云乎？"君子富，好行其德。小人

---

① 沦胥以铺：皆陷入病痛之中。出自《诗经·小雅·雨无正》。铺，通"痛"，病痛。沦，陷入。胥，皆。

富，以适其力。"使富者推其余以与兄弟宗族之贫乏者，则孝弟之行立而族以收矣。更推其余以赒邻里乡党之颠连者，则任恤①之风成而乡益睦矣。何必以有用之资作不经②之事，谓"借丧葬以济众"哉？

氏族

粤地多以族望③自豪，新徙者每不安其处，乡独无此浇习④。名家巨族与畸畛⑤之户、骤迁之客和好无猜，故氏族至繁而门地自别。兹胪列⑥之，以代有显者附注其下，而先其系所从出焉。节陈《志》。

李氏。系出陇西。明有尚书待问，员外升问，举人应问，经历好问、征问、承问，署丞孝问，主事象同。国朝有举人象升、锡瓒，教授锡命，教谕召问、茂、锡栘，训导锡简，知县绍祖、煐、凤阳，举人大成，现教谕天达。

李氏。系出陇西。国朝有同胞三翰林可端、可琼、可蕃，可端仕至检讨，可蕃仕至湖南粮道，可琼现山东盐运使。

陈氏。系出颍川。明有参议善，知州士介，学正建中，举人士兴。国朝有举人清杰，庶吉士炎宗，知县昌朝，举人洪范。

梁氏。系出安定。宋有郡马节，明有主事焯，推官震，知县元祯，教谕泰安。国朝有举人裔照，教谕叶千，知县端正[1]，举人调元。

冼氏。望出南海。晋有忠义侯劲，明有侍郎光，参政宪祖，主事桂奇，通判涤，知州效，知县谟，学正政。国朝有举人煜、荣昌，教授实，举人沂。

霍氏。系出太原。明有郎中得之，同知良翰，知县球、维诚，教谕士翘、彦经。国朝有举人俊韡，武解元、会魁世恒，进士作明。

庞氏。系出始平。明有主事景忠。国朝有知州上梓，举人翘青[2]、之兑、逵，进士遥。

---

① 任恤：诚信并给人以帮助同情。出自《周礼·地官·大司徒》。
② 不经：不合常法。
③ 族望：有声望的名门大族。
④ 浇习：刻薄、不醇厚的习俗。
⑤ 畸畛：孤单的散户。
⑥ 胪列：罗列，列举。

黄氏。系出江夏。明有教授朝佐。国朝有学正清，教谕金胜，知县中驄、瑾、琉珊。

谭氏。系出齐郡。明有教谕朝重。国朝有教授会海，学正骏。

何氏。系出庐江。明有同知瑶[3]，知县予芳，教授予高。国朝有进士肇宗，知县龙春。

黎氏。系出京兆。明有推官应祥，教谕文治。国朝有知县叶莲。

杨氏。系出弘农。明有太仆少卿邦翰。国朝有举人和。

关氏。系出陇西。明有知县捷先。国朝有知县孙谋。

岑氏。系出南阳。明有知县远。

高氏。系出渤海。明有同知士楠，学正士材。

潘氏。系出荥阳。明有知县龙，教谕尚德，同知大魁。

布氏。系出江夏。明有知县恒。

赵氏。系出天水。明有宣抚使德厚。

招氏。系出南海。明有教谕文选。

彭氏。系出陇西。明有经历道聪。

邱氏。系出河南。明有知县惟峻。

简氏。系出范阳。国朝有武解元遇熊。

左氏。系出济阳。国朝有左副都御史必蕃，举人大章，评事粤章[5]。

区氏。欧冶之子，后转为区氏，望出渤海。国朝有御史遇，教谕士鉴，举人士鋐、宏绪。

张氏。系出清河。国朝有御史重光，知县承灏，教谕际升[6]。

龚氏。系出武陵。国朝有给事中应霖。

朱氏。系出沛国。国朝有主事相朋。

冯氏。系出治平。国朝有同知公亮，知州邦直。

许氏。系出高阳。国朝有提督桢，郎中朝凤。

方氏。系出河南。国朝有知州曰定，知县德秀。

吴氏。系出延陵。明有知县如祈。国朝有知县玮，教谕俊聪，主事承信，郎中承悫，国子监学正廷招，盐大使启运，县丞昇运，盐运经历澍运，翰林院编修、福建布政使、护贵州巡抚荣光，训导徽光，举人林光，通判尚忠，主事尚志。

陈氏。系出颍川。国朝有布政司经历浏，教谕天才。

曹氏。系出谯国。国朝有知县贤伟、汲。

吕氏。系出河东。国朝有知县文焕,举人朝鼎。

林氏。系出西河。国朝有解元、教谕开春。

俞氏。系出河间。国朝有知县琏。

庄氏。系出天水。国朝有知县严。

胡氏。系出安定。国朝有知县天贶。

谈氏。系出弘农。国朝有解元德。

封氏。系出渤海。国朝有举人时中。

周氏。系出汝南。国朝有知县学元。

劳氏。系出武阳。国朝有教谕仁㤗,知县孝舆,国子监学正潼。

罗氏。系出豫章。国朝有举人永吉,教谕颢。

邵氏。系出博陵。国朝有知县宗。

严氏。系出天水。国朝有知县接。

刘氏。系出彭城。国朝有知县俊。

卫氏。系出河东。国朝有教授金章。

郑氏。系出荥阳。国朝有教授[6]果。

麦氏。系出汝南。国朝有教谕尚培。

潘氏。系出荥阳。国朝有庶吉士改主事光岳,举人溶澜、汪澜。

任氏。系出东安。国朝有现训导缙良,举人元梓、元亨。

冯氏。系出始平。国朝有举人文灼。

叶氏。系出南阳,国朝有学正仪。

黄氏。系出江夏。国朝有教谕浩一。

莫氏。系出巨鹿。国朝有举人健翎,教习鸿仪。

老氏。颛帝子老童之后。

列氏。神农之世有列山氏,子孙为列氏。

郭氏。系出太原。

颜氏。系出鲁国。

徐氏。系出东海。

苏氏。系出武功。

孙氏。系出乐安。

余氏。系出下邳。

敖氏。系出谯国。

顾氏。系出武陵。

英氏。系出晋陵。

温氏。系出平原。

伦氏。系出京兆。

程氏。系出安定。

马氏。系出扶风。

鸡氏。鸡鸣时，迁安人，正统中陕西苑马寺监正。

伍氏。系出安定。

萧氏。系出新安。

柯氏。系出济阳。

崔氏。系出博陵。

游氏。系出广平。

钱氏。系出彭城。

谢氏。系出陈留。

孔氏。系出鲁国。

卢氏。系出范阳。

姚氏。系出吴兴。

戴氏。系出谯国。

沈氏。系出吴兴。

邝氏。系出庐江。

薛氏。系出河东。

范氏。系出高平。

唐氏。系出晋昌。
魏氏。系出巨鹿。
杜氏。系出京兆。
袁氏。系出汝南。
熊氏。系出江陵。
钟氏。系出颍川。
陶氏。系出济阳。
毕氏。系出河南。
易氏。系出太原。
晏氏。系出齐国。
邓氏。系出南阳。
廖氏。系出汝南。
邹氏。系出范阳。
舒氏。系出京兆。
洪氏。系出敦煌。
韩氏。系出南阳。
鲍氏。系出上党。
奚氏。系出谯国。
王氏。系出太原。
曾氏。系出鲁国。
湛氏。系出豫章。
邢氏。系出河间。
白氏。系出南阳。
陆氏。系出河南。
倪氏。系出千乘。
巫氏。系出平阳。
仇氏。系出平阳。

欧阳氏。系出渤海。酌增陈《志》。

习尚

佛山地广人稠，五方杂处，《县志》。习尚盖歧出①矣。故家巨族，敦诗书，崇礼让，祠祭竭其财力，妇女罕出闺门，此其大较②也。至于异地新迁，或宦成名立，始来卜居；或拥资求安，爰得所处。类皆谨敕和厚，少蹈慆淫③。然商贾猬集④，则狙诈日生；佣作繁滋，则巧伪相竞。兼以旅廛逼闹⑤，游手朋喧，优船⑥聚于基头，酒肆盈于市畔，耳濡目染，易以迁流，遂或失其淳实之素矣。夫申教谕以玉俊良，惩邪惰以醒顽钝，非司风化者之急务哉？

气候

气候于邑中为独热，以冶肆多也。炒铁之炉数十，铸铁之炉百余，昼夜烹炼，火光烛天，四面熏蒸，虽寒亦燠⑦。又，铸锅者先范土为模，锅成弃之，曰"模泥"。居人取以培地筑墙，并治渠井。土经金火，燥性不灭，渗引及泉，泉失其冽。饮之食之，易成温结。节宣之道，增凉减热。若夫风雨之变，潮湿之别，则具载《邑志》，兹不赘列。以上二则陈《志》。

---

① 歧出：多种多样。
② 大较：大概，大略。
③ 慆淫：享乐过度，怠慢放纵。
④ 猬集：像刺猬的硬刺那样多，比喻多且集中。
⑤ 旅廛逼闹：旅廛，市场、商铺。逼闹，拥挤热闹。
⑥ 优船：戏船。
⑦ 燠：热。

语音

乡去会城仅五十里,语相若而音乃顿殊。城清以急,乡重而迟。土籍操乡音,侨籍多操城音,或仍其故土音,久之亦习乡音。土籍亦有嫌乡音之近浊,变而从城音者。节陈《志》。

物产

谷品。乡田皆两熟,多黏稻,少糯。杨孚《南裔异物志》:"农者一岁再种,冬又再熟。"苏轼《南海文》:"以黏为饭,以糯为酒,糯贵而黏贱。盖以其性善变,罕得佳实云。"

蔬品。有蕹菜、莴苣、薤、芥、葱、韭、蒜、苋、薯、芋、茄、姜之属,又有芥菜、水芹、旱芹、菠薐、白菜、萝卜、桐蒿[7]、萫苙、冬瓜、黄瓜、苦瓜、丝瓜、节瓜各常蔬,皆与各乡同。莴苣俗名"生菜"。

果品。有荔枝、龙眼、香蕉子、橘、柚、橙、桔、桃、柑、李、羊桃、荸荠之属。羊桃俗名"三敛",乡内园圃无多。其葡萄、香檬、蒲桃、橄榄、蔗各佳果率贩自各乡云。

木品。有桂、梧、松、柏、相思、桄榔、棕榈、苦楝、榕、槐、木棉之属。

竹品。乡产甚少。植名园者,则有观音、凤毛[8]、鹤膝、鸡距各品。其名"大头点"者多产笋。

卉品。有兰、蕙、夜合、百合、玉簪、金凤、鹤顶、鹰爪、杜鹃、树兰、山茶、绯桃、碧桃、夹竹桃、百子莲之属,多玫瑰、蔷薇、莲、菊、素馨、茉莉、鸡冠、含笑、佛桑、芙蓉、月季、马缨丹、雁来红。

草品。有绿芸、锦屏风、凤尾、宜男、吉利、铁树、虎耳之属。

药品。有卷柏、蒲公英、益母、史君子、蘘荷、紫苏、枸杞之属。

少天门冬、麦门冬、山豆根、金缨子,多香花子、香花菜、野苋、野葛、旱蘿、旱藤。其橘皮、决明、茱萸、藿香、姜黄多产近乡。

《广州志》:"黄金茄,状若槟榔,子色黄,误食之,立死。或云虾酱可解。俗名'颠茄'。"

闹杨花。叶如茄,花紫色,匪人多用以迷人。中其毒,食黄片糖可解。

鹿角菜。《释名》:"猴菜。"《本草纲目》:"甘,大寒,滑,无毒。"高士奇《天禄识余》:"猴菜,色赤,生石上,南越谓之'鹿角'。"

苦瓜。《释名》:"锦荔枝,救荒癞,葡萄。"李时珍《本草》曰:"'苦'以味名,'瓜'及'荔枝''葡萄'皆以实及茎叶相似得名。除邪热,解劳乏,清心明目。子益气壮阳。"

《草木状》:"蕹菜,如落葵而小,性冷味甘,以其汁滴野葛即萎。"张华《博物志》载:魏武啖野葛一尺,云先食此菜。

野葛,毒菜也,蔓生,叶如罗勒,光而厚,一名"胡蔓草",服之半日即死。山羊食其苗即肥大,中毒者饮山羊血可解。见《草木状》。可治梼疮毒、疮效。

断肠草,即鸡爪兰,花黄如鱼子兰,毒同野葛,人家少种为妙。

鳞品。多鲤、鲮、鲫、鲩、鳙、鳊、鳗、塘鲺,有鲢、鳝、鲇、鳜、黄其[9]、白饭即银鱼、贴沙、鲟、鲋、凤尾、乌贼、鲈、鲨之属,俱来自近乡。

介品有蚌、蠃[10]、蟛、蚬、虾、蟹、蛤蜊、蟛蜞。蟛蜞即彭越也。其龟、鼋、鲨鳊、山崇多出各乡。

羽品有鹊、鸦、灰鹤、野凫,多鸡、鹅、鸭、瓦鹩、瓦雀、麻雀、鹁鸽、斑鸠、禾鹊,其画眉、白鹇、孔雀、翡翠、白燕、鹦鹉则产于别处,蓄诸名园。

毛品。牛、狗、羊、猪各兽,与近乡同。

虫品。有蛙、蝶、蝙蝠、禾虫、蛤、虾蟆、蜜蜂[11],多鼠妇[12]、蜘蛛、蝇、蚊、百足、蛭、蚁、白蚁、蜻蜓、蝉、竹蛾、螳螂、蝍蛆之属。蝍蛆即蜈蚣，治蛇。《庄子》云："蝍蛆甘带。"蜘蛛悬网如鱼缯者，亦名"蚰蟱"，赤班者亦名"络新"。妇人方术用其草土者及蟏蛸，不合用蜈蚣。蜂虿螫，取蜘蛛置咬处吸其毒效，被其咬者以大蓝汁调麝香、雄黄末点之，不速救，杀人。又壁钱，俗名"琴劳盒"，治鼻衄、金疮。鼠妇即蛜蝛，俗名"肥猪"，解射工、蜘蛛毒。陶弘景《别录》："蟹未被霜者甚有毒，以其食水莨故也。"其族类甚扁而大，后足阔者曰"蟳蜅"，岭南人谓之"拨棹子"，以其后脚形如棹也。两螯无毛，所以异于常蟹。其最小者为蟛蜞，吴语为"彭越"。《尔雅》云："蜎蟧，小者蟧。"似蟹而小，蟛蚑亦其类也，食之误人矣。

白糖、龙眼干、荔枝干、陈皮、糖梅、糖榄，皆贾贩弥市。灰炉、砖炉、土工、木工、石工、金工，与各乡同。惟钮针鞋帽，乡内业此甚多。

铁锅有牛锅、鼎锅，三口、五口，以大小分；铁线有大缆、二缆，上绣、中绣、花丝，以精粗分。门神、门钱、金花、䓟花、条香、灯笼、爆竹之属，皆终岁仰食于此。

《广州志》："粤缎之质密而匀，其色鲜华，光辉滑泽，然必吴蚕之丝所织。若本土之丝则黯然无光，色亦不显，止可行于粤境，远贾多不取。"佛山纱亦以土丝织成，花样皆用印板。生丝易裂，熟丝易毛。

岁时

正月元旦，拜年烧爆竹。爆竹比他处为盛，自除夕黄昏轰阗达旦，其声远近大小，参差起伏。静听之，历历快意。

初六日，灵应祠神出祠巡游。备神仗，盛鼓吹，导神舆以出，游人簇观。愚者谓"以手引舆杠[13]则获吉利"，竞挤而前，至填塞不得行。是日，绅士集崇正社学，修文帝祀事。

十一日，侨籍绅士集田心书院，修祀事。次日，柬①乡友会文。

上元，开灯宴。普君墟为灯市，灯之名状不一。其最多者曰"茶灯"，以极白纸为之，剔镂玲珑，光泄于外。生子者以酬各庙及社，兼献茶果，因名"茶灯"。曰"树灯"，伐树之枝稠而杪平者为灯干，缀莲花[14]于枝头，多至百余朵，燃之如绛树琼葩。曰"八角灯"，中作大莲花，下缀花篮，八面环以璎珞。曰"鱼灯"，曰"虾灯"，曰"蟾蜍灯"，曰"番瓜灯"，则象形为之。曰"折灯"，可折而藏者。曰"伞灯"，可持而行者。自元旦为始，他乡皆来买灯。挈灯者鱼贯于道，通济桥边、胜门溪畔，弥望率灯客矣。

二月二日，祀土神。社日②祀社，与各乡同。

初三日，绅士集崇正社学，修祀事。先日，则集文昌书院，修祀事。

上丁，侨籍绅士集田心书院，修祀事。

十五日，谕祭灵应祠神。先一日，绅耆列神仗，饰彩童，迎于金鱼塘陈祠。二鼓，还灵应祠。至子刻，驻防同知诣祠行礼，绅耆咸集。祭毕，神复出祠。

十九日，绅士集南泉庙，祀观音大士。

三月三日，灵应祠神诞。乡人士赴祠肃拜，各坊结彩演剧，曰"重三会"。鼓吹数十部，喧腾十余里。神昼夜游历，无晷刻停。四日，在村尾会真堂更衣，仍列神仗，迎接回舆。

清明，插柳于门。一月中扫墓郊行，谓之"踏青"，又曰"拜清"，亦曰"铲草"。俗曰"压纸"，以楮置墓上也。

二十三日，天后神诞。天后司水，乡人事之甚谨，以居泽国也。其演剧以报、肃筵以迓者，次于事北帝。

---

① 柬：发送请帖。
② 社日：古时祭祀土地神的日子，一般在立春、立秋后第五个戊日。

四月八日，浮屠浴佛。以枣、栗杂投汤中，分遗诸佞佛①者，曰"佛汤"。佞佛者饮之喜，捐钱米答之。

五月朔日，饮菖蒲酒，以角黍②、菱、荔荐其先人。

初五日，饮雄黄酒，观龙舟。乡之习水者少，故竞渡之风不炽，而乘舫出游者独多于他处云。

初八日，龙母神诞。庙当水来汇处，神甚著灵异，男女祷祀无虚日。是晨，咸赴庙烧香。

十三日，乡人士赴武庙，祀武帝，早稼始登③。

夏至，餐荔。乡所产荔多上品，而荔圃寥寥，不足以供一乡之口腹。他乡争以荔来鬻，栅下果栏香红堆满，肩贩百十为群，分走衢巷，家家餍饫④，或互相饷焉。

六月初六日，普君神诞，凡列肆于普君墟者，以次率钱演剧，几一月乃毕。

十九日，绅士集南泉庙，祀观音大士。妇女竞为观音会，或三五家，或十余家，结队醵金钱⑤，以素馨花为灯，以露头花为献，芬芳醲郁，溢户匝途。游人缓步过，层层扑袭，归来犹在衣袖间也。

七月六日夕，闺人陈瓜果筵乞巧。

初七日，朝汲水。水汲于日未出时，永不生沙虫，他日则否。

望前三四日，焚衣楮祀先代，曰"烧衣"。乡中重盂兰盆会⑥，每醵钱建水陆道场，以超幽魂，谓之"万人缘"。

十五日，闺中妇女以彩丝结同心缕，镂菱藕为花鸟形，佐以龙眼、青榄，互相馈遗，曰"结缘"。婢仆络绎于道。

---

① 佞佛：盲目奉佛以求福。
② 角黍：即粽子。传说春秋时期，用菰叶（茭白叶）包黍米成牛角状，故称"角黍"。
③ 登：庄稼成熟。
④ 餍饫：形容食品极丰盛，感到饱足。
⑤ 醵金钱：凑钱。
⑥ 盂兰盆会：佛教节日，每逢七月十五日举行超度宗亲的仪式。

八月十五日，谕祭灵应祠神，仪如春仲。

社日，祭社。侨籍人士集田心书院，修祀事。会城喜春宵，吾乡喜秋宵。醉芋酒而清风生，盼①嫦娥而逸兴发。于是征声选色，角胜争奇，被妙童以霓裳，肖仙子于桂苑。或载以彩架，或步而徐行，铙鼓轻敲，丝竹按节，此其最韵者矣。至若健汉尚威，唐军宋将，儿童博趣，纸马火龙，状屠沽之杂陈，挽莲舟以入画，种种戏技，无虑数十队，亦堪娱耳目也。灵应祠前，纪纲里口，行者如海，立者如山，柚灯纱笼，沿途交映，直尽三鼓乃罢。相传黄萧养寇佛山时，守者令各里杂扮故事，彻夜金鼓震天，贼疑有备，不敢急攻，俄竟遁去，盖兵智也。后因踵之为美事，不可复禁云。

九月九日，绅士集崇正社学，修祀事。重阳登高，亦有扫墓者。

初十日，绅士集文昌书院，修祀事。

二十八日，华光神诞。神为南方赤帝，火之司命。乡人事黑帝、天后以祈水泽，事赤帝以消火灾。是月，各坊建火清醮，以答神贶，务极奢侈，互相夸尚。用绸绫结成享殿，缀以玻璃之镜，衬以翡翠之毛。曲槛雕栏，锦天绣地，瑰奇错列，龙凤交飞。召巫作法事，凡三四昼夜。醮将毕，赴各庙烧香，曰"行香"。购古器，罗珍果，荤备水陆之精，素擅雕镂之巧。集伶人百余，分作十余队，与拈香捧物者相间而行，璀璨夺目，弦管纷喧。复饰彩童数架以随其后，金鼓震动，艳丽照人。所费盖不赀②矣，而以汾流大街之肆为首。

十月，晚谷毕收。乡田皆两熟，谷美亦甲他处。惟习农者寡，获时多倩③外乡人。自是月至腊尽，乡人各演剧以酬北帝，万福台中鲜不歌舞之日矣。

十一月冬至，祀祖。乡最重冬祭，春秋之祭间略，冬则无不举者。

---

① 盼：看。

② 不赀：数量极多，无法计量。

③ 倩：请别人做事。

祀毕，与家人宴于室，曰"团冬"。十二月小除①，祀灶，以金橘、糖豆为献。越日，招亲串②饮酒，曰"团年"。

除夕，点灯于房室，曰"照耗"，举家守岁。增减陈《志》。

论曰：越人尚鬼，而佛山为甚。今不示之以节，更铺张其事，得毋谬于坊民范俗之旨欤？曰："此拘迂之见，未达乡之事情者也。"夫乡，固市镇也。四方商贾萃于斯，四方之贫民亦萃于斯，挟资以贾者什一，徒手而求食者则什九也。凡迎神赛祷，类皆商贾之为，或市里之饶者耳。纠铢黍以成庆会，未足云损，而肩贩杂肆借此为生计，则食神惠者不知其几矣。况愚夫愚妇日从事于神，安知不有动于中而遏其不肖之念？是又圣人神道设教之妙用欤！若禁抑之，使不得仍其故习，此特便于吝竖，而贫民不其馁而？夫民相资相养，事有近于奢而无害者，固不必遽示之以俭也。至若以礼事神，士夫稍知敬远者，自能循度中节，岂待厉禁而始知嚣渎之非哉？是以牧民者求通民情，守土者不违土俗。陈《志》。

家庙

忠义流芳祠。在灵应祠右，内祀明二十二老。

赞翼堂。在灵应祠左巷，祀八十甲开户之祖。

霍氏宗祠。在居义里。

冼氏家庙。明主事冼桂奇建，尚书湛若水题额，在高第坊忠义名家内。

明殿黄公祠[15]。

黄氏二世祠。俱在麒麟里。

冼氏世祠。明巡按洪垣题额，在文会里。

霍大夫祠。在隔塘。

---

① 小除：即小年，佛山一般在腊月二十三或二十四日。

② 亲串：亲戚。

云客区公祠。在居义里。

隔塘霍公祠。在九巷。

粤南黄公祠。在板障巷。

霍氏祠堂。在到运路。以上祖庙铺。

广堂霍公祠。在高基坊。

日仰钟公祠。在长塘边。

李氏金房祠。在南馨里。

浩山陈公祠。在南安里。

梁氏宗祠。在东升里。

岑氏宗祠。在二仙庙右。

莱州李公祠。

封君劳公祠。俱在南馨里。

怀亭陈公祠。在长塘坊。以上山紫铺。

彭氏宗祠。在新安街。

粤敏彭公祠。在杉街。以上丰宁铺。

陈氏大宗祠。

静恒陈公祠。俱在金鱼塘。

古峰陈公祠。在金华里。以上耆老铺。

东日何公祠。在大元里。

霍氏宗祠。在彩阳大街。以上彩阳堂铺。

元贞黄公祠。在兰台里。

去非李公祠。在细巷。

光禄李公祠。在细巷。

柔庵李公祠。在集贤里。

耕野李公祠。在岐安里。

高氏宗祠。在高巷。

佛照陈公祠[16]。在福庆里。

瑶勤[17]何公祠。在细巷。

囧卿杨公祠。在集贤里。

区氏宗祠。在高巷。

霍氏宗祠。在象春巷。以上峻岐铺。

陈氏宗祠。在走马灯。

冼氏宗祠。在聚源街。以上东头铺。

挺峰陈公祠。在崇庆里。

赠户部尚书李公祠[18]。祀赠尚书李畅，在陇西里。

李氏大宗祠。在陇西里。

汪海区公祠。在广德里。

区氏宗祠。在聚福里。

文通陈公祠。在忠义里。

正诚冼公祠。在义榕里。

冼氏宗祠。即乐义公祠，在荷包塘。

何氏大宗祠。在司直坊。

客卿李公祠。在乐善里。

参军李公祠。在上巷。

总戎陈公祠。在广德里。

梁氏宗祠。在藕栏。

李氏十五世祠。在忠义里。

罗氏宗祠。在青龙坊。

叶氏书室。在三元里。

梁氏宗祠。在朝阳里。

介庵梁公祠。在崇庆里。以上栅下铺。

赠文林郎吴公祠。门额"海国流长"，在莲塘街。

赠大夫李公祠。

李氏宗祠。在大塘尾。

李氏七世宗祠。

李氏六世宗祠。俱在大桥头。以上明照铺。

罗氏宗祠。在蒙养社左。

正本梁公祠。在柴栏。

宋判院梁公祠。

帅魁梁公祠[19]。俱在石狮街。

东居陈公祠[20]。

陈氏大宗祠。

梁氏七世祠。俱在水便。

景明梁公祠。在茶亭。

柏庭梁公祠。在忠义里。

清源黄公祠。在铸犁口。

梁氏祠堂。在澳口。

梁氏宝贤祠。在忠义里。

卢氏大宗祠。在金瓯里,陈《志》入桥亭。

以义梁公祠。

厚所梁公祠。

连宇梁公祠。俱在忠义里。

东垫霍公祠。

霍氏宗祠。俱在铸犁口,陈《志》谓"霍氏双祠"。

陈氏大宗祠。在纲华里。

赖氏书舍。在金兴里。

潘氏宗祠。在晚市新街。以上锦澜铺。

郡马梁大宗祠。明嘉靖巡抚李岳为宋郡马梁节立,王守仁题永思堂额。

其中公寝室。

悟轩[21]梁公祠。俱在大塘前街。

国彦梁公祠。

可斋梁公祠。

前洲梁公祠。

平野梁公祠。

介轩梁公祠。俱在石角坊。以上仙涌铺。

正泉陈公祠。原在银带巷，今迁，在海南塘街。

冼氏宗祠。在白塴头南。

惟本冼公祠。在平乐里。

溶斋冼公祠。在白塴头北。

世宗郑公祠。在青云社后。以上真明铺。

朝修梁公祠。在朝市。

梁氏宗祠。在朱紫市。

松坡梁公祠。在丛梓坊。

菊庄梁公祠。在舒步街。

旭正张公祠。在朝市。

睦堂梁公祠。在社巷。

忠义梁公祠。在梨巷。以上社亭铺。

十五世庞公祠。在禄丰大街。

黎氏世祠。在道姑园。

邱氏宗祠。在禄丰大街。

杨氏宗祠。在东边巷。

茂山黄公祠。在由义里。

福贤书舍。在永丰新巷。

松芳书舍。在永丰横街，善庆堂耆老建。

南田冯公祠。在六村社。以上岳庙铺。

旅食祠。在龙聚街，系义祀，有《记》。

霍氏世祠。

霍氏宗祠。在瓦巷正街。

陈氏宗祠。

书堂周公祠。俱在西街。

任瑞轩祠。在高基。以上汾水铺。

绍广何公祠。在仁厚里。

翰林家庙。原翰林院庶吉士改主事潘光岳建,在高低巷。

梁氏宗祠。在公正市横巷。

庞氏宗祠。在公和巷。以上潘涌铺。

别驾冼祠。前明方献夫题额,在马廊。

厚原霍公祠。在燕乔里。

节堂陈公祠[22]。在荫善坊。

屏翰冼公祠[23]。在鹤园遗址内。

辉映书室。在燕乔里。

惺台霍公祠。内有霍方氏祠。

懋斋霍公祠。

桐江霍公祠。

北先霍公祠[24]。俱在大原祠道。

湛虚霍公祠。

霍氏世祠。俱在太原坊。

梁氏大宗祠。在深水瓯。

云堂梁公祠。在金线上街。

诒斋吴公祠。在福贤里。

冼氏世祠。在锦里。

冼氏书室。在石巷。

任氏祖祠。在乐安里。

陈氏大宗祠。在高地。以上福德铺。

黄氏大宗祠。在涌边坊。

平心何公祠。在大湾。

纯峰何公祠。在低街。

良宰曹公祠。在万元里。

庞氏宗祠。在大树堂坊。

十世黄尹公祠。在古洞直街。

庞氏大宗祠。在地官里。

作竹黄公祠。在涌边坊。

何氏序思祠。在低街。

跃天曹公祠[25]。在西园。

学屏曹公祠。在古洞直街。

区氏九世祠。在聚庆坊外。

东明陈公祠[26]。在西贤里。

庞氏六世祠。在地官里。

翰林家庙。祀赠福建布政使吴恒孚，嘉庆二十二年吴济运兄弟为其父建。

方伯家庙。祀赠福建布政使吴济运，道光九年吴荣光兄弟为其父建。俱在吴大树堂内。

履斋冼公祠。祀赠主事灌明，主事桂奇建，在大树堂坊。

陈氏宗祠。在德星里。

陈氏大宗祠。在沙塘坊。以上观音堂铺。

简氏宗祠。在简园。

颍川宗祐。祀赠朝议大夫陈昱，道光九年建，在石路头。

思铭霍公祠[27]。在兴桂里。

何氏书舍。在和睦里。

文光蔡公祠。在兴隆里。以上石路铺。

福举黄公祠。在黄巷。

乡仕祠[28]。在居仁里。

元吉黄公祠。在找钱巷。

耆义伍公祠。在东华里。

鹤亭黄公祠。在刚正里。

潘氏宗祠。在潘巷。以上黄伞铺。

黄氏世祠。在黄鹤基。

霍氏大宗祠。

太原书室。二俱在更楼脚后街。以上纪纲铺。

梁氏家庙。在万福里。

惠甫霍公祠[29]。在万寿坊。

职方祠。祀明主事乡贤梁焯，内有"忠孝两存"明王守仁题额。

以上陈《志》所载，除拆去无存者，余仍其旧。至新增各祠，一依《采访册》，其未报《采访册》者不列，以昭公允。

坟墓

梁氏祖墓。在大茶冈、河宕嘴、蜘蛛冈、张槎榄冈、石榴圳、蒲鱼山等处。

霍氏祖墓。在清水冈、燕归窝、竹坡冈、篷冈、圣堂冈、白坭、小虎等处。

冼氏祖墓。在白山头、大塘山、河宕冈、冈巷、飞鼠冈、三山、四马冈等处。

李氏祖墓。在清水冈、大墓冈、宝塔冈、鳌头冈、蒙清冈、小墓冈、蟹螃冈、白仙冈、燕归窝等处。

陈氏祖墓。在石榴圳、青云路、清水冈、低坑等处。

何氏祖墓。在清水冈、禽冈、小墓冈、蓬冈、小清水、圣堂冈等处。

高氏祖墓。在铸犁嘴。

赠通判冼政墓。在凤林冈。

赠主事冼灌墓。在石湾犬眠冈，尚书湛若水表墓。

通判冼涤墓。在凤林冈。

岑氏祖墓。在飞鼠冈。

同知何瑶墓。在小清水。

典仪冼桂昌墓。在燕归窝。

主事梁焯墓。在大象冈。

评事梁衡墓。在源头冈。

教谕潘尚德墓。在竹坡冈。

参军梁瑛墓。在源头冈。

知县岑远墓。在沙坑冈。

进士何肇宗墓。在大清水冈。

知县李孝问墓。在埇头。

参军李好问墓。在燕归窝。

知县霍维诚墓。在燕归窝。

参军陈席珍墓。在竹坡冈。

光丞李敬问墓。在清水冈。

赠主事梁宗远墓。在大象冈。

州判陈全清墓。在清水冈。

主事冼桂奇墓。在西樵大琴峰。

知州高士楠墓。在奓冈。

赠尚书李壮墓。在清水冈。

赠尚书李畅墓。在沙坑壁头冈。

赠大夫李芝墓。在马尾冈。

尚书李待问墓。在西坑冈。

员外李升问墓。在埇头冈。

同知霍良翰墓。在清水冈。

主事庞景忠墓。在大北门外。

梁节妇霍氏墓。在祖庙铺大塘前。提学魏校委教谕蒋鳌治葬，有亭，有《碑记》。

国朝赠知县吴化龙墓。在澜石白仙冈。

赠布政使吴济运墓。在白云龙公塘。工部尚书王引之铭墓，礼部尚书汤金钊书丹篆盖。墓下里余为龙塘观，设香火田十余亩，有道士管理。其右为星云联采楼，吴荣光兄弟奉遗像庐墓其侧。

按：祠以栖祖宗之灵爽，墓以藏祖宗之形骸，乡重祠墓，其风古矣。乃族姓日蕃，贤否不一，祠则任其颓垣圮壁而莫修、墓则付诸蔓草荒烟而不顾者有之。乡中建祠，一木一石俱极选采，在始建者，务求壮丽，以尽孝敬而肃观瞻。而既美奂轮，易生觊觎，不肖子孙恃尊恃众，纠合强拆盗卖者比比皆然。道光九年，平心何祠几毁，其裔生员何寅斗禀官禁止。而近年以来，奉直冯祠则毁，乐愚黄祠则毁，秀峰何祠则毁。甫栖公索之魂①，即馁若敖之鬼②，良可慨矣。坟墓则童山蚁穴，律原准迁。乃有溺于堪舆祸福之俗说，惑于支房盛衰之瞽言，庸师妖巫，横议巧煽，富人贵族，陷此尤甚。以至已葬而迁，则发棺暴露；未葬而停，则归土无期。

於戏！其何以为人、何以为子乎？范史所记河南吴雄，少时家贫丧母，营人所不封土者择葬其中，丧事趣办，不问时日。雄起自孤寒，致位司徒。子䜣，孙恭，三世为廷尉。又司马温公言："吾族将葬太尉公，族人皆曰：'葬者大事，奈何不询阴阳？'吾兄伯康无如之何，乃曰：'安得良葬师而询之？'族人曰：'近村有张生者，良师也。'兄召张生，许钱二万，张生大喜。兄曰：'汝能用吾言，俾尔葬。不用吾言，将求他师。'张生曰：'惟命是听。'于是兄以己意处岁月日时，及圹之浅深广狭，道路所从出，皆取便于事者。使张生以葬书缘饰之，曰'大吉'，以是族人皆悦。今吾兄年七十九，以列卿致仕，吾年六十六，忝备侍从，宗族之从仕者二十有三人。视他人谨用葬书者，未必胜吾家也。

於戏！伊川有言：'卜其宅兆者，卜其地之美恶，非阴阳家所谓祸福也。'地之美者，土色之光润，草木之茂盛，则其神灵安，子孙盛。父祖子孙同气，彼安则此安。而拘忌者惑以地之方位、日之吉凶，不亦泥乎？"吾粤地气卑湿，择葬者加以防水蚁而已。积善积恶，惟人自召其殃庆，于砂水日辰何与也？高文良公不云乎？"有十世之德，必有十世之子孙以保之。"至哉言也！愿与乡人勉之。

---

① 公索之魂：春秋时鲁国有公索氏，祭祀时丢失了祭品。孔子听说后认为其三年内一定会败亡，后果然应验。出自《孔子家语·好生》。
② 馁若敖之鬼：若敖，指春秋时楚国的若敖氏；馁，饿。若敖氏的鬼受饿了。比喻没有后代，无人祭祀。出自《左传·宣公四年》："若敖氏之鬼，不其馁尔？"

坊表

敕赐忠义乡。在汾水正埠马头。

圣域。在灵应祠前。

云汉为章。在崇正社学内。

地灵璠贵。在明心铺文昌书院内。

振家德泽。在祖庙铺冼祠内，为冼灏通建。

奕世恩荣。同上。

家传诗礼。在潘涌铺冼祠内，为冼政、冼涤建。

世沐恩荣。同上。

褒宠。在仙涌铺梁祠内，为主事梁焯建。

升平人瑞。在社亭铺梁祠内[30]，为百岁庠生梁持璞建。

正气凛然。明巡按徐如珂为主事梁焯题。

补浴忠良。明巡抚王业浩、南海县黄熙胤为主事梁焯立。俱在梁职方祠内。

升平应瑞。在观音堂铺吴大树堂内，旌表吴易氏五世同堂。

李泽妻梁氏节孝坊。在明照铺。

区起敬妻李氏节孝坊。在栅下铺。

霍廷乔妻邝氏节孝坊。在汾水铺。

李芳生妻陈氏节孝坊。在明照铺。

陈宗衍妻何氏节孝坊。在埭岐铺。

许海涵妻庞氏节孝坊。在山紫铺。

李奕公妻潘氏、李伊长妻徐氏节孝坊。姑媳①联建，在明心铺。

冼乐容妻黄氏节孝坊。在福德铺。

黄文锡妻霍氏节孝坊。在耆老铺。

---

① 姑媳：婆母与儿媳。

麦章斐聘妻霍贞女节孝坊。在观音堂铺。

冯仕焕妻谢氏节孝坊。在祖庙铺天衢坊。

冼熺妻区氏节孝坊。在福德铺。

林文灿妻孔氏节孝坊。在墱岐铺高巷。

吴祖嘉妻劳氏节孝坊。在明照铺海国流长祠。

萧吉士妻霍氏节孝坊。在祖庙铺。

李锡润[31]妻方氏节孝坊。在栅下铺尚书里。

劳元恭妻黄氏节孝坊。在墱岐铺细巷。

黄宸宣妻冯氏节孝坊。在墱岐铺高巷。

霍鼎琜妻李氏节孝坊。在祖庙铺隔塘大街。

监生霍树妻黄氏节孝坊。在祖庙铺城门头桥外。

黄炳都妻刘氏节孝坊。在鹤园铺行仁里。

贡生黄泳妻李氏节孝坊。在黄伞铺早市。

吴炎光妻陈氏节孝坊。在栅下铺尚书里。

监生吴宗仪妻杨氏节孝坊。在祖庙铺高第坊。

张炳珍妻曹氏节孝坊。在鹤园铺教善坊。

陈嚣台妻罗氏节孝坊。在墱岐铺细巷。

曹起龙妾刘氏、媳李氏节孝坊。在潘涌铺快子街。

名胜

旗带水。灵应祠有神旗名"七星旗",屡著灵异。乡人竖长杆于凿石街,属祖庙铺,在祠前之左。以悬旗,凿渠于其前,名曰"旗带水"。自城门头引流折而西[32],经山紫村以达于涌。此渠不知浚于何时,久已淤废。雍正元年及乾隆四十年间复浚,今又淤矣。

锦香池。灵应祠前方沼也。明正德时,霍时贵等所凿,周遭甃以石,整而固。上为石栏,加以雕镂,复琢巨石为龟蛇置沼中。开石渠引古洛之水以入，源甚长。左右筑小平阜①，种树垂荫，甚有致，游人凭栏眺赏无虚日。

灌花池。此池凿于明正统时，梁文缙、霍佛儿所捐地也。后增锦香池于其右，遂有两池[33]。相距不数武②，乃锦香历加修浚，而此池久废为平壤矣。

福山八景：

汾流古渡。在汾水正埠。

冈心烟市。在早市。

庆真楼观。即灵应祠。

塔坡牧唱。在普君墟。

孤村铸炼。在大墟沙塘。

东林拥翠。在东头坊。

南浦客舟。在隔海寺岸洲。

村尾垂虹。即通济桥。八景之名本旧《志》，图见卷首。

海口文塔。在栅下。塔祀文昌。道光五年乙酉重修，原三层，增为五层，高一十一丈七尺。左建财神庙，右砌往炮台大路，前临涌水，将奉官断买涌外蔗围占筑田亩开挖，仍为河道。自是外河九曲入襟，内涌玉带回环，塔外古松苍翠，与日影波光相映，水口、三山、西淋竞奇献秀，蟠峰一点，恍如青黛螺鬟。夜则渔灯并海月分辉，蛙鼓与村更答响。川原邈其何极，烟景呈其大观，洵一胜概也。工竣，里人吴荣光有《记》。每岁二月初一祀文帝，七月初七祀魁星，绅士咸集。七月二十二乡人醵金以祀财神。《记》见《金石》门。

地官里文塔。在观音堂铺庞祠前。

石阁文塔。在仙涌铺梁祠前。原有一石阁，为梁文缙书舍，后圮。今改为文武庙，仍呼"石阁"。

---

① 平阜：高而平正的地方。

② 武：古以六尺为步，半步为武。

莺冈文塔。在丰宁铺黄祠前。

城门头。在古洛社口，前明御黄萧养依栅为城处，以其得胜故，又名"胜门头"。

敬字亭。在丰宁铺，乡绅士捐建，置租产，雇人捡拾字纸，在亭内烧化。

十八墩。在田心书院及观音庙左右。论者以田边观音庙由莺冈发脉，过万真观、分府衙门而庙，为莲花形，其十八墩为十八罗汉，以护卫观音云。各墩多附近各姓祖坟。如蜘蛛墩、在竹院前，梁家祖墓。飞鼠墩、在杉街鹊歌庙前，白墈头冼三世祖墓。将军墩、在简村桥，陈《志》白山头者是也，白墈头冼始祖墓。雷公墩、在雷公庙前，孔、杜二姓祖墓。亚婆墩、在圣亲宫侧，潘村潘姓祖墓。高家墩、在铸犁嘴，高姓祖墓。大塘墩、在蜘蛛墩前，陈姓东居祖墓。石榴沥墩、在霍荸祠右，纲华里陈姓祖墓。罗家墩、在田心书院前，罗姓祖墓。金鼠墩、在雷公庙前，岑姓祖墓。蒲鱼墩、在田心书院前，澳口梁姓祖墓。石马墩、在雷公庙右简村桥北，山紫村李姓祖墓。香花墩、在观音庙后，梁姓祖墓。光墩、在田心书院前，水便陈姓祖墓。筶杯墩、在田心书院右，石狮梁姓祖墓。白马墩、在田心书院前，霍姓祖墓。宝鸭墩、在南泉庙道，金鱼塘陈姓祖墓。梁家墩。在忠信里口，梁姓祖墓。

灵应祠渠道。在隔塘街尾，由祖庙大街中土地祠下直入炮象车，出九江基，汇旗带水，潆洄曲折而注于涌。

鹊歌古迹。在山紫铺。庙祀神农、炎帝、关帝、伏波将军、先锋，地多林木，群鸟所巢，嘉庆十年修，道光十年重修。

园林

慕洛亭。在祖庙铺。

鹤园。在潘涌铺，冼亨甫筑。

黑楼。在潘涌铺，通判冼一新建。

白鹤洞。在观音堂[34]铺，主事冼少汾筑，内有彩鹢亭、浴鹤池诸胜。

知津亭。在明照铺，赠尚书李同野筑。

遁园。在明照铺，员外李康侯筑。

印月亭。在耆老铺，陈日深读书处。

元龙别墅。在耆老铺，陈玉京筑。

濠濮山房。在福德铺，霍侯英[35]筑。

晚翠亭。在明照铺大榕树旁。

浴日阁。在明照铺，李超南筑。

东溪。在锦澜铺，梁宗黼隐居于此，自号"东溪"。琼山丘文庄为之记，见《艺文》。

栖隐亭。在福德铺，霍西城筑。

接官亭。在汾水铺，佛山同知黄兴礼修，有《记》。

茶亭。在桥亭铺，康熙六十一年，里人梁玉书等建，雍正十一年复修，俱有《记》，今圮。

牲园。在丰宁铺，举人吕淑铭筑。

西园。在汾水铺，守备曹跃天筑。

蒋径。在桥亭铺，梁知城筑。

汾江第一楼。在石路头铺，吴祐官筑。楼在沼中，名"水楼"。高四丈余，登楼则佛山四境一目尽矣。陈云麓曾读书于此，颜曰"汾江第一楼"。

拜璧堂。在观音堂铺，吴恒孚筑。恒孚筑土得玉，建堂以贮之，吟咏其中，著有《拜璧堂诗集》《玉耕堂诗敲》。又掘得石刻"岳峙鹤磐"四大字，相传系张太初书。

鹤园遗址。在潘涌铺文明里，冼屏翰筑。内有小池曲径，林木蓊蔚，文人多课读于此。

西华草堂。在观音堂铺，吴思诚[36]筑。

学为圃。在祖庙铺古洛涌旁，即前明古洛子钓鱼台故址，乾隆年间吴昇运筑。

鉴帷别墅。在观音堂铺秋官坊，吴清运因前明冼少汾白鹤洞故址改筑，内有爱日亭、紫气楼、潄芳园诸胜。

守拙园。在祖庙铺西边头，吴澍运筑。

赐书楼。在观音堂铺吴大树堂内，吴荣光建，恭贮御赐书籍。

会馆附

当行会馆。在祖庙大街。

莲峰会馆。在汾水长兴街,福建长汀、连城两县众纸商建。

山陕会馆。在升平街。

楚南会馆。在升平街。

源流会馆。在祖庙大街。

琼花会馆。在大基尾。

山陕福地。在西边头。

潮蓝行会馆。在东庆街。

楮公堂会馆。在瓦巷上街。

熟铁行会馆。在走马路。

江西会馆。在豆豉巷。

新钉行会馆。在新安街。

南邑道祖庙。在城门头桥外。

金丝行会馆。在快子街。

兴仁帽绫行东家会馆博望侯庙。在社亭铺。

兴仁帽绫行西家会馆。在舒步街。

筛择槟榔行会。在直义街。

西货行会馆。在升平街。

楚北会馆。在青云街。

佛山忠义乡志卷五终

【校记】

[1] 端正:乾隆《佛山忠义乡志》作"瑞正",本书其他处亦作"瑞正"。

[2] 翘青:乾隆《佛山忠义乡志》卷四、卷八作"翘菁"。

[3] 瑶:乾隆《佛山忠义乡志》作"珧"。

[4] 举人大章,评事粤章:乾隆《佛山忠义乡志》作"举人、评事粤章"。

[5] 升:原作"阩",据乾隆《佛山忠义乡志》改。

[6] 教授:乾隆《佛山忠义乡志》作"教谕"。

[7] 桐蒿:道光《南海县志》作"茼蒿"。

[8] 凤毛：疑为"凤尾"，道光《南海县志》有凤尾竹。

[9] 黄其：道光《南海县志》有"黄蜡鱼"。

[10] 蠃：原作"赢"，据文意改。

[11] 蜜蜂：道光《南海县志》"蜜""蜂"为两类。

[12] 鼠妇：道光《南海县志》有"妇鼠"，疑误。

[13] 杠：原作"扛"，据乾隆《佛山忠义乡志》改。

[14] 莲花：乾隆《佛山忠义乡志》作"蓮花"。

[15] 明殿黄公祠：民国《佛山忠义乡志》同，乾隆《佛山忠义乡志》在丰宁铺。

[16] 佛照陈公祠：乾隆《佛山忠义乡志》在耆老铺。

[17] 瑶勤：民国《佛山忠义乡志》同，乾隆《佛山忠义乡志》作"瑶觐"。

[18] 尚书李公祠：民国《佛山忠义乡志》同，乾隆《佛山忠义乡志》在明照铺。

[19] 帅魁梁公祠：民国《佛山忠义乡志》同，乾隆《佛山忠义乡志》在桥亭铺。

[20] 东居陈公祠：乾隆《佛山忠义乡志》在桥亭铺。

[21] 悟轩：民国《佛山忠义乡志》同，乾隆《佛山忠义乡志》作"梧轩"。

[22] 节堂陈公祠：民国《佛山忠义乡志》同，乾隆《佛山忠义乡志》在潘涌铺。

[23] 屏翰冼公祠：乾隆《佛山忠义乡志》在潘涌铺。

[24] 北先霍公祠：民国《佛山忠义乡志》同，乾隆《佛山忠义乡志》在观音堂铺。

[25] 跃天曹公祠：民国《佛山忠义乡志》同，乾隆《佛山忠义乡志》在汾水铺。

[26] 东明陈公祠：民国《佛山忠义乡志》同，乾隆《佛山忠义乡志》在潘涌铺。

[27] 思铭霍公祠：民国《佛山忠义乡志》同，乾隆《佛山忠义乡志》在纪纲铺。

[28] 乡仕祠：乾隆《佛山忠义乡志》在纪纲铺。

[29] 惠甫霍公祠：民国《佛山忠义乡志》同，乾隆《佛山忠义乡志》在岳庙铺。万寿坊在医灵庙铺。

[30] 内：乾隆《佛山忠义乡志》作"前"。

[31] 李锡润：乾隆《佛山忠义乡志》作"李锡驹"。

[32] 西：乾隆《佛山忠义乡志》作"右"。

[33] 池：乾隆《佛山忠义乡志》作"地"。

[34] 观音堂：乾隆《佛山忠义乡志》作"观音"。

[35] 霍侯英：乾隆《佛山忠义乡志》作"霍侯瑛"。

[36] 吴思诚：乾隆《佛山忠义乡志》作"吴敬孚"。

佛山忠义乡志卷六

乡事志 编年

乡之事不过读法、乡饮,众所同也。外此则国家功令颁及于乡者书之,又外此则兴文讲学之事、知义好善之事亦所同也。而其所以保有此乡者,则莫要于思患预防之事。《乡域》门首言"乡宜改设直隶厅",叙及道光四年奸民勒赈拆抢之案,此近事耳。溯而上之,则嘉庆十四年有防堵洋匪之事,乾隆四十一年有奸民抢劫之事。又溯而上之,则康熙五十一年有剧贼聚党之事,二年并顺治十二年俱有海贼流劫之事。至前明二百七十年间,除义士梁广等败贼案外,尚有刁匠拆祠、巨盗据社各事,均幸文武协力、乡社同心,或先事严防,或侦告即办,以不及于难耳。虽堪舆家言:"佛山一名'福山',永无劫煞之患。"然生聚日盛,窥伺易生,制于未乱,保于未危,父母斯民者自不分乡国也。志《乡事》。

编年

乡之成聚,相传肇于汴宋,沿至元末,已数百年。而事远年湮,茫无可考,今断自明始,从信也。陈《志》。

每岁月朔望,绅耆士民毕集崇正社学外大魁堂,宣讲《圣谕广训》十六条。

明洪武三年庚戌,诏民间立社学,乡各社学疑皆建于是时。

五年壬子,乡人赵仲修复建北帝庙,后诏为灵应祠,又曰"祖庙"。

元末，龙潭贼寇本乡，舣①舟汾水之岸。众祷于神，即烈风雷电，覆溺贼舟过半。俄②贼用妖术贿庙僧，以秽物污庙，遂入境剽掠，焚庙宇以泄凶忿。不数日，僧遭恶死，贼亦败亡。至是复建。有《碑记》。

二十四年辛未，大毁寺观。乡毁塔坡寺。

宣德四年己酉，重修北帝庙。梁文缙倡捐，有《记》。

正统元年丙辰，凿北帝庙前灌花池。梁文缙、霍佛儿捐地一百二十步，植梧桐、波罗蜜二树于池旁。

七年壬戌，巡按张善给往省渡船二只，量取赁租，以供北帝庙香火。

十四年己巳，海贼黄萧养遣其党攻围本乡，乡人梁广等率众败之，贼遁去。是役也，北帝神屡示威灵，贼恐怖无策，遂大败，斩获二千[1]余级，布政使揭稽以事闻。详《祀典》。

景泰三年壬申，诏以北帝庙为灵应祠，佛山堡为忠义乡，旌赏忠义士梁广等二十二人。

四年癸酉，礼部颁谕祭灵应祠祀典札付③。四百二十四号，详《祀典》门。

天顺五年辛巳，饥，知县到乡给赈。

弘治五年壬子，飓风，大水，失潮。时普君墟可乘船，通乡惟高地不浸，故称"高地"。

九年丙辰，冼光登进士。时迁居顺德县之鹭洲。

正德八年癸酉，重修灵应祠。建牌楼、三门及流芳堂，增凿锦香池于灌花池右。霍时贵倡捐。

九年甲戌，梁焯登进士。住社亭铺舒步街。

嘉靖元年壬午，提学庄渠魏校④毁淫祠，改建社学。本乡所毁甚多，

---

① 舣：使船靠岸。
② 俄：短时间。
③ 札付：官府中上级给下级的公文。
④ 庄渠魏校：魏校，明代官员、学者，曾居苏州葑门之庄渠，故自号庄渠。嘉靖初任广东提学副使。

改建蒙养各社学，后冼主事桂奇记其事。见《金石》门。

十四年乙未，冼桂奇登进士。住潘涌铺之鹤园。

二十年辛丑，陈善登进士。住社亭铺朱紫市。

二十九年庚戌，岑远登进士。住石路铺石路头。

三十一年壬子，建灵应祠前石照壁。石上刻花龙，道士苏澄辉募。

三十二年癸丑，大饥，主事冼桂奇出粟赈粥，为富人倡，乡赖以济。事详《世济忠义记》，见《金石》门。

三十八年己未，修通济桥。深村堡进士霍与瑕捐修。

四十四年乙丑，行军籍法。时乡之军户凡三易供状而后定。

隆庆二年戊辰，重修通济桥。深村堡霍隆捐修，隆即与瑕世父①。

万历九年辛巳，行清丈法。时知县周文卿以原额不足，每亩加派二分，名为"定弓②"，民不堪命。至十二年量减三厘六毫，犹征一分六厘四毫。四十四年，乡尚书李待问率众吁恳，始议将香山等县新升沙田移抵定弓虚税。至国朝雍正八年，以各县移抵有弊，题请豁免。

　　修通济桥。知县周文卿捐资倡修。按：周文卿加定弓虚税，为一邑累，乃屑屑于一桥之修，岂欲以此谢过③耶？抑狭矣！

二十四年[2]丙申，大饥，乡人捐粟赈济。

二十六年戊戌，栅下细晚市放烟花，游人挤拥，践死七十二人。

三十一年甲辰，李待问登进士。卯辰联捷④，时住埃岐铺高巷。

三十二年乙巳，修灵应祠门楼。经历李好问同弟待问捐修。

三十三年丙午，丈明灵应祠祭业，共实税六十八亩。

三十七年庚戌，冼宪祖登进士。侍郎光玄孙。

诛盗黄在明。在明结党，踞沐恩社，肆行劫掠。乡人报官，计擒之，毙于狱。后建忠义营，即盗所踞地也。

---

① 世父：伯父。
② 定弓：纳税时，财物一时缴纳不齐，但为统计总数等诸原因，先虚写入册，定日后再行补足。
③ 谢过：承认错误，表示歉意。
④ 联捷：科举考试连中两科，即乡试和第二年的会试连续考中。

四十二年甲寅，设忠义营。李待问以郎中归里，倡议立营以捍乡土，兵食出自乡之门摊炉煽银一百七十两。

四十五年戊午，乡主事梁日孚入乡贤祠。

天启二年壬戌，县拘刁横工匠，治以罪。是年九月九日，炒铸七行工匠纠众狂噪，借清复灵应祠地为名，先拆祠前照壁，随毁民庐，奸不可测。知县罗万爵急出示安民，计擒为首者重惩，始各解散。

三年癸亥，灵应祠前池加筑拱桥。以所拆照壁石为之。

六年丙寅，修通济桥，建亭于左畔。经历李征问同弟总漕待问捐资重修。

七年丁卯，修崇正社学。

建乡仕会馆。

追建塔坡古寺。改地于医灵铺左巷。《广东通志》载《古迹》门。

崇祯元年戊辰，建天妃庙。在栅下铺之海口。

诏团练乡兵。乡则员外郎李升问总其事，以郡邑币请也。各铺有乡夫自此始。

六年癸酉，筑汾水栅下水闸。知县黄熙胤督筑。

县拘刁横锅匠、柴工，治以罪。耳锅匠并锯柴工与诸炉户哄争，毁陈达遂房屋，拿获责究。

七年甲戌，修往省大路。尚书李待问、主事庞景忠同捐修，有《记》。

八年乙亥，修灵应祠，改塑神像。署丞李敬问捐修。

十三年庚辰，增筑汾水栅下水闸。

十四年辛巳，大修灵应祠，复筑照壁。尚书李待问捐修。

修南擎观音庙。庙为阖镇香火，建修俱阖镇捐题。

十五年壬午，建文昌书院。在明心铺，尚书李待问捐建。

十六年癸未，大水，乡田半收。

国朝世祖章皇帝顺治元年甲申，修华光庙。在观音堂铺富路坊。

二年乙酉，奉乡尚书李忠定公像附祀于文昌书院之后寝。

三年丙戌，禁邻堡张槎田心开涌。有《告示》《碑记》，见《乡禁》门。

四年丁亥，通判屠彪到乡驻防，本乡有驻防官自此始。时有黄头贼数百袭杀田营官，拆毁忠义营，大为乡患。乡人协力讨之，杀贼一百七十余级，奔报总督佟□□，大加赏异。

七年庚寅，同知官玉都到乡驻防。署在汾水铺后街。

豁免忠义营兵食银项。

筑省城西门。本乡派筑十五丈。

八年辛卯，建关帝庙。在汾水正埠对岸，同知官玉都倡建。

九年壬辰，筑沐恩社房屋。屋凡八间，收赁值以供崇正社学祀事，其地本忠义营，营废，遂改筑之。

十年癸巳春，大饥，斗米千钱。驻防经历李继美令米肆依先籴①价出粜②，又劝富人出粟赈济。

十二年乙未，海贼流劫入栅下，乡夫击之，杀贼数十人。

建龙母庙。在栅下铺。

修通济桥。尽易以石，僧圆朗募修，有《记》。

复忠义营。以朱紫市梁祠为营房，乡夫工食出自本乡。后数年又废。

十四年丁酉，修灵应祠香亭。

十五年戊戌，建华封戏台。在灵应祠前。

圣祖仁皇帝康熙元年壬寅，建忠义乡约。在祖庙铺左巷。

二年癸卯，海贼流劫本乡，乡夫击败之。时贼锐甚，乡夫一炮伤其旗手，贼遂惶乱退走。又，邻乡石硝被劫，乡夫往救，击杀贼数十人，石硝获安。

修鄂国公庙。

三年甲辰，设[3]保甲，给门牌。时经历周汝斌驻防。

五斗口司巡检到乡驻扎。原驻平洲堡。

修医灵庙。

---

① 籴：买入。
② 粜：卖出。

十二年癸丑，建田心文昌书院。在山紫铺观音庙左，侨籍人士合建。

十七年戊午，林开春领乡荐第一。住栅下铺，原潮州人。

二十年辛酉，修南泉观音庙。

二十三年甲子，修灵应祠。

建圣乐宫。在灵应祠左。

二十四年乙丑，修崇正社学。

三十九年庚辰，何肇宗登进士。住观音堂铺，原番禺县人。

四十二年癸未，定崇正社学课期。庞上梓《记》，见《金石》门。

五十一年壬辰，官诛剧贼①甘鳌宾。鳌宾以积贼受抚，委为佛山练总，聚党数百人，骄恣残暴，奸谋叵测。按察使武廷适②廉知之，计诱至省，立毙杖下，贼党悉散。

五十二年癸巳，春，谷贵，给赈饥民。时富人有被掠者，县擒为首者，治以罪。

建洞天宫大慈堂。是年饥，野多无祀木主。因建大慈堂于万真观右，拾而祀之。后以众怪显现，改万真观为洞天宫，奉城隍神以镇之。乡有城隍行台始此。

五十三年甲午，修田心书院。左必蕃有《记》，见《金石》门。

五十七年戊戌，禁越派修基围。有《示》，见《乡禁》门。

五十九年庚子，修复灵应祠牌坊。

官定灵应祠庙铺。有《示》，见《乡禁》门。

世宗宪皇帝雍正元年癸卯，禁天主教，乡毁天主堂。

浚复旗带水，长四百六十余丈。

五年丁未，谭会海登进士。住福德铺福禄里。

七年己酉，设约正。乡推贡生区廷辉。

拨灵应祠租给流芳祠岁祀。有《记》，见《乡禁》门。

---

① 剧贼：大盗，强悍的贼寇。
② 武廷适：字周南，一字浩然，原籍山西大同，后迁居浚县。清康熙年间任广东按察使。

九年，官定正埠租息。有《示》，见《乡禁》门。

十一年癸丑，添设佛山同知，复移五斗口司巡检于平洲堡。

霍作明登进士。迁居三水县。

高宗纯皇帝乾隆元年丙辰，恩科乡试，谈德领乡荐第一。住福德铺，原平洲堡人。

四年己未，庞遥登进士。迁居省城五仙门内水母湾。

五年庚申，官禁侵蚀灵应祠租。绅士与里排互控，给示各绅立石，见《乡禁》门。

六年辛酉，陈炎宗领乡荐第一。住耆老铺金鱼塘。

七年壬戌，建文塔。一称"文昌阁"，在栅下铺海口，有《记》，见《金石》门。

九年甲子，建汾江义学。在栅下铺，有《记》，见《金石》门。

十年乙丑，锦香池悬灯，游人挤拥，棚圮，压死童子七人。

十二年丁卯，修天后宫。在祖庙铺，有《记》。

修华光庙。在山紫铺，有《记》。

十三年戊辰，陈炎宗登进士。

十五年庚午，修关帝庙马头。在汾水正埠对岸。以上一百八条酌增陈《志》。

十七年壬申，陈炎宗修《乡志》竣。

二十一年丙子，修汾江义学。同知祖承绍撰《记》，见《金石》门。

二十二年戊寅，饥，开社仓设赈。巡检王棠理其事，各官捐廉，阖镇义助，先碾仓谷，不敷，陆续买谷以赈。

官禁春秋谕祭颁里排胙。有《示》，见《乡禁》门。

二十四年己卯，修流芳祠。巡检王棠为《记》，见《金石》门。

修灵应祠。陈炎宗为《记》，见《金石》门。

福禄里灾，延烧四十余铺。

二十七年壬午，修灵应祠。同知赵廷宾有《记》，见《金石》门。

二十八年癸未，陈其焜登进士。住栅下铺金鱼塘。

拨灵应祠租给崇正社学课文。课费向给取于庙前两廊小铺租息，以修庙拆去小铺，故将庙租拨给。同知沈生遴、里人陈炎宗均有《记》，见《金石》门。

三十二年丁亥，颜料行会馆演戏失火，毙数百人，即其地建旅食祠以妥之。在南擎后街，里人陈炎宗有《记》，见《金石》门。

三十三年戊子，福禄里灾，延烧五十余铺。

建平政桥于乡之栅下。深村、登洲、甘溪、石硝四堡同建。

三十五年庚寅，修文昌宫。在灵应祠左，同知韩绍贤有《记》，见《金石》门。

四十一年丙申，官诛剧贼松糕新。时举人姚光国被劫，呈官追捕，就擒，戮之，乡赖以安。

四十三年戊戌，饥。禀官借碾十堡仓谷，官率民捐赈。巡检王棠经理其事。

社仓在祖庙流芳祠右，五斗口司属绅民赵祖庇、黄汝忠等原捐谷一千三十一石，名曰"十堡社仓"。后九堡病陋规而弃之，以佛山有祖庙租可供使费，戊戌饥，举人劳潼倡捐赈之举，借仓谷以平粜，事后筹买还仓。后遂以为例，然仓非禀官不能开，以晒晾更遇查仓，多受其累焉。

修武帝庙。在协天胜里，巡检王棠捐俸并记，见《金石》门。

福禄里灾，延烧五十余铺。

四十六年辛丑，修汾江义学讲堂。霍超士有《记》，见《金石》门。

五十年乙巳，禁硝厂。时奸商李润汉、冯焕与书役通，事在必成。举人区宏绪、劳潼上控，委员踏勘祖商。总督孙□□悉其诈，仰司押拆，乡免淤塞水潦之患。有《示》，见《乡禁》门。

五十一年丙午，饥。抽乡内铺租二十分之一籴谷以赈，知府张道源捐俸银五百两助焉。

始设小押。时有湖南武生区任贤，充军至乡，出其资以押物件，名曰"收买旧料"，实操贫民缓急而朘削①之。迄今益多，乡有小押自此始。

---

① 朘削：剥削、盘剥。

五十二年丁未，饥。连年歉收，乡仍仿上年捐赈。

五十三年戊申，修经堂。同知叶汝兰有《记》，见《金石》门。

五十五年庚戌，定正埠小铺租额，拨入义仓。

设敬字亭。有《碑记》，见《金石》门。

设拾婴会。

拾婴之举在乾隆丙午、丁未间，乡遭饥馑，遗婴满路。绅士捐银置产，以产息雇人拾送省育婴堂，岁以为常。嘉庆十七年，将产租拨入义仓。自后拾婴者皆在义仓支给工银，婴儿不至夭札①。有《记》。

五十七年壬子，乡人禀官清庄，瘗无主棺百余具于义冢。

义冢，其一在大墓冈，明李锡简买地，凡死而无归者皆埋之，筑坟立石为记姓名，清明携酒奠之，人呼"义冢"。又一在来翔大墓冈，嘉庆二十一年署都司苏兆熊暨同知捐俸，众绅捐资，置地以瘗久厝无主之棺。以佛山书院前地摊租银量支为清明祭扫费。又一在大墓冈，道光九年现任千总刘大彰捐俸买舍，共地二段，该民税五亩。四至有彰阳堂刘石界并碑记。里人张日滋复于道光十年捐地五亩。四至有张与善堂石界并碑记。日滋父文忠曾于乾隆年间有素不相识之杭州纸客吴恒泰旅寓病故，文忠捐资经纪其梓②回籍云。

舍棺之举，前因乡内连年荒歉，饿毙者在祖庙前两廊甚多，因支庙租棺殓葬于义冢。今凡两廊、栖丐园毙者，皆取办庙租。栖丐园在祖庙铺楼观里，前因庙前两廊各丐栖宿混杂，殊不洁净，因建园以栖之。其丐头每月庙给工食银，不得留难索诈。

六十年乙卯，建义仓。嘉庆二年立石，有案，见《乡禁》门。

饥。仍仿丙午、丁未年章程设赈。同知王宿善、知县李枟、巡检柳因材各捐俸以倡。

义仓。在祖庙铺麒麟社后。乾隆乙卯岁，各绅士禀官立案，收义渡

---

① 夭札：遭疫病而早死。
② 梓：棺材。

及正埠铺租买谷存贮，遇歉，则或粜或赈。设司事一人，掌其收支。二十七铺觉正每月初二、十六轮流稽查仓存。租息除买谷外不得借支，惟乡中大事如清涌等项，则集众妥议，方准动支。

仁宗睿皇帝嘉庆元年丙辰，修灵应祠，建庆真楼，以祀神之父母。有《记》，见《金石》门。

李可端登进士。住观音堂铺莲花地。

二年丁巳，以修庙余银置渡船出租，广义仓储谷。有《碑示》，见《乡禁》门。

四年己未，总督觉罗吉拨充公项银二千二百一十八两有奇置产，以租息为田心书院会文之费，系绅士劳潼、吴昆同、陈维屏等联呈请给，后定每岁拨租息四十两，为佛山书院生童膏伙。

乡议清涌，不果。

复乡饮酒礼颁胙①。总督有《告示》，见《乡禁》门。

每岁十一月二十四日，崇正社学举行乡饮礼，以乡中年高有德行者充正宾，其次为介宾，年登七十者是日咸与焉。

吴荣光登进士。戊午、己未联捷，住观音堂铺大树堂。

五年庚申，修田心书院。劳潼有《记》，见《金石》门。

七年壬戌，李可蕃登进士。可端胞弟。

迁汾江义学，改建佛山书院于同知署左。同知杨楷迁改，有《记》，见《金石》门。

九年甲子，禁番摊赌馆。有《告示》，见《乡禁》门。

十年乙丑，李可琼登进士。可端胞弟，可蕃胞兄。

安宁里太上庙演戏失火，毙二十有二人。

十一年丙寅，饥，开仓赈。

十二年丁卯，福禄里灾，延烧百余铺。乡置夷人水柜自此始，见《乡防》门。

---

① 胙：祭祀用的肉。

十三年戊辰，各铺开太平井于道旁。

十四年己巳，饥，复赈。

秋，洋盗入澜石焚劫，将逼乡界。乡建炮台、水闸备御，前同知杨楷请于总督百□给兵，亲带至乡防堵。贼远遁，乡赖以安。

十五年庚午，申明保甲法。时总督委员至乡，户列门牌，每十户推一人为甲长，以稽查焉。

禁强丐。举人黄浩一等禀巡抚韩□□给示勒石，竖于正埠马头。

十七年壬申，生生堂拾婴会勒石拨租，归义仓管理。会银只十一二元，不敷经费以义仓余银支给。

二十年甲戌，修大湾石路。路泥滑，不便行旅，前署都司苏兆熊捐俸修之。

二十一年丙子，清庄置义冢。有《记》，见《金石》门。

二十二年丁丑，大水，修孖窦水闸。

潘光岳登进士。住福德铺高低巷。

重建敦本社学。

二十四年己卯，夏，大雨雹，坏民房甚多。

修对海关帝庙马头。义仓动支公银一千三百两有奇，至庚辰二月竣工。

修佛山书院。同知王继嘉有《记》，见《金石》门。

新填地演戏失火，毙二十有五人。都司苏兆熊亲督工捞瘗，设降魔柱以压之。

今上皇帝道光元年辛巳，灵应祠神回庙，醮棚失火，毙六十余人。锦香池中醮会栅失火，池后路甚宽，而众于戏台旁两门争出，互挤而毙。

二年壬午，清涌。里人吴荣光有《记》，见《金石》门。

四年甲申，修药王庙。

官诛奸民刘亚添、张有等，余治以罪。时奸民借雨泽愆期，鼓众求赈。先毁大家房屋，次及巡检署、同知署。知县章埏带兵至，擒为首者正法，余治以罪，乡获安堵。

五年乙酉，修栅下海口文塔，建财神庙，筑往炮台大路。修文塔有《记》，见《金石》门。

清涌工竣。县给断买蔗围占筑田亩，准修复官路、官埠、文塔前横水艇，有《告示》，见《乡禁》门。

六年丙戌，修医灵庙。

灵应祠拨租，葬无主古柩二十九具于大墓冈义冢。

清厘灵应祠庙产。

灵应祠产业，向因移建佛山书院并堵御洋匪、庙前回禄①，及历来值事不能撙节，至将铺店按去银一千二百余两，又赊欠各项银四百余两，已收未供会银二百余两。丙戌年清涌，捐项不敷，吴凤髦倡议合会银六百两凑用，以庙租递年供还会众，以无人担承会本，恐难收回，犹豫未允。于是公推洗沂、吴凤髦总理庙事，稽出入，省费用，俾供会项。嗣既清欠完会后，己丑年底复合会银一千两，并历年余银，赎回前按铺店。至是，灵应祠产业复其旧焉。

九年己丑，修田心书院。有《记》，见《金石》门。

修大魁堂。

大水，各基围几陷。邻乡大富等以防基请，乡量助之，水退，加筑围基。

十年庚寅，修油行武帝庙。有《记》，见《金石》门。

里人吴荣光请于总督李□□、巡抚卢□，将上年查封乡中赌博入官房产五所拨给田心书院出租，总督李□□复捐银一千两置产收租，将两项每岁租息加增田心书院会文奖赏之费。

官禁拆卖祠墓。有《示》，见《乡禁》门。

官禁正埠私占踞摆。有《示》，见《乡禁》门。

佛山忠义乡志卷六终

【校记】

［1］二千：民国《佛山忠义乡志》作"千"。

［2］二十四年：民国《佛山忠义乡志》作"二十年"。

［3］设：乾隆《佛山忠义乡志》作"饬"。

---

① 回禄：相传为火神之名，引申指火灾。

佛山忠义乡志卷七

乡防 营哨　铺役[1]　练馆　更楼
　　　 图甲　盐法　税馆　杂税
　　　 水闸　炮台　水柜

乡防以诘奸宄，除盗贼。先事而防，非事至而防也。佛山文武设官，水陆置汛，星罗棋布。二十七铺乡夫巡里巷，谨更闸，防之者其法周。夫奉法者，人也，使兵差与乡夫袒庇贿通，则防乡而乡苦其防，曷重乎防？至盐禁、关税以讥出入，杂税以正科则，图甲以资守助，是皆所以防。若炮台、水闸、水柜，御患恤灾，又民自为防。志《乡防》。

营哨

鹰嘴沙水汛一座。
　　烟墩一，望楼一。顺德协分防。
大基尾水汛一座。
　　烟墩一，望楼一。顺德协分防。
栅下水汛一座。
　　烟墩一，望楼一。顺德协分防。
大湾陆汛一座。
　　烟墩一，望楼一。广州协分防。
祖庙陆汛一座。
　　烟墩一，望楼一。今废。
大湾都司署额设汛。兵九十六名。以下俱广州分防佛山汛属。

新庙口子汛。兵七名。

胜门头口子汛。兵七名。

新涌口口子汛。兵七名。

通济桥口子汛。兵十名。

大塘尾口子汛。兵七名。

汾阳里口子汛。兵七名。

经堂口子汛。兵七名。

朝市口子汛。兵七名。

山紫村口子汛。兵七名。

龙母庙口子汛。兵七名。

大基头口子汛。兵七名。

弼头口子汛。兵七名。

彩阳堂营汛。兵三十六名。

铺役练馆

一在大基铺新胜街。

一在富文铺盘古直街。

一在福德铺高地里。

一在岳庙铺永丰大街。

一在观音堂铺大墟。

一在嵊岐铺兰台里。

一在鹤园铺鹤园前街。

一在栅下铺果栏街口。

一在锦澜铺长塘边。

佛山分府额设铺役二名，雍正十三年添设。

五斗口司水铺额设塘兵三名，在鹰嘴沙。即水练，《县志》、陈《志》俱名"水铺"。

更楼

一在黄伞铺白米街。

一在福德铺高地口。

忠义乡二十五铺各有更馆、闸楼，其更夫、闸夫统计三百□十余名，工食出自各铺居人。陈《志》。

论曰：乡之壮丁尝勇于自卫矣。当明景泰时，破强贼如骁劲之师，非有训练之素也，非有将弁之督也，又非有城池之可恃也。徒以忠义激发，父兄为帅，子弟为卒徒，一鼓而贼惧，再鼓而贼伤，三鼓而贼走矣。执干戈以平寇难，岂必隶名于戎籍哉！厥后李大司农有忠义营官之请，领兵二十余名，官兵实肇于此。而地广兵少，控制未周，不无藉于乡夫之助。未几，杀黄头贼，击海中流贼，助石硝杀贼，率乡夫也。乡夫之可用，固如是哉！今乡之边、腹皆官兵森列，可谓有备无患矣，尚奚需于乡夫？而仍不废之者，殆古人土兵、民兵之意乎？夫生长是地，易于稽防，古人尝倚之以办贼，况勇功屡见于畴昔者哉！作其气而策以勤，精其选而汰厥惰，斯官兵坐镇而安矣。留意地方者庸可忽诸！陈《志》。

图甲

佛山堡共八[2]图八十甲，计八百八十四户。

二十图十甲共一百八户。

梁万履[3]、梁相、霍日高、霍贵、陈进、梁永裔[4]、卢承德、岑永泰、梁修进、梁永标。

二十一图十甲共一百二十三户。

区广德、黄应同、陈继斌、冼复起、伦建兴、何戌长[5]、梁英、梁永兴、伦天相、霍光祚。

一百一十四图十甲共一百五十二户。

简世荣、霍大同、李凤、梁尧芳、高兆建、梁宗盛、李大宗、陈世丰、冼贵同、梁宗蕃。

一百一十五图十甲共一百一十三户。

陈大同、布永诚[6]、何永泰、区效汾[7]、陈以言、霍芳、冼世和、黄永同[8]、霍定、霍永兴。

一百一十六图十甲共一百四户。

何厚贵、陈兆廷、简永同、黄振钟、黄河清、霍维新、陈琏、梁世祖[9]、陈泰、冼绍祖。

一百一十七图十甲共一百一十七户。

冼舜孔、霍豪、梁进、霍维新、冼绳祖、冼成泰[10]、冼益进、霍献祖[11]、何万胜、梁成。

一百一十八图十甲共一百户。

陈祥、霍逢泰、陈忠、梁永福、何祖大[12]、梁永桢[13]、区舜华、陈必进[14]、梁伟、罗元兆[15]。

一百一十九图十甲共六十七户。

何继祖、冼众为、梁陈里[16]、梁维盛、冼贵同、冼翼、霍万钟、冼永兴、霍大同[17]、冼光裕。

另城西堡任德成户。

深村百八图另户。

吴敦让、吴茂隆、吴永隆、吴昌阮、吴世昌、吴饶远、吴豫丰、吴炽昌、吴盛传、吴绳源、吴源盛。

旧《志》各图下载税若干、米若干。今按各图盈缩不一，大约随时消长，难以画定，故略之。陈《志》。

赞翼堂。乾隆己未年，八甲里民在灵应祠前东南建祠，以祀开建图籍先人。每岁□月□日集众互劝限期输课，其甲长每年每图每甲轮值，以故乡之逋粮者甚少。知县魏绾为之记。

盐法

五斗口巡司旧额引九十道，饷银九十九两二钱七分。新增引三十一道，饷银三十四两一钱九分三厘。《县志》。

五斗总埠在汾水盐仓街，其黄磡、三元市、普君墟、大墟、栅下、大基、铺面七子埠各有盐丁肩贩，巡丁缉私，越境者捉获送官以惩。此皆民盐，至各酱园，则由省旗盐云。

税馆

粤海关税馆。在鹰嘴沙。

广州府税馆。在文昌沙。两税馆相距不远，各盘查外洋、内地货物。

杂税

一、牛税。旧《县志》载佛山堡九十二两六钱二分，至今裁革。

一、渡饷。旧《县志》载佛山一十五两八钱，今合县渡饷现在应征一十五两二钱四分。

一、佛山门摊炉煽银一百七十两四钱八分，解给忠义营兵食。县旧《志》。

一、典当饷。国朝无定额，随典铺多寡征收。

一、佛山新增铁锅银二百两，原属权使，比征乡民，益不堪命，知县刘廷元捐俸银四十两代输其缺，两台疏闻得免。

一、南海定弓虚税，明万历九年所加。至国朝雍正九年，巡抚傅泰奏免。

水闸

汾水水闸一。

大基头水闸一。

大塘涌水闸一。今俱废。

栅下海口水闸二：头步闸、二步闸。

孖窦水闸一。以御西潦，乡田多借此宣泄云。

炮台

一建在栅下文塔数十丈外。

一建在沙口旁。

嘉庆十四年己巳，海氛不靖，乡人建以堵御，今在沙口者已毁，惟在栅下者尚存。

水柜

乡内二十七铺民壮乡约向设水柜，皆小薄无用，有名无实。至嘉庆十二年丁卯，福禄里回禄，延烧铺店百余，各行店在省洋行置买水柜，业主赁客各捐其半。自是救护得力，灾以少弭。今将各处水柜列左：

大基尾、布行会馆、永兴街、颜料行会馆、福德铺乡约、四美堂、永安街、盘古五街、西竺街、镇北街、富民四街、书籍行、北胜街、汾水铺乡约、五云楼书坊。

佛山忠义乡志卷七终

【校记】

[1] 此处原有空格,据下文删去。

[2] 八:原作"八十",据乾隆《佛山忠义乡志》改。

[3] 梁万履:民国《佛山忠义乡志》作"梁万复"。

[4] 梁永裔:乾隆《佛山忠义乡志》作"梁承裔"。

[5] 何戌长:民国《佛山忠义乡志》作"何戌辰"。

[6] 布永诚:民国《佛山忠义乡志》作"布永成"。

[7] 区效汾:民国《佛山忠义乡志》作"区效芬"。

[8] 黄永同:民国《佛山忠义乡志》作"黄无逸"。

[9] 梁世祖:民国《佛山忠义乡志》作"苏众"。

[10] 冼成泰:民国《佛山忠义乡志》作"冼承泰"。

[11] 霍献祖:乾隆《佛山忠义乡志》作"霍宪祖"。

[12] 何祖大:民国《佛山忠义乡志》作"何福大"。

[13] 梁永桢:乾隆《佛山忠义乡志》作"梁永祯"。

[14] 陈必进:民国《佛山忠义乡志》作"陈必达"。

[15] 罗元兆:民国《佛山忠义乡志》作"罗兆元"。

[16] 梁陈里:民国《佛山忠义乡志》作"梁陈理"。

[17] 霍大同:民国《佛山忠义乡志》作"霍梁同"。

佛山忠义乡志卷八

名宦 流寓附

德政碑、万民衣伞、脱靴等事，乾隆四十九年例有明禁。夫干誉者必违道，献谀者必徇私，世俗往往如此。若其人已往，盖棺论定，所居民富，所去民思，责实以名，国史未尝废循吏也。顾召父杜母，代不数人，且乡统于县，治绩每难表见。无学校，则文蜀郡①之子弟无可补；无讼狱，则隽京兆②之平反无所施。但使故老传闻"弭奸盗者，公来何暮③，安作息者，民不可谖"即可卜，由乡暨邑、由邑暨郡，而无愧国家之良二千石矣。前《志》陈太史云："谱旧德以耀新编，迟之久而愈[1]多益，有光于乡志也。"志《名宦》，而以流寓附焉。

佛山同知

国朝

王联晋，四川籍，江南人。由荫生历大同守，左迁佛山同知。时新设同知，乡虑纷扰。联晋至，以简静④为治，严关防⑤，绝请谒⑥，量留

---

① 文蜀郡：文翁，两汉景帝时为蜀郡太守，任上兴办学校，教化百姓，选拔人才。
② 隽京兆：隽不疑，汉昭帝时为京兆尹，审理案多有平反。
③ 来何暮：廉范，东汉章帝时为蜀郡太守，废除禁民夜作之令，但为防火灾，严令每家储水。百姓生活方便，改编成歌谣"廉叔度，来何暮。不禁火，民安作"。
④ 简静：简约沉静，施政不烦苛。
⑤ 关防：防范。
⑥ 请谒：私下告求。

书役数人，余悉遣归农，曰："吾欲与民相安于无事，若辈且去。"教民缮道涂，修栅闸，盗贼屏息，奸蠹不容。甫三载，卒于官，民思之不衰。陈《志》。

黄兴礼，号敬堂，江南休宁人。由贡生乾隆四年任佛山同知。洁己爱民，百废具修。尤以兴文教为己任，捐俸倡建义学，设讲堂，筑学舍，延师教育。课日必亲至，与诸士讲习，乡内文风丕振。及去，士民攀留，山长林本仁为记去思焉。碑在灵应祠前廊。

杨楷，字士标，号桂林，云南建水县人。由监生历任山东知县、同知，乾隆六十年署佛山同知。时邻堡大江、石湾何德广、冯善宏各滑匪谋劫佛山，而镇内兵差、乡夫多通匪党。楷廉得其情，请于总督觉罗长，拨兵数十，亲率兵差往捕，尽获，置于法，乡及邻堡以安。在任廉于自奉，勤于听讼，夜微行①，五鼓始休。以灵应祠旁祀北帝先人非体，捐俸倡建后楼专祀焉。工竣，乡内祝神禧者，皆悬"官清民乐"灯笼，以颂其德。复以栅下义学将圮，且地气卑湿，迁于署左，改为佛山书院，规模有加焉。寻升惠州府知府，擒贼有功，历署雷、韶、廉、高、肇五府，皆有惠政。嘉庆己巳，洋匪焚劫澜石，将逼佛山，绅士赴省求援，适楷在省，总督百□委楷率兵炮以往，贼闻风遁去。旋以老病乞休，后卒于福建第四子官署，归榇过佛山，乡人思其遗爱，咸赙②焉。楷勇于缉捕，尝从征粤西苗，先渡红水江开路，大军得以继进，事定叙功，赏戴花翎。又尝出洋捕盗，遇巨风，舟覆没巨浪中，恍有神拥护出水，遇救以免。楷微时，遇粤东人郑德让助资，援例得官，及官粤时，厚报之。

---

① 微行：帝王或高官便服私访。
② 赙：拿钱财帮助别人办理丧事。

五斗口司巡检

国朝

毛对廷，江西金溪人。初为惠郡①巡检，有廉[2]声。由卓异调五斗口巡检，益励清操，不因官卑少贬介节②。以佛山五方杂处，独勤讥察③，漏下三鼓④，犹徒步衢巷中。听讼明决，导民以仁厚，民称为"毛青天"。以老病休去，合境如失慈母。陈《志》。

郑耔，由附监生任五斗口司巡检。以平湖旧署荒废，僦佛山仁寿寺以居，廉洁自矢，爱民如子。民亦不忍欺之，因呼之为"郑亚婆"云。卒于任。

佛山千总

国朝

汪后来，字白岸。父由江南隶籍番禺。后来生而英敏，丰神俊爽，博学工诗。先辈梁药亭⑤极加赏异，谓"当以诗名世"。绘事亦超绝。以文生应武闱，遂与鹰扬宴⑥。康熙五十二年，任佛山千总，营务以整以暇⑦，卒伍肃然。时与乡人士诗酒唱和，洒脱不类韬钤人⑧。法中丞⑨爱其儒雅，引为上客，旋拟题荐，以去任不果。后来亦不恋戎帐，怡然解

---

① 惠郡：惠州府。
② 介节：刚直不随流俗的节操。
③ 讥察：稽察盘查。
④ 漏下三鼓：漏，古代滴水计时的器具。三鼓，即三更，为子时，即当日23时至次日凌晨1时。
⑤ 梁药亭：梁佩兰，号药亭，南海人。清康熙年间进士，著名诗人，被称为"岭南三大家"之一。
⑥ 鹰扬宴：清代科举中，武科乡试放榜后，考官与武举人共同举行的宴会。
⑦ 以整以暇：治军步伐严整，从容不迫。
⑧ 韬钤人：借指武官。韬钤，古代兵书《六韬》《玉钤篇》的合称。
⑨ 法中丞：佟法海，清康熙五十五年（1716）任广东巡抚。中丞为清代对巡抚的尊称。

组①去。晚年侨居佛山，敲诗作画外，挥麈清谈②，绝不及时事，俗客无有闯其座者。卒年七十九。所著有《杜诗矩》《鹿冈集》行世。陈《志》。

陈《志》以为，《邑志》有《流寓》，类附《名宦》后，又云"非乡所得专，缺之为当"，乃《人物》内采入程可则、麦在田二人，本属流寓，似自紊其例。今以《流寓》程、麦二传增入梁、冯、黎三人，附《名宦》后，从《邑志》例也。

流寓附

国朝

程可则，字周量。伯淳③程子十八世孙，其先世由河南迁南海，卜居鼎安大同里。可则之父曰仙，治《毛诗》，教授生徒，常语人曰："学究先生受人子弟，责亦非轻，安可不砥砺文行，使成佳士？"既困于诸生，思训子以成其志。可则五岁读书，过目不忘。十岁能文，有"神童"之称。弱冠下笔如云涌泉流，千言立就。顺治辛卯，以《诗经》荐，与陈彩④同出槜李王庭⑤之门。壬辰会试，举礼部第一，旋以首艺⑥微失注旨，磨勘不得与殿试，而程会元文名已噪海内矣。庚子春，应阁试⑦，授内阁撰文中书，寻改内秘书院撰文。辛丑赍诏颁赐山东，寻丁外艰，服阕，补原官。己酉，晋户部主事。八月，分校北闱，得士十五人，三捷庚戌，一选庶常，时称"得人"。晋本部员外郎，督理左翼仓务，出入会计，公慎称职。辛亥，升兵部职方司郎中，奉旨副往山西勘问总兵赵良栋，白其冤。复命召见，备陈情状，言辞畅达。天颜喜霁，

---

① 解组：解下印绶，辞去官职。
② 挥麈清谈：魏晋六朝时士人多喜好清谈，常挥动麈尾以助兴。泛指悠闲的谈论。
③ 伯淳：程颢，字伯淳，北宋理学家，世称"明道先生"，后人尊称为"程子"。
④ 陈彩：南海人。清顺治年间进士，与程可则同科举人、进士，曾任苏州参政。
⑤ 槜李王庭：槜李，古地名，代指浙江嘉兴。王庭，嘉兴人。清顺治年间进士，曾主持广东乡试。
⑥ 首艺：明清时科举考试的首道题目。
⑦ 阁试：翰林院对庶吉士的考试。

既而语大司马曰："不差人往审，赵良栋冤死矣！"癸丑，出知桂林府。会撤藩部归京师，甫下车，羽檄交驰，百务骈集，可则心计手画，咄嗟①立办，人服其才。寻卒于官，闻者惜之。可则既负绝人之资，尤酖经史，手不释卷，其为诗取材于《选》，取法于唐，与颍川刘体仁②、长洲汪琬③、新城王士禛④并以大家称。尝寄寓佛山，所著有《海日楼诗文集》《遥集楼诗草》《萍花草》。节增陈《志》。

麦在田，字宗道。生而端重，笃志力学，读书以精熟为务，淹贯经史，领康熙庚子经魁。律己严洁，仪容整肃，开讲席于佛山心性书院，生徒云集，近而广州各邑，远而肇、廉各郡暨粤西邻界诸处，皆裹粮负笈以从。在田尽心训迪，前后多知名士。时新会胡方⑤以学行自高，于人少许可，独爱重在田，以女妻之。在田厚于人伦，脩脯⑥所入，赡贫弟，建祖祠，抚教犹子⑦，兼予田宅。所著有《四书辑释》《易经要义》《春秋详训》《古文端》《易园诗文集》。节增陈《志》。

梁翰，字遇屏，又字少周，号戢庵。生而歧嶷⑧，随其父玉书就傅佛山。稍长，与陈云麓太史、何远君司训结社论文，每试辄前列。年三十一补博士弟子员，乾隆辛酉中副榜，甲子举于乡。乙丑中明通榜，为龙川教谕。戊辰成进士，加教授衔，复教谕任。八年俸满，保荐以知县用，丙子选福建罗源县知县。罗源故小邑，翰勤案牍，绝苞苴。旧令黄公旅榇停厝六十余年，翰捐俸葬之，复拨闲款以供祀事。又捐廉倡绅士建罗川书院，延名师，设膏火。邑不登贤书者五六十年，至是，屡获乡榜。罗田苦旱，翰教以吾粤水车之法，民甚便之，至有"梁公车"之目。他

---

① 咄嗟：时间仓促，迅速。
② 刘体仁：颍川（今安徽阜阳）人。清顺治年间进士，诗人。
③ 汪琬：长洲（今江苏苏州）人。清顺治年间进士，散文家。
④ 王士禛：新城（今山东桓台）人。清顺治年间进士，诗人。
⑤ 胡方：新会人。清代学者、诗人。
⑥ 脩脯：干肉。后用以代称教师的薪金。
⑦ 犹子：兄弟的儿子，侄子。
⑧ 歧嶷：形容幼年聪慧。

如修县城，行社仓，禁火葬之忍，治溺女之罪，治罗八年，邑人爱之如父母。甲申，署邵武同知，未几以病移归。其设教佛山时，进士伦显圣、孝廉陈应魁、拔贡刘良濬皆出其门。著有《寸知堂制艺》《循阳》前后二草、《旅燕》《宦闽》二草、《教养纪实》等书，年六十四卒于家。

冯公亮，字豹文，号石门，南海人，由佛山徙居省城。公亮幼而慧，读书过目成诵。弱冠补博士弟子员，食廪饩。应棘闱①未售，雍正初，援例入资，得通判。初判常州，改判汉中府。营办军需，往返潼关者六，大吏以廉干荐，擢顺天遵化州牧，以亲老乞改近就养，授福建理事同知。宦闽数年，以母丧去官。服阕，补贵州正安州牧，旋引疾归。性耽吟咏，历任吴、秦、闽、黔，山川名胜悉形于篇什，著有《吴游纪略》《燕程纪略》，其《石门全集》未及梓而卒。

黎简，字简民，又字未裁，顺德人，世称二樵先生者也。生粤西，十岁能诗。归里，益肆力于古。乾隆己酉，拔贡生。简诗峻拔清峭，刻意新颖，言人所不能言。性好山水，屡入朱明洞天，穷其幽胜，足迹不逾岭。尝寓居佛山秋官坊，海内词人想望风采，名流来粤者咸折节②下交。简才思敏妙，为诗援笔立就。兼工书画，书得汉晋人意，画直造元四家堂奥。著《五百四峰草堂诗文钞》《药烟阁词钞》《芙蓉亭乐府》《注庄韵学》。《省志》。

佛山忠义乡志卷八终

【校记】

[1] 愈：乾隆《佛山忠义乡志》作"载"。
[2] 廉：乾隆《佛山忠义乡志》作"廉干"。

---

① 棘闱：科举时代对考场、试院的称谓。
② 折节：降低自己身份。

佛山忠义乡志卷九

人物志 名臣　循吏　文苑　武功
　　　　孝友　义行　赀赠　隐逸
　　　　耆寿　方技　列女

乡号七贤，名家嵇[1]阮①；里称八士，世德俭绲②。采风碎锦之坊，习礼鸣珂之巷。乡尚人物，由来古矣。佛山山环水互，望气云佳，政事文章，代有闻达，非忠义二十二老所能概也。职非史笔，原不必擅分品目，第前《志》既有成例，仍条而续之。自《名臣》以至《列女》，后来贤哲闻风兴起，慨慕流连，欲自处于何等也。前《志》仙释三人，其一近怪，其二本医家，其三则孝女而尼者。今以其二归《方技》，一、三则入《杂录》焉。品目当否，仍俟当代史裁。志《人物》。

名臣

明

冼光，字汝实。祖福，始自佛山徙居顺德之鹭洲村。光生而长身玉立，读书十行俱下。举弘治丙辰进士，授江西安仁令，洁己爱民，善辨疑狱。有窭人③子诬陷大辟，岁久不白，光一讯立释之，百姓为之语曰："民无冤讼，有冼灯笼；讼无滞屈，有冼三日。"言其明且断也。水灾民

---

① 嵇阮：嵇康和阮籍，为竹林七贤的领袖人物。
② 俭绲：出自《后汉书·荀淑传》："荀淑字季和，颍川颍阳人。……有子八人：俭、绲、靖、焘、汪、爽、肃、专，并有名称，时人谓之八龙。"
③ 窭人：穷人。窭，因贫穷而礼不能完备，用以指贫穷。

饥，光发赈不俟命，存活甚众。县有盐，前官率利其羡，光藉以输公，遂为成例。时进诸生讲学，勉以忠孝大义。丁父艰，去。补令泰兴，召为陕西道御史。出按应天，奖廉察墨①，风裁②大著。临江民某商于徽，以诬系狱，几瘐死③，光廉其冤，为谳④出，其余平反甚多。居台七载，疏毁佛像，发刘瑾专权、江彬诱驾巡幸，侃侃数百千言。中外咸为光危，光不色动，疏亦留中⑤。遂乞归养母，杜门⑥十八年。嘉靖戊子，以荐起南京通参，历太仆、太常，晋工部右侍郎，所历皆有声，然为时宰所忌。会太庙灾，援例自陈，致仕去。光廉静正直，居官无纷华之好，解组林下，不通冠盖，日从诸老人徒步田间问农桑，无有知其为卿佐者。卒后，帝遣官谕祭。子尧相，荫京府别驾。曾孙应芳，举于乡。元孙宪祖，登进士，官参政，别有传。

梁焯，字日孚。颖悟而刚直，尝与香山黄佐⑦、同邑冯徽⑧、霍韬⑨同读书于光孝寺⑩。忽一夜，室内石板响声霠霠，自起自伏，各皆骇异。焯濡笔题曰："匪阴之精，匪石之灵。汝何为兮，至我之亭？设有鬼神兮，鬼神其亦有情。阴阳判隔兮，同此衷诚。我惟敬远兮，何必如此营营⑪？尔其有知兮，许尔从正。"题毕，其怪遂息。癸酉举于乡，甲戌成进士。丁外艰⑫，南归。服阕⑬，携家赴选⑭。过赣，闻王阳明先生讲学，

---

① 奖廉察墨：奖励廉洁的，惩治贪污的。墨，贪墨，贪污。
② 风裁：刚正不阿的品格。
③ 瘐死：囚犯因冻饿、疾病、受刑死在监狱里。
④ 谳：审理判明。
⑤ 留中：皇帝把臣下的奏章留在宫禁中，不交议也不批答。
⑥ 杜门：闭门不出。
⑦ 黄佐：香山（今中山）人。明正德年间进士，官至翰林院编修。
⑧ 冯徽：南海人。明正德年间举人，官至广西按察佥事。
⑨ 霍韬：南海人。明正德年间进士，官至礼部尚书。
⑩ 光孝寺：广州始建年代最早的名寺。
⑪ 营营：往来不绝、往来盘旋的样子。
⑫ 外艰：父丧或承重祖父之丧。
⑬ 服阕：守丧期满除服。
⑭ 赴选：前往吏部听候铨选。

停舟请谒。先生与之语，移时①而别。明日复见，日昃②而别。又明日复见，抵暮而未忍别。又明日，假馆③受业焉。同舟强之北者，开譬④百端，焯皆笑而不应。其最亲爱者曰："子有万里之行，戒童仆，聚资斧⑤，具舟楫，又挈其家室，经营越岁而始就道。行未千里而中止此，不有大苦，必有大乐者乎？"焯笑曰："吾今则有大苦，亦诚有大乐者，然未易以语子也。子不见狂病丧心者乎？方其昏迷愦乱，赴汤火，蹈荆棘，莫不恬然自信，以为是也。比遇良医，沃⑥之以清冷之浆，而投之以神明之剂，始苏然以醒。告之以其向之所为，又始骇然以苦；示之以其所从归之途，又且欣然以喜，且恨遇斯人之晚也。彼狂病不复者，反从而哂之，以为是变其常。今吾与子之事亦何以异此？"遂委资斧于逆旅，归家室于故乡，浩然自乐，若将终身焉。尝与先生辨论"居敬穷理⑦"，悚然有得。久之，其母贻书责之，有"官未就职，贵未及亲"之语。先生曰："官未就职，非忠也；贵未及亲，非孝也。吾之道，忠孝而已矣。母命不可违也，子盍行诸？"焯曰："焯焉能一日而离夫子？将复赴汤火、蹈荆棘耶？"先生曰："子以圣人之道为有方体⑧乎？为可拘之以时、限之以地乎？世未有既醒之人而复赴汤火、蹈荆棘者。子务醒其心，毋徒汤火、荆棘之为惧。"焯悟，遂辞而北。抵京，授礼部主事。武宗议南巡，与姜龙等上疏极谏。帝怒，罚跪五日，大杖三十。焯忠诚愈笃，扶病视事。又奉提督四译馆⑨。番人写亦虎先与其甥米黑儿

---

① 移时：一会儿。
② 日昃：太阳偏西的时候，即未时，相当于今13时至15时。
③ 假馆：借用馆舍，引申为作客旅居。
④ 开譬：开导劝说。
⑤ 资斧：旅费、盘缠。
⑥ 沃：浇灌，此处指饮药。
⑦ 居敬穷理：理学家倡导的一种道德修养方法。以恭敬自持，穷究万物的道理。
⑧ 方体：方所和定体，指具体的、有固定形迹的某种方法或做法。出自《周易·系辞》："故神无方而易无体。"
⑨ 四译馆：掌管接待四方邻国贡使和翻译语言文字的机构。

马黑麻,以贡献事诬陷甘肃文武大臣,俱械至京,以是轻侮朝官,焯每以法约束之。江彬以四家兵从帝游豫①,引火者亚三②进谒,帝喜而留之。比至京师[2],入馆不跪,焯执问之。曰:"无名姓,天上人也。"焯怒,杖之。亚三哗曰:"天颜可即,主事顾不可犯耶?"彬谓焯擅打驾下人员,即往拿焯。焯曰:"我是职官,无旨岂能擅拿耶!"时仆从逃散,焯单骑独行,京师皆号为"舍命主事"。会武宗崩,太后懿旨诛彬,并诛火者亚三等。世宗登极,念焯以谏被杖,赐银十两,加俸一级,旋以母命乞归。家居不通贵游,藩使应容庵③三造庐,乃得一见。闭户著书,欲阐阳明道学以传于世。书未竟而卒,年四十六。焯遇事敢为,尝恤其同门友冀元亨之丧,人多义之。霍韬少许可,独重焯,每经焯墓,必祭之。后祀乡贤。子露,邑庠生。

冼宪祖,字懋章。南少司空光,其高祖也。生而颖异,万历庚戌进士。授大理评事,平反大狱,存活甚众。转比部④员外。寻知武昌府,政尚宽仁,不数月,民歌其德。会引疾去。五年,起补建昌府。锄奸核逋⑤,境内肃然。清官帑之归中饱⑥者五万余金,蠲⑦小税,豁马户⑧诸法之不便民者。一切赎锾,尽归之公,不以一毫自污。大计⑨举卓异第一,晋副宪,备兵东湖,缮备完整,流寇戒弗近。署臬篆⑩,阻建逆珰⑪伪

---

① 游豫:帝王出巡。
② 火者亚三:华人,原居住在南洋满剌加王国,精通葡萄牙语。明正德年间,以翻译身份随葡萄牙使团来华。
③ 藩使应容庵:应大猷,号容庵,浙江仙居人。明正德年间进士,曾任广东左布政使。藩使,即布政使。
④ 比部:明清时对刑部及其司官的习称。
⑤ 核逋:核查拖欠。
⑥ 中饱:经手钱财,以欺诈手段从中取利。
⑦ 蠲:除去,免除。
⑧ 马户:以养官马作为赋役的民户。
⑨ 大计:每三年一次的官吏政绩考察。
⑩ 署臬篆:署任按察使。因官印皆刻篆文,故名。臬,明清时指提刑按察司。
⑪ 珰:宦官帽子上的饰物,借指宦官,此处指明代宦官魏忠贤,天启年间权倾朝野,在全国各地大建生祠。

祠。及转参政，守南昌道，适都城有警，慷慨入卫。竣事，因病乞身林下。惟明农①训子，不通当道。卒年六十，祀豫章名宦、本郡乡贤。

李升问，字晋衷。少聪颖能文，万历癸卯举于乡，会试置乙榜。癸丑领博罗教谕，端本尚实，捐俸督课，以彰教为己任。擢南雍学正，迁棘寺司务，转刑部员外。时魏珰窃柄，户曹李柱明[3]者以事忤，坐辟，热审②，同事噤不敢释。升问奋笔曰："限内赃完得释，恩例宜然。"毅然出之。疏上，镌职③追夺。崇祯改元，置珰于法，复升问原官，还诰命，恩诏录用。同处辈起，或劝上章自白，升问曰："京华梦断矣。赋《闲居》以奉潘舆④，有余适也。"构遁园，与旧游诗酒倡和。二年，卒。升问性友爱，历俸所入，悉以均诸两弟，无吝色。所著有《六休堂稿》。弟应问，登甲子榜。

李待问，字葵孺。万历甲辰进士。给假归娶，授连城令，捐浮粮五百余石。调晋江，请免杂饷一千余两，议以先儒罗从彦、李侗二贤从祀，从之。擢礼部主事，历吏部文选郎中。劾巨珰干预选政，迁奉常，陪从南郊⑤。寻丁内艰⑥，起擢佥都御史，巡抚应天。时巨珰魏忠贤生祠遍天下，南京更当明孝陵周道，凡谒陵者，守阉必责拜珰祠。待问谒陵毕，即疾驰履任，忠贤闻而衔之。松、徽等郡亦请祠珰，待问驳其议不行，语巡按御史曰："名节至重，安得委弃若此？"会黄山[4]民变⑦、三王之国⑧两事，皆忠贤所注意，欲兴罗织。待问独不肯假借附会，由是

---

① 明农：尽力务农。明，通"勉"。出自《尚书·洛诰》："兹予其明农哉。"
② 热审：每年小满后十日起，至立秋前一日止，立秋在六月内者以七月一日止，以天气炎热，凡流徙、笞杖，例从减等处理，称为"热审"。
③ 镌职：降职。
④ 潘舆：指养亲。出自晋潘岳《闲居赋》。
⑤ 南郊：古代天子在京都南面的郊外筑圜丘以祭天的地方，这里指帝王祭天的大礼。
⑥ 内艰：母丧。
⑦ 黄山民变：明天启六年（1626），因阉党借歙县徽商吴养春"私占黄山木植案"构陷东林党人引发的徽州民变。
⑧ 三王之国：明天启年间，三个藩王赴其封地，随从沿途勒索。

忠贤益思有以中之，待问遂以病免。怀宗践祚，起户部右侍郎，总督漕运。先是，漕法濡滞①，待问为厘定整饬，先期办集。阁臣入告②，以为年来兴复旧制，仅见漕运一事耳。复请增修堤堰，赈恤蝗、潦，宽辽饷③之半，革疲邑之征。前后诸疏，悉为残黎④请命。秩满，拜本部尚书，数召对赐坐。御札第呼"计臣"而不名，筹画兵食，辄至夜分。心枯血竭，遂病痿不能行。告病章凡二十八上，始得旨。途次，犹手疏请免练饷，谓"今日需饷孔亟⑤，而臣敢言免者，诚以练饷⑥一项，百姓则受额外之征，国家实无毫发之益。外而墨吏肥其私囊，内而税珰视为奇货。上有既毁之室，下无可怡之堂，臣不知税驾⑦"云云。怀宗读之辄流涕，然弗能用也。归未逾年，卒。赠宫保，谥忠定。待问为人忠孝宽厚，乐捐不倦，如设忠义营，修灵应祠、通济桥，建文昌书院，甃羊城古路，筑赤冈塔，复本邑丁口旧额，揭造《赋役全书》，皆他人力所不任者。在朝三推都宪、冢宰，枚卜⑧二，所著有《史涉》及《诗文集》《典铨》《总漕》诸疏草。子象蒙、象家、象颐，俱以贡生荫入监。曾孙绍祖，经魁，任永新令。陈《志》。

循吏

明

霍球，字廷献。正德中，以举人任晋江训导，性度坦夷⑨，勤于训

---

① 濡滞：迟延；迟滞。
② 入告：以事上闻。
③ 辽饷：明末为筹措辽东驻军军饷而加派的田赋款项。
④ 残黎：疲惫的民众。
⑤ 孔亟：很紧急、很急迫。
⑥ 练饷：明末为练兵所需军饷而征收的一种苛税。
⑦ 税驾：解驾，休息。
⑧ 枚卜：古代以占卜法选官，因以指选用官员。明代专指选大臣为大学士，入内阁主事。
⑨ 坦夷：坦率平易。

诲，每以身为率，诸生皆敬服。邑中士大夫相过，讲学之外，不轻发颊①。迁武陵知县，有清惠声。卒于官，今祀晋江名宦。

冼桂奇，字奕倩，号[5]少汾，一号秋白。幼聪警，嘉靖辛卯，弱冠举于乡，登乙未进士第。授工部主事。时桂洲②权势熏炙，桂奇与语不合，遂见忌。吏部郎缺，霍文敏③拟补桂奇，力辞，乃求改南京刑部，迎母就养。寻疏请告，时湛文简乞休南归，桂奇从舟行。访匡庐④、白鹿⑤之胜，复入闽探武夷、九曲。爰度岭南，卜筑罗浮，日与名公游息歌咏其间。未几，兄卒母病，桂奇乃疏乞终养，上许之。筑室古洛之滨，屏迹城市。逾年母卒，哀毁骨立。既而卒业文简之门，讲明心性之学。巡按觉山洪垣、大参欧东项乔每相过从，鲈羹粝饭，谈必竟日。总制静峰张岳特疏荐之，不起。家居绝不干谒，而建宗祠，周姻族，恤里之贫乏者，则殚心力为之。癸丑，岁大荒，饥民啸聚，始以乞给，因而抢掠，白昼行劫，动至千百，势将叵测。桂奇挺身出，谕以利害，众乃解散。首捐粟以赈，又劝谕二十四铺户殷实人户赈粟赈金，所赖全活者数千，而地方无恐，乡人立祠以报德。星野卢梦阳为纪其事，载于《忠义祠碑》。《粤大记》。桂奇尝奉母居罗浮，草履素服，无异野人，世多其清风劲节。寄处西樵，与同门辑师说，有《问疑续录》。《省志》。尝作《醒翁传》云："醒翁初举进士，内补，以不能俯仰，遂求罢归。人或讽之再出，醒翁曰：'今之仕者，孰为廉洁？不过呢訾取容⑥，富金帛为子孙计耳。吾耻之。'人或与之语及时事，辄掩耳不听。作诗诫子曰：'酒中有深趣，多饮乃丧志。诗中有深理，多吟乃逐艺。语言不可过，过之生患害。金帛不可积，积之为后累。四者若不诫[6]，危亡可立致。'由

---

① 发颊：发言出声。颊，脸的两侧，说话时会牵动。
② 桂洲：即夏言，号桂洲，江西贵溪人。明正德年间进士，官至内阁首辅。
③ 霍文敏：霍韬，谥文敏。
④ 匡庐：庐山。相传殷周之际有隐士"匡俗先生"隐居于庐山下，故称庐山为"匡庐"。
⑤ 白鹿：白鹿洞书院，位于庐山五老峰下。
⑥ 呢訾取容：阿谀奉承，讨好别人以求自己安身。

此诗，则醒翁非但醒于酒而已。所谓'众人皆醉我独醒，众人皆浊我独清'者，非耶？"盖自述也。所著有《广居堂稿》《鹤园集》。子梦松、梦竹、梦龙，俱诸生。

陈全清，字恕轩。少嗜学，立志不群，而数奇不遇①。时况钟②、严震皆由吏员至大官，以治行著。全清慨然曰："仕奚必出科目耶！"遂以藩掾③求仕，部考第一，授滁州判。州故疲瘵，全清洁己爱民，却供亿④，裁夫役，民乃大苏。居二载，以不能善事上官，遽拂衣归。士民遮道⑤涕泣曰："公，良牧也。奈何舍我辈去！"其遗爱若此。

冼涤，字一新。领弘治甲子乡荐，任江西上犹令。时县簿张纯去官，至皂口，夜被盗，舟人皆遇害，止存一妾与幼子。纯以仇诬哨官朱邦本及诸官兵为盗，所司擒捕甚急。涤毅然赴理，曰："官兵昼夜守城，皂口去县四百余里，哨官安能率之为盗耶？"所司始疑。涤乃潜访数日，得真盗，置之理，官兵乃释。调南康令，总督王守仁用兵于广，道出南康，军令甚严。涤进见，言貌持重，守仁称曰："有养⑥士也！"已而视其治，则又曰："贤令！贤令！"升直隶宁国府通判，贤声藉甚，部台使者交旌异⑦之。三载，给由赴部⑧，得病而卒。百姓罢市巷哭，如丧考妣。时李古冲默⑨以吏部郎谪任，与涤同官，于人少许可，独敬重涤。凡棺衾[7]饭含⑩之物，皆古冲临视，遣使护丧至家。古冲尝语人曰："冼

---

① 数奇不遇：命运不好，事多不顺利。奇，单数，古人认为单数不吉。不遇，不得志，不被赏识。
② 况钟：明江西靖安人。小吏出身，官至苏州知府。
③ 掾：掾吏，官府中分曹治事的属吏。
④ 供亿：供给，供应。
⑤ 遮道：挡在道路中间。
⑥ 有养：有素养，有涵养。
⑦ 旌异：旌表，褒奖。
⑧ 给由赴部：凡官员候升或候选时，其原属上司衙门，应将其履历及曾否受有处分等情具结行文咨送吏部。
⑨ 李古冲默：李默，字古冲，福建瓯宁人。明正德年间进士，翰林院学士。
⑩ 饭含：古丧礼，以珠、玉、贝、米等物纳入死者口中。

公学行，可方①古人，使得究其志于时，必有大益。"人以为知言。一子桂昌，少为邑诸生，拔入胄监，历庆府典仪正。

陈善，字继初。少以奇童称，器宇凝重，言动如成人，领嘉靖辛卯乡荐。任泉州学正，凡贫士有志力学，及逾时不能婚娶者，善捐俸为之助。辛丑登进士，授刑部主事。尽心刑狱，多所平反。晋员外郎，出为浙江佥事，以威惠著。时有数十人采薪海岛，为逻卒所执，抚军按以大辟。善得其情，白而出之。其明察释冤，多此类也。然性直无婥阿②，与李监察议不合，李衔之，遂诬论焉。幸事得白，迁广西参议，征柳、庆蛮寇，以功转江西按察使。便道归省，喜曰："自违老母，日切忧思，今何幸得侍膝下③！吾不复出矣。"遂不之任，日与诸弟奉母，友爱甚笃。平生学问该博④，为文有奇思，简而当于理。卒年五十九。

岑远，字近基。事亲以孝闻，与兄迓相师友，并有声黉序⑤。领嘉靖丙午乡荐，庚戌成进士，授丹阳令。值年荒盗炽，郭鲜行人，远督兵卫民，俾得尽力田亩。是秋大熟，士民建祠尸祝之。以艰⑥归，起补虞城令。邑小政简，与民相安于无事。日引诸生讲学胶庠⑦，诱掖⑧不倦。当事器之，调繁⑨杞县。甫受命，卒于官。才优宦浅，未竟其用，君子惜之。

庞景忠，字孝移，万历丙午举于乡。初令湖广京山，时征辰沅兵赴辽，所过横掠。比至境，景忠单骑逆⑩之，士民遮留⑪，欲闭城门，忠不

---

① 方：比拟。
② 婥阿：逢迎，依从。
③ 膝下：父母跟前。因子女幼时常依于父母膝下。
④ 该博：学问或见识广博。
⑤ 黉序：古代的学校。
⑥ 艰：即丁艰，遭父母之丧。
⑦ 胶庠：周代学校名。周时胶为大学，庠为小学。后世通称学校为"胶庠"。
⑧ 诱掖：引导扶植。
⑨ 调繁：调任政务繁重的州县。
⑩ 逆：迎接。
⑪ 遮留：拦阻挽留。

可，视沅兵有二三白衣冠，因呼而问之："尔何为者?"曰："国丧。"曰："而尚知有君乎?"曰："然。"又问："尔去何之?"曰："还家。"曰："而尚知有亲乎?"曰："然。"因谕之曰："京山弹丸邑，无粮无兵。今城闿不闭，恣若等所为。听吾言，当给一饱。必行焚劫，不若且杀知县。"开襟引颈示之。众罗跪，誓遵约束，移营去，乃得安堵①，景忠之力也。邑有宋河地，先为显宦侵害，以故土人不敢入城邑，有司议以兵剿。景忠至，屏舆从，径入晓谕抚辑，祸构顿息。在任兴利除害，案无留牍。三膺荐②最③，旋丁外艰，城郭为之罢春，士民执绋送之。服阕，补闽归化令。文庙北向，面城湫隘，士无登科者，景忠改建城外，丙子、己卯连隽④乡闱。期月迁留都司城，城役率亡命包充，捕盗为盗，景忠摘发⑤如神，奸猾屏迹。寻晋南户部主事监兑，革除供亿。会粮阙兵噪，解粮至，日已晡。欲不即散，恐益哗；散之，日晚且招变。乃出声言散粮，命取米至，视之大怒，再取米至，视之愈怒，曰："甲士枵腹⑥，奴辈坐饱侵欺，加此糠滓，谓国法何?"痛责解者，众兵欢呼，次日毕给。榷杨关时，漕挽⑦飞急，借运民船，解丁、奸商相影射⑧，景忠至，咸厘剔之。又奉加二新赋，景忠轸商困，减其半，以羡为补，请曰："公家苟完，商困可苏，私囊奚恤哉?"乃悉允行。其应变济时之才如此。以母老乞归，屡征不出。地方利病，当涂⑨辄从咨确。万历、崇祯间，两聘修邑乘。时苦水寇，乃辟陆道百里，与尚书李待问捐资共成之。而鸡头一桥，忠自营造，至今称"庞公桥"云。所建大、小宗祠，

---

① 安堵：安定；安居。
② 膺荐：承受荐举。
③ 最：古代考绩时，上等为"最"。
④ 隽：科举考试考中。
⑤ 摘发：揭发。
⑥ 枵腹：空腹饥饿。
⑦ 漕挽：水运和陆运。
⑧ 影射：包庇，掩饰。
⑨ 当涂：居要职、掌大权的人。

俱置祭业。子汝衡，恩贡；汝粥，荐举。孙上梓，举人，知州。曾孙翘菁、之兑，并举人。元孙逵，举人；遥，进士。

冼效，字衍孔，百岁翁冼聚昶之孙。以乡荐任罗源教谕，督课有声。迁闽清令，清慎廉明，士民爱戴，为立生祠。擢广西永安知州，惠政益闻。以考最行取①，竟以病告休。居家不通贵游，俸薄无积，卧榻之外环列图史，披阅之暇，或引杯酌而已。卒年七十八。

霍维诚，字积忠。领万历丙子乡荐。由教谕迁广西上林令，邑多奸民，勾盗肆劫。维诚严保甲，派十家牌，盗遂不敢入境。冰檗[8]自矢②，不受民间一钱。与民语，如家人父子，民爱戴之。时剧盗攻略州郡，独不犯上林，曰："霍公贤令，吾何忍犯？"其感人若此。俄解组归，宦橐③萧然，所居仅蔽风雨而已。子得之，仕至郎中，自有《传》。

关捷先，初名捷元，字宁后。由高明隶籍南海。生而聪颖，过目成诵。辛酉弱冠举于乡，甲戌成进士。初令上饶，当八省之冲，土瘠民疲，殚心抚字④，苏驿困，捐运漕，赈饥修学，浚河建仓，为江右循良吏。丙子分校豫章，尽得名士。岁大旱，露宿步祷，甘霖立沛。先是，饥民哗动监司，捷先片言定变，其廉明服人如此。寻丁内艰，补庐陵令，善政如治上饶。壬午举卓异，癸未行取，例应留部，廷议以入觐廉吏悉试畿辅、山右凋残邑，捷先遂晋级，仍署莱阳。至则建城筑堵，瘗骸⑤施药。甫半岁，哀鸿⑥悉集。甲申春，内转吏部主事，次德州，闻变归。丙戌后，隐居西樵，年未六十卒。捷先慷慨义侠，负经济才，居恒不问生产，抚孤侄逾于己子。奖掖后进，多所曲成⑦。所著《锦廷[9]》

---

① 行取：明代制度，地方官知县、推官，科目出身三年考满者，经地方高级官员保举和考选，由吏部、都察院协同注拟授职，称为"行取"。
② 冰檗自矢：处境艰辛困难，而志向不移。冰为最寒者，黄檗味极苦，形容处境艰辛。
③ 宦橐：因做官而得到的钱财。
④ 抚字：抚育爱养子女，亦指良吏爱护人民。
⑤ 瘗骸：掩埋骸骨。瘗，掩埋。
⑥ 哀鸿：悲鸣的鸿雁。比喻哀伤苦痛、流离失所的人。
⑦ 曲成：多方设法使有成就。

《青原》诸集，《云随》《樵余》诸草，藏于家。子毓穗，科贡。孙孙谋，领康熙己卯乡荐，任建阳知县。

霍得之，字叔求。少负奇志，领天启甲子乡荐。闭户读书，足不入城，庭无杂宾。为人高视阔步，旷达寡营。每谈地舆险要、兵机进退，辄移晷①弗休。崇祯丁丑[10]，考授内阁中书，转工部主事，晋员外营缮正郎，差造福府，多所节省。计部②方叙劳，得之遽拂衣归，囊橐萧然。佛山驻防别驾屠彪者，得之督造福府时部掾也，悯其困苦，谋周之。得之不受，安贫乐志。卒年七十六。

国朝

左必蕃，字同汾。康熙辛酉举人，除蠡县令，有美政。噶尔丹犯顺，军府所需，咄嗟立办。丙子分校京闱，旋行取，擢御史，巡视南城。出知扬州府，地当要冲，奸宄丛集，必蕃治之，众胥帖服。既而翠华南幸，嘉其绩，升太常少卿，仍视府事。丁内艰，命在任守制，吁乞再，给假归葬。寻召还京，调顺天府丞，提调文武两闱，弊窦肃清。历迁右通政、光禄卿、宗人府丞、左副都御史。辛卯典试江南，撤棘③有风闻，即自劾以失察，归卒。子大章，戊子举人。粤章，辛卯举人，大理寺评事。《府志》。

罗颢，字颢甫。原绿潭堡人，迁居佛山。曾祖绅，由乡荐历令、守，以治行称。颢少负奇志，喜任侠，长乃折节读书。其学宗阳明，好阐发良知④之旨，授徒常数百人。领康熙甲子副贡。仕石城教谕，课诸生勤而有恩。有能文者倏考劣等，颢力请于学使，得补考，卒付优等，其爱惜人才若此。以病卒于官。所著有《四书讲说》《四方草堂集》《天文岁钞》。子湛、芝、秀，俱诸生。湛尤著，有《卷曲集》五卷、

---

① 移晷：日影移动，经过了较长时间。
② 计部：明清时指户部。
③ 撤棘：科举考试工作结束。放榜日关闭贡院，并于门口设置荆棘，以防落第者闯入喧闹，放榜后始撤去。
④ 良知：王阳明心学的核心概念，是一切道德认识与判断的终极标准。

《杜诗注》五卷，扶父榇返里，恸卒。陈《志》。

劳翀，字景云。父象乾，隐居授徒，乐善弗倦。翀幼嗜学，天性孝友。康熙辛酉[11]，由贡生授广宁教谕，构博文、约礼二斋，课士其中。会山寇扰攘，翀以书抚之，招其子弟之秀者投戈讲艺，鸮音①乃靖。考满，擢高凉教授。高当兵燹后，学舍废为营房，翀力与弁争，遂撤其居，诸生复业。恭刊上谕训饬文，人予一通，责以躬行，士多化焉。知府郑梁重其品，拟荐之。会丁外艰，寻补韶州教授，却贽馈②，整士习，士载口碑。未几，复以忧去。南邑水灾，翀倾橐赈饥，全活者三百余家。服阕，补琼州，士闻，群庆得师。以病卒于官，祀南海乡贤。著有《他山集》《遗安堂稿》藏于家。

劳仁，字元伯。父翀，历任高、韶、琼三郡教授，有善政，祀乡贤，别有《传》。仁少博学，弘通经史，自天文、律历，以及握奇③、布算④、青乌⑤家言，靡不淹贯。由恩贡生筮仕⑥琼之乐会，以振兴文教为己责，修学宫，建明伦堂，进诸生面命之，谆复⑦不厌。先是，令琼者以海外宪远，率庭辱诸生，辄予杖，会同令张某政尤酷。仁严为约其徒，躬与令抗，令不敢逞。摄篆会同三年，张令尤敬惮之。邻邑闻风而化，由是十县三州士气大振。适其父翀起复琼教授，父子同仕海外，士翕然归之。以父忧，扶榇还，诸生执绋蚁附，哭声沸海。戊戌，补任乳源。乳故岩邑，学址久废，有司度外置之。仁至，首集绅士，鸠工庀材⑧，建复大成殿两庑各宇，工未竣而橐已空，不恤也。乃多劝谕，草

---

① 鸮音：鸮鸟的恶声，代指恶人的恶习。
② 贽馈：送礼。
③ 握奇：排兵布阵之法。
④ 布算：布筹运算，泛指卜卦推算。
⑤ 青乌：堪舆术。
⑥ 筮仕：初出做官。古人将出做官，常先卜问吉凶。
⑦ 谆复：反复叮咛。
⑧ 庀材：办齐材料。

创略备，以瘁成病。官乳七年，正士风，惩佻达①，却贽馈，严课程。尝刻《先正格言》《文昌宝训》《阴骘文》诸书，颁之多士。生平勇于为善，乐施予。家居海滨，岁收流殍，至者必洄旋涯涘②以待之，人咸谓"好善之感"云。然性过峻，不畏强御，居恒自谓"疾恶太严，不能自克，每为宵小所忤"。乙巳秋，以病卒于官，邑人立碑思之。《省志》。

霍作明，字良宾，号梧园。幼聪敏，年十六举弟子员，康熙癸巳登贤书，雍正癸丑成进士，授山西汾州府临县。捐俸倡修学宫，聘名师主义学讲席，时至学奖励士子，文风丕振。邑旱，徒步冒烈日以祷，旋降霖雨，民颂为"霍公头上雨"云。岁歉，牒请开仓以赈。助资粮，给牛种，民无失所。及去，民立祠祝之。解组后，徙居三水，著[12]有《四书讲义》《梧园稿》。次子学源，由廪贡授龙川县教谕，调崖州，俸满升知县。勤于课士，正己以为之率，邑侯汪鼎金称为"经师人师"。卒于官。

劳孝舆，字阮斋，南海人，拔贡生。少好游，渡琼海，登罗浮绝顶，历览江、河、衡、岳诸胜，著作日富。受知学使惠士奇，与何梦瑶、罗天尺、苏珥齐名，世称"惠门四子"，名大噪。雍正庚戌，诏修《一统志》，孝舆与纂粤乘，发凡起例多出其手。乾隆丙辰，举博学鸿词，召试未用，旋出为黔宰。时苗乱初靖，有屯田之役，始经理三堡。遂入山苗，由二岭至山婆，逾圭翁、斗巴，直达琴台，措置八堡屯田，足茧万山者七月。将去，屯之民蚁行盘路而下攀辕，曰："公衣食我，忍未及睹我饱暖而去也。"历任锦屏、清镇、龙泉、清溪、毕节诸邑，不名一钱。迁镇远，卒于官，著有《阮斋文钞》四卷、《诗钞》六卷、《春秋诗话》《读杜识余》。子潼，自有《传》。《省志》。

---

① 佻达：轻薄放荡。
② 涯涘：水的边际。

文苑

明

梁经，字用常。生而敏异，以诸生食饩①。有女巫以烧香惑众，经白邑令逐之，籍其器皿，改铸泽宫②祭器。及贡入太学，有同舍生暴卒，经亲视含殓，护其丧以归。俄领天顺壬午乡荐，尝与陈白沙论主敬③之学，往来辨难，白沙亟为首肯。两广总督韩襄毅④征剿瑶寇，咨经以兵略，寇卒平。同郡丞黎暹⑤修《顺德志》，核而详，有"良吏"之目。未仕，卒。

陈士兴，字文伯。聪颖博学，志概落落不群，年二十一领嘉靖乙酉乡荐。人往贺之，曰："丈夫不发解⑥，何贺也？"屡上春官⑦不第，或劝之仕，曰："丈夫不掇上第、入中秘⑧，何官为？"见公卿大人，侃侃辨论不少屈。尝上书霍宗伯韬数其过，宗伯服其直谅，不怪也。所为诗文，皆以发其肮脏⑨不平之气，兀傲⑩有奇致。惜随手散失，鲜有存者。年未四十而卒。

李孝问，字懿衷，赠尚书畅仲子。生有异质，端严简重。十岁通《易》，能文，铮铮有声。俄以诸生食饩，凫阳方郡守⑪造士会城，推为高足，每评其文曰："是语非是人不能道。"畿省十一战，两登乙榜，为

---

① 食饩：明清时经考试取得廪生资格的生员享受廪膳补贴，即成为廪生。
② 泽宫：古代习射取士之所。
③ 主敬：宋代理学家提出的道德修养方法。
④ 韩襄毅：韩雍，谥号襄毅，长洲（今江苏苏州）人。明正统年间任两广总督。
⑤ 黎暹：顺德人。明成化年间任金华府同知。
⑥ 发解：考中解元，即乡试考中举人第一名。
⑦ 春官：唐光宅年间曾改礼部为春官，后遂为礼部的别称。此处指由礼部主持的会试。
⑧ 中秘：中书省和秘书省。
⑨ 肮脏：高亢刚直。
⑩ 兀傲：倔强不随俗。
⑪ 凫阳方郡守：方遂，湖广京山人。明万历年间任广州知府。

姚瀛曙司李①、袁越畸邑令所知，俛收俛失②。姚公每叹曰："不及收此名士。"光宗御极，诏选士一人，蔡质凡学使首举以应成均③。事竣，部试，署邑令，未及受官而卒。生平识高才朗，留心时务。省中濠境④之备御，定弓之减免，蒿目持筹⑤，曲中⑥事情，而里门营兵之设，建营料饷，多出其经画，乡人贴席⑦，至今赖之。与弟尚书待问同祀乡贤。陈《志》。

国朝

陈炎宗，字文樵，号云麓。父清杰，康熙甲午举人。炎宗少孤，聪颖迈伦。乾隆辛酉领解额，戊辰成进士，馆选越六月即告归，居家三十年，主讲岭南义学。性孤介恬淡，非公事无一刺及长吏。大学士陈大受，戊辰会试总裁也，后节制两粤，炎宗一谒不再至。所居乡曰佛山，搜罗文献，辑为《乡志》，识者称其简而有章。生平为诗、古文、词，未尝属稿，挥成辄为人持去，故多散佚。其卒也，大兴朱太傅珪表其墓云。《省志》。

劳潼。字莪野[13]，孝舆子。乾隆乙酉举人，受知武进刘星炜、大兴翁方纲、余姚卢文弨，得名最早。事母孝，至不肯再应礼闱。以引奖后进为己任，尝言："读孔子书得一言曰'务民之义'，读孟子书得一言曰'强为善而已矣'，读朱子书得一言曰'切己体察'。"其敬恤宗亲，倡率乡党，备赈[14]义举，皆有成绩。丙午、丁未荐饥，赖以全活无算。著有《孝经考异选注》《救荒备览》《荷经堂古文诗稿》。《省志》。至论学以立志、居敬、穷理、笃行为的，而敬尤贯于三者之中。每训人，必欲

---

① 姚瀛曙司李：姚会嘉，字瀛曙，浙江会稽人。明万历年间任广州府推官。司李，推官之别称。
② 俛收俛失：即俛得俛失，得与失皆出于偶然。
③ 成均：古代最高学府，明清时期为国子监。
④ 濠境：今澳门。
⑤ 蒿目持筹：远虑时局，精细筹算。
⑥ 曲中：完全击中，全都符合。
⑦ 贴席：安卧于席，比喻安稳。

以小学立其根本，乃可由程朱窥孔孟。始设教本乡，继在羊城，及门知名之士指不胜屈，士林奉为圭臬。吉制军曾延主越华讲席，以病未就，旋卒。生平著作极富，已梓者如《四礼翼》《人生必读》各书，未梓者备载书目，冯太史敏昌、陈观察昌齐皆极推重焉。

霍超士，字巨源，号涛轩。以府试冠军补弟子员，乾隆己卯举于乡，再赴礼闱不售，遂居乡课徒，尽心启迪，游其门者多知名之士。与人坦直，然廉介自持，屡主义学讲席，非乡有大事，有司未尝一见其面。贫而好施，所得脩脯，有借者不吝，亦不责其偿。以故乡重其德，钦其量。时文为士林标准，谈艺者一经改定，无敢私议。有《涛轩文集》，其门人刊以行世。年七十余卒，无子且贫，门人咸赗以葬。

伦显圣，字睿作，号宪亭。读书日诵千言，父瑞云督课甚严，童年以背经补弟子员，弱冠为文汪洋灏瀚。食廪饩时，冯太史成修主粤秀讲席，与莞邑谢庶常敦源、本邑国子监学正劳潼均器重之。乾隆丙子举于乡，丁丑成进士，归而养亲，乡人荣之。旋丁艰，服阕，选蜀南川令。适当金川用兵，征役繁，不堪奔命。上官廉知，适乡试，调充内帘考官，而心疾剧甚，场后卒，遗文散佚。

唐材，字云升，号晴川。领乾隆丙子乡荐，后赴选得闽之建阳令。以不乐刑名改教职，授德庆州学正。十余年，擢南雄、嘉应教授。性恬淡，无猥琐气习，故士子重之。家居后，州人士赴棘闱过乡，必问其起居。善画莲、竹，饮酒多而不乱。嘉庆丙子，与三河令陈鹤翔重逢鹿鸣宴，将入奏而陈卒，独唐与焉。在乡掌教义学六年，年九十余卒。

陈其煃，字介炎，号琬同。本籍新会，乾隆癸未成进士，由翰林洊官给事中。以病归，当道聘主粤秀讲席十余年，绝不干谒。生平和易可亲，谦退自处，未尝以才气加人。论文不取高深峻削，惟以优游平中，使可荣世即可寿世云。

李可端，字凝修，号次云。性敏异过人，嘉庆丙辰进士，授翰林院检讨，与修国史。辛酉分校礼闱，旋即主试湖南，所得多知名士，邹侍御家燮、杜少宰堮、孔廉访昭虔、倪观察琇等皆出其门。壬戌卒于京邸。

李可蕃,字衍修,号椒堂,可端弟。壬戌进士,授翰林院编修,改山西道御史,升兵科掌印给事中,巡视北城,宵小敛迹。每有封事①,退即焚草,故疏稿流传极少。粤东民食向赖粤西米接济,米船过关,胥役勒索船户银规甚重。可蕃奏请饬禁勒石,乡人至今赖之。戊辰分校礼闱,戊辰、癸酉分校京兆闱,得人称盛,如陈大司成官俊,其最著者。寻外擢湖南粮道,卒于官。

区宏绪,字端大,号理斋。领乾隆辛卯乡荐,三赴礼闱未遇,遂绝意仕进,以奖引后进为己任。生平无干谒,惟于乡事如攻硝厂、建义仓、倡拾婴各举,无不尽力焉。卒年七十九。子承谟,庠生。

潘光岳,字仲瑛,号石间。敦厚和平,与人无忤。嘉庆癸酉举于乡,会试选内廷教习,丁丑成进士,改庶吉士。散馆,授刑部山西司主事。生平为诗文若不经意,而文成法立,有风水相遭之致。著有《揭云斋诗稿》,未及梓,卒于京邸。子汪澜,道光乙酉顺天举人。

武功

明

冼灏通,字亨甫。正统己巳,黄贼萧养作乱,声言攻略佛山。官司访灏通有异才,命为乡长,捍御事听便宜②行。灏通乃纠合同志凡二十二人,率乡子弟为兵,列栅为城,凿沟为堑,置铺舍,利器械。已而贼果至,辄开门挑战,战辄胜,斩首二千余级。贼既平,布政使揭稽上其功,特赐佛山为忠义乡,祖庙为灵应祠,旌赏灏通等义士有差③。后合祀于流芳祠。

---

① 封事:密封的奏章。
② 便宜:方便合适,便利。
③ 有差:不一,有区别。

梁颢，字裔明。禀性鲠直，状貌雄伟，膂力过人。年十八，值黄寇乱，率乡中义士悉力备御。及战，持丈二红刃刺贼先锋，大呼陷阵，众从之，贼遂溃。事闻于朝，崇祀流芳祠。子标，孙仕魁，俱庠生。

梁敬亲，字奉孝。貌魁梧，有勇略。当海寇黄萧养乱，敬亲与诸义士树栅拒之，谋定而后战，扼吭捣虚①，所向必克。贼不能支，宵遁去。后奉敕赐冠带，祀于流芳祠。

国朝

曹起龙，字兆辉。原香山人，卜迁佛山。美须髯，有勇略。康熙二十二年，以把总分守澳门，旋调连州星子营。时山贼窃发，流毒两省间。起龙领兵挫贼锋，夺回被掳者百余口，授阳山城守。二十八年，连山贼陈凤焚劫三广，旋抚，复叛。上官调起龙往征，大战破贼，胁从尽释。复历险穷追三阅月，得贼魁及其党歼焉，救被掳者无算。升连阳中军守备，阳民攀留，许就旧署行中军事。是秋，太平龙水尾诸排复叛，起龙率兵直捣山谷中，瑶大恐，悉归所俘以降。三十六年，因疾请归。越明年，当事思其才，复以防瑶游击征，起龙坚辞不赴。年七十五卒。有子十二人，五子贤伟，康熙辛卯举于乡，任项城令。七子汲，任归安令。

李俭生，骨体岸健，多力趫捷②。康熙初，为忠义营总，善诇③盗，潜捕之，无得逸者。性复侠，好施，察盗中有悔悟者，予以钱，令改行。群盗畏其能，服其义，相戒不入境。夜户不闭，市里晏然。时海贼流劫佛山，势张甚，人皆震恐，俭生大言曰："吾在此，鼠辈何能为！"率众击之走，又追败之于石硝。乡人以俭生有保障功，特建生祠报之。子奕其，武诸生。以上俱陈《志》。

---

① 扼吭捣虚：抓住敌人的要害乘虚而入。
② 趫捷：矫健敏捷。
③ 诇：侦查，识破。

孝友

明

高士楠，字建卿。举嘉靖庚子第三名。任横州知州，迁太平府同知，节爱有声，边人留思焉。性极孝友，父汉治家严急，士楠奉以惋愉①。休官日，小忤辄怒，闭门不食，士楠长跪通衢请罪。亲友交劝，不得命不敢起。兄士材，亦举于乡，早卒，遗一女，贫甚。士楠以己产均其继子，而以己资财为女择配嫁之。其厚于人伦若此。殁后，邑人庞一夔②为撰孝友传。

梁滔，字耿中。天性真淳，事亲孝，交友诚。以父号"莲溪"，稚时遇莲花、莲实、莲藕，俱加敬惜，曰："此吾父所钟爱者。"后竟不食焉。兄灌，读书闭户不出，滔谓"学士见闻宜广，必不如是"，遂负笈出游，广交名士。迨兄秉铎③粤西，滔则归家屏迹，日夕事老父，依依膝下。素交④来，款留而已，不复往答也。

陈万彀，字金城。博综经史，工诗赋，为名诸生数十年，竟不遇。性孝友，居丧，哀毁骨立，卜葬父母于清水冈。术者言："此地世久弥昌，但长子不嗣⑤。"弟万发请曰："如此当别葬。"彀曰："葬以安亲魄，亲安则吾心安，嗣不嗣有天焉。吾不计此，奈何为术士所惑。"卒封树焉。爱两弟甚笃，两弟亦恭谨，怡怡一室，乡党推孝友者，必曰"陈先生"云。子喜，食饩于庠，亦以学行著。

李敬问，字翼衷，尚书待问同母兄，授光禄寺署丞。少游燕、赵、豫、楚、吴、越间，博览有才志。见兄弟并登仕籍，遂一以养亲为事。

---

① 惋愉：和乐，和悦。
② 庞一夔：南海人。明嘉靖年间举人，官至九江府同知。
③ 秉铎：担任文教之官。
④ 素交：真诚纯洁的友情，旧交。
⑤ 不嗣：没有子嗣。

年五十丧母，哀毁庐墓。训子侄甚严，抚孤侄若己子。里人彭毓吾寝疾，属①其二子并橐中六百金，敬问为之治生②，延师教之，后俱成立③。丙戌海寇披猖④，敬问树栅铸炮，简练乡勇，以捍村堡。戊子岁饥，蠲产乞籴，以赈[15]饿者。所著有《嚼蜡篇》，卒年七十八。子象丰，领乡荐。孙茂，甲子副榜；萼，庚子副榜。能世其家。

国朝

郑绍勋，字奏肤。性至孝，年十四母病，割臂肉和药，母竟愈。两遭丧，哀瘠不能兴。游邑庠，才名藉藉，后以岁荐食于家。教授生徒以方严为率，一时称为"有道之士"。无疾而卒。先数日，若有人请为某处城隍者，绍勋谈笑待之，至期果逝。

陈清杰，字适今。父龙光，仁厚多隐德，由胄监考列州丞，未出仕。清杰生有至性，事父及继母以孝闻。博学富才藻，尤善古文辞，为高材生二十年，始领康熙甲午乡荐。生平无私蓄，尝手致千金，尽公之两弟。有友人母病垂危，亲往候视，急归取十金遗之，友得尽丧礼，然友未曾告贷也。后此友每向人言，辄感激流涕。其好义轻财若此类者甚多。未及仕而卒。所著有《冰玉堂文集》《北行漫钞》《西游诗草》。子炎宗，乾隆辛酉解元，戊辰进士，翰林院庶吉士。梁调元撰。

陈昌诰，字邦华。至性过人，十余岁即代父掌家务，凡晨昏甘旨⑤、宾客肴核⑥，所以承父欢者靡不至，己则口无兼味⑦、身无完衣也。母病求医，拮据忧苦，因笃志岐黄，通其术。心知母危，欲以身代，吁天叩头，一字一泣，如此者数十夜，故里人有"陈孝子"之目。诰少雄于

---

① 属：托付。
② 治生：经营家业。
③ 成立：成人，自立。
④ 披猖：猖獗，猖狂。
⑤ 甘旨：美味、养亲的食物。
⑥ 肴核：肉类和果类食品。
⑦ 兼味：两种以上的菜肴。

文，而数奇不遇，以母病通医，用资奉养，遂卒于医。弟昌朝，举于乡。自少至长，友爱无间，有所得辄公诸弟，一丝一粟未尝入私室。有子五人。

黄德昌，字好生。四岁而孤，母孔氏，年二十余孀守。昌奉母以孝闻，常痛父不及见，访貌类者，自染丹青，肖而轴之，节朔展拜，哀慕不辍[1]也。博学强记，以数奇不售，乃筑别业，栖息其中。好吟咏，工绘事，性尤倜傥好义，乡族多取裁焉。所著有《文集》《诗集》，自颜曰"木强[16]"，藏于家。子金胜，领顺治辛卯乡荐，历潮州教授。李《志》。

李有实，字若冈。赋质端重，笃志孝友。五岁母逝，以弗及奉养为憾，触念堕泪。事父孝敬唯谨。兄患病，躬亲调理，席草卧地三越月。兄亡，治丧尽礼。子侍问，邑诸生，创修《佛山乡志》。李《志》。

何炎[17]，字署仲，广府诸生，原居省城。父亮，前明举人，以文行著。顺治七年，国朝大兵入粤，围省城。人劝亮潜出，亮坚不肯，曰："吾将死于此。"炎涕泣随侍，曰："儿安忍独生？"比城破，亮被杀，执炎，问："何等人？"答曰："秀才。"骑听不甚了了[2]，以为裁工也，不杀而拘役之。后知为读书人，始得释，遂迁于佛山。生平孝友诚悫[3]，严以律身，慈以畜下，贻子孙以素业，门内雍肃，寿至九十有八。孙肇宗，康熙庚辰进士；肇锐，国学；肇芳、肇选，俱岁贡。肇选任四会训导。曾孙维矩、天眷，庠贡；世荣、桢杏，俱诸生。三子道凝，七子弘泽，俱廪贡；孙善继，邑庠，皆其训诲之力也。以上俱陈《志》。

何国柱，字定朝。性孝友，好义乐施，家以中落。族人有欲估卖祖祠者，力不能阻，具呈于官，哀切请禁，祠遂得存。自是愈贫，惟挟《四子书》《周易》《性理精义》及其先人选稿以训授童蒙。卒，无嗣。

---

① 不辍：不停止，连续不断。
② 了了：明白，清楚。
③ 诚悫：诚朴，真诚。

黄觐公，性孝友。父母殁，哀毁尽礼。既葬，每晨必亲往扫墓，奠茗乃返，至老弗衰。兄年七十余，每春秋祠祭，觐公必亲自扶掖以往，宗族及外人皆称之焉。《采访册》。

冼有文，字质君，号南粥。幼孤，母黎氏、庶母伦氏抚之成立。见陈《志》《节妇门》。性嗜学，以独子养母，不欲远离膝下。母死，哀毁骨立，绝意仕进，待诸姊妹益肫恳。好施与，家虽不丰，有贷必遂。好为诗古文词，一时与游者，如陈炎宗、汪后来，皆知名士也。家有鹤园遗址，日与诸君吟咏其中。著有《督耕堂集》，以寿终。

义行

明

梁广，字南园。赋性严厉，处事公平，乡里信服。明正统己巳，广年七十有四。时黄萧养反狱为大盗，逼民从逆，四方骚然。广倡大义，与同志者二十一人，率子弟、出资财、制器械拒之。时贼已至，守御未备，乃使其子柏堂等数十辈诱说百端①，令贼返兵还，广遂连夜撤屋为栅，浚田为堑。越数日，贼复至，遂与之战，杀其伪千户彭文俊等三人。贼益怒，聚八百余艘攻围佛山，势甚猖獗。广等用飞枪、大铳摧破贼阵，斩获甚众，各乡人民来避难者日以万计，卒成保障之功。事闻，褒赏广等义士，以旌异之。今灵应祠右有流芳祠，崇祀二十二老，以广为首云。

梁懋善，字柏庭。兄弟四人，善最幼，恭于诸兄，雍睦无间言。气骨挺异，慷慨英特，迄老不衰。黄萧养寇乱时，善年已七十余矣，与众义士勠力同心，设策御贼，竟获全胜。事闻，赐众义士冠带，后祀于流芳祠。

忠义流芳祠祀二十二老：

---

① 百端：想尽或用尽一切办法。

梁广、有《传》，梨巷人。梁懋善、有《传》，黄硔人。霍伯仓、隔塘人。梁厚积、见《耆寿》，澳口人。霍佛儿、祖庙人。伦逸森、巷心人。梁濬浩、水蓼头人。冼灏通、见《武功》，鹤园人。梁存庆、晚市人。何焘凯、栅下人。冼胜禄、白磡头人。梁敬亲、见《武功》，石狮人。梁裔坚、冈头人。伦逸安、巷心人。谭履祯、六村社人。梁颢、见《武功》，舒步人。梁彝颀[18]、新基人。冼光[19]、东头人。何文鉴、栅下人。梁裔诚、楼巷[20]人。霍宗礼、山紫村人。陈靖早市人。

冼靖，字靖安，义士灏通次子。貌魁梧，髯垂过腹。黄贼之乱，通秉义保障，靖之宣力①居多。贼既就擒，官司檄剿各村从贼者，靖请释迫胁，活者无算。有盗潜入其室，期夜行劫，靖呼盗出，盗惧，因取案头笔札，悉报其党姓名，得三十余人。靖对盗焚之，与钱一贯，曰："余安责若？第愿若改行，毋终于盗耳。"盗涕泣叩头去。卒年七十。子政，以贡任湖广武昌训导。

潘大魁，由国子生历湖广永州府同知，有干才②。郡守屡以难事见委，无不立办。崇祯时，流贼犯郡城，大魁佐郡守，极力捍御。俄外援不至，城竟破，贼人执大魁，骂贼不屈，死之。陈《志》。

国朝

刘倬，字汉超，号诒斋。乐义好施，乾隆戊寅、戊戌岁饥，皆竭力倡捐买米，与各绅士赈济。公厂有漏给者，倬夜率僮仆持米分给。又修闸栅以弭盗，乡人德焉。子东阳，能继其志，乙卯捐资倡赈，修往石湾大路，有父风。《采访册》。

吴昇运，字汉阶，号晓桐。幼失怙，稍长出就外傅，即明大义，以屡试不售，就职县丞，乾隆壬辰补余姚县丞。大吏知其才，委办迁丞署、查古钱、清孤老院各事，清洁自守，一无所私。以父命乞休去，士民留爱焉。丁外艰，哀毁尽礼。尝于胜门头东筑别墅，名曰"学为圃"，莳花植竹，日与诸名士诗酒倡和，自署"四百八十甲子逸田老人"，盖

---

① 宣力：效力，尽力。
② 干才：办事的才能。

恬淡其天性也。生平敦孝友，尚气义，和而不同，乡有公事，辄推重之。自奉甚俭，然如赈饥、施棺各义举，必捐资以倡。嘉庆辛酉乡饮正宾，卒年八十一。冼沂撰。

李荣邦，字时亮，号郁亭。年三十补弟子员，七试棘闱未遇，遂绝意场屋。生平俭以自奉，忠厚待人，不为崖岸①。丁艰三年，足不入内室。立身行己，粹然可风。乡内如修孖窦、清涌各义举，无不竭力襄事。

陈昱，字仕选，号日亭。由闽徙粤嘉应州，子继英贾于佛山，遂家焉。昱少嗜学，以独子代父贸迁，信直为远近商人所倚托，家渐裕。尤好义乐施，乾隆戊寅、丁酉岁饥，捐金数百以倡赈。

貤赠

明

冼政，字平之。所居屋后有乔木数株，鹤多巢其上，故称"鹤园冼氏"，政因别字"招鹤"，以学行为湛甘泉所重，相友善。由诸生贡于廷，授湖广武昌县训。学额有湖，教官例征其鱼，岁入不赀，政悉以归公。脩脯、贽节一切峻却，以俸赢周诸生之贫者，不责其偿。俄迁六安州学正，即以病辞归。年七十卒。长子涤，领弘治甲子乡荐，历任宁国府通判，赠政如其官。

冼灌，字天泽。性放达，喜饮酒。尝从叔司训政游学增城，因拜甘泉子，居门下。逾年告归，弃举业，托商以游。逾梅关，度匡庐，浮大江，历览金陵诸胜，至空囊而返。时兄弟家亦大窘，有咎祖坟风水不利、议改葬者，灌曰："风水岂不利人？人自不利耳。祖考有灵，安知不利于后耶？吾不愿若辈为此不祥语。"事乃寝。年五十四卒。次子桂

---

① 崖岸：形容人严肃端庄。出自晋袁宏《后汉纪·献帝纪二》："陈侯崖岸高峻，百谷莫得而往。"

奇，成进士，官工部主事，赠灌如其官。

李畅，字若无。父壮，朴茂醇笃，少孤，事母孝，殖产悉均诸弟。畅弱而父督为臬掾，非其志也。好读书，学声诗。舍旁有洲，营知津亭于洲上，日徜徉其中，邀文士唱和。年四十，仕司嘉兴狱。刺史龚勉①修三过堂、烟雨楼，畅题诗，大见称赏，刻之石。狱中饥疫，畅治药活之。因有当刑者，畅疑其冤，坚执请缓决，卒白之。稍迁韶州司仓兼榷遇仙桥税，羡余不以自利。豪右发冢，属畅勘，豪纳赂不受，正其罪。御史黄正色②叹曰："掾吏类不自重，其皭然③可风者，惟李畅耳。"下檄旌之。寻转边蓬巡检，卒。畅虽屈于举业，而读书慕古，力行善事，常欲光大其门，惜浮沉下僚，位不配德。所著有《蜩笑集》。仲子孝问，恩选知县。五子待问，举进士，历仕至户部尚书，赠畅如其官。

庞儒，字与芳。天性孝友，母黄氏早丧，尝以不逮养为憾。事父若泉敬谨，稍不当意，辄长跽请罪，命之起乃起，自壮而老如一日。家本贫约，倜傥好义，施药施棺，急人之急，略无倦色，即无宿炊，不顾也。仲弟早世，季弟幼稚，抚育昏娶，皆一手拮据④。先世四丧未厝⑤，徒步求地，称贷治办，不以累诸弟兄。一日入海，遇飓风，儒祷于天，桅上火光，异香满船。邻[21]舟颠覆，独所坐舟无恙，赖以免者三十许人。平生正直，虽面折人过，人不恨之。砌江浦司前石路十余里，置本县儒学义田六亩有奇。本学宾兴⑥有饯席，自儒捐田始，邑侯朱公钦相⑦立石学宫记其事。子景忠，领万历丙午科乡荐，历户部主事，赠儒如其官。曾孙上梓，领顺治丁酉乡荐，任荆门知州。

---

① 龚勉：无锡人。明隆庆年间进士，曾任嘉兴知府。
② 黄正色：无锡人。明嘉靖年间进士，曾任南京监察御史。
③ 皭然：洁白、洁净。
④ 拮据：辛劳操持。
⑤ 厝：把棺材停放待葬。
⑥ 宾兴：地方官设宴招待应举之士。
⑦ 朱钦相：江西临川人。明万历年间进士，万历四十四年（1616）任南海知县。

国朝

左乾生，字济夫。原籍江西南城人，由诸生拔贡，遨游至粤，因卜迁焉，隶籍顺德而居于佛山。为人重然诺，轻财贿。尝岁暮窭甚，向友人贷得十金，途遇识者诉以困迫，即解所贷金与之。其人因与贷金者有旧，因过语其事，且曰："非遇左某，无以卒岁矣。"贷金者愕然，索金视之，果即己物也。亟走询乾，曰："君不能自了，乃代人了耶？"乾笑应曰："周急①，性所快，殊不暇自谋。"贷金者叹服，袖出数金赠之，曰："君幸勿复尔！余不能再助。"乾笑受之。其义侠多此类。子必蕃，以乡荐仕至左副都御史，赠乾生中宪大夫。孙大章、粤章，俱领乡荐，粤章仕至大理寺评事。曾孙业光，有俊才，能诗，工书画，早卒。以上陈《志》。

叶自凤，字岐来，号梧冈，东安县人。其先世由惠之长乐徙东安，兄弟十人，皆登仕籍，至自凤始居佛山焉。幼从伯官京师，慧而勤，及江南朱太史元英门，归补弟子员。丁父母艰，哀毁尽礼。服阕应科，六试不售，优游林下，以教子为事。性孝友，处兄弟戚属无间言。子九人，次、三、四、七皆有声庠序。五仪，乙酉拔贡，以教谕用，历肇庆阳春教谕，兼训导事。迎养官署，遇覃恩封如其子之官，卒年八十三。

李士震，字绍元，号省轩。监生，居黄鼎华平乡。祖、父皆好善，家中落。士震年弱冠，僦居佛山，弃举业，学为贾。岁暮归里，仅获二金，遇季弟于途曰"不食两餐矣"，士震即罄所获金与之，徒步返佛山。旋贷资贩于湖湘，于郁林，稍获赢余，即以赡族党，遇岁歉及婚丧贫乏者，辄亟助之。抚同祖以下兄弟子女，婚嫁以时，分田析产，视如己出。建始祖及房祖祠，费盈千。其他桥梁道路，倡捐兴作，不可枚举。乾隆丙午、丁未，粤中大饥，佛山绅耆募资请于官给牌照，告籴邻省。众举士震往湖南，士震以长子芳代行，且告于众曰："某

---

① 周急：周济困急。出自《论语·雍也》："君子周急不继富。"

本华平乡人也，亲戚兄弟多在乡居贫，无以赈。欲借佛山义举，自携己资另籴以恤吾乡族。颗粒不敢自私，请誓诸神。"众许之。时告籴他省，惟湖南最远，芳往返仅三月，米独先至，粮价顿减，人心以定。先是，邻民遏籴，粤客贩米者不得出境。芳赍檄抵郴州，多啖以重赂，使导客米先行。芳曰："吾佛山望赈甚切，驳船不敷，汝客米虽抵粤，不过待价而售，岂能济急？"力却之，星夜趱行，故至最速，人谓士震善任云。士震教子有方，长子芳，以弟驰封翰林院庶吉士。次可端，成进士，入翰林。次可琼，次可蕃，后先馆选。次可美，增贡生。士震以子贵，初封翰林院检讨，晋赠湖南粮道，再赠山东盐运使。妻何氏，继妻张氏，妾谭氏，俱封淑人。可端、可蕃另有《传》，可琼现官山东盐运使。

吴济运，字崇阶，号和衷。生而谦谨自持，性勤俭，尤为其父所钟爱。同居子姓蕃衍，处以友恭，人无间言。补弟子员，旋食廪饩，由川楚例捐授教谕，不乐仕进，养亲课子外，不妄交游，布衣蔬食，泰如也。尝极力营建祠宇以奉先祀，而于居宅之湫隘，则以为先人所遗，不忍骤更。其为文根极理要，不屑屑苟合时态，以故困踬诸生中。其训子弟，必曰"植品励学，毋急功名、图幸进"。长子荣光应童子试，县令某有欲罗致门下，予以首选者，济运峻拒之，谓荣光曰："得失有命，士人进身之始，即以干请，他日何不可为！"迨荣光入翰林，改御史，由刑曹入枢直，以至外擢于陕、于闽、于浙、于黔，迎养终未肯就，惟勉以勤职业，忠国事，毋念身家。至于通家世好之为达官，因公过粤，造访其庐者，固谢弗见，谓："某君等均以公事至，固无请托，亦当引嫌也。"道光乙酉，荣光在贵州布政使任内，蒙恩给假归省。丙戌还朝，蒙上垂询其父近状，至再至三，荣光有《归省第三集》以纪恩遇，可谓荣矣。生平恬退虚静，所居曰"澹和堂"，有《澹和堂制义》二卷、《诗钞》二卷，卒年七十八。初封中宪大夫、陕西陕安兵备道，晋封通议大夫、浙江按察使，赠通奉大夫、福建布政使。妻梁氏，乾隆戊辰进士、福建罗源县令梁翰四女，事翁姑得其欢心。尝为女相攸却邑豪某婚，其后豪以不义毙，人服其明哲。赠恭人，晋淑人、夫人。节高邮王引之所撰《墓志》，冼沂填讳。

隐逸

明

梁宗黼，字永叔。喜读书，不求闻达。精医术，活人甚众。时遭黄萧养乱后，道路白骨如莽。黼集好义之士，捐金募工，沿途掩拾，乡人至今颂之。耽吟咏，一时名士多与之游。隐于乡之东溪，因自号"东溪"，丘文庄为作《东溪记》。所著有《东溪诗集》。子经，领天顺壬午乡荐，自有《传》。

冼桂魁，字奕伟。隐居古洛，自称"古洛子"，慨然慕晋嵇、阮之为人。或劝之应举，笑而不答。尝于古洛建楼，日与陈文伯辈赋诗饮酒为乐，醉则偃卧浩歌，有轻死生、齐物我①之意。弟桂奇，少尝从学，魁令作《水声吟》，有"濯缨濯足皆无碍，洗尽尘襟是此声"之句，魁大喜，曰："他日学道，可大吾家也！"桂奇官刑曹，谢病归，从湛甘泉游，魁亦欣然同往。甘泉访魁于古洛，题其楼曰"慕洛"，盖勉以学濂洛之学②，魁亦幡然自悟。亡何，竟中酒病卒。甘泉题其墓曰"放达士古洛子之墓"。

国朝

冼尚犀，字瑞淮，号志仁。父维超，生子七，尚犀行六，性孝友，隐居不仕。当时兄弟竞侈靡，尚犀自甘恬退，有以为懦而强取其物者，卒不校。既而各兄弟式微，复以时赒恤之，以故家益落，而卒无愁怨色。后兄弟六人嗣俱绝，而尚犀长子善镇，从九品。孙士琪、士连，监

---

① 齐物我：万物与我为一体，没有差异区别。出自《庄子·齐物论》。
② 濂洛之学：濂指濂溪周敦颐，洛指洛阳程颢、程颐兄弟，为北宋理学的两个主要流派。

生、湘府学生。士连次子曾孙沂，现举人，世以为有隐德者焉。

论曰：昔端木氏以乡人皆好皆恶为问①，圣人均未之许，则乡论固不足凭与？君子自玉②其身，不先求谅于乡里，良以善者不可必得也。此无论当前，即后来衡评，亦悠悠其未可据矣。吾乡如冼少汾之高逸、霍叔求之狷介，非所谓"贤豪"者耶？而尚论③者或置而勿道，以斯知善者之果难遇也。夫孤洁不为俗所喜，而富势或易悦人。缘喧寂之殊观，遂雅俗之分赏。然有财不吝，乡党慕义者优为④，岂必贤士大夫哉？且其所以能若是者，果何自也？邻村梁文康⑤为明代良相，乏八金不能成一祠，史传以为美谈，而俗子殉阿堵⑥，竟有谓"宰相究何益于乃祖"者，可笑也夫！可叹也夫！是以君子争千古不争一日，冀后世名流之知我心，不顾目前庸辈之议吾拙，斯尚友先哲而无惭，加以品题⑦而不刊⑧。彼沿间巷之见而猥随毁誉⑨者，殆犹未免为乡人耳，安足语知人论世之学哉！虽然，天下得一人知己，死可不恨，虞仲翔⑩则已言之矣，又何怪乎今之人哉！又何怪乎乡之人哉！陈《志》。

---

① 端木氏以乡人皆好皆恶为问：端木氏即孔子学生子贡，向孔子请教"乡人皆好之"和"乡人皆恶之"两种情况，孔子说"未可也"。出自《论语》。
② 自玉：自行珍重。
③ 尚论：向上追论。
④ 优为：任事绰有余力。
⑤ 梁文康：梁储，谥号文康，佛山邻村石硝人。明正德年间任内阁首辅。
⑥ 阿堵：金钱。
⑦ 品题：品评人物高下。
⑧ 不刊：不能删除、削去。
⑨ 猥随毁誉：出自西汉杨恽的《报孙会宗书》："而猥随俗之毁誉也。"猥，随随便便地。俗，世俗，社会上一般人。毁誉，毁谤、赞誉。
⑩ 虞仲翔：虞翻，字仲翔，三国时吴人。《虞翻别传》谓其"自恨疏节，骨体不媚，犯上获罪，当长没海隅，生无可与语，死以青蝇为吊客，使天下一人知己者，足以不恨"。

耆寿

明

冼聚昶，字日新。为人直道，无他肠①。一日野行，遇异人谓之曰："子骨法当寿，又夙有善根，若力善不怠，则不贵于身，必贵于子孙矣。"聚昶自是益谦谨，年满百岁乃卒。孙效，领乡荐，历永安知州。

陈厚，字曰深。以岁荐游太学，性简直，见同舍生饮酒欢谑，辄正色规之。群谓："陈子戆②，不可与共乐也。"祭酒异之，署上考③，需次④当得官。厚遽告归，语人曰："余骨体不媚，仕宦非所宜。"归则杜门默坐，不与俗为缘。人亦严惮之，不敢求近。善内养，年登耄耋，健旺如四十许人，卒时九十三。子克修，黄冈县尉。孙全清，滁州判官。

梁厚积，字雅淡。性和厚，望之蔼然，及临义奋发，即一往莫御。正统己巳，黄贼寇佛山，厚积与诸义士率众力拒，贼引去，乡土以宁。卒年九十二。今祀于流芳祠。

国朝

梁持璞，字司璟。游郡庠有声，秉性宽厚，与物无忤。岁饥，出粟周邻里，多有赖全活者。两修祖祠，任劳捐产。年近期颐⑤，犹扶杖乡饮⑥，督子侄课文，卒时百有七岁。奉旨建有"升平人瑞"坊，族人祀于祠，以配其祖。子叶祖，领岁荐，有学行，亦年八十五。

陈廷宋，字居生。少英爽，喜任侠，尝为友人执仇⑦，罄其资产。

---

① 他肠：异心，恶意。
② 戆：刚直而不知变通。
③ 上考：考绩为上等。
④ 需次：官吏授职后，按照资历依次补缺。
⑤ 期颐：百岁老人。
⑥ 乡饮：旧时一项尊贤养老、宴饮欢聚的隆重活动。
⑦ 执仇：结仇，结怨。

长乃敛抑豪迈，好礼爱儒，而刚直之概至老不改，面折人过，人亦不以为恨。耄时最重罗颢甫，称为"有道君子"。罗亦欣仰，曰："人老则气衰，翁顾弥盛，殆正而固耶？寿又何可量！"卒年九十二。子奎光，邑诸生。孙清杰，举于乡。曾孙炎宗，解元，进士，翰林院庶吉士。庞遥撰。陈《志》。

明

陈夔。庠生，九十七。陈用。庠生，九十七。冼允通。庠生，九十。陈佛显。庠生，九十三。梁国芳。九十九。梁希舜。九十七。黄雪松。九十七。冼鈇。九十七。陈洁。九十七。霍燕乔。九十六。梁奇济。九十六。简英。九十五。梁宣义。九十五。梁闻益[22]。九十五。冼圭。九十四。霍尚宏。九十三。简仕佐。九十三。梁佛孙。九十三。梁少领。九十三。彭仕荣。九十二。黄瑜。九十二。简瑞。九十二。黄云泉。九十二。梁鲸。九十二。何文殷。九十一。黄伟。九十一。梁允升。九十一。梁文源。九十一。梁杞。九十一。陈道宏。九十一。黄彩。九十一。简尚䌷。九十一。黄练川。九十一。梁璋。九十。简在。九十。梁慕堂。九十。霍碧涧。一百零七。

国朝

梁甸光。一百零四岁。何炎[23]。庠生，九十八。谈俊。九十八，解元德父。李象孔。青浦[24]主簿，九十二。吕阳和。监生，九十五。邵廷玠。监生，九十二。黄朝杰。庠生，九十一。麦尚均。武生，九十。陈接东。九十九。黄御章。陈耀嵩。黄汉。冯士琼。以上俱九十八。梁念东。九十七。陈兆祯。区章临。梁台吾。以上俱九十六。梁裔桂。区傅岩。吕于逢。黄金佐。梁善。黄在岐。以上俱九十五。冼士鉴。麦华。梁应琦。黄金录。梁煜乾。梁云峰。梁积宝。以上俱九十四。李有法。梁受权。黄还初。梁妙学。陈霞叟。黎名俊。黄金圣。霍之洸。陈梦科。冼慧祥。区云台。霍文标。梁严仕。霍亨嘉。霍士琼。陈观琳。陈尚荣。高近峰。何默泉。黄蓬莱。以上俱九十三。区文广。梁善养。黄金石。黄为慧。岑廷琛。梁世凤。黄会联。区济滨。谭上璧。梁严师。李锡驹。李怀峰。以上俱九十二。黄觉斯。谭鲲。黄万庆。

梁元斌。陈明东。黄金桓。梁蠹泰。霍士铎。黄上林。梁照子。伦廷襄。霍社禄。陈启宇。黄金紫。梁训谟。李上问。黄金权。梁世琮。郑象龙。陈天林。以上俱九十一。黎官德。梁景仪。方士登。冼鸣雁。霍知颜。区善长。冼兆京。霍希曾[25]。梁觐台。李圣清。冼英贵。李贞客。梁云山。冼峰。黄海南。冼荣。以上俱九十。霍家宪。现九十四。梁挺江。现九十二。梁其中。九十。梁应琳。现九十四。庞德谦。九十一。张岳圣。九十一。周桂卿。九十一。霍东源。九十。霍雪涛。九十。霍惺台。九十。陈其万。九十。以上陈《志》。陈仲汉。九十三。陈全宗。霍瑚。霍衍昆。三俱九十二。陈熙宗。九十一。以上据《采访册》，系陈《志》所遗，今从补入。

增

布宏章。现九十五。何清泰。现九十五。何建勋。九十四。吕泗源。郭秉时。吕浩波。三俱九十三。黄元相。梁时长。梁德全。梁雍能。四俱九十二。陈凤光。梁徽猷。俱九十一。任允麟。陈徽长。郭胜伦。俱九十。

乡饮宾附

陈耀国。劳光于。区显扬。周寿绵。邓胜万。黄兴汉。吴元演。霍崑山。钟诚。

重逢花烛①附

叶儋，字南国，及妻许氏，乙酉年重逢花烛。许氏现年八十八，犹康健云。

汤承裕，及妻姚氏，甲午年重逢花烛。

任允麟，及妻刘氏，庚申年重逢花烛。

女寿

杨氏。黄兴让妻，一百零四岁。

黄氏。吴恒孚侧室，九十一岁，以子鸿运封太恭人。

易氏。吴恒孚侧室，以孙荣光封恭人，赠夫人，嘉庆二十年旌表五世同堂，年九十

---

① 重逢花烛：古代结婚六十周年时，老夫妻会再次举行婚礼，重新点燃花烛，夫妻交拜。

二岁。

陈氏。任允恭继室，九十五岁。

李氏。黄灿之侧室，一百零二岁，以孙永祺封宜人。

周氏。黄朝增侧室，一百岁。

冯氏。叶自凤侧室，九十五岁，以子仪封孺人。

谈氏。刘□妻，现年九十二岁。

方技

明

高嵩，字宗岳，自号仑峰山人。爽丰神，喜饮酒，精郭景纯术，语灾福无不验。人争以礼延至，嵩但饮酒数斗，一无所索。尝为湛甘泉卜筑于金牛洞，甘泉赠以诗云："昔时白鹤称仙人，今恐仑峰是后身。袖里囊经心里诀，金牛许我可藏真。"嵩次答云："玉楼天上降仙人，结室金牛铸道身。从此罗浮增胜概，梅花村子有传真。"甘泉喜曰："山人亦能诗乎！"每游罗浮，必偕嵩。嵩家甚贫，而胸次洒落，不类术者，所与交皆当世名人。

陈善谋，字贻永，自名霞外子。颖悟博雅，连不得志于有司，遂以医著。他医不能治者，善谋治之，无不活脱①。不活，辄先以死日告，至期果死矣。尝曰："人以元气为本。元气不足，故病。补其不足，病乃有瘳。他医不究其本，以病治病，是以弗效也。若元气既索，虽扁鹊安能为哉！"一时求医者远近辐凑②。其叔恒峰，亦以医名。

国朝

冼嘉征，字志如，号惠来[26]。少事帖括③，教授童蒙。遇异人授以

---

① 活脱：存活，解除疾病。
② 辐凑：同"辐辏"，形容人或物聚集，像车辐集中于车毂一样。
③ 帖括：唐代举子把经书里难记的句子编成歌诀，以便诵读，称为"帖括"。后泛指科举考试的文字。

岐黄术，诊脉若神，用药百发百应。晨起，户外屦①常满。日发百剂，不问药金多寡。间有不治之症，按视即知必死。一时酬匾褒赠盈于闾左②。俄杜门谢客，攻举子业，匿赠匾以自晦。奈延请者、就医者敦逼不已，复出应世，人以为华、扁③复生。后补弟子员。年五十未嗣，一夕梦天帝曰："汝活人甚众，赐汝贤子孙。"晚年连产子。长子煜暨孙荣昌皆领乡荐，人咸谓阴德之报云。

释幻鉴，顺德龙山左氏子，为僧于罗浮。屡来佛山为人治病，有神术。暑月行道中，见死者，谛视之，曰："此可活也。"令移死者阴处，徐出一丸纳口中，须臾而苏。有患大痈者请治，曰："是不必药。"强其人拜起十余次，痈便消缩。时比之扁鹊。

列女

明贤母

义士冼灏通妻谭氏。黄萧养寇乱，通父子并力捍御。有吴萧者，怀二千金自大良来奔，众疑为贼党，将执杀之。氏语子靖曰："彼既同贼，安携多金？可白而救之。"萧因以得免。随以金乞寄，氏语靖令其自埋。后贼平，萧掘地取金，封识宛然。萧大喜，以一半谢，氏却不受。又戚里妇女避贼来奔者，氏辄罄贮给之，咸赖存活焉。

主事冼灌妻陈氏。性端严，不信巫觋。闻魏提学毁淫祠，亟取先人旧所奉佛像投诸水火，妯娌大怖异，氏曰："有祸，吾自当之。"子桂魁、桂奇，皆有令名。而桂奇举进士，官工曹，迎养京邸，犹早起治菽水④，如寒素时。俄改南刑曹，桂奇请归养，氏喜从之。桂奇从湛甘泉讲学罗浮，奉氏居增城菊坡之旁。甘泉题其室曰"贤母门"。年七十一

---

① 屦：用麻、葛等做成的鞋。
② 闾左：平民。古代二十五家为一闾，贫者居于闾左，富者居于闾右。
③ 华、扁：华佗、扁鹊，俱古代名医。
④ 菽水：豆与水。比喻粗劣清淡的饮食。

卒，语桂奇曰："时未可出，师不可负。汝其慎记余言。"士大夫多传颂之。

国朝

贡生庞观遇妻李氏，游击李圣龙女。氏慧而婉娩①，习《内则》《女诫》诸书。相夫持内政，恂恂中礼，俨古贤妇风。及称未亡人，惟勖子力学，待亲串、抚卑幼，悉得其宜。尤重儒术，资助族之贫士，有赖以成名者。子三[27]进庠贡，迨，举人；遥，进士。诸孙絮，拔贡；绍、组[28]，诸生。一门秀显，善报不爽矣。

举人陈清杰妻林氏，修职郎林上梧女。自幼知书通大义，事舅及继姑卑下婉曲，执子妇礼数十年，朝夕问视不少懈。口授子经书，夫逝后，益加督勉，尝曰："他人望子富，余但愿子学问有成耳。"性俭而好施，戚属多感其惠。卒年七十。子炎宗，以解元、进士入词林②，群谓"由母善教"云。梁调元撰。以上陈《志》。

劳孝舆妻谈氏。幼随父德河南襄城县任内，性慈厚而俭，好书史，知古今。及归孝舆，事祖姑及翁姑，得其欢心。夫殁后，抚二子成立。长济，庠生。次潼，氏每夜口授《毛诗》，后潼以本经中式，冠其房，盖氏所教云。

吴恒孚侧室易氏。性俭朴，和以处众，介以自持，待下慈而明。嫡早殁，氏佐中馈，尤勤于女红，虽老且贵，犹亲组纴，一灯荧荧，每至宵分，未歉也。生平无重裘兼味之奉，然戚邻有告贷者，赒之恐后，不责其偿。嘉庆二十年五世同堂，其孙荣光官刑部郎中，具呈长官奏请蒙旌表，表其门曰"升平应瑞"，并拜绢帛银米之赐。年九十二卒，初封孺人，再封恭人，晋赠淑人，再赠夫人。冼沂撰并填讳。

明贞烈

梁为若聘妻陈氏。未娶而为若死，氏年十九，闻讣奔丧，甘贫养

---
① 婉娩：妇女言语、容貌温婉柔顺的样子。
② 词林：翰林或翰林院的别称。

姑，以孝闻。邑令赠以匾曰"清节流芳"。卒年七十六。

吕秀石聘妻梁氏。将嫁而秀石卒，女奔丧，守志凡十年而终，与秀石合葬焉。观风整俗使题匾旌之。

国朝

左熙妻黄氏。夫属纩，以家贫，固命之改适。不答，赴井先夫而殁。

麦章斐聘妻霍氏。将嫁而斐卒，誓以贞守，父母难之。女乃婉陈大义，易服奔丧。事姑三十余年，孝谨不懈，乾隆元年旌表。

叶世绪妻梁氏。世绪年十七补弟子员，十九拔取贡士，不及待婚，北上廷试，乃卒于旅次。氏闻讣奔丧守节，事翁姑尽孝。其小姑叶氏许字陈太史炎宗五子扶远，能文章，未娶而殁。叶氏欲效其嫂所为，适陈太史夫妇已殁，莫为之主，氏乃家居三年，素服与嫂相依，终其身。后有陈绍光，十五而死，其聘妻杨氏跋涉访寻至陈家守节。吴锡光聘妻陈氏，闻夫殁，奔丧守节。张文锦聘妻梁氏，夫殁，居父家守节。

何立朝妻李氏。年十八归立朝，年余而夫殁，矢志孀守。烈女何氏，其小姑也，怜嫂苦节，亦不字，以为之侣。先是，氏翁天眷乐义好施，殁后子不克家，既卖宅，又欲毁何秀峰祖祠。姑嫂二人苦谏，继之以死，同陨于井。李氏父监生李铨集绅士为诗吊之，都二氏所作诗词为《哀言录》，其后祠竟毁，天眷绝嗣。

黄□□妻彭氏。乾隆丙午、丁未乡荐饥，有族人欲将黄元贞祖祠变卖瓜分者，氏力争不能，诉于官，官拘为首者惩以罪，氏为叩头求免，官贤之，其人亦悔过，祠赖以存。节吴应逵《佛山轶事纪》。

霍惺台妾方氏。湖广荆州人，无子。霍故富室，康熙初，有假藩旗势者掳霍去，勒赎万金，罄产以赎，家将落。其人又潜取死尸置霍门前，欲陷以杀人重辟。时霍他出，氏愤极，遣家人蹴之。其人反率丑类奔至，咆哮索命，举家惶怖。氏力与抗辩，挥家人收缚，始惧，背尸去，其家以全。

明节孝

梁能妻霍氏。能客死潮州，夫妇居室才十有八月。遗腹子商，躬纺绩以抚之，事姑曲尽其礼，四十年一节。嘉靖元年，督学魏校廉得其实，旌焉，仍为立传。

伦重妻黎氏。嫁仅三月而重故，遗腹子彝，矢志抚之。甘贫茹苦，人罕见其面。彝长，游府庠。嘉靖三十九年，御史、督学采其行，给贞节匾以旌其家。

李泽妻梁氏。归六年而泽殁，氏年二十四，抚孤承问，后仕忠义卫经历。天启初年，从子待问题请建坊旌表。卒年七十七。

冼易妻陈氏。年十六归易，凡十年而易卒。抚二幼子成立，以素食终其身。孙世茂之妻陈氏，亦早寡守节，人谓"本氏教"云。

儒士黎彝㮣妻伦氏、侧室叶氏。㮣攻苦①早逝，伦年二十七，叶才二十一，叶子烈斌甫三岁。二氏哀毁，誓从地下。翁顺遇慰勉曰："吾年耄，汝二妇抚一线，若殉黄泉，余与藐孤②谁靠？"二氏乃收泪听命，事翁教子，不辞劳瘁，后俱以寿终。烈斌中庚午副榜。

同知潘大魁妻刘氏。大魁殉难，氏才二十六。守节五十余年，以寿终。

霍氏二女，古洛霍氏之从姊妹也。一名慧，一名贞，以孤洁相钟爱，因约不字人③。父母议婚配，二女跪泣曰："女非性殊人也，顾世间男子有学术而识礼义者绝少，窃恐所事非人，故宁孤死，不愿嫁。"父母竟不能夺其志。家贫，针黹[29]自活，相视怡然。后贞年三十死，慧痛哭曰："妹死矣！吾无侣矣！"悲愤几不欲生，而竟以寿终。冼少汾为作《二女传》。

---

① 攻苦：刻苦攻读。
② 藐孤：幼弱的孤儿。
③ 字人：许配于人。

国朝

冼皋客妻黄氏。夫亡守志，抚一遗腹女，康熙四十三年旌表。

庠生梁鼎妻姚氏。归四载而鼎亡，事姑诲子，人无间言。康熙四十七年旌表。

梁则温妻麦氏。嫁数载而孀，抚子神植成立，娶媳何氏。甫三载，神植又亡，遗孙绍翼。姑媳[30]相依，瓶无斗储，纺绩以给。未几麦亡，何顾影茕茕①，鞠育幼稚，梁之宗祀赖以不绝。雍正□年旌表。

陈圣访妻霍氏。年二十三于归②，时圣得狂易③病，竟未成礼。逾年圣死，痛哭几绝。或劝之再字，氏坚志不从。事舅姑甚谨，茹素衣粗，虽至亲罕见其面。雍正□年旌表。

梁玉环妻李氏、庠生梁应炎[31]妻潘氏。李年二十八守节，抚子应炎[32]游泮④，娶媳潘。不数载，应炎[33]又亡，遗孙调元方在襁褓。潘上事孀姑，下鞠弱子，艰苦备尝，数十年如一日，卒年八十九。调元领乾隆辛酉乡荐，盖一门双节之报也。乾隆十年旌表。

举人梁裔照继妻邝氏。结缡⑤四载而照卒，氏才十八。矢志冰霜，抚遗腹子应瓏，教育有方，俾克成立。太守给匾以旌曰"柏舟⑥比操"。

进士、知县岑远曾孙女岑氏。年十七归举人霍俊辇次子□□，二十四而寡，遗孤大祈甫四岁。氏抚之成立，娶媳何，生一孙，四岁，祈又亡，何与孀姑相依数十年，节著于两世矣。

冼武英妻霍氏、妾黎氏。生子有文三岁而武英卒，两氏矢志同守，抚子成立。英妹适庠生伦仁凤，以早寡而贫，携子女归依外家。未几，

---

① 茕茕：孤孤单单，无依无靠。
② 于归：女子出嫁。
③ 狂易：精神失常。
④ 游泮：经州县考试录取为生员者就读于学宫。
⑤ 结缡：男女成婚。
⑥ 柏舟：卫世子共伯早死，妻子共姜的父母逼其改嫁，共姜作《柏舟》诗自誓。后用来比喻夫死守节。出自《诗经·鄘风·柏舟》。

妹亦死。两氏代为鞠育长成，婚嫁一如子女。按察使题所居曰"节操同志"。

黄辟良妻陈氏。归半载，良客死连州，氏年二十一，妊遗在腹，誓以死守。后遗腹子竟成立。氏年八十三乃卒。太守旌以匾曰"柏舟峻节"。

陈公汉妻周氏。年二十五而寡，鞠一幼孤，甘贫守素。性严正，一切尼姬不与相见。戚属有信巫觋及其服饰华丽者，皆摇手相戒"勿使周孺人知"云。

陈叔勤妻钱氏。年二十六寡居，遗妊四月，生子瑞翔。母令改醮①，氏变色曰："节义至重，吾忍以一块肉付他人手乎？"因大恸仆地，母乃止。勤针黹以资衣食，蓬首垢面，数十年如一日云。

简特宠妻梁氏。年二十二而夫亡，止遗一女。姑怜其少，令人讽之去，氏矢靡他②，泪盈襟枕，而对姑则未尝露其哀态也。以夫兄之幼子为嗣，氏卵翼之，俾长有室。未几，嗣子又死，孀媳何氏亦誓守节。两代冰操，为闾里所重。

陈嵩廷妻李氏。归甫一载，嵩即亡。氏誓不改适，事孀姑霍顺承备至。家虽贫，不缺养也。霍曰："有是妇，吾子不死矣。"卒年六十余。苦节未扬，远近叹悼。

冼襄联妻郭氏。结缡三载，称未亡人，所生子又瞽，家贫不能度日。氏矢志不移，纺绩为活。瞽子娶妇一载而夭，氏益凄苦。守节之穷，良为至极。

霍愉忠妻陈氏。归愉三载而寡，止遗一女。父欲夺其志，氏坚不从，遂不敢归宁③。父悟，乃如旧。抚继子章源甚慈，待夫两弟甚笃。癸巳岁饥，缩口食以周贫戚，妯娌服其仁。

---

① 改醮：改嫁。
② 靡他：无二心。
③ 归宁：已嫁女子回娘家看望父母。

冼殿英妻梁氏。年二十一，夫亡守志，抚孤成立。按察使题匾曰"节义可风"，以表其庐。

冼熺妻区氏。年二十夫亡，抚遗腹女守节。乾隆十二年[34]旌表。

李一侯妻陈氏。二十于归，夫病不能成礼，越三日，竟亡。氏矢志不嫁，父母强受聘，诳之归宁，至则迎者在门矣。氏厉声曰："我李家妇也，谁敢娶我？"迎者鸣于邑令。令嘉其节，赍以白镪①，而责其父。氏乃毁容屏处，刺绣自活，抚嗣子两臣长成婚娶。卒年五十二。

潘旆若妻冼氏。早矢冰霜，遇贼不辱。

庠生林文灿妻孔氏。于归未及一月，守节不移，乾隆四年[35]旌表。

贡生萧宠廷妻冼氏。年二十七而寡，抚嗣子士琐长成，孙曾林立。邑令题其门曰"匪石清操"。

严式中妻霍氏。年二十四守节，乾隆十年旌表。

李地生妻陈氏。年二十八守节，邑令题匾曰"柏操松寿"。以上陈《志》。

庠生劳元恭妻黄氏。二十四岁而寡，氏翁劳翱任儋州学正，及丁艰致仕，家居贫而食指繁，氏出其奁助翁家费不少吝。抚一子成立，乾隆五年旌表。孙文晃，邑庠，孝友严正，如修祖坟、建拾婴会，不惮劳焉。生平教人循循善诱，后进多所裁成云。曾孙作栋，邑庠生。

黄盈伯妻李氏。二十九而寡，矢志靡他，勤俭自持，足不出户外者七十余年，百有六岁而终。

何沛文妻袁氏。二十四而寡，家贫，或劝之再醮，氏曰："吾弟象天、夫兄斌皆身列胶庠，肯失节玷二姓家风乎？"旋以女红所入积资与夫兄斌纳妾生子，以继夫后，卒年八十四。

冯陈氏，名霞浣，字雪心，庶吉士陈炎宗次女。幼失恃，事庶母以孝闻。善女红，耽书史。许字本乡冯氏子，及笄而夫亡，奔丧守节，嗣子炘继天。氏读书稽古以自遣，能背诵《康熙字典》全部，识疑难字及

---

① 白镪：银子。

切法，兼工韵语。合河康基田为粤藩时，欲延教其女，氏以寡守畏清议不就。晚年家有余资，常赒恤冯、陈二族之贫者。著有《绩古事苑》《雪心诗钞》《字海辨似》。嗣孙叶询，庚辰连捷进士。

劳由之妻李氏。涉书史，善丹青，工刺绣。二十九夫殁，翁老而贫，无立锥地。氏手绘夫像事之，翁在日，针黹度日，以赡甘旨，翁殁则节衣缩食，以营殡葬。氏故勤俭，晚年所积，悉以购屋，奉祀两代。服伯孝廉劳潼重其节，以第六子为之后，氏为继子娶媳。氏殁，继子亦卒，无后。媳□氏亦孀守弗贰，盖氏所化云。

陈作昌妻左氏。夫殁，食贫守节，翁年老，行步为艰，氏事之尽道。抚三子一女及伯遗一子二女，力操作，画门神以度日。或赒之，却不受。所居屋漏，不蔽风雨。然衣履素洁，门户整肃，若忘其为贫者焉。

黄槐廷妻陈氏。识字能诗，工刺绣雕刻，精女红，二十九而寡。时子方四龄，两叔殇，因力劝翁纳妾以广嗣，奉之为谨。后翁妾生子成立。生平任恤戚邻，不吝锱铢。守节四十八年而殁。

霍廷元妻何氏。二十一守节，能通《列女传》《孝经》诸书，幼知大义。苦节四十余年，卒，无子。

霍怀熙妻李氏。二十六守节，后继子临娶而亡，氏痛极，旋殒。聘媳区氏闻讣奔丧，守节不贰，人谓"一门双节"云。

副贡梁雅林妻冼氏。年二十七而寡，不以贫苦易心，守节数十年而殁。子培远，邑庠，家贫教读，经明行修，诲人不倦，及门多英才云。

任应权妻陈氏。二十九而寡，守节五十三年。子缙良，现官训导。

杨元炳妻梁氏、杨庭宾妻霍氏。二氏妯娌也，一门守节，乡人敬之。

梁朝达妻何氏。二十四守节，抚子坤铨成立，卒年六十有七。

张翼朝妻梁氏。年二十守节，抚子焯成立，卒年五十有六。

进士何肇宗妻林氏。年三十守节，康熙□年旌表。

陈宗行妻何氏。康熙三十六年旌表。

方士成妻吴氏。康熙五十一年旌表。

庠生陈宗政妻罗氏。雍正二年旌表。

李锡駧妻方氏。雍正三年旌表。

陈汝章妻周氏。雍正□年旌表。

陈瑞之妻李氏。乾隆三年[36]旌表。

举人左大章妻霍氏。乾隆五年旌表。

李非斌妻罗氏。乾隆六年[37]旌表。

贡生余镇妻何氏。乾隆十一年[38]旌表。

李作上妻梁氏。乾隆十□年旌表。

李沧洲妻庞氏。李素行妻潘氏。李耿奄[39]妻刘氏。李莱孺妻周氏。李悦弟妻梁氏。李云居妻陈氏。以上六氏，皆年未三十守志者，见李忠定《宗门节妇合传》。陈《志》。

胡文科妻卢氏。嘉庆二十五年旌表。

举人冯文灼妻高氏。道光元年旌表。

吴珠澜妻李氏。道光元年旌表。

庠生吴棣光妻李氏。道光六年旌表。

莫亮寅妻吴氏。道光九年旌表。

冼广平聘妻梁氏。佛山同知给"贞操奇节"匾额旌其门。

曹贤杰妻李氏。麦敏可妻霍氏。监生黄玉菁妻林氏。黄锡铼妻简氏。陈肇文妻黄氏。庠生梁叶且妻霍氏。霍蕴通妻方氏。霍塪妻岑氏。监生霍世权妻杨氏。霍敏斯妻冼氏。冯照千妻杨氏。霍汉友妻伦氏。李睦长妻廖氏。梁介臣妻冼氏。霍敬小妻李氏。梁宪祥妻胡氏。潘子焕妻孔氏。庞秉刚妻劳氏。冼善永妻李氏。白受锦妻孔氏。冼在子妻陈氏。李象秀妻陈氏。陆朝康[40]妻梁氏。陆康明妻梁氏。贡生李绍鸿妻刘氏。李懿长妻赵氏。冼允兼妻孔氏。陈宗语妻韩氏。监生陈彦官妻李氏。梁叶隆妻陈氏。陶海妻白氏。区时可妻谭氏。何世钥妻蔡氏。以上皆年未三十守节。陈《志》。

何浩三妻区氏。郎中吴承悫妾杨氏。以上十六岁守节。梁信万妻黄氏。

十八岁守节。霍宗泽妻何氏。曹贤仕妾王氏。以上十九岁守节。学正霍学源继妻钱氏。霍廷升妻吴氏。梁国灿妻李氏。舒通妻王氏。附生冼汪妻张氏。梁以锦妾严氏。彭学圣妾冯氏。以上二十岁守节。霍乔士妻梁氏。李广超妻冼氏。何炳文妻霍氏。方诞士妻梁氏。以上二十一岁守节。潘汝兰妻梁氏。梁上荣妻伦氏。傅绍发妻何氏。何士仰妻朱氏。武举区士龙妻蔡氏。梁盛蕃妾谢氏。以上二十二岁守节。李定奇妻张氏。二十三岁守节。监生梁以锦妻叶氏。梁炳言妻区氏。霍吉章妻麦氏。刘家霭妻区氏。霍廷平妻刘氏。区瑞宣妻朱氏。张泽斯妻李氏。陈国章妻梁氏。梁所昇妻霍氏。何显荣妻陈氏。霍沂士妻黄氏。谭羡涵妻王氏。监生崔元楷妻黄氏。霍厚基妻梁氏。张达明妻何氏。以上二十四岁守节。霍永炎妻何氏。冯尧长妻梁氏。李宏开妻陈氏。霍机俊妻李氏。以上二十五岁守节。梁天池妻何氏。邓观赞妻潘氏。邓衍昌妻潘氏。郭肇琦妻周氏。霍巨川妻梁氏。张振斯妻何氏。甘建达妻李氏。黄重沐妻梁氏。高鸿钧妻邓氏。以上二十六岁守节。卢廷和妻潘氏。关顺昌妻杨氏。谭俭庵妾董氏。黄重彬妻孔氏。梁上逵妾关氏。新会附生谭贞元妻何氏。李瑞明妻左氏。劳远之妻潘氏。李在洲妻陈氏。霍伯谦妻陈氏。以上二十七岁守节。邵广秀妻徐氏。梁开子妻伦氏。舒尧志妻方氏。梁天裕妻李氏。梁茂汉妻黄氏。监生陈秀佳妻黄氏。梁广兰妻冼氏。邵国英妻陈氏。黄永寿妾梁氏。魏典元妻黎氏。黄允昌妻洪氏。何明修继妻罗氏。以上二十八岁守节。何乔彦妻霍氏。冼叶能妻邓氏。崔润德妻左氏。左吉甫妻刘氏。梁秋爵妻杨氏。冯燕侯妻潘氏。潘华作妻霍氏。附生陈廷器妻方氏。梁岭仲妻陈氏。黄熙能妻陈氏。冯叶文妻张氏。以上二十九岁守节。麦盛三妻张氏。李宝斯妻陈氏。蔡光远妻徐氏。梁贤君妻张氏。邵文畅妻叶氏。梁盛蕃妾林氏。区倚日妻庞氏。邵蕴素妻甘氏。黎儒望妻谢氏。谢万雄妻潘氏。霍英文妾黎氏。以上三十守节。区秀孚妻姚氏。州同陈昱妾庞氏。二十八守节。

国朝才媛

副贡李萼妻左氏。副都御史左必蕃女，性聪巧知书，刺绣精妙，望之如绘画。工篆刻，能以寸许玉镂《归去来辞》或前、后《赤壁赋》，细致玲珑，人称绝技。陈《志》。

佛山忠义乡志卷九终

【校记】

[1] 秫：原作"稽"，据文意改。

[2] 师：原作"即"，据乾隆《佛山忠义乡志》改。

[3] 李柱明：乾隆《佛山忠义乡志》同，道光《南海县志》作"李桂明"。

[4] 黄山：原作"山"，据乾隆《佛山忠义乡志》补。

[5] 号：乾隆《佛山忠义乡志》作"一字"。

[6] 诫：乾隆《佛山忠义乡志》作"戒"。

[7] 衾：原作"衿"，据乾隆《佛山忠义乡志》改。

[8] 檗：原作"孽"，据乾隆《佛山忠义乡志》改。

[9] 锦廷：乾隆《佛山忠义乡志》同，道光《佛山忠义乡志》卷十一"著述"作"锦亭"。

[10] 丁丑：原作"丁卯"，乾隆《佛山忠义乡志》同，今据道光《南海县志》改。崇祯无丁卯。

[11] 辛酉：道光《南海县志》作"壬戌"。

[12] 著：原作"注"，据民国《佛山忠义乡志》改。

[13] 莪野：道光《南海县志》作"润之"。

[14] 赈：原作"账"，据文意改。

[15] 赈：原作"账"，据文意改。

[16] 木强：乾隆《佛山忠义乡志》作"本强"，乾隆《佛山忠义乡志》卷十一"书目"作《木强集》。

[17] 何炎：乾隆《佛山忠义乡志》作"何琰"。

[18] 梁彝频：原作"梁彝甫"，乾隆《佛山忠义乡志》同，据乾隆《佛山忠义乡志》卷十及道光《南海县志》改。

[19] 冼光：原作"冼光鉴"，乾隆《佛山忠义乡志》同，据乾隆《佛山忠义乡志》卷十及道光《南海县志》改。

［20］楼巷：乾隆《佛山忠义乡志》作"楼屋"。

［21］邻：原作"僯"，据文意改。

［22］梁闻益：乾隆《佛山忠义乡志》作"梁闻盖"。

［23］何炎：乾隆《佛山忠义乡志》作"何琰"。

［24］青浦：乾隆《佛山忠义乡志》作"清浦"。

［25］霍希曾：乾隆《佛山忠义乡志》作"霍希增"。

［26］字志如，号惠来：乾隆《佛山忠义乡志》作"字惠来"。

［27］三：乾隆《佛山忠义乡志》作"二"。

［28］组：原作"祖"，据乾隆《佛山忠义乡志》改。

［29］箭：原作"蔺"，据文意改。

［30］姑媳：原作"孤媳"，据文意改。

［31］梁应炎：乾隆《佛山忠义乡志》作"梁应琰"。

［32］应炎：乾隆《佛山忠义乡志》作"应琰"

［33］应炎：乾隆《佛山忠义乡志》作"应琰"。

［34］十二年：乾隆《佛山忠义乡志》作"十三年"。

［35］四年：道光《南海县志》作"二年"。

［36］三年：道光《南海县志》作"四年"。

［37］六年：道光《南海县志》作"五年"。

［38］十一年：道光《南海县志》作"十年"。

［39］李耿奄：乾隆《佛山忠义乡志》作"李耿庵"。

［40］陆朝康：乾隆《佛山忠义乡志》作"陆康朝"。

佛山忠义乡志卷十

选举志上 进士 武进士 举人
武举 贡生 监生

前《志》陈太史谓："名位安足重人？人自重名位耳。"夫惟知名位之重，然后能自重，而人愈重之。故舍乡举里选而设科目，乃朝廷用人大公之柄，而绝天下以声气攀援之私也。吾乡袤十里、广七里耳，有明三百年，登进士者九。我朝二百年以来，登进士者十有五，人文固已蒸蒸日上矣。况历检《词林典故》一书，纪海内科名之盛，同怀兄弟三人入翰林者，自吾粤李氏外，不数数觏，而萃美于吾乡。迄今上下五百余年，不独甲科乙榜，自武功、计吏以至胶庠，俊秀祁祁济济，亦罕闻有忝此名位者。自今以往，际登明选公之盛，知乡无遗行，则野无遗贤。奋皇路之风云，作人伦之检镜。有光科目，无玷衣冠，是则修《志》者所厚望也。志《选举》。

进士

明

冼光。弘治丙辰。

梁焯。正德甲戌。

冼桂奇。嘉靖乙未。

陈善。嘉靖辛丑。

岑远。嘉靖庚戌。

李待问。万历甲辰。

冼宪祖。万历庚戌。

杨邦翰。崇祯辛未,原番禺人。

关捷先。崇祯甲戌,原高要人。

国朝

胡景曾。顺治乙未,原顺德人。

何肇宗。康熙庚戌,原番禺人。

谭会海。雍正丁未。

霍作明。雍正癸丑。

庞遥。乾隆己未。

陈炎宗。乾隆戊辰。

伦显圣。乾隆丁丑。

陈其煜。乾隆癸未,原新会人。

黄永祺。乾隆壬辰,原番禺人。

李可端。嘉庆丙辰。

吴荣光。嘉庆己未。

李可蕃。嘉庆壬戌。

李可琼。嘉庆乙丑。

梁蔼如。嘉庆甲戌,原顺德人。

潘光岳。嘉庆丁丑。

武进士

国朝

李圣龙。康熙壬戌。

霍世恒。康熙癸未。

举人

明

何从善。洪武壬子。

梁泰安。洪武丁卯。

梁耕。景泰丙子。

梁经。天顺壬午。

梁建中。成化戊子。

梁辉大。成化甲午。

冼光。弘治壬子，进士。

梁震。弘治辛酉。

黎应祥。弘治辛酉。

冼涤。弘治甲子。

招文选。正德丁卯。

何珌。正德丁卯。

霍球。正德丁卯。

梁旦。正德庚午。

梁焯。正德癸酉。

梁随。正德癸酉。

梁燏。正德癸酉。

霍重。正德丙子。

潘龙。正德丙子。

谭朝重。正德己卯。

布恒。嘉靖乙酉。

霍谦。

陈士兴。

冼谟。嘉靖戊子。

梁睿。

何誉。

冼桂奇。嘉靖辛卯，进士。

陈善。进士。

高士材。嘉靖甲午。

陈士介。嘉靖丁酉。

高士楠。嘉靖庚子。

岑远。嘉靖丙午，进士。

何子芳[1]。嘉靖壬子。

冼效。隆庆丁卯。

梁元桢[2]。

霍维诚。万历丙子。

陈建中。万历己卯。

霍良翰。

丘惟峻。万历戊子。

霍若善。万历辛卯。

冼应芳。万历甲午。

冼宪祖。万历庚子，进士。

李升问。万历癸卯。

李待问。进士。

庞景忠。万历丙午。

洪天赋。万历戊午。

关捷先。天启辛酉，进士。

李应问。天启甲子。

霍得之。

杨邦翰。崇祯庚午，进士。

吴如祈。崇祯壬午，原新会人。

陈宾王。

国朝

黄金胜。<small>顺治辛卯。</small>

黄清。<small>顺治甲午。</small>

李象升。

何龙春。<small>原番禺人。</small>

胡景曾。<small>进士。</small>

庞上梓。<small>顺治丁酉。</small>

梁裔照。

霍俊韡。<small>顺治庚子。</small>

黎叶莲。<small>康熙壬子。</small>

李枟。

李师锡。<small>原江西人。</small>

林开春。<small>康熙戊午，解元，原潮州人。</small>

左必蕃。<small>康熙辛酉，原江西人。</small>

庞之兑。

庞翘菁。<small>康熙甲子。</small>

朱相朋。<small>康熙丁卯，原顺德人。</small>

区遇。<small>康熙庚午，原顺德人。</small>

庄严。<small>康熙癸酉。</small>

李绍祖。<small>康熙丙子。</small>

方德秀。<small>原新会人。</small>

何肇宗。<small>进士。</small>

黄中驌。

胡天贶。<small>康熙己卯。</small>

关孙谋。

冼煜。

陈昌朝。康熙乙酉。

罗永吉。

左大章。康熙戊子。

左粤章。康熙辛卯。

曹贤伟。原香山人。

俞琏。康熙癸巳，原新会人。

梁叶千。

霍作明。进士。

陈清杰。康熙甲午。

李瑛[3]。康熙丁酉。

吕朝鼎。康熙庚子，原福建人。

谭会海。雍正癸卯，进士。

封时中。

梁瑞正。

冼荣昌。

张承灏。雍正甲辰，原新会人。

区瀛。雍正丙午。

陈洪范。雍正壬子。

黄尚志。

区士鋐。

谈德。乾隆丙辰，解元。

庞遥。进士。

陈炎宗。乾隆辛酉，解元，进士。

庞逵。

梁调元。

姚光国。乾隆甲子，原番禺人。

李大成。乾隆丁卯。

李国材[4]。

周学元。原顺德人。

杨和。

伦显圣。乾隆丙子，进士。

唐材。原新会人。

庞一昆。乾隆乙卯。

霍天学。

霍超士。国子监学录。

陈其煨。乾隆壬午，进士。

劳潼。乾隆乙酉，国子监学正。

梁能缵。

黄永祺。乾隆戊子，进士。

吴廷招。国子监学正。

何天宠。乾隆庚寅。

谭泽。

区宏绪。乾隆辛卯。

宋大荣。乾隆乙酉。

冯文灼。乾隆庚子，原番禺人。

李可端。乾隆戊申，进士。

李可蕃。乾隆乙卯，进士。

李天达。

何丽珍。

吴荣光。嘉庆戊午，进士。

李可琼。进士。

黄浩一。嘉庆甲子。

梁文盛。嘉庆丁卯。

吴时敏。原顺德人。

梁蔼如。嘉庆戊辰，进士。

林梁。

莫鸿仪。

何斌。钦赐，原新会人。

潘光岳。嘉庆癸酉，进士。

吴徽光。嘉庆丙子。

冼沂。嘉庆己卯。

骆炳章。原名"俊"，原花县人。

任元梓。道光辛巳，原鹤山人。

潘溶澜。

吴林光。道光壬午，顺天榜。

傅元谦。道光乙酉。

莫健翎。

任元亨。原鹤山人。

梁麟英。原三水人。

胡泉。原鹤山人。

潘汪澜。道光乙酉，顺天榜。

武举

明

冼中振。万历戊子。

伦建勋。崇祯庚午。

黄洪。崇祯壬午。

国朝

陈运昌。康熙癸卯。

梁裔琛。康熙癸卯。

陈天玺。康熙丙午。

梁应培。康熙丙午。

梁祯。康熙己酉。

陈之屏。康熙己酉。

冯录。康熙己酉。

简遇熊。康熙壬子，武解元。

关尚宾。康熙壬子。

李圣龙。康熙壬子。

邓元桢。康熙乙卯。

陈嘉谟。康熙乙卯。

梁炳宣。康熙戊午。

霍锦。康熙戊午。

黄国鈫。康熙戊午。

何珍。康熙戊午。

简遇彦。康熙辛酉。

陈錫。康熙辛酉。

梁显尧。康熙辛酉。

李锡瓆。康熙甲子。

梁谊。康熙甲子。

梁恒光。康熙甲子。

何天纵。康熙庚午。

梁国元。康熙庚午。

萧文成。康熙癸酉。

霍世恒。康熙己卯，武解元。

陈文炯。康熙辛卯。

陈世正。

何登。康熙癸巳。

黄万珍。康熙丙午[5]。

何元潼。乾隆戊午。

区士龙。乾隆辛卯。

黄光汉。乾隆壬子。

黄大刚。乾隆甲寅。

黄逢亨。嘉庆戊辰。

贡生 恩贡 拔贡 副贡 岁贡 优贡 廪贡 增贡 附贡 例贡

明

黎嵩。李孝问。副贡二次。庞汝衡。李象同。庞汝弼。李象秀。李象颐。李象震。李象随。以上恩贡。

霍廷模。霍廷样。霍铉。霍良瑜。以上拔贡。

区阳高。副贡。

何效祖。陈厚。冼政。梁宏。潘尚德。何予高。陈高。霍彦经。黄朝佐。霍彦纲。梁庄。黎岩。霍士翘。黎文治。梁灌。霍旸。陈芳。梁林。陈妙宽。陈进。李象履。李清问。陈友俊。何潞。黄寅。李象蒙。陈荣。霍尚经。李象家。陈汝德。以上岁贡。

国朝

陈琛。封章。梁允英。以上恩贡。

霍熺。张元嘉。方云停。张际升。劳孝舆。庞上标。吕萃。吴俊常。黄克辉。庞棨。刘良濬。以上拔贡。

卫金章。罗颢。郑果。李开运。李茂。庞遥。进士。李萼。庞惊。梁调元。中式。区士锦。庞宏毅。黎斌烈。梁雅林。李松筠。以上副贡。

梁叶祖。陈天申。李召问。何国英。陈吉士。李锡命。李锡移。杨文瑛。陈宗言。吕蒌。李锡珧。何绪。陈公来。何肇选。何绍桢。霍宏基。梁必登。麦尚培。劳翱。谭骏。梁绪佑。劳世翔。陈桂秀。李象孚。李苾春。郑绍勋。陈天璁。冼烃。梁圣瑞。梁世美。陈元勋。霍志伟。冼湛。李锡珽。黄如伸。陈春。黄裳吉。陈大年。霍文英。何肇芳。梁瀚。黄灿。庞永乾。霍运泰。劳翰。方亮文。吕连芳。陈绍猷。叶自凤。议叙州同。梁芳。黄朝增。以上岁贡。

霍焜。冯公亮。黄汝卿。郭俨。霍耀宗。张普公。李飏臣。方曰定。冼实。冯登科。候补员外郎。劳翀。张重光。劳仁。李锡简。吴大成。黎兆祺。曹汲。霍东翘。吴玮。黄宗圣。严接。张宏猷。陈如锡。吕文焕。黄瑾。方文佳。冯安。陈士奇。黄应进。冯邦直。罗金声。黄汝禄。黄英爵。冯仕正。黄宗懋。杨文琎。姚宏。邵宗。伦茂长。陈世宝。萧奇遇。梁腾茂。区士鉴。黄旒珊。吴俊聪。李民庸。李象杞。张元烈。李绍鸿。何武稷。霍化龙。方可久。李绍作。黄廷俸。黄露。张御龙。霍珠。梁一宁。刘世可。黄琨。黄炎。霍赞。陈得魁。柯有遇。黄朝相。李绍儒。霍林森。何宏泽。蔡殿邦。吴维翰。候选州同。陈应科。以上廪贡。

李炳球。张伟。庞式琳。白之瑜。李象梅。吕兰芳。霍锦士。罗玮。李绍俊。庞文。伦之至。庞观遇。陈一凯。陈鹗。霍方叔。霍捷。岑恒。陈有谷。白受采。梁栋。霍旦存。余镇。区廷辉。萧省机。胡凤。黄焜。黄愚。霍有德。曹奇敬。黄起佐。梁清。陈良瑜。区廷明。黄泳。霍之珊。方屏藩。方曰江。冯修。萧宠廷。吕琼芳。黄汝良。冯公侃。毕豫。李成勳。李乔日。张璋。曹贤仕。冯公冠。霍大章。叶之文。黄振泗。黎濂。陈应枢。林光祐。邵升翰。张靖。冼尚莲。即用教谕。梁琏。黄权。霍登元。张球。区溢。霍焞。庞进。吕早。黄维诏。曹贤偀。湛高臣。霍玺。何文纬。冯之鼎。黎岩。陈莹。黄朝柱。周奇。何维矩。黄言义。黄德贡。梁一正。左大章。中式。陈存仁。冯学也。程衍祖。李朝达。李曰霁。胡炎。霍元弼。何天池。岑永福。杨文翀。严文澜。冯大华。萧元魁。梁才。张祈。麦廷植。陈云从。吴纶。李身。关上桂。关朝弼。何天眷。以上附贡。

吕朝鼎。中式。曹典。即用县丞。吕源。即用翰林院待诏。李瑛。中式。吴承信。庞逵。中式。黄大范。即用光禄寺典簿。何英略。吕奇。即用县丞。庞宪。吴琨。敖瑜。杨绍文。吴之忠。毕亦和。李肇实。黎厚。霍养志。黄志杰。伦筹。林瑶。杨复祖。吴展成。蔡式保。钱可登。陈世选。岑必元。蔡云凤。陈士永。麦美欢。霍菁华。即用县丞。梁廷灏。吴承欢。即用布政司理问。陈上珍。蔡际时。陈礼位。吴承愉。黄朝基。黄坚。陈士玠。冯符。曹樟。岑永显。李光岳。冯瑞。刘贤栋。高天生。黄石。吕天显。庞森。吴思诚。吴恒孚。议叙通判。陈念祖。云璲华。林溶。黄学圣。何维照。赵世仁。霍峻德。林光祚。李昇。吴之翰。吴之柱。张淇。梁廷琯。以上例贡。陈《志》。

宋大荣。中式。苏肇宗。谭泽。中式。劳潼。中式。叶世绪。叶仪。梁麟英。中式。吴锦。以上拔贡。

杨芝耀。周如滇。即用教谕。李凤阳。胡其琛。黄珍士。以上副贡。

邵扶万。唐逵。霍孔钲。叶仲。魏长青。李贤。四库馆校录。李长毓。何赞廷。吴清运。候选训导。关秀光。叶琼华。叶楚华。任缙良。以上岁贡。

吴鸿运。优贡。议叙知府。郑锜。吴济运。即用教谕。吴仵。议叙州吏目。陈天才。吴徽光。中式。霍礼运。即用训导。以上廪贡。

舒连。吴用光。李可美。以上增贡。

李维夆。吴泽运。布政司经历。任佐虞。吴弥光。即用詹事府主簿。以上附贡。

郑汉章。翰林院待诏。黄德量。吴昇运。陈汉。即用知州。黄令宜。冯祖德。州同。黄允怀。冯光辅。冯炳谟。何国焕。张楸森。吴裕庆。伍耀南。布政司理问。周焯耀。张日强。候选同知。张日乾。候选同知。杨大猷。张日馨。以上例贡。

何斌。陈耀龙。梁登标。以上钦赐副贡。

监生

明

冼桂昌。南海学。李莞问。李象泰。陈东居。冼滔。李象珠。李锡问。清远学。陈贞泰。陈德斋。李崇问。南海学。潘大魁。李象水。李锡炎。南海学。李和问。李敬问。何岳。顺德学。李象鼎。李雅问。番禺学。白烱中。李琦。德庆学。李象曾。方善相。陈佛照。番禺学。

国朝

李象绅。顺德学。李锡祚。冼士槐。陈宗德。南海学。陈锦光。谭伯扬。清远学。霍游凤。清远学。邵廷玠。增城学，州同。梁天权。龙门学。冼翰宾。陈国蕴。陈世瑛。邵廷珏。陈龙光。州同。何允中。冼楣。从化学。霍尚炜。清远学。黄灏。县丞。霍宪谟。陈澜秀。陈文隽。黄上泰。霍楷。州同。黄汝忠。州同。霍识。李楘。陈国珍。霍谦。霍诩。梁鳌。梁尚衡。陈世衡。霍之洲。何若水。陈启元。何麟皋。南海学。霍尚熯。柯应槐。冼楫。陈慈麟。霍尚阡。李文英。清远学。冼烶。霍文藻。陈帝璋。冼应照。黎叶虬。冼有文。陈宗琏。梁学翔。霍逢。州同。陈世德。陈士维。张仁方。孔毓昭。霍埈。伍陶。黄汝林。蔡行存。霍时。黄汝懋。邵廷琳。梁定。严凤。霍廷杰。冼上召。黄汝相。区起昌。附监。黄汝勋。霍钊。胡绅。杨崧。梁观复。广府学。陈昌锦。李锡智。何政基。霍曰瑚。冼炌。霍璋。霍琯。陈清澜。李庆。李锡瞻。邓林泰。冼用秋。霍鍫。李锡鼎。陈昌怡。陈尚俊。霍运成。陈尚衡。何穆。霍辉春。封源。封灏。李廷芳。州同。李绍钊。萧成文。张世予。霍世权。林旭源。陈璧聚。岑宁。萧钦若。李锡璿。李锡高。冼绍桂。刘彦荣。陈彦官。李锡有。李元栋。刘彦修。何翚。岑永祁。黎尚泰。冯濬。州同。霍其贽。陈元演。梁璋金。邵维魁。李国才。中式。黎廷弼。李崧。区庭联。吴时遇。霍廷琪。梁仪舜。何翼。陈廷相。李彰慧。霍肇基。黄四德。陈遇。李绍先。伦圣佐。萧应元。梁应珠。梁应瑶。梁国珍。许华炳。梁大鹏。李廷兰[6]。谭管生。黄起存。黄起遇。余琳。李应昌。霍继光。霍铎。庞遥。进士。霍㙮。李作球。李念祖。梁绍鼎。林世昇。罗世彦。黄潮。梁大用。区江。廖情海。潘世鸿。陈贵。陈周。冼松。黄玉阶。陈灿。余璋。陈晖。余琮。陈赞。陈御。潘士鎏。区庭慧。梁廷湛。何志保。何志至。霍大同。庞载。霍泉。庞其燕。何志垄。区元镛。霍炤。霍知。陈善麟。霍仁。陈善龙。余琎。黄为祷。黄为干。陈柱。周道斌。麦福官。陈健峰。何天爵。霍上翘。陈锟。李成璧。何梦梅。霍祥。霍金佐。霍宗泽。方麟振。黄重灼。谢超立。萧浩。梁浪。李俨。霍金印。陆昇。梁阿宽。林福衍。梁上昇。霍金声。霍致中。梁裔燝。梁德溓。霍达。劳式文。霍淇上。郭斌荣。劳其励。谢桃。周廷亮。李之林。岑嘉琎。霍御佩。霍以济。伍乾。伍隆。龚佩绶。胡大参。萧凤来。黄锡瓒。黄锡祚。邵九鼎。州同。李应珍。邵能善。州同。庞浔。李懋春。霍炘。黄朝培。胡大壮。何沄。霍勇。黄锡光。姚以正。李锡駰。何汉。何肇锐。黄锡芹。梁绍震。梁允学。区勋。霍汉常。邢廷睿。黄锡莘。黄金章。邢廷明。黄锡蕃。何肇文。霍平。黄锡灏。李锡。李国。张长龄。李镇。张长年。黎叶熊。黎吉客。霍名阶。李黄裳。李绍宗。李拱裳。霍清。陈廷翼。李成浩。李应元。周廷元。陈功辅。周必选。吕秋佳。黄仲。梁子俨。梁子侃。张长庚。崔绍吉。岑朝元。陈彰位。李大任。宋华广。李佐。何遥。方琪。劳翘。孙仕显。李善应。严焕章。吴启运。李仕。严灿章。严琇章。霍堡。严光义。李大怀。李大。李积。霍梦麟。李大郡。冯绳其。庞绮。李金玉。梁学照。黄道华。州同。陈洪畴。黄鸣皋。梁光煜。霍警良。林涵芳。黄瑸。吕昇。黄伸。梁拱乾。龚珆。梁尚廉。魏宗魁。梁锋。霍鸣敷。陈大琛。梁绍贤。黄重灿。黄重熺。周松。霍洲。梁自禧。区文昭。梁成爵。黄维镛。龚佩絃。杨鹏翺。曹贤辅。曹贤任。冯沂。吴祖美。吴祖兆。杨栋。何世钺。陈揆楷。曹贤佑。霍梦龙。杨国相。霍冲。霍泰。陈文楷。区宏道。张信方。谭琏。陈廷楷。霍能迁。陈大琳。林琮。黄垣。_{州同}吕宗临。岑云震。谭国枢。林光裕。岑云岫。梁汀。陈邦瓒。周昌年。方举。萧瑞泰。黄昌佐。霍曰修。冼樾。区士铎。黄国瑛。李元英。梁伟。区津。梁士贤。刘贤桐。吴思全。李仰。周天球。何泰元。刘贤栋。吴世英。吴连。何鈇。邓宁远。黄开泰。陈世宠。曹元韬。曹湘。冯邦鋐。冯泽。张长辅。黄士秀。梁良骏。庞纶。冯世登。庞絪。庞绹。邓元祥。方世明。萧士瑯。萧士俊。庞上极。黄时行。霍一清。吴展成。曹贵。方应问。萧仁。区澄。黄良玉。萧炜。黎元权。何观杰。霍章拱。陈霞叟。严作宾。霍汉澄。霍世祚。梁盛臣。崔绍嘉。叶世祺。郭翔龙。陈熊炜。蔡明章。蔡灿章。黄重煌。霍池。杨跃龙。李之桢。何世鎗。区叶梦。卢志扬。梁运英。黎廷晋。黎豫。张璞。黄为达。张文麟。区瀚。_{兵马司吏目}吴江成。林大春。林树德。谭赓翘。吴应魁。谭璋麟。谭赓锡。_{州同}陈慧贤。李锡琨。冯士纲。谭章。蔡广泽。谭潜光。谭秀泉。冯体乾。蔡际和。钟正临。霍汉严。曹芳。区上祐。区上镇。黄云开。萧士瑀。曹应捷。邓世荣。曹汝华。谭楚俊。吴显仁。陈翰。谭璋岭。李荣。邓观瑜。霍汉广。何应文。李时钦。梁廷瑄。方必扬。李赞国。吕阳和。方琪。梁瑞璧。梁廷泷。杨士祥。霍骏。霍斗杰。霍与权。林邦城。冯肇开。霍天翔。陈叶元。廖洪。吴鼎。冯上腾。_{县丞}余仁周。霍其赏。龚佩纹。李成瑗。李朝瑄。方文湛。郭勷。区士铉。霍文彦。梁世伟。庞正。林寿彭。杨文桂。梁世隆。庞上达。李士凤。陈承熙。谢柄。何石。冯捷。姚传芳。杨永宁。庞锡刚。张宪贤。方能。黄金珩。吴之干。谢辉。萧士瑛。谢熺。陈文润。梁元。张汪澜。张见龙。陈廷咨。张长甲。何彭龄。曹应健。何宗贤。黎中堂。李菁华。曹雄。梁士尧。庞文元。曹应荷。庞遴。陈祖泽。曹汝宴。曹璧。崔元楷。霍学忠。黄锡灿。吴应谦。黄后来。曹芬。吴应涛。黄煜。_{州同}黄其新。梁禹昌。林廷用。梁廷镛。林际淳。潘士润。黄显宗。黄道保。黄道新。李祖昌。魏宗昌。卫文沛。周炎。

李世标。霍梦玺。霍树。黄文甡。张炳。麦保太。霍鸿。黄鹤。以上陈《志》。

陈昱。州同。刘倬。按察司经历。黄朝珣。黄和偶。陈浏。吴江成。吴之泰。邵国亮。邵朝亮。陈江。议叙同知。冼士琪。刘东阳。州同。吴宗仪。吴之传。吴应贵。吴为经。吴万宁。吴祖嘉。吴兆松。冼梁。冼士班。吴奇六。吴长华。吴克明。吴承泰。吴兆箕。吴卓文。吴灿文。李士震。潘锡。李芳。梁登标。苏文侯。太医院医士。苏章侯。太医院医士。吴澄运。议叙从九品。吴观文。吴维则。吴维信。吴维涛。吴维源。吴文珽。吴文骥。吴观周。吴上达。吴观澜。黄廷槐。即用按察司知事。吕寅恭。周如淮。陈熙载。候选布政司经历。舒长镒。知府。吴企。吴俶。吴休。吴凤三。刑部司狱。吴崑。议叙县丞。吴湛光。吴凤髦。候选卫千总。吴凤仪。即用从九品。吴锡光。吴熙光。即用从九品。吴林光。中式。张迪德。任秀天。杨文。杨灿。黄文显。吴时彦。吴洪远。吕朝信。以上布政司经历。萧朝勋。杨江。杨明。杨星照。任配天。任通。潘光裕。陈伟龙。梁可成。谭湘山。舒明章。梁贞。张文忠。张存遵。以上布政司理问。舒尧志。陈思衡。何国光。杨林。谢桢。梁玉成。陈圣刚。以上州同。黄永福。按察司经历。杨肇元。张日滋。伍汝瑞。以上詹事府主簿。傅绍周。光禄寺典簿。陈文光。府经历。黄河清。陈崑。以上县丞。黄永禮。盐运司知事。黄轩。吕淋。吴维扬。郭贤。邵文耀。谭厚昌。以上按察司照磨。黄鸣喈。县主簿。何谦。刑部司狱。何璿珍。黄家驹。以上府知事。甘伯淋。府照磨。傅德。卫千总。郭良。区登鳌。黄家骃。以上营千总。郑纫兰。李维蒍。李维芳。李礼堂。李泽斋。李文光。李国光。李高明。李朝华。李惠侯。李光璿。奎文阁典籍。李光瑚。李光谟。李光泰。李天培。李国维。李殿弼。李应扬。李容邦。李庆连。莫健翎。中式。莫鸿仪。中式。陈士明。陈锦。陈士卓。陈士彦。陈士湛。陈士宛。陈大年。陈大举。陈学本。陈君秀。陈鼎钰。陈汇铨。陈思训。陈廷福。陈纲桂。陈朝惠。陈冠朝。陈莹。陈叶信。陈文钊。陈继英。冼应错。冼涛。冼日澡。冼铺。冼应熺。潘汪澜。中式。冼洪章。吴福微。吴河清。吴秉礼。吴鹏飞。吴兆成。吴洪。吴兆桂。梁瀛洲。梁政平。梁植芳。梁国梅。梁汝杞。梁以锦。梁其顺。梁云举。梁以相。梁炳。梁廷章。梁朝鼎。梁寅曦。梁荆泉。梁鹤鸣。梁可权。梁允中。梁大纶。黄传祜。黄步蟾。黄兴瑞。黄锡琛。黄锡琮。黄锡瑞。黄虞夔。黄朝璋。黄观翰。黄绳祖。黄达聪。黄成美。黄河图。黄逊。黄绥组。黄必璘。黄钟。黄知载。黄传浩。黄元士。吴奎光。议叙八品。黄润斋。黄世康。黄履淳。黄朝培。黄维镛。黄光鉴。黄天镇。黄世平。黄天华。黄金成。霍丕谟。霍金荣。霍益壮。霍进。霍仰仕。霍熙仕。霍珍。霍必昌。霍念修。霍苣思。霍孔钧。霍孔镛。霍顺中。霍韬然。霍朝任。霍溢澜。霍汝锛。曹镛。曹钾。何圣祥。何澄澜。何定朝。何进朝。何灼华。何宏。何进。何祥。何茂成。何文英。何裕明。何献廷。何佐廷。何昌廷。何聘珍。何翀。何卓。何道亨。冯承恩。冯上信。冯朝参。冯光炎。冯光楠。冯永康。冯文麟。冯文韬。任经。任本。任元周。任杰。任南钰。任德。任祥。任本仁。任子荣。叶儋。叶冈松。叶应祖。叶可远。刘茂勋。刘待聘。刘瑚。刘达材。杨俊焯。杨耀鹏。杨惠鹏。杨秩芳。杨惠元。杨澄芳。劳朝举。劳其富。劳作杞。舒成章。舒博章。舒大邦。舒彬。舒桢。舒荣。舒钊。戴凤。戴西蕃。戴应蕃。戴廷秀。左业光。左德光。左以光。吕逊。吕振光。吕琛光。候补兵马司正指挥。吴尚忠。吴尚志。郑朝撰。张立斯。张作圣。张锦翰。余贤。余云龙。周裕文。周士本。岑天祐。岑其昌。彭杞材。汤可达。汤方行。崔元标。崔璧。张文德。胡鳌。黄遂亨。庞周林。招秉文。谭应龙。严翘蠡。区承諲。区其旋。区炎松。区荫亭。温恕堂。朱德昭。钟汇纯。陈穗齐。陈显泰。陈茂泰。邓显彰。郭铨。陆本。麦兆炘。梁九仪。候选詹事府主簿。莫嘉言。即用从九品。施早霖。施一枝。

佛山忠义乡志卷十终

【校记】

[1] 何子芳：乾隆《佛山忠义乡志》作"何予芳"，道光《南海县志》作"何予方"。

[2] 梁元桢：乾隆《佛山忠义乡志》作"梁元祯"。

[3] 李瑛：乾隆《佛山忠义乡志》作"李煐"。

[4] 李国材：乾隆《佛山忠义乡志》作"李国才"。

[5] 丙午：疑是"甲午"之误。

[6] 李廷兰：乾隆《佛山忠义乡志》作"李庭兰"。

选举志下 文学 武学 仕宦 职衔议叙附 武功 封赠 荫袭

文学

明

何从善。中式。梁泰安。中式。梁宏。简效中。梁鞒。中式。梁经。中式。梁建中。中式。何效祖。陈友俊。陈荣。梁辉大。中式。冼光。进士。霍谅。梁震。中式。霍用宽。冼政。黎应祥。中式。陈厚。陈汝德。冼涤。中式。招文选。中式。何珆。中式。霍球。中式。梁旦。黎嵩。梁焯。进士。冼琏。梁随。中式。梁爚。中式。霍重。中式。潘龙。中式。李郁。霍上珍。霍轼。谭朝重。中式。梁圭。霍琪。李芝。霍瑞华。布恒。中式。霍御。梁瀵。梁庄。霍敦。何予高。潘尚德。霍际可。冼尧佐。霍谦。中式。陈士兴。中式。霍维。冼谟。中式。梁睿。中式。霍柱。霍楫。何誉。中式。冼桂奇。进士。陈善。进士。梁炉。黎严。霍懋英。高士材。中式。冼宗佐。冼桂昌。何岳。霍槐。霍桐。陈士介。中式。梁芹。何洛。高士楠。中式。霍根。岑远。进士。梁遇。霍旸。黄寅。霍彦纲。霍彦经。冼存忠。冼存廉。何予方。中式。何予京。冼桂畅。霍彦纯。冼桂蕃。霍维模。冼允清。冼允复。陈一忠。梁锦滨。霍绍祖。冼桂乔。冼允通。霍语征。冼敏德。霍养冲。冼桂挺。彭廷勷。冼效。中式。梁秀林。陈用。梁维淡。梁梦科。岑凤京。霍尚宾。陈高。梁慎德。黄世禄。梁仕魁。黄朝佐。霍士翘。梁振玉。冼梦松。陈芳。冼梦竹。冼梦龙。何崧。庞九万。副榜。冼铤。霍尚经。梁顺亲。霍维诚。中式。黄世禄。陈喜。梁元桢[1]。中式。陈端。陈佛照。冼粤伟。陈佛显。陈夔。陈建中。中式。霍良翰。中式。陈佛念。陈佛清。丘维峻。中式。霍良任。黄敏。梁赓宇。陈昂。梁芝才。霍希元。霍若善。中式。冼泰。副榜。陈添文。陈经济。霍熠。霍煜。陈炜珍。陈世桢[2]。梁子直。陈大福。霍维泰。陈伟禄。何潞。梁萃。陈梦惠。霍炤。霍炫。冼应芳。中式。陈珣。陈琛。陈图南。霍峻南。霍茂纯。陈友杰。陈士表。陈廷表。冼宪祖。进士。李升问。中式。李待问。进士。霍友谅。陈士旦。陈士侃。黄枝穗。霍应真。庞景忠。中式。李应问。李侍问。李觉问。李宠问。陈绍佐。霍日新。庞汝衡。庞汝弼。李雅问。陈叙。梁兼民。陈仕佐。霍大藩。李谕问。陈南园。梁林。陈南囿。关捷先。进士。梁九衢。岑逵。霍从龙。副榜。陈进。梁干。霍从中。梁标。陈藻玉。黎文治。陈世达。霍从矩。梁希武。李孝问。李茂华。陈妙宽。李崇问。陈道志。梁杰。李本问。李召问。霍得之。中式。李清问。霍必高。霍大受。伦材。梁英。霍大有。何澹。区阳春。霍天赋。梁雯。岑士弘。李象震。副榜。李严问。李象丰。霍龙。霍凤。梁承诰。李象家。李象履。霍良瑜。杨邦翰。进士。李象珑。霍良璿。霍良缨。李象蒙。李象秀。冼维褒。李象同。霍翘鸿。霍见志。李象孚。岑文显。霍廷栋。霍上演。吴如祈。中式。霍上液。冼天桂。李象颐。陈定举。霍鸿训。霍士彦。陈尚诚。梁图南。李象贡。岑文华。李象观。梁文达。霍廷霖。李象泰。李象荣。李象梓。霍廷模。李象隆。霍廷样。梁元迪。岑士雄。陈万机。黄金龙。陈天璠。李象随。黄金胜。霍斗宏。霍文焕。伦彝。霍金节。梁康宇。梁昺。岑凤岐。岑观金。梁遇载[3]。何瀛选。黄洪。陈天震。洪天赋。中式。霍尚忠。霍应鸾。伦重。李锡诰。岑廷瑜。霍连璧。李锡祚。李锡开。梁泰。岑茂。霍仲明。岑凤冈。梁世观。李锡炎[4]。陈万发。陈以贤。岑士芝。梁廷相。陈天门。梁天目。黄清。何炎[5]。谭伯扬。冼让。冯球。何元锦。陈朝典。陈邦谋。梁廷谕。梁学。梁维纳。梁伯翠。梁谦。何元辉。陈瑜昭。陈宾王。中式。梁蕃。梁露。梁爌。梁亲信。霍烻。霍山。冼观俊。

国朝

庞式金。李象升。中式。霍俊鞞。中式。黄清。中式。庞上梓。中式。李锡命。陈吉士。庞上标。梁裔照。中式。卫金章。副榜。霍耀宗。李师锡。中式。陈廷熊。霍士鐄。冼秀。霍然焕。陈廷宪。罗颢。副榜。梁持璞[6]。庞之兑。中式。陈宗德。区书雄。劳翱。陈天璁。劳翀。霍熺。陈宗言。方贺。何龙春。中式。梁裔焖。梁廷谕。黄金縢。冼楣。陈桂秀。区俊发。李象杞。霍兆梅。郑绍勋。陈士奇。方云停。张元嘉。左必蕃。中式。梁应璘。庞翘菁。中式。李象梅。李飏臣。梁焕章。黎叶莲。中式。方德秀。中式。黄中骍。中式。梁尚履。陈奎光。陈元勋。霍尚炜。张宏猷。吴大成。霍志伟。陈宗行。霍孚嘉。邵廷玠。何璧。冼士莱。霍游凤。冼士吉。霍烇。梁裔焜。霍尚燿。李象绅。冯修。冼联馨。李锡珽。梁裔焌。霍宗元。陈崇谦。柯有遇。冼嘉征。陈宗政。霍伍德。黄汝卿。朱相朋。中式。庞式琳。冼实。杨文琳。霍玺。黄如伸。何澄光。李苾春。梁桂芳。何绍桢。副榜。李锡衮。李枟。中式。霍文英。冼应鳌。梁圣瑞。梁龙。陈绍猷。霍云龙。梁瀚。霍尚烻。李锡杉。霍焞。林开春。解元。霍梦履。冼烃。霍之鹏。李日霁。龚丕承。冼湛。谭经纶。梁世美。黎兆祺。梁天权。英上。杨文煐。何远。黄汝禄。柯有伦。陈一德。英遇。冼希曾。何若水。黄朝杰。庞文。何肇宗。进士。梁桂。陈如锡。梁一宁。霍宗煌。李锡简。霍赞。梁一正。霍化宠。区遇。中式。黄机。罗永吉。中式。方曰定。劳仁。陈世光。霍应奎。吴玮。黄裳吉。梁叶千。中式。吕文焕。陈世宝。张伟。姚上。黄宗圣。张普公。霍烺。黄玉鉴。李绍祖。中式。冼琛。吴宠玺。冼煜。中式。麦尚培。邓学鹏。梁必登。吕其宠。胡天贶。中式。梁琎。陈有谷。冼应瑞。湛昌甲。冼尚莲。梁裔焯。陈元捷。梁钟简。关孙谋。中式。陈廷直。冼淇莲。霍上选。冼重。霍襄。李象瑶。霍献。黄国鋐。冼彦。黄国鉴。李锡玫。梁叶旦。冼达元。霍东翘。霍南英。李炳球。张元烈。李茂。谭骏。郑果。霍文。霍炳。姚际时。封章。姚能。程衍祖。冯安。余镇。邵升翰。张际升。霍宏基。霍运泰。黄汝良。庄严。中式。陈德秀。李绍儒。冼应焕。陈元佐。湛高臣。黎烈斌。副榜。白之瑜。冯仕正。霍作明。陈文芬。霍宗璋。霍宗瑝。何麟皋。邵宗。严接。李蕚。副榜。区庭辉。曾先信。区庭明。黄宗懋。方亮文。江见鲲。江见麟。张御龙。萧奇遇。方文佳。霍世俊。林章源。伦之至。李粤魁。区起昌。冼良辅。李锡瑄。卫文澄。卫文灏。李身。岑尚丰。方瑞。潘进。冼德征。冼道显。何廷驹。何济时。梁文焕。冼应辉。冼应炅。梁应琛。梁应球。林颖实。梁其典。冼文焕。陈慕光。邝拱。谭元春。谭会海。进士。霍宗璋。冼大联。何一琨。李文英。李焕。中式。霍元弼。梁云翀。陈宗琏。梁绪祐。潘省。霍林森。何武稷。封庸言。何礼。黄大范。陈昌谕。岑应斗。陈世光。李懋谐。黄振泗。陈昌佺。陈必捷。黄玉瓒。刘世可。黄玉标。黄玉珏。陈昌赐。区锡周。李克勤。庞汝霖。冯之鼎。梁国辅。李睦。李源。黄尊士。伦通济。岑成魁。萧宠廷。梁泮飞。霍文洪。李志鼎。罗湛。冼应奇。冼懋昭。劳世翔。霍之珊。方可久。吕萃。潘泷源。潘式瑛。陈琛。霍士恒。陈应璋。陈应兴。庞观遇。李绍俊。陈一凯。关朝弼。何道凝。霍有德。何宏泽。吕焭。梁允英。梁诰。白受采。李民用。陈鹗。冼必显。霍上玙。陈琏。霍湘。罗玮。黄起佐。黄琨。刘雪涵。方曰江。萧省机。何肇芳。湛湛。何肇选。林之瑜。曹汲。柯有美。冼良弼。岑耀登。岑连。何钟良。霍希斋。钟锡锦。陈清杰。中式。俞琏。中式。张鼎魁。梁瑾。陈昌朝。中式。陈翰璋。冯登科。庞达元。黄德贡。梁世楷。霍芝俊。霍天培。霍履文。梁才。吕连芳。孔敏连。霍今尚。叶之文。李锡缨。李锡弼。梁士宪。李得魁。张埥。吕兰芳。胡凤。吴士球。胡炎[7]。劳翰。谭锡嘉。陈春。吕慎延。张重光。曹贤伟。中式。庞惊。副榜。黄露。左大章。中式。吕居易。岑恒。李绍鸿。黄克辉。陈存仁。吕朝鼎。中式。庞上枢。李成勷。谢文麟。霍方叔。陈公来。庞愫。关维丝。陈应桢。李绍作。梁公万。黄灿。李运开。区士鉴。吴如禘。罗金声。毕豫。吕琼芳。张球。韩式。李锡琪。霍文芳。陈莹。何文玮。李锡谷。霍登元。李宏。梁际可。梁时行。林瑶。何世昌。霍养志。庞观国。梁式韩。陈常忠。林鹗。陈添文。区际

五。毕毓泗。霍珠。陈捷扬。陈成乔。谈德。解元。蔡殿邦。胡大猷。李
耑。区际时。陈大琦。陈大年。孙文濬。孙文浩。李绳祖。李绍鹏。冯
公冠。黄朝相。李际春。余琅。孙文滔。吴俊常。吴俊聪。霍锦士。何
绪。霍德炼。封时中。中式。冼荣昌。中式。黄权。梁芳。霍捷。彭祖然。
杨文翀。伍澄淮。黄旒珊。黄英爵。霍大章。霍元宰。黄瑾。黄应
运[8]。黄愚。梁清。何维矩。黄焜。黄泳。梁瑞正。中式。伦茂长。何国
英。陈良瑜。曹奇敬。方屏藩。梁腾茂。霍旦存。陈异。萧泰来。李一
方[9]。冯公侃。劳孝舆。吕早。庞进。庞逵。中式。黄廷俸。陈于勉。李
灿。林琳。李成励。吕显华。李连茹。梁东大。陈所蕴。曹贤仕。曹贤
倓。梁调元。中式。梁应珑。劳其遇。陈元臣。劳宗轼。彭金祈。韩丕。
区象昂。李高。庞宏毅。副榜。劳善士。吕洪佳。庞惇。李灼。陈士麟。
罗士藻。杨文珖。湛士正。霍上璋。戴邦彦。陈际时。萧美泰。冼来
泰。冯学也。吕溥。冼鸣登。梁宗柱。黄天艺。陈灏。周云。霍儒。湛
云鸿。陈廷文。陈士斌。何文焕。霍廷元。徐遇庚。霍英俨。陈渐。黎
叶祖。何士赳。黄焯。何士超。庞浩。吴逢时。陈王佐。区枚卜。霍
镛。梁天章。李上高。陈朋来。梁栋臣。陈大定。劳绩。霍铉。何善
继。方显名。陈世能。张俊。梁景仲。黎叶龄。谭轼。梁梦科。李锡
麟。谭辙。霍上铨。陈湛泉。彭应时。陈象琮。梁金声。陈炎宗。解元，
进士。李大成。中式。李顗章。梁聪。叶好问。倪廷熺。梁观复。邝广富。
何继俊。区襄。黎叶简。罗文藻。黄宗经。黄应举。赵津。陈洪范。中
式。陈彦瑜。梁超。吕玠。李材。梁材。赵昶。陈应士。谭大光。陈世
作。黎元相。方家驹。刘大任。袁上珍。陈震元。劳万福。黎归德。崔
衡。吴允成。梁陵。黄尚志。中式。梁宗孔。朱家良。陈舜来。白壮猷。
黄锦。赵观光。黎名世。赵令盛。陈诚。伦秉宪。伦世昌。李锡仁。霍
朝宗。谭鲵。吴学成。伦莲。刘德润。邝世纲。霍廷宗。伦自修。梁义
修。陈略。伦仪长。龚朝傅。伦愈奇。伦必捷。何文焕。陈爱池。伦梦
莲。霍吕鼎。何其秀。霍昌隆。张大眉。庞永乾。黎宪元。梁炳朝。梁

镜。霍英俊。黎熊。孔廷训。罗绍槐。黎献。杨兆奇。孔学江。何兴龙。杨兆莲。杨贶卿。何峰。李绍瑛。杨光祖。霍荣。伦琏。区竑。姚光国。冯维复。霍作圣。何兆鹏。李暄。霍宪。杨卓。李英扬。何应文。霍廷士。何图。陈图。杨和。中式。霍学源。陈际春。冯士雄。何进。高应运。霍潜。何天眷。陈开文。黎炳文。周学元。中式。周廷际。霍超士。中式。庞是龙。左珩。陈灿忠。梁锡爵。伦亦中。庞紫。李易简。霍英秀。梁上寅。梁文成。李锡珪。梁国炎[10]。陈天机。霍英奇。梁栋。梁一芳。李乔日。张承灏。中式。黄炎[11]。张璋。黄言义。刘泷云。罗魁永。梁国翰。林光祐。黄维诏。黎濂。黄朝柱。陈国章。何绍枢。梁豫。霍先登。何绍柏。霍镇。梁文豹。霍乾。何绍楫。何张登。霍逢铨。何渭之。黄上科。霍必成。潘廷湛。霍梦连。李元鼎。何锡珍。霍梦履。李迈。何兆鹏。梁之枢。何于惯。梁文举。何于榛。梁景仲。梁泮藻。霍诚。梁士骧。李锡缵。霍之溯。李锡杰。霍九德。吕涛。李松筠。李显章。黄尚宪。李朝达。魏洪章。罗芝秀。霍兆海。庞典。高世铠。梁儒炽。吕淇。高世铭。庞组。吴之欢。吕潼。庞绍。霍天学。中式。陈达显。叶仲。何世荣。庞一崑。中式。罗青。刘良潛。陈进。杨子彩。张宪载。张遇阳。潘时敏。何士起。邹瑞和。林文灿。何若龙。梁丕远。顾大木。萧云汉。梁秀。梁宇。何桢杏。梁雅林。副榜。李锽。伦显圣。进士。陈其燡。进士。梁士珍。刘泷扈。吴鼎。刘良济。谭捷昇。谭士湖。陈瀛。陈元模。曹应廷。李松年。吕二酉。源天江。何文纬。魏长青。李栋。以上陈《志》。梁叶祖。叶之文。邵扶万。胡景曾。中式。黄朝增。黄永祺。进士。吴廷招。中式。谭贞元。谭泽。中式。宋大荣。中式。郑锜。杨芝耀。叶伸。叶俊。叶伟。叶仪。叶仁。叶称。吴宗尧。陈达晓。劳济。劳文晃。劳潼。中式。何天宠。中式。区宏绪。中式。唐逵。霍孔钲。唐材。中式。吴际昌。吴文焕。吴鸿运。吴济运。吴仁。关秀光。李贤。吴清运。苏肇宗。李朝珣。何国梁。何自明。李长毓。吴泽运。霍汝梅。霍明远。霍利济。霍高飞。霍林川。霍儒。霍孔铨。

霍孔銀。霍孔钟。霍孔钊。霍汪。霍著。霍瑚。霍淳。霍有光。霍名扬。何斌。钦赐举人。陈翀。冯文灼。中式。叶世绪。黄昭汉。梁培远。李凤阳。副榜。李天达。中式。李荣邦。陈国器。袁象天。李可端。进士。陈耀龙。陈绍兼。卢维藩。洪焕。余文。容安舒。冼湘。余廷标。陈成器。关谦光。谭澄。劳作栋。霍成美。陈士勋。冼汪。李可琼。进士。黄绍祖。朱百如。姚明宗。区应魁。叶世绳。洪茂。李蛾。李锦川。邓文彪。叶楚华。叶生华。叶琼华。舒耀文。何丽珍。中式。黄浩一。中式。黄兰士。周祖濂。吴荣光。进士。梁蔼如。进士。李可蕃。进士。黄珍士。副榜。邵允球。陈天才。梁厚之。吴用光。吴徽光。中式。林梁。中式。吴时敏。中式。冯达昌。舒连。谢东曜。何椿。吴耿光。李可美。李应秋。梁文盛。中式。区承谟。周如湞。副榜。何如权。方钰。吴伟光。冼沂。中式。吴扬光。黄秋阳。吴弥光。何寅斗。潘光岳。进士。吴棣光。霍礼运。黄观辉。胡其琛。副榜。黄翔霄。黄翎修。吕又新。吕光裕。任缙良。邵豫。邵琮。骆炳章。中式，原名俊。谭慕韩。任元梓。中式。叶家树。潘溶澜。中式。任元亨。中式。胡泉。中式。黄道南。吴锦。吴聘。陈焜。傅元谦。中式。周能光。梁麟英。中式。邵坚。唐鳌。邵玙。任泰。招铨。戴英光。任本暄。任本义。任世恩。任本彬。陈文瑞。高云骧。霍光汉。容象楷。莫以枋。唐鹰。张上庚。甘棠。陈树仪。

武学

国朝

陈天玺。陈天璜。梁裔琛。中式。陈天瑞。陈运昌。中式。梁炳宣。中式。陈善述。梁裔炽。梁世彪。霍廷樾。庞瑀。陈世祚。陈应泰。冼用斌。岑定邦。梁豫。岑观相。梁应培。梁桢。中式。陈逢昌。陈上琳。陈錩。中式。李建森。冯录。中式。陈上达[12]。萧文成。中式。陈詹。陈之屏。中式。陈三略。梁良柱。简遇熊。中式。庞俊伟。梁厥修。庞之达。陈壮猷。梁澄。梁树勋。霍锦。中式。关尚宾。中式。梁炳翰。杨文璋。

邓元桢。中式。邝忠友。梁诏震[13]。冼耀斌。黄国鉽。中式。陈嘉谟。中式。高平远。蔡吉相。梁国选。简遇彦。中式。简遇侣。陈谭魁。梁恒光。中式。霍熊征。陈上佐。陈连昌。陈世昌。梁士修。冼起聪。冼起元。冼起荣。梁观光。梁显光。中式。萧韶若。梁国元。中式。李锡瓒[14]。中式。李圣龙。中式。李锡琳。何天纵。中式。陈应宣。麦尚均。吴天成。梁应璿。黄国弦[15]。姚献。姚琎。谭捷昇。周上弦[16]。李贤翰。霍世恒。中式，进士。霍世荣。李廷翰。马应运。何珍。中式。梁谊。中式。罗文灿。区为贞。冼元瑞。梁叶虬。李功元。黄斯颖。劳震。张务仁。谭洪文。陈乡[17]。陈应虬。邓肃。黄如栻。梁锡。李钟昇。冯轼。梁淙渶。彭元瑞。何时长。陈嗣静。陈文炯。中式。何志忠。何志正。谢镛。谭国瑞。冼俊。陈世桢[18]。中式。李泮。陈应奇。何登。中式。王白。麦任龙。张振雄。霍白。李潮。李桢[19]。黄万珍。中式。陈能。陈大蛟。简逢曙。方大昌。霍学韬。营千总。萧士琼。黄朝焜。白朝元。黄大元。何元潼。中式。陈朝汉。简居。李得用。黄连元。杨奇策。吴琉。何殿扬。守御所千总。区士龙。中式。黄光汉。中式。黄大纲。中式。霍高彪。何鹰扬。郑廷扬。黄逢亨。中式。

仕宦

明

何从善。恒州判官。

梁泰安。广西河池县教谕。

梁軿。训导。

梁辉大。经历。

冼光。工部侍郎。

梁震。南直隶太平府推官。

黎应祥。广西太平府推官。

冼涤。南直隶宁国府通判，有传。

梁焯。兵部主事。

招文选。教谕。

何瑶。江西南安府同知。

霍球。湖广武陵县知县。

何旦[20]。南直隶凤阳府通判。

梁随。浙江处州府同知。

梁爓。江西宜春县知县。

霍重。知县。

潘龙。福建尤溪县知县。

谭朝重。教谕。

冼桂奇。刑部主事。

陈善。广西参议。

岑远。河南虞城县知县。

布恒。南直隶怀远县知县。

霍谦。福建连江县知县。

冼谟。知县。

梁睿。浙江永康县知县。

何誉。广西隆安县知县。

高士材。学正。

陈士介。知州。

高士楠。广西太平府同知。

何子芳[21]。广西桂平县知县。

冼效。广西永安州知州。

梁元桢[22]。福建武平县知县。

李待问。户部尚书。

冼宪祖。江西参政。

霍维诚。广西上林县知县。

陈建中。广西宾州学正。

霍良翰。南直隶庐州府同知。

丘惟峻。福建平和县知县。

李升问。刑部员外郎。

庞景忠。工部主事。

洪天赋。礼部员外郎。

霍得之。工部郎中。

杨邦翰。太仆寺少卿。

关捷先。江西庐陵县知县。

吴如祈。福建龙岩县知县。

冼政。南直隶六安州学正。

潘尚德。福建莆田县教谕。

黎嵩。广西太平府推官。

何予高。福建建宁府教授。

陈高。浙江绍兴府推官。

霍彦经。江西建昌县教谕。

黄朝佐。琼州府教授。

霍彦纲。南直隶霍邱县知县。

梁庄。江西安福县知县。

霍士翘。北直隶天津府教授。

梁灌。广西富川县教谕。

黎文治。广西博白县知县。

陈芳。知县。

霍旸。江西崇义县知县。

庞汝衡。吏部司务。

庞汝弼。兵部员外郎。

冼澄。福建汀州府仓大使。

谭子衡。南直隶吴江县平望驿驿丞。

陈君德。国子监学录。

李敬问。光禄寺署丞。

梁栋材。福建寿宁县渔溪司巡检。

陈全清。南直隶滁州判官。

霍珪。北直隶忠义卫经历。

梁元翰。湖广沅州府知府。

彭道聪。福建汀州卫经历。

黄忠。广西西林县县丞。

黄相。福建光泽县县丞。

陈佛庵。广西桂平县主簿。

何岳。湖广靖州知州。

冼载。湖广武平县县丞。

陈克修。湖广黄冈县典史。

霍燉。福建仓大使。

岑凤翔。江西新建县县丞。

陈一进。福建县丞，署永春县知县。

何壮东。四川嘉定州判官。

陈一迪。浙江盐运司库大使。

庞伦。广西怀集县巡检。

霍见龙。湖广九谿卫吏目。

李畅。广西富川县边蓬司巡检。

邱连张。贵州思南府经历。

陈伟祥。广西桂林府经历。

陈妙龙。广西南宁府经历。

潘大魁。湖广永州府经历。

霍尚纶。湖广承天府递运所大使。

梁衡。大理寺左评事。

陈一道。浙江钱塘县县丞。

何震。山西沁州吏目。

梁瑛。浙江宁波府通判。

陈席珍。南直隶扬州府经历。

李好问。福建泉州卫经历。

霍炎。浙江钱塘县驿丞。

陈天礼。浙江富阳县县丞。

梁九河。襄府典仪正。

黄嵩。礼部司务。

劳以成。南直隶镇江府知事。

李征问。南直隶镇江府经历。

岑嵩。山西徐沟县县丞。

梁贤。岷府典仪正。

陈经济。南直隶上海县知县。

陈尚谔。广西龙州吏目。

梁应昌。襄府典仪正。

岑献。福建汀州卫经历。

霍建中。南直隶旌德县典史。

梁昭岳。北直隶忠义卫经历。

李承问。北直隶忠义卫经历。

陈世蕃。工部司务。

陈达朝。唐府中护卫司经历。

霍廉。福建寿宁县典史。

梁来凤。江西贵溪县神前街巡检。

陈诏。山东安东卫经历。

冼桂昌。庆府典仪正。

李锡炎。湖广道州判官。

李象同。兵部主事。

李象孔。南直隶青浦县主簿。

梁统。广西宜山县德胜镇巡检。

陈穗桥。福建漳州府同知。

陈士斌。广西河池知州。

霍雄。南直隶扬州府经历。

陈芳。南直隶徐州府经历。

霍尚晏。广西上林县三畔镇巡检。

霍建昭。连州仓大使。

霍廷校。太医院吏目。

庞儒。京卫经历。

陈朝翊。广西州吏目。

国朝

胡景曾。湖广武昌府知府。

黄金胜。潮州府教授。

黄清。万州学正。

何龙春。江南溧阳县知县。

庞上梓。湖广荆门州知州。

霍俊韡。阳春县教谕。

黎叶莲。广西修仁县知县。

李坛。河南河内县知县。

李师锡。乳源县教谕。

林开春。揭阳县教谕。

左必蕃。都察院左副都御史。

朱相朋。户部主事。

区遇。山西道监察御史。

庄严。江南休宁县知县。

李绍祖。江西永新县知县，改新兴教谕。

方德秀。江西南丰县知县。

黄中骕。河南商丘县知县。

胡天赆。福建龙溪县知县。

关孙谋。福建建阳县知县。

陈昌朝。江南新阳县知县，改兴宁县教谕。

左粤章。大理寺评事。

曹贤伟。河南项城县知县，改阳春县教谕。

俞琏。山西夏县知县，改曲江县教谕。

梁叶千。新会县教谕。

李瑛[23]。浙江余姚县知县。

谭会海。韶州府教授。

霍作明。山西临县知县。

梁瑞正。山西洪洞县知县。

张承灏。福建长汀县知县。

陈天申。大埔县训导。

李召问。琼山县教谕。

霍熺。廉州府教授。

何国英。连山县训导。

陈吉士。惠来县训导。

李锡命。惠州府教授。

李锡栘。合浦县教谕。

张元嘉。顺德县教谕。

卫金章。广州府教授。

郑果。龙门县教谕。

陈宗言。龙门县训导。

李茂。感恩县教谕。

陈公来。遂溪县教谕。

杨文瑛。保昌县训导。

罗灏。石城县教谕。

方云停。揭阳县教谕。

李锡珧。三水县训导。

吕焱。程乡县教谕。

霍宏基。崖州训导。

张际升。永安县教谕。

麦尚培。海丰县教谕。

梁必登。嘉应州训导。

谭骏。连平州学正。

劳孝舆。贵州镇远县知县。

陈琛。西宁县教谕。

劳翱。儋州训导。

吕萃。东安县教谕。

何绪。化州训导。

劳世翔。潮州府训导。

何肇选。四会县训导。

陈炎宗。翰林院庶吉士。

伦显圣。四川南川县知县。

唐材。福建建阳县知县，改南雄府教授。

庞一昆。直隶东光县知县。

霍天学。南雄府教授。

陈其煨。翰林院编修，户科掌印给事中。

黄永祺。户部山西司主事。

刘俊。浙江余姚县知县，原高要人。

林石画。江西南安府同知，原福建人。

张普公。湖广都司经历，原新会人。

方曰定。江南太仓州知州，原新会人。

张重光。湖广道监察御史。

冯公亮。福建福州府同知。

霍耀宗。化州学正。

李锡简。电白县训导。

李飏臣。长宁县教谕。

霍烺。茂名县训导。

冼实。雷州府训导。

黎兆祺。石城县训导。

劳翀。高州府教授。

霍东翘。长宁县教谕。

劳仁。乳源县教谕。

黄汝卿。阳江县训导。

吴大成。吴川县训导。

黄宗圣。河南罗山县知县，原潮州人。

曹汲。浙江归安县知县，原香山人。

张宏猷。直隶沙河县知县，原江西人。

吴玮。湖广黔阳县知县，原新会人。

吕文焕。浙江上虞县知县，原新会人。

严接。江南金坛县知县。

陈如锡。浙江遂昌县知县，原顺德人。

邵宗。山东禹城县知县，原潮州人。

黄瑾。湖南新宁县知县，原潮州人。

陈世宝。山西大同县知县，原香山人。

方文佳。浙江仁和县知县，原新会人。

梁腾茂。广西上林县知县。

陈士奇。河南临颍县知县。

黄旒珊。湖广临武县知县，原潮州人。

冯邦直。湖广茶陵州知州。

李民庸。遂溪县训导。

黄汝禄。崖州训导。

冯安。廉州府训导。

冯仕正。阳春县教谕。

黄应进。高要县训导。

黄灿。临高县教谕。

罗金声。陵水县教谕。

杨文琎。永安县教谕。

黄英爵。徐闻县教谕。

黄宗懋。崖州训导。

方可久。临高县教谕。

姚宏。仁化县训导。

黄廷俸。永安县教谕。

伦茂长。始兴县训导。

张御龙。新兴县训导。

萧奇遇。罗定州训导。

梁一宁。定安县教谕。

区士鉴。揭阳县训导。

黄琨。茂名县教谕。

吴俊聪。遂溪县教谕。

吴承信。户部广西司主事。

吴承悫。户部江南司郎中。

吴启运。福建候补州同，署浦东莆田下里场盐大使。

吴昇运。浙江余姚县县丞，候选布政司经历。

刘良濬。甘肃灵台县知县。

郑锜。陕西蓝田县知县。

陈浏。安徽布政司经历。

周学元。安徽南陵县知县。

杨芝耀。英德县教谕。

叶仪。阳春县教谕。

吴澍运。两浙盐运司经历。

李凤阳。陕西甘泉县知县。

关秀光。临高县训导。

李可端。翰林院检讨。

吴荣光。翰林院编修，现福建布政使。

李可琼。翰林院编修，现山东盐运使。

李天达。现普宁县教谕。

黄浩一。封川县训导。

陈天才。署高州府训导。

何赞廷。开平县训导。

李可蕃。翰林院编修，湖南粮储道。

梁蔼如。内阁中书。

林梁。现封川县教谕。

莫鸿仪。觉罗正蓝旗官学教习。

潘光岳。翰林院庶吉士，刑部山西司候补主事。

吴徽光。署阳江县训导。

郑纫兰。陕西候补未入流。

梁九章。四川候补布政司经历，即用知州。

吴尚忠。江苏候补通判，现署常州府督粮通判。

吴尚志。工部屯田司候补主事。

任缙良。署乐昌县训导。

张楸森。刑部江苏司员外郎。

李应棠。户部四川司候补员外郎。

职衔议叙附

舒润章。布政司理问。吴绥光。陈思敬。冼善镇。黄荣爵。张宝镜。霍鸣周。霍鉴堂。霍振远。霍祖扬。霍连柏。吴炳魁。何润林。黄镇伯。黄印祖。黄云度。黄正显。任允麟。任允驹。任允泰。任文。任元雅。任元勋。戴槐芳。冯承芳。高式三。麦大成。何圣茂。钟景纯。左远华。冼球长。陈荣升。陈帝华。杨大勋。以上由俊秀捐职从九品。钟诚。霍嘉璧。冼扬。李应秋。以上由书吏捐职从九品。陈泗。刘珍聘。以上议叙县丞。左善。吴宣光。吴时和。吴在镛。霍学熙。霍廷。以上议叙八品。吴江。议叙正九品。吴凤图。霍廷重。霍振。霍允中。黄天燨。劳有功。梁云锦。左宗显。以上议叙从九品。胡文锦。胡文应。以上议叙未入流。钟庭芳。捐职从八品。

武功

明

赵德厚。宣抚使。

梁植。两淮沿海招讨使。

简太弟。广西苍梧县城守。

岑祝铭。广州前卫把总。

霍良赋。西南营千总。

黄忠兴。江西赣州营守备。

霍显。广州前卫。

国朝

陈应龙。经制把总。

岑则。水师守备。

何高。英清营守备。

陈文典。潮州镇标下千总。

岑钊。江西赣州营守备。

陈璋。经制千总。

曹起龙。连阳营守备,原香山人。

霍瑞生。都司。

霍挥奇。香山大埔营千总。

霍梦亨。都司。

李圣龙。江西游击。

梁炳宣。广海卫千总。

黄逢亨。广东驻京提塘。

吴振光。广州协候补把总,署右营左哨佛山千总。

封赠

明

霍实。以子良翰封同知。

李壮。以孙待问赠户部尚书。

李畅。以子待问赠户部尚书。

李芝。以子升问赠刑部员外郎。

陈厚。以子克修驰封湖广黄冈县典史。

梁宗达。以子焯赠兵部主事。

梁荣。以子燏赠江西宜春县知县。

冼政。以子涤赠南直隶宁国府通判。

陈克修。以子全清赠南直隶滁州判官。

冼灌。以子桂奇赠工部主事。

何敏宣。以子琀赠江西南安府同知。

庞儒。以子景忠赠户部主事。

梁荣富。以子元翰赠湖广沅州[24]府知府。

陈裴祯。以子席珍赠南直隶扬州府经历。

梁盛。以子元桢赠福建武平县知县。

何宪雄。以子予芳赠广西桂平县知县。

黎应瑞。以子嵩赠广西太平府推官。

陈暨。以子建中赠广西宾州学正。

梁南渚。以子睿赠浙江永康县知县。

黎世方。以子文治赠广西博白县教谕。

陈李生。以子善赠刑部主事。

陈理胜。以子一进赠福建候补县丞。

冼福。以孙光赠大理寺卿。

冼安。以子光赠大理寺卿。

霍维诚。以子得之赠工部郎中。

霍钊。以子珪封北京卫经历。

国朝

李象泰。以子锡命赠惠州府教授。

庞汝衡。以子上梓赠湖广荆门州知州。

吴化龙。以子如祈赠福建龙岩县知县。

黎日昇。以子兆祺赠石城县训导。

黄兴让。以子汝禄赠崖州训导，以子汝忠赠州同。

陈天璠。以孙如锡貤赠①浙江遂昌县知县。

---

① 貤赠：将本身和妻室的封诰呈请朝廷改授给先人。

陈卓公。以子如锡赠浙江遂昌县知县。

曹起龙。以子汲封浙江归安知县。

吴振元。以子玮赠湖广黔阳县知县。

劳象乾。以子翀赠高州府教授。

黄瑞球。以子宗圣赠河南罗山县知县。

邵士雄。以子廷玠[25]封州同。

黄汝侯。以子琨赠连平州学正。

谭誉。以孙会海驰赠韶州府教授。

谭上璧。以子会海赠韶州府教授。

陈宗德。以子昌朝赠兴宁县教谕。

李锡璿。以子绍祖赠新兴县教谕。

黄映星。以子中骥赠江西上饶县知县。

李锡梣。以子瑛[26]赠高明县教谕。

张俊。以子际升赠永安县教谕。

严作宾。以子接赠江南金坛县知县。

邵廷玠。以子宗赠山东禹城县知县。

谭廷秋。以子骏赠连平州学正。

吕兰芳。以子源赠翰林院待诏。

陈拙白。以孙世宝驰赠潮州府教授。

陈慧贤。以子世宝赠潮州府教授。

梁世凤。以子瑞正赠山西洪洞县知县。

黄汝林。以子英爵赠程乡县教谕。

张昭万。以子元嘉赠顺德县教谕。

黄汝禄。以子廷俸赠永安县教谕。

梁梦祥。以子必登赠嘉应州训导。

左乾生。以子必蕃赠江南扬州府知府。

张启兴。以孙重光驰赠工部主事。

张普公。以子重光赠工部员外郎。

冯官秀。以子登科赠候补员外郎。

冯仕正。以子公亮赠福建福州府同知。

陈国定。以子琛赠西宁县教谕。

何道英。以子肇选赠四会县训导。

李绍俨。以子廷芳赠州同。

霍纪初。以孙作明驰赠山西临县知县。

霍汝桂。以子作明赠山西临县知县。

吴琨。以孙承恁驰赠朝议大夫、户部江南司郎中。

吴球。以子维翰赠儒林郎、候选州同。

吴俊聪。以子承恁赠朝议大夫、户部江南司郎中。

吴祖美。以子承信赠奉直大夫、户部广西司主事。

吴维翰。以曾孙荣光驰赠通奉大夫、福建布政使。

黄灿。以孙永祺驰赠奉政大夫、户部山西司主事。

黄朝增。以子永祺封奉政大夫、户部山西司主事。

吴恒孚。以长子启运封儒林郎、候选州同,十子泽运赠奉直大夫、布政司经历,孙荣光赠通议大夫、浙江按察使,晋赠通奉大夫、福建布政使。

郑汉章。以子锜赠文林郎、陕西蓝田县知县。

刘正辉。以孙良潝驰赠文林郎、甘肃灵台县知县。

刘贤栋。以子良潝赠文林郎、甘肃灵台县知县。

叶自凤。以子仪封修职郎、阳春县教谕。

李贤。以子凤阳赠文林郎、陕西甘泉县知县。

霍正中。以子天学赠文林郎、南雄府教授。

吴济运。以子荣光封通议大夫、浙江按察使,赠通奉大夫、福建布政使。

李福谦。以孙可琼赠中议大夫、山东盐运使。

李士震。以次子可端封文林郎、翰林院检讨,三子可琼赠中议大夫、山东盐运使。

潘锡。以子光岳赠承德郎、刑部江西司候补主事。

黄和偶。以子浩一赠修职郎、封川县训导。

陈淇。以嗣子天才赠修职郎、候补教谕。

李芳。以弟可端貤封儒林郎、翰林院检讨。

梁玉成。以弟蔼如貤封奉直大夫、内阁中书。

潘光裕。以弟光岳貤封承德郎、刑部江西司候补主事。

何澄澜。以子赞廷赠修职郎、开平县训导。

陈国器。以孙昱貤赠中宪大夫、州同。

陈继英。以子昱封中宪大夫、州同。

陈昱。以三子江赠奉政大夫、议叙同知,四子汉赠朝议大夫、即用州知州。

刘倬。以子东阳赠奉直大夫、州同。

萧士琅。以子朝勋封奉直大夫、布政司理问。

吴澍运。以子时彦封奉直大夫、布政司经历。

舒耀文。以孙尧忠貤赠儒林郎、州同。

舒裕琪。以子尧忠封儒林郎、州同。

舒尧志。以孙长镒貤赠儒林郎、布政司经历。

舒通。以子长镒赠朝议大夫、知府。

舒连。以出嗣子长镒貤封儒林郎、布政司经历。

傅应邃。以孙绍周貤赠奉政大夫、光禄寺典簿。

傅德。以子绍周赠奉政大夫、光禄寺典簿。

陈沾倩。以孙衢貤赠儒林郎、州同。

陈若谷。以孙思衡貤赠奉直大夫、州同。

陈衢。以子思衡封奉直大夫、州同。

吴福微。以子洪远封儒林郎、布政司经历。

吕寅恭。以孙朝信貤赠中宪大夫、布政司经历。

吕挺宽。以子朝信封中宪大夫、布政司经历。

张日华。以子存遵封中宪大夫、布政司理问。

任允麟。以子秀天赠奉直大夫、布政司经历。

伍者义。以子耀南赠奉直大夫、布政司理问。

陈通达。以子圣刚封儒林郎、州同。

杨江。以子肇元赠征仕郎、詹事府主簿。

区毓宏。以子瀚驰赠登仕郎、兵马司吏目。

胡士贤。以子文锦驰赠登仕佐郎、未入流。

荫袭

明

冼尧宾。侍郎光子，荫国子生。

冼尧相。侍郎光子，荫应天府通判。

李象蒙。贡生。尚书待问子，荫入监。

李象家。贡生。尚书待问子，荫入监。

李象颐。贡生。尚书待问子，荫入监。

国朝

高安泰。有功五世孙，荫恩骑尉。

佛山忠义乡志卷十终

【校记】

[1] 梁元桢：乾隆《佛山忠义乡志》作"梁元祯"。

[2] 陈世桢：乾隆《佛山忠义乡志》作"陈世祯"。

[3] 梁遇载：乾隆《佛山忠义乡志》作"梁载遇"。

[4] 李锡炎：乾隆《佛山忠义乡志》作"李锡琰"。

[5] 何炎：乾隆《佛山忠义乡志》作"何琰"。

[6] 梁持璞：原作"梁持扑"，乾隆《佛山忠义乡志》卷五同，据乾隆《佛山忠义乡志》卷九改。

[7] 胡炎：乾隆《佛山忠义乡志》作"胡琰"。

[8] 黄应运：乾隆《佛山忠义乡志》作"黄应进"。

[9] 李一方：乾隆《佛山忠义乡志》作"李一芳"。

[10] 梁国炎：乾隆《佛山忠义乡志》作"梁国琰"。

[11] 黄炎：乾隆《佛山忠义乡志》作"黄琰"。

[12] 陈上达：乾隆《佛山忠义乡志》作"陈上远"。

[13] 梁诏震：乾隆《佛山忠义乡志》作"梁绍震"。

[14] 李锡瓒：乾隆《佛山忠义乡志》作"李锡瓚"。

[15] 黄国弦：乾隆《佛山忠义乡志》作"黄国铉"。

[16] 周上弦：乾隆《佛山忠义乡志》作"周上铉"。

[17] 陈乡：乾隆《佛山忠义乡志》作"陈卿"。

[18] 陈世桢：乾隆《佛山忠义乡志》作"陈世祯"。

[19] 李桢：乾隆《佛山忠义乡志》作"李祯"。

[20] 何旦：乾隆《佛山忠义乡志》作"梁旦"。

[21] 何子芳：道光《南海县志》作"何予方"。

[22] 梁元桢：乾隆《佛山忠义乡志》作"梁元祯"。

[23] 李瑛：乾隆《佛山忠义乡志》作"李煐"。

[24] 沅州：乾隆《佛山忠义乡志》作"阮州"。

[25] 廷玠：乾隆《佛山忠义乡志》作"斑玠"。

[26] 瑛：乾隆《佛山忠义乡志》作"煐"。

佛山忠义乡志卷十一

艺文志上 疏折　记　序

采文献于吾粤之一乡，如豹之斑、狐之腋耳。况作者稿帙散佚，不必尽存，即存，而为搜访所不及者多矣。然或以事存文，以人存文，或诗赋以纪当时之名胜，著述以俟后人之访求，不可废也。文取乡以内之人而言本省之事者，乡以外之人而言本乡之事者。诗赋则无论本乡、外地，凡有关于乡者载之。挂一漏万，知所不免。他日增补，请俟来哲。志《艺文》。

疏折

明

乞终养疏
主事冼桂奇里人

奏为再乞天恩休致①养亲事：臣桂奇由嘉靖十四年进士除授工部屯田清吏司主事。嘉靖十八年正月内，臣因不服水土奏改今职，本年三月内到任。嘉靖十九年正月内，因病患虚损具奏。本年五月内，伏蒙圣慈准臣养病回籍听用。臣感荷陛下曲成厚恩，正图医治痊可，赴部听用。缘因命蹇②福薄，臣兄桂魁不幸于嘉靖二十年七月内病故，无子。母年

---

① 休致：官员年老退休去职。
② 命蹇：命运不好。

垂七十，臣之子尚幼，朝夕奉养，止臣一人。况臣母痛兄之故，衰颓日甚，臣以忧母之切，前病弥增。母子殷忧，形影相吊，诚不能一日远离膝下者也。

臣伏睹《大明会典》内"凡官员如果父母老病、去官路远、户内别无以次人丁者，许赴奏定夺。钦此"，臣已于嘉靖二十二年二月内具奏，本年六月内奉旨"该部知道"，今尚未闻题覆①，臣即当前赴听用。缘臣命益蹇，福益薄，迩年②以来，三子相继而夭。臣母痛哭丧明，奄奄床褥。臣忧病益深，情事益逼。

臣闻事君以致身为忠，事亲以竭力为孝，服膺③斯义，实所兢兢。乃际母子茕孑④之苦，尚尔窃禄天朝，瘝⑤职废事，非所以语忠也。母病不顾，重贻远忧，非所以语孝也。不忠不孝，尚何颜面立于圣朝之世乎？伏乞陛下察臣疏微之迹，悯臣孤苦之心，敕下该部，容臣休致，以便养母。则皇上达孝⑥之诚，锡类⑦之仁，益广被于海壖，而臣母子感陛下生成之恩万万无穷矣。臣不胜感激恳祈之至！

请封禁矿山疏

户部尚书李待问里人

题为山贼结聚日繁，士民涂炭⑧已极，谨将近日情形报闻，并请封禁矿山，以靖盗氛，以奠岩疆事：崇祯十四年九月初二日，奉本部送准兵部咨内开职方清吏司案呈，奉本部送兵科抄出广东巡抚柳寅东题称：

---

① 题覆：明代六部向皇帝进呈的一种公文。意为题本奏覆，多用于回答垂询。
② 迩年：近年。
③ 服膺：记在心中，衷心信服。
④ 茕孑：孤独而没有依靠。
⑤ 瘝：旷废。
⑥ 达孝：天下公认的最大孝道。达通"大"。出自《中庸》："武王、周公其达孝矣乎！"
⑦ 锡类：以善施及众人。出自《诗经·大雅·既醉》："孝子不匮，永锡尔类。"
⑧ 涂炭：陷于涂泥炭火之中。比喻处境困苦。

"本年二月二十四日,臣巡历广州,据屯田带管分守岭东道副使杨鸿呈为堵御山寇事称:'蒙臣批,据海丰县申详"看得山寇猖獗,劫人勒赎,盖自十八日鸡鸣时流突枯仔园,辰刻报县,而周贡生父子已掳去矣。卑县立遣驰援,并悬赏鼓舞。斯时人众心齐,贼虽挟人据隘,亦甚惊惶,而周贡生手书从贼营中出矣,哀告各兵不得角敌,以保余生,盖贼实挟之以缓我兵耳。白云官兵追至合攻,众贼奔散,贡生遇害,势所必然,情亦甚惨。事定之后,察被杀男妇有无首者,贼虽惨毒,要此何用?盖追逐混杀之时,官兵割级冒功,所以生员周昌朱有'验明存案,以便收尸'之词也。职察墩下兵共实在陆兵二百五十二员名,合无①檄示统兵官,一遇寇警告急,令卑职从权调援"等因。蒙批"山贼纵横劫杀,士民苦遭荼毒,其幸而脱于贼者,反为官兵割级邀功,虽贡生子衿②亦不免焉,冤惨殊甚。领兵官纪律不严,酿此惨祸。湛湛青天,三尺③岂容漏哉?岭东道细察前贼见在④何处?作何追剿?白云官兵属何将领统辖?仍察贼杀、兵杀男妇花名具报。墩下兵附近县城,一呼可至,有警即听县官调遣,何待申请?当地文、武官均当住俸⑤戴罪,获贼自赎。该道仍移镇岭东,速靖贼氛,缴"。并奉两广总督张批,同前详。奉批"据详,官兵追贼混杀,割良级邀功,大干⑥军法,览之发指⑦。仰岭东守道速查明确情,将杀良把总或哨官立刻解辕门正罪。至参将,一路之总,何无约制,致兵弁凶纵失律?一并察详报。其墩下官兵,有事听县知会征发,自是必然之理,若必候详报道将督行,已缓不及事,该道照牌并行申饬。至移驻惠州,早完此局,尤所属望也。此缴。"'

---

① 合无:何不。
② 子衿:青领,学子的服饰,后代指学子、生员。出自《诗经·郑风·子衿》:"青青子衿,悠悠我心。"
③ 三尺:法律。古时把法律条文写在三尺长的竹简上,故称法律为"三尺法",简称"三尺"。
④ 见在:现在。
⑤ 住俸:停支俸禄。
⑥ 干:触犯,冒犯。
⑦ 发指:头发竖起来,形容非常愤怒。

"又据龙川县申称'矿山原系膻局,挖矿者皆无赖棍徒①。矿一日不除,盗贼一日不息,地方一日不宁。盖棍徒啸聚于矿山,时出焚劫,良民惨不可言。闻有官兵一至,贼即回矿山,官兵遂不可问矣。即以龙川论之,贼自下来,一行追剿,即入长乐之矿山;贼从上至者,一行追剿,即入永安、河源之矿山。四通八达,任其狂逞无忌也。尤可虑者,目今万人之粮食,取办于附近之各县,倘岁岁丰熟,犹可供其枭桀,一旦年岁饥馑,不足以供万人之食,夫此万人岂肯束手待毙耶?彼时为祸惨烈,有不可言者。预为之计,惟责令县官委曲开谕解散,潜消祸患'等因到职。

"又据海丰县申为矿徒叛聚,恳乞严示,设法消弭,以绝山寇声援事,称'山寇东奔西突,百姓受其惨毒。不为尝胆②之谋,或启噬脐③之悔。除先刊示传谕山寇、矿徒散党归农外,合请严加驱逐,曲施剿抚。非敢畏痛以养痈④,实借文德以谕蜀⑤。若夫连界归善、长乐、永安、惠来等县,皆有小寇纵横,矿徒啸聚,不并散之,是又前门出虎、后门进狼之喻矣'等因。

"又据海丰县申为乞详请官兵剿贼事'据三十里见年张一珊、吴廷焕等呈称"海丰滨海阻山,盗寇易为巢穴,近益纵横,乡村受害,乞请发官兵擒剿"等情到县。看得海丰地界揭阳、永安、长乐、归善、兴宁、惠来等县,贼且出没于数邑中。东击则西遁,此聚则彼散。若不分头会剿,大创一番,地方何以安堵?合请调拨大兵,严檄会集各县乡兵攻剿'等因到臣。

"该臣会同两广督臣张、南赣抚臣王,'看得惠、潮二郡,崇山叠

---

① 棍徒:恶棍,无赖。
② 尝胆:越王勾践卧薪尝胆,指刻苦自励,发愤图强。出自《史记·越王勾践世家》。
③ 噬脐:用嘴咬自己的肚脐,是不可能做到的事。比喻后悔已迟。出自《左传·庄公六年》。
④ 养痈:养护毒痈,比喻姑息宽容坏人坏事。
⑤ 谕蜀:指安民。唐蒙使夜郎,惊扰蜀中,汉武帝使司马相如草檄谕告巴蜀民众,安定民心。出自《史记·司马相如列传》。

嶂，郁为盗薮。虽频年用兵，而东征西窜。加以矿徒窟穴，肆出劫掳，即贡生子衿，命殒于贼，尸分于兵，诚地方莫大之衅①也。今各县印官岌岌然②以封矿为请，臣思铁炉锡矿，饷仅毫末，祸已丘山。则毁之封之，固无俟再计矣。然而矿徒结聚，几及万人，已渐成养痈之患。臣业已先之文告，使得散其党与③，绝其声援。然后加之以兵，庶几盗除民安，可称万全之策矣。惟是把哨罗俸元等追贼，割良冒功，死者何辜，遭此荼毒？相应催行道府审明，按律正罪，以舒幽愤。然守土官不能先事防弭，难免为法受过。除监屯带管岭东道副使杨鸿已经察处免议外，海丰县知县陈振琦、粮捕通判叶上苑、参将施王政均应照《捕盗条例》住俸戴罪，获贼自赎。并祈皇上敕下督抚诸臣，严督岭东守巡道臣并各路将官，协同府县印捕官，将矿山尽行封禁，永不许开。仍一面相机剿捕，务使巢穴尽清，根株尽拔，另图善后，以为一劳永逸之计。庶两郡苍黔④其有安枕之日也'"等因。

崇祯十四年八月二十五日奉圣旨："山贼横肆劫杀，官兵割良冒功，地方官何无防饬？陈振琦、叶上苑、施王政、罗俸元着吏、兵二部从重议处。该督抚仍严督道将，作速剿捕，以靖地方。其封禁矿山事，在该部即与议覆。钦此。钦遵。"移咨到部，该臣等"看得山矿有自然之利，所以资民生而裕国计者也。如有累于地方，则又不得不禁之。今粤省惠、潮二郡，山寇借矿为窟穴，肆掠村落，几成大患。权利害而议封禁，所当亟行如议者也。惟是奸民惯于偷窃，渐次屯聚，犹伏隐祸。合无敕令督抚诸臣责令该地方道府等官，勒石严禁，犯者立置重典。庶奸民知所畏惧而矿永闭，地方得以安堵矣"。奉圣旨："封闭矿山依议，该督按即责地方官勒石严禁，以清奸薮。"

---

① 衅：祸患，祸乱。
② 岌岌然：十分危险的样子。
③ 党与：同党之人。
④ 苍黔：百姓。

请旌贞节疏

郎中李待问

　　为叔母节苦堪怜，乞恩赐旌表以阐幽贞事：臣谬叨典剧，饬法澄叙①，勉敦职守，不敢毫有越思。惟是徼有圣恩，厕迹②郎署，得以依光望幸。家有苦节而不显，厥咎实在臣，敢昧死③一言。

　　臣闻贞妇之矢志靡他，原不后于沟渎；圣朝之励世磨钝④，恒不遗于女笄。臣父兄弟六人，叔父泽少业铅椠⑤不就，落魄客游。叔母梁氏归才六年所而叔父没，为万历戊寅，叔母年可二十有六耳。遗止臣兄一人，守孤奉尊，柏舟坚矢，不复以铅华⑥为事。时臣祖再世同居，食指⑦甚繁，而生计不赡。叔母日与臣母井臼⑧操作，以佐中馈⑨，不以未亡人有异色。复以缏纺之役，篝灯伴臣兄习读，课督之，勉有成立。迄今六十九，老矣，居恒言不逾阃，足不履外。至以孤寡自伤，涕涔涔下也。伏睹《会典》"凡民间寡妇三十岁以前夫亡守志、五十岁以后不改节者，许令旌表"，又伏读万历三十四年恩诏"义夫节妇、孝子顺孙，许令奏闻旌表。钦此"。伏念叔母虽无奇行烈节，足备圣朝彤管⑩之光。而一念誓死，孤贞冰蘗⑪，莫逾割发⑫，皓首完名，恩例足以下逮。

---

① 澄叙：清理整饬。
② 厕迹：置身。
③ 昧死：冒死，不避死罪。
④ 磨钝：磨砺顽钝。
⑤ 铅椠：铅，铅粉笔。椠，木牍。铅椠皆为古人记录文字的工具。代指文章科举事。
⑥ 铅华：古代女子化妆用的铅粉。
⑦ 食指：家中人口。
⑧ 井臼：汲水、舂米等事。引申为做家事。
⑨ 中馈：家中供膳诸事。
⑩ 彤管：古代女史用以记事的杆身漆朱的笔。
⑪ 冰蘗：冰最寒，蘗味苦。冰蘗指处境清苦如饮冰食蘗。多用来形容妇女的苦节。
⑫ 割发：剪发。妇女剪发表示坚决守志。

臣曾祖母及臣母俱以孀节著，而年与例格，顾不胜叔母之惓惓①。臣为儿时多病，寄育于叔母之手有年，视臣不翅②犹子，臣事之如母。当臣之绝裾③也，臣母执手而语之曰："尔叔母老矣，衰年姒娣④，相依为命，而一生茶苦，莫克伸情。尔固伊怀抱中人也，非尔谁为言者？"臣受命，涕泗不能起。履事以来，抱此孤愿，踳踾⑤未有以言。又恐一旦负罪去，莫可归报臣母。查万历年间，尚宝司司丞蔡毅中自陈妹蔡氏贞节，礼科给事中亓诗教自陈婶母马氏贞节，俱奉明旨，下部覆行。臣窃不自揆量，比例上请，伏乞敕下礼部转行查勘。如果臣言有征，准如例表扬，岂惟家门艰苦不与草木同萎，因之天下晓然见煌煌旌典下逮孤嫠[1]⑥，争相磨砥以裨圣化。而微臣之感激捐糜[2]⑦，永矢报于万一矣。

国朝

博罗、永安二县给籽种谢折_{以下从京报采入}

御史吴荣光里人

奏为恭谢天恩事：本月十九日内阁抄出奉上谕："倭什布等奏请将博罗、永安二县从前被难民户赏给籽粮一折。该处会匪滋事，业经搜捕净尽，所有曾经被扰之区，前已给赈恤及修费银两，自可渐臻宁谧。现当春耕之候，着加恩赏给籽粮，俾耕作有资，以示朕加惠穷黎至意。钦此。"钦惟我皇上春台播阆，泰宇均禧。调玉烛于四时，令序启舒长之日；肇金穰于六幕，休征洽丰靖之年。九功之德可歌，雨旸叶顺；八政之条首食，稼穑知艰。溯粤东遐僻之区，值匪党肃清之后。曾谘疆吏，

---

① 惓惓：念念不忘，烦闷，失意貌。
② 不翅：不啻。不仅，不止。
③ 绝裾：扯断衣裳，指坚决离去。
④ 姒娣：妯娌。
⑤ 踳踾：局促，拘束。
⑥ 孤嫠：孤儿寡母。
⑦ 捐糜：弃食，为国牺牲。

颁赈恤于茅檐；更奠编氓，厪鞠谋于蒜屋。我仓我庾，普殊恩而丁尽归农；尔宅尔田，乐恒产而卯方于耜。固已共安作息，咸荷生成。乃德屡普而有加，泽载敷而靡匮。念两县民居甫乂，家鲜余粮，而三时农事方兴，户均给种，岂春耕之不足，实岁省之维殷。巽重以申，孚惠心于黼座；丰懋以戊，降嘉种于青畤。平再登而泰三登，泠风告熟；泽下尺而苗上尺，协气流春。臣等拜赐，乡间依光。禁近捧丝纶而率忭，先畎亩而胪欢。忆春及于江乡，万家载柞；占秋成于泽国，四鬴翻匙。喜益下而恩稠，仰建中而福锡。灌输者大，不遗海澨山陬；甄陶在和，共庆寰通宙洽。仏见甘霖沛渥，扈序协而乐岁含醇；咸欣薄海恬波，鸿庸葳而康年笃祜[3]①。所有臣等感激下忱，理合缮折，恭谢天恩，伏乞皇上睿鉴，谨奏。

嘉庆　年　月　日。

募丁防卫盐船折

吴荣光

奏为敬陈管见，仰祈圣鉴事：窃查粤省部定盐价，以行销之道里远近为差，每斤自五厘至二分五厘不等。乃闻上年冬间粤盐售价腾贵，省河每斤售至制钱四五十文，南雄府每斤五六十文，其行销之江西赣关每斤七八十文，广西省河每斤八九十文不等，较部定之价，增至数倍。臣籍隶广东，每于本省来京之人细访盐价腾贵之故，皆云粤盐悉由海运，洋面广阔三千余里，海匪游奕其中，往往运盐之船被其抢掠以为盗船，而盐船人力微薄，不能抵御。近年十船出海，其得回者不过四五。兼以去年偶遭阴潦，场盐缺收，以致盐斤愈缺，盐价愈昂。虽经前任督抚以海运艰困，派拨捕盗官船，护同盐船出海，然官船一经出捕，巡缉无定，势不能兼顾盐船，则护送究属有名无实。是盐价之昂，由于盐缺，

---

① 笃祜：无边之福。

而盐缺实由于海道之梗塞。臣伏思粤盐每年饷引、行销本有定额，为国课民食所关。海运一日未通，则商民一日受困，不得不及早筹画。而欲利海运，首在缉盗。现在督抚仰承睿训，悉心查办，海洋余匪渐次肃清。惟是海道正当紧缉之时，若令官兵兼护盐船，恐不能专力督捕，而海运所关甚重，亦不容刻缓。应请令粤商添设船只，自募壮丁，协同盐船出海，以资防卫。倘遇盗众，则紧护盐船，使匪徒不能掳掠。遇盗少，则壮丁竟可奋前拿获，于缉捕事宜不无少助。如此，则往来护送，又加以巡海官船联为声援，盐船悉资接济，盐价自平。沿洋余匪乌合之众，既不能遂其掳掠，又畏缉拿，渐当解散，海道日见平宁。倘该商船只一时修造不及，可令先雇民船应用。至此项既为盐船而设，则募丁、造船各费，将来盐斤充足，可令于粤场盐包内，照乾隆五十三年捐输案内给予加一配兑之例，量加配兑，以为弥补，仍不至有妨盐价。俟余匪肃清之后，所造船只即可改为盐船接运，壮丁亦可改为运丁运盐，更无庸别筹安插。至应如何召募添设之处，应请旨饬令粤省督抚将现在情形切实酌量，奏明办理，庶于国课、民食两有裨益。是否有当，伏乞皇上睿鉴。谨奏。

嘉庆十年五月二十一日。

请查办粤东海盗折

吴荣光

奏为奏闻请旨事：窃查粤东海匪滋事，往往游奕外洋，劫掠沿海居民及往来商贾，然尚未敢入扰近省内河。乃闻闰六月初三日，忽有盗船数十只，追出巡兵船，直至广州府属香山县附近之土名沙溪涌，以至离香山县城仅半里之土名石歧等处均受惊扰。至十五日，离香山县城十里之港口营汛猝遭抢劫。

又闻六月初旬，顺德县协镇所辖汛地一连被劫九处，抢去炮药，伤及官弁。如土名大黄圃、新沙、勒楼、甘竹等处，来往渡船均遭抢劫，丁口房屋亦遭焚掠，不一而足。臣伏查顺德、香山各属，去省河不过百里，乃至营汛、民房俱被焚劫，恐沿海州县，其扰害更不可知。现在督抚自当设法剿办，渐就肃清。然海盗鼠窜，踪迹去来无定，营汛堵防稍懈，即乘间扰掠。迨官兵奋前追击，又复纷纷入海，莫可如何。若不及早严办，恐滋蔓不已，必至酿成事端。且被劫之处，传闻盗船动至数十，恐有匪党潜聚内地，为之勾通线索、窝藏形踪，不可不严行躧缉；而沿海汊口兵弁防守盘查，尤关紧要，应请旨敕下督抚严饬营汛，赶紧缉办，以重海疆而安民业。臣籍隶粤东，闻本省人喷有烦言，众口一说，不敢不据实奏闻。

嘉庆十年八月二十四日。

五世同堂呈 附

员外郎吴荣光

刑部江西司员外郎总办秋审吴荣光，呈为循例恭报五世同堂，呈请代奏事：窃荣光系广东南海县人，年四十三岁。由嘉庆四年进士改庶吉士，散馆授职编修；十年，升授御史。叠蒙天恩，简放浙江丁卯科乡试副考官，顺天甲子科乡试同考官，巡视天津漕务，巡视中城。缘事革职，对品捐复补授今职。荣光祖母易氏现年八十七岁，恭遇嘉庆四年覃恩，曾经得受封典。生荣光之父济运，廪贡生，候选教谕。济运生荣光兄弟五人，长荣光，次弥光，附学生，次恩光，次绥光，次垂光。荣光生子二人，长尚忠，次尚志。今于嘉庆二十年正月，尚忠生子高禧，现在五世同堂，例应呈报。伏念荣光粤峤占籍，黉序承家。策名而教之忠，早登芸馆；窃禄以逮所事，复佐兰台。戴天而举室知恩，爱日而重闱延庆。际垓纮之仁寿，嘉征已遍于海隅；依日月之光华，春煦先承于辇下。沐帝里祥和之泽，五叶桐新；捧乡关定省之书，八旬萱茂。随父事祖，衽哺均高厚之慈；由祖逮元，践食总太平之福。凡此私门之庆幸，悉由昌会所生成。查职官五世同堂者，由任所具呈奏请。荣光现任京员，遵例取具同乡官印结呈明。伏乞中堂大人据呈代奏，实为德便。

记

明

东溪记

大学士丘濬琼山

南海之佛山,去城五十里,有梁氏者世居其间,素业诗礼。至名"斃"者,性雅好山水,其所居之东临溪水。无间寒暑,朝暮饱食,辄着屐,踏晴沙,循清流,且行且歌。朝而歌曰:"溪潚潚①兮流之东,日光逆射兮影漾其中,我欲寻其源兮禹迹②不可穷。"暮而歌曰:"溪潚潚兮来自西,顾兔③下浴兮桂湿其枝,我欲极其流兮若海不可涯。"歌罢,长笑而归,日以为常。

客有过而闻之者,啸曰:"向临流而歌者谁欤?盖闻道者也。岂沧浪孺子④之俦欤?"及薄⑤而视之,乃皤然一翁,非孺也。走而问之佛山之市,市人无识者。乃户访之,遇一儒生。生物色⑥其人与其所以歌者,乃笑曰:"此吾友梁东溪也。斯人雅好读书,而读书亦不求名誉,其所行所言与经书不合者亦鲜矣。故其形于歌咏者,浑涵而窈深,不用意而意已独至。如此盖宣尼⑦所谓隐者也。"客忻忻然,亦歌而去,歌曰:"滔滔汨汨兮天下皆然,孰沿其流兮孰溯其源?斯人何人兮独契其天?其将为鱼兮濯于渊?抑将为藻兮漾于涟?孰引之进于川上兮,我将与之

---

① 潚潚:水涌出貌。
② 禹迹:相传夏禹治水,足迹遍九州,后因代指中国的疆域。
③ 兔:月兔。
④ 沧浪孺子:指心性率真单纯,不为俗世所染。出自《孟子·离娄上》:"有孺子歌曰:'沧浪之水清兮,可以濯我缨;沧浪之水浊兮,可以濯我足。'"
⑤ 薄:靠近。
⑥ 物色:辨认。
⑦ 宣尼:指孔子。汉平帝元始元年(1)追谥孔子为褒成宣尼公,后称孔子为"宣尼"。

后先?"

东溪之子经以乡进士来京师，介其友林宗敬过予，求记其所谓"东溪"，且道客所以歌之故。予因笔之为《记》。

鹤园记

尚书湛若水增城

鹤园，鹤之园也。佛山之丘，汾水之头，古洛遥遥，有地超焉，有木乔焉，有鹤巢焉，遂为鹤园，秋官少汾冼子居之。

夫何以谓"少汾"？凡有志于汾①者，大汾小汾也，而文中子之风若存焉。何以谓"古洛②"？凡有志于洛者，古洛今洛也，而程子之风若存焉。夫何以取于鹤？鹤其人也，人其鹤也，而圣人取物之义著焉。是故鹤群而不乱，啄而不争，食待而不攫故不杀，宿而知时。夫群而不乱似礼，啄而不争似义，食而不杀似仁，宿而知时似智。君子取之尽吾礼，斯得鹤之不乱矣。尽吾义，斯得其不争矣。尽吾仁，斯得其不杀矣。尽吾智，斯得其知时矣。故曰："鹤其人乎，人其鹤乎！"人与鹤居，久而相化，而相忘于自然之性乎！夫子曰："里人为美，择不处仁，焉得知？"冼子之择里无过此矣。

冼子居之有楼焉，曰"鸣鹤之楼"，以安亲也。楼之前有内堂焉，曰"荣养之堂"，以善养也。其前为广居之堂，以体仁也。尽仁斯尽义，尽义斯尽礼，尽礼斯尽智矣。广居之前为两厢，又前为牌坊，又前为浴鹤池，又前为自然池，池之中为无极墩，前之右为祖祠，左为望樵阁，故兄古洛子治之，遂为兄祠。其楼曰"鸣鹤"者何？《易》曰："鸣鹤[4]在阴，其子和之。"所以知冼氏之子后必有鸣于时者，盖兆之矣。

冼子请文言，甘泉子曰："八十矣，尚文乎哉？"因游观，序所见而系之诗曰："嗟园之乐兮乐不可量。负白云以为屏兮抱西樵之遥光。挹

---

① 汾：指王通之学。隋代文中子王通，设教河汾之间，受业者达千余人。
② 洛：指宋儒程颢、程颐的学说，因其是洛阳人，故名洛学。

大科①以岌嶪②兮永相望，率妇子以罗列兮称寿觞。躬戏彩③兮上北堂④，母圣善兮寿而康。朝出暮归兮鹤与翱翔，岂夫人贪得冒进兮贻亲伤？勺天泉以解渴兮古洛长，啄江月以疗饥兮汾之洋洋。比此四德兮人物适适而相望，嗟此乐兮乐未央！"

浴鹤池记
冼桂奇

余故家鹤园，性又好鹤，闲居无侣，尝畜双鹤自娱。鹤日浴于池，无间寒暑，余有感焉，遂名其池曰"浴鹤池"。因发所欲言者曰："嗟乎！可以人而不如鹤乎？夫鹤之为物也，非茂林不栖，非清泉不饮，非鲜粒不食，飞鸣饮啄必以时焉，盖天下之至静至洁者也。然犹若惧其污也，日浴于池。乃人为万物之灵，利欲涸⑤其心，而污浊秽其体，犹不知自浴，至于丧亡而后已也，不大有愧于鹤乎哉？噫！亦足以自省矣。"

天妃神庙纪事
陈恭尹邑人

仲尼盛称鬼神之德，而后世拘儒，乃或以其近于语怪，不复深论，从而为之说曰："鬼，归也；神，伸也。"窃意以为未尽。夫天地块然大物耳，所以辅相裁成其间者，鬼神也。然而都邑政令所及，有人道为之纪纲，则鬼神不必赫然昭著。唯不平而后见焉。至于江海波涛之上，深山穷谷之间，呼之必答，如响应声；犯之必校，如吏持法，比比⑥然也。

---

① 大科：西樵山之主峰。
② 岌嶪：高峻貌。
③ 戏彩：相传老莱子七十岁时穿彩衣作儿戏以娱亲，后以之为老养父母的孝亲典故。出自汉刘向《列女传》。
④ 北堂：古代士大夫家主妇居室，后以代称母亲。
⑤ 涸：污秽。
⑥ 比比：频频，屡屡；到处，处处。

昔人有言曰："至治之世，其鬼不神。"非不神也，赏罚分[5]明，阳施阴伏，疫疠不作，无所用其神也。江湖空旷，阴气所凝，怪风异类，发作无时，非有鬼神为之护持，则人之罹于不恻者众矣。吾乡滨海，所虔事之神，则英烈天妃为最。相传为莆田林氏处女，今闽人谓之"天后"者也。人之往来海上者，每当风涛大作，则竭诚拜祷，众口同声，仰颂英烈天妃名号。顷之，必有神火从空中飞来，集于樯上，异香飘然，入于舟中，则其舟自定。虽浪如山岳，若履坦途。否则安危未可知也。故神之名号，莫不家奉而户祭之，甚于事其父母。而庙貌之建，在在有之。佛山为商客所归，其殿宇尤为壮丽。每三月神诞，香花火爆之盛，旌旗仪卫之设，牲脂报赛之具，咽阗衢陌，歌舞累月而不绝。而往来琼海者，目睹灵贶，谓非纪之以文章，不足以颂神功之大也，相属而问序于仆。夫神之初，处女也，而妃之后之，则匹偶之称也，顾出于前代之敕封，则又何居乎？岂其堂堂处女，而可以匹偶之义加之乎？吾深思之而得其说矣。河洛之数，天一生水，地六成之。盈天地之间，无非水也。天居外，地居内，水贯乎内外之间者也。天体动，地体静，水则涵可动可静之用者也。故有形之物莫大乎天，莫大乎地，亦莫大乎水。地，配天者也，故曰后土。神，司乎水者也。水德配天，神之功亦配天，故尊之曰妃。妃，配也，犹曰至圣之德配天云尔。尊之至也，他何足以颂之。故引伸其说而为之《记》。

序

明

赠冼凤林擢典仪正序

王逊吉安

凤林冼先生，为瓯宁倅①既五载，得邸报升授庆府典仪正。是时，

---

① 倅：副职。

府幕中周君辈与君相善且久，眷眷①然也。于其去，授轴于余，俾以言赠。

余闻凤林君家世官②，则君贵介公子流也。簿佐之官，固非其人之所屑为者，即一为之，亦未有能善其执事而久安其位者。何者？其膏粱[6]纨绔之习，与世故人情不相练达，习使然也。凤林君早游太学，晚拜是官，此宜非贵介公子所能久安者。而君且恪然勤其执事，言呐而貌恂③，斤斤④有古人风，朴茂醇衷，不能为俯仰软媚态以迎合上官，独于民则信而亲之。故其始，上官稍有不谅君者，君之恪勤执事，犹故吾也。久之，则亦爱而敬之，至有不忍以言为褒贬者。即如迩者兵备舒健庵翁，其莅政甚严，其甄别官属甚详而当，百僚罔不祗畏。乃升去之时，独与君泣别，而因予致安慰之意者再三焉。向非朴茂醇衷之召，其能乎哉？嘻！若君者，其古所谓吏之循良非耶？贵介公子固非其匹俦⑤也。以君之茂德，与古论官，则有不当以常资待者。惟君朴茂醇衷，不通关说⑥，是以不能速转⑦，而谨以常资得升典仪正。然余稔知君不忍以心徇利禄者，归休之志发之久矣，上官特怜其贤而留之、推之耳。则今日即授热官⑧、当利柄，亦非其欲之所存。盖其心之所以为安，终有不肯以此易彼者。然则冼君其将缘是而浩然归乎？

余窃谓：宗室，朝廷之屏翰⑨也；典仪，司礼之官也。王德淑慝⑩，礼居其先，其为任良亦重矣。以冼君之德，敬尔威仪，以赞于王，俾王

---

① 眷眷：念念不忘，依依不舍。
② 世官：世代为官。
③ 言呐而貌恂：言辞迟钝，容貌严肃恭谨。
④ 斤斤：明察的样子。
⑤ 匹俦：配得上的，比得上的。
⑥ 关说：由人代为请托游说。
⑦ 速转：快速晋升。
⑧ 热官：权势显赫的官吏。
⑨ 屏翰：国家重臣，屏障辅翼。
⑩ 淑慝：善恶。

日闲于礼，以入于善。则天下颂宗室之贤者，必曰'庆府'也，推庆府之贤者，必曰'典仪冼君之赞'也，顾不伟哉？况其官清而华，又非若簿佐之琐琐①，正君心之所能安，而君德之最称者。昔孔门高弟公西赤有言：'端章甫，愿为小相焉。'② 冼君受是官也，可以得其为相之愿，必当翻然③而往矣。诸君欲赠冼君，请持是说以坚其行。

送李大司农南还序

侍郎李绍贤浙江

前代于辅臣称"宰相"，于计臣称"计相"，并以"相"称，皆佐天子平治天下者也。贾谊言："积贮，天下之大命。"④ 苏轼言："为国者有万世之计，有一时之计，有不终日[7]之计。"⑤ 不佞⑥贤窃观自古创业之君，皆有敌国相持之忧，命将出师，兵交于外，而中不失其所以为国者，兵可败而其国不可动，力可屈而其气不可夺，则总国计者得人故也。酂侯⑦之功第一，非以转漕给食不乏乎？

然则论相于今日，为宰相难，为计相尤不易，乃有经济伟人如吾葵孺李公。公起南海，钟罗浮、增江之秀。弱冠登朝，扬历⑧中外，天下仰之如景星威凤⑨。其领度支而总国计也，不佞贤与楚孝昌傅公实左右之。凡公所以为万民请命，为社稷计长久者，凿凿然如药石可以伐病，

---

① 琐琐：事情细小，不重要。
② 端章甫，愿为小相焉：愿意穿戴礼服和礼帽，做一个主持赞礼和司仪的人。出自《论语》。
③ 翻然：形容改变得很快而彻底。
④ 积贮，天下之大命：出自汉贾谊《论积贮疏》。
⑤ 为国者有万世之计，有一时之计，有不终日之计：出自宋苏轼《策别十八》。
⑥ 不佞：佞，有才智，巧言善辩。不佞即不才，自谦之辞。
⑦ 酂侯：萧何，封酂侯。刘邦平定天下后，论功行赏，分封诸侯，因萧何在"镇国家、抚百姓、供军需、给粮饷"方面功绩卓著，定其为有首功。
⑧ 扬历：仕宦的经历。
⑨ 景星威凤：景星，德星、瑞星，出现于有道之国。传说太平之世才能见到景星和凤凰，后用以比喻美好的事物或杰出的人才。

五谷可以疗饥，而其大旨则在通漕挽。

当海内兵荒之日，中原烟火几断，斩木揭竿①，所在见告。国家岁漕四百万石，不无咽喉之虞。昔韩滉之米至陕，德宗与太子置酒相庆，有"吾父子得生"②语。盖唐都秦，有险可依而无水通利也。有险则天宝、贞元③乘其便，无水则会昌、大中④受其贫。宋都梁，有水通利而无险可依也。有水则景德、元祐[8]⑤享其全，无险则宣和、靖康⑥受其病。国家都燕，北有居庸、巫闾以为城，南通大海以为池，险与水共之。而乃自塞其利，岂未闻"云帆转辽海，粳稻给[9]东吴⑦"耶？今举国而听哺于漕，河衣带水⑧，一夫语难⑨，万橹俱停。公日夕忧之，惨淡经营，寝食弗遑，忘其身之瘵也。力疾良久，不无关心药裹⑩，上疏乞骸骨。天子察其忠诚，勉留之，至是十三上书，不许。会公引请益力，天子不得已许焉，赐乘传⑪以宠其行，在今日殊为特恩，为异数⑫云。

行之日，冠盖车骑，填塞路衢，道傍观者咸叹息，争走觇公，聚而转相语：公真经济伟人，古所谓'社稷臣'非耶？昔韩魏公⑬虽在外，

---

① 斩木揭竿：砍削树木当兵器，举起竹竿作军旗。比喻武装起义。
② 吾父子得生：唐德宗时，关中无米，韩滉自关东运米入陕，遂有此谈。出自《资治通鉴·唐纪四十八》。
③ 天宝、贞元：天宝，唐玄宗年号，有安史之乱；贞元，唐德宗年号，之前有泾原兵变。均赖关中之险得以坚守。
④ 会昌、大中：会昌，唐武宗年号；大中，唐宣宗年号。其时长安皆有饥馑。
⑤ 景德、元祐：景德，宋真宗年号；元祐，宋神宗年号。其时，汴河漕运发达，四方物产皆通过汴河来到宋都东京（今河南开封）。
⑥ 宣和、靖康：宣和，宋徽宗年号；靖康，宋钦宗年号。其间金兵两次入侵，最终攻陷东京，俘虏宋徽宗和宋钦宗而去。
⑦ 云帆转辽海，粳稻给东吴：出自唐杜甫《后出塞》。
⑧ 河衣带水：河流如一条衣带，形容狭窄。
⑨ 语难：因愤激而出语艰涩，说话不流利。此处指作乱。
⑩ 关心药裹：身体不好，常常服药。
⑪ 乘传：乘坐驿车。
⑫ 异数：特殊的礼遇。
⑬ 韩魏公：指韩琦，北宋名臣，历仕宋仁宗、英宗、神宗三朝，封魏国公。

其心尝在社稷，至身老而心益笃，或有时闻更祖宗一法度、坏朝廷一纪纲，则终日不食。文潞公①逮事四朝，任将相五十年，名闻四夷，其综理庶务，即精练少年有不如；其贯穿古今，虽专门名家所不逮。公真其人哉！

不佞贤以公之得遂平泉、鉴湖②之乐也，偕孝昌傅公过劳③，为加额④志喜。公戚然⑤曰："新漕转饷为虑方深，河干叛首正扼吾之吭，其请兵亟除，勿使滋蔓难图也。臣不幸有狗马疾⑥，独使至尊忧社稷。克壮其猷，是在诸君子矣。"老成谋国，不以去就贰尔心，宜荷圣明之眷注哉！归里休沐，转盼⑦勿药，召起秉揆，佐天子开太平，造海内无疆之福。今日之名计相，即他时之名宰相也，不佞贤拭目俟之。于时冢宰李公、大司马陈公等方相率祖⑧公于都门，而授简于不佞，使为之序。

李门世德序

梁文贵等　里排

士君子得时而驾，为其远者、大者，必不损其近者、小者，而后远者、大者之念真。盖真念随时饱满，随地盎流，不为利名，自尔旁达。否则，慕远而忽近，规大而却小耳。士当篷篥，目击梓里不平，每憾恨于时势，迨一都华要，辄忘素许，惟朝家之业炫焉。则以远大之图，名誉可丛，爵禄可集，而枌榆之惠，不过博闾阎之称声，非荣宠计也。兴念及兹，谓之真，未也。

---

① 文潞公：指文彦博，北宋名臣，历仕宋仁宗、英宗、神宗、哲宗四朝，封潞国公。
② 平泉、鉴湖：平泉，指平泉庄，唐朝李德裕游息的别庄。鉴湖，在今浙江绍兴。平泉、鉴湖，皆言归隐林下、畅游山水之乐。
③ 劳：慰问。
④ 加额：双手放置额前，旧为祷祝仪式之一，亦用以表示敬意。
⑤ 蹙然：忧愁不悦貌。
⑥ 狗马疾：谦称自己的疾病。
⑦ 转盼：转眼。比喻时间短促。
⑧ 祖：出行时祭路神，引申为送行。

吾乡天曹李公葵孺，有遐迩胥暨、纤巨兼营之道焉。公妙龄登名进士，三历闽宰，所在去思，君相简之仪部，随晋今秩。远大之业先后舄奕①，未暇赘谈，而其近小靡遗，意念真恳，则每见于乡焉。吾乡以冶为营，工商辏集，奸淫败类，其害滋大。公屏逐娼优而俗尚以正，严戢强暴而兵食两图。为阛堡保身家、约子弟，惠莫大焉。冶所需以铁，曩权衡之沿，悉变成法。公于商逾入而为之约平，于商歉出而为之取足。今也炉不受啬，工不受困，何惠如之。冶所需又以炭，曩炭饷之羡，率属豪右。公命里役抽收以佐兵营，又以营之余而酬里役，今也营不乏用，里不厌劳，何惠如之。冶所需又以沙，曩沙粒之利，亦归通显。公际群工皈，命亦以佐营，又鉴昔之苛而慰藉炉冶。今也炉不龌龊而营获余饶，何惠如之。

犹未也，吾邑田狭赋歉，定弓是加。公嘉与郭公而嫁于新亩，上不瘠国，下不病民，此有得于公私两尽之道焉。犹未也，吾乡脆䠞②虹梁，曩荷葺于周侯，今复颓圮。公推由溺之念而首输重资。吾乡崇正社学，久荒芜于鸟鼠，政当鼎新。公重斯文之地，而毅然首倡。至于敦亲党之谊而礼下必恭，恤催输之劳而奉公恐后，凡若斯类，更仆难纪。即曰秉钧当轴，开诚布公，殿最贤否，造福于国，锡福于民，边陲肃清，中外熙洽，总不越斯念之扩充也。乡邦之惠，果近小云乎哉！矧以鼎盛之年，握枢要之会，而又加之以圣明之初，台鼎名勋，普遍覃施，将拭目仰观之矣。

公宗公宿有斯志，尝语人，以蕲于后。公叔暨诸伯兄亦赑屃拮据，共襄以美。一门植德，先后创承。兹之连茹③鸣珂④，冲霄仪羽，盖天以纯嘏⑤宠报，昭昭之理，亶其然矣。吾侪欲恳名言以飏休美，公惜众费

---

① 舄奕：光彩不绝，流传久远。
② 脆䠞：不安的样子。
③ 连茹：擢用一人而连带起用其他人。出自《周易·泰》："拔茅茹以其汇，征吉。"
④ 鸣珂：显贵者所乘的马以玉为饰，行则作响，因名。指居高位。
⑤ 纯嘏：大福。

而屡为孙也。报愈迟而施愈厚，众感激弥切，仰体俭德，聚草野之言而勒之贞珉，庶月旦公声旷千古而流芳。又树真武祠，俾帝鉴舆情而闻于天，天锡公家麟趾振振，永世克昌。语曰"天视听由民"，则今日之颂而祝也，亦爱而助于万一者。

伦母黎氏旌节诗序

知府庞嵩邑人

尝观叶水心①有言："文章不足关世教，虽工无益也。"执此以上下古今之诗文，则自三百篇②既删之后，天下宁几有全诗乎哉？夫人道大纲，莫先于夫妇，而感物易动，莫疾于诗歌，圣人删《诗》立教，正风始于《关雎》，变风始于《柏舟》，夫岂无意于其间哉？盖以妇道之贞，处其常则为"窈窕③"，处其变则为"靡他"。自有天地以来，而此理断断乎不可易也已。

自周而降，言诗莫盛于唐，学士大夫皆宗之。予尝诵唐人所为诗，诸体具备，卓然多称大家，卷帙虽繁，未见其有及节烈女德者。不可谓无其人，特穷间僻巷，伏而莫之见也。抑骚人墨客贵缘情传诗，比声谐律以焕其丽藻，或遇之而不之详也。抑上之布德定令，行庆施惠，不及妇人女子也。要之，上有好者，下必有甚。魏文悼阮瑀之没，为作《寡妇赋》④，而王粲、潘岳、丁仪妻则之，咸有赋以传于后世。节烈之不声歌于唐诗者，上之人有以尼⑤之矣。

---

① 叶水心：指叶适，号水心居士，浙江温州永嘉人，南宋文学家。"文章不足关世教，虽工无益也"出自其《赠薛子长》。
② 三百篇：《诗经》的代称。
③ 窈窕：形容女子文静而美好。出自《诗经·周南·关雎》："窈窕淑女，君子好逑。"
④ 魏文悼阮瑀之没，为作《寡妇赋》：阮瑀，建安七子之一，去世时年仅四十七岁。好友魏文帝曹丕痛悼其英年早逝，悲悯其遗孤寡妻，遂作《寡妇赋》，并命王粲、丁仪等同赋。后西晋时文学家潘岳亦作《寡妇赋》。
⑤ 尼：阻碍。

至我皇明以女则训天下，以激劝风天下。岁时内台①臣衔旨抚按诸路，广采四方之节烈表表②者以闻，下礼部核实得可，则有旌异之表。其未暇于汇奏者，则是郡邑博士弟子员议亦先表扬以俟之。扶纲常以植世教，其与孔子删《诗》序次之意，不异代而同心哉？是以一时之学士大夫遇褒荣典下，率乐为诗歌以纪其盛，非不宗唐也，然有益于世教则多矣。而千万人之中亦仅仅一二著见，若凤凰、麒麟之不多见于天下，岂非以"风教虽明而家仍饿死"之说，犹足以怵其向义之心乎？夫确然以自立者存乎性，劳来③以振作者存乎人，相观以并善者存乎教。故妇德之贞，成之者天也，维之者上也，教之者家也。

吾祖之姊妹凡几人，吾父之姊妹凡几人，吾之姊妹又几人，表姊妹又若干人，赖有家教在，咸从一以终，无或变其志者。若伦母，则又其寡之最少而节之最著者也。母盖姓黎氏，吾姑所出者，皆吾姑之教，而天性尤刚毅，平生未尝有嘻笑容。方其归所天④也，仅三阅月耳，夫卒于旅舍。无许人以舅姑之诺也；腹中之男与女未可知也；男矣，而其成立与否未可必也；遗产又未足以朝夕⑤也。挺然了然，不怵不回，卒能纺绩延师，以成其子，乡族无间言，士林无异议，巡院奇之，督学奇之，百执事有司又共奇之。其激劝之词，且曰"足以愧世之怀二心者"。夫当其矢死誓志之时，岂有一毫求名干誉之心哉？性之得于天者厚，而教之得于家者明耳。

司训唐君衔宪命表宅里，既为诗倡之，同时而和之者且盈卷帙，亦犹凤凰、麒麟之得于快睹者，莫不亟称而道之也。其诗之工拙虽不同，然秉彝好德之同然⑥，视唐人徒区区于寄赠、酬别、题咏者有间矣。乡

---

① 内台：御史台。
② 表表：特立、特异。
③ 劳来：以恩德招之使来，慰问、劝勉前来的人。
④ 所天：旧称所依靠的人。此处指丈夫。
⑤ 朝夕：度日之需。
⑥ 同然：犹相同。

党之人且以伦母为法。臣之事君，犹妇之从夫也。后之人读是诗者，得毋勃然兴其国事之报，如蔡龙屏公之所谓"愧"者乎？

然吾因是而有感于圣化之广被焉。吾广介五岭外，去京师且万里，而大儒若琼台丘公、白沙陈公之母，咸以节被旌，吾姊黎氏又后先继见。其怀贞抱节，不见表于有司，不见咏于诗人者，又不尽知也。海滨邹鲁，风洵美哉！非圣主之久道化成，讵能及此？昔欧阳文忠公之母魏国郑夫人，节妇也，居穷，自力于衣食，以长、以教其子，其大致与伦母同。而修以"遭时得位，不辱其先①"为幸，后世读公之文，知有其母之节。伦甥彝[10]，奉母之教，已有声庠序中矣。其尚勉之，以广而②母之节于天下哉！

国朝

大沙塘倡和序

郎中钟元辅邑人

吾粤之诗，始于汉杨孝元[11]③，而盛于唐张曲江④。丘文庄云："自曲江生后，五岭以南，山川常有光气。"信哉！流传至明，孙蕡、黄哲、王佐、赵介、李德辈大辟南园诗社，海内称"南园五先生"，不辍于是。王光禄渐逵、伦祭酒以训继为越山诗社，而郭光禄棐、王光禄学曾又为浮丘诗社，陈宗伯子壮复于诃林结净社。太史公谓："齐鲁，文学其天性。"⑤ 粤于诗则有然矣。

吾友鹿冈先生解官归，不问家人生产，唯结社赋诗，修岁时之会，

---

① 遭时得位，不辱其先：出自北宋欧阳修《泷冈阡表》。
② 而：你，你的。
③ 杨孝元：指杨孚，字孝元，东汉南海郡人，屈大均《广东新语》有"岭南诗始杨孚"之说。
④ 张曲江：指张九龄，广东韶州曲江人。唐代著名诗人，宰相。
⑤ 齐鲁，文学其天性：出自司马迁《史记·儒林列传》。

务驱新声野体①，还之建安②正始③，而远近响应。丁巳之秋，过先生大沙塘寓斋，见案头唱和之什，把玩移时，虽奇正变化不一，然皆触之天和，鸣之天籁，无放荡而不循矩矱④，无浮夸而不本性情者也。乡之先辈邝湛若尝谓："诗贵声律，如闻中宵之笛，不辨其词，而绕云流月，自是出尘之音。"王说作则谓："诗贵敛华就实，如果熟霜红，甘美在中，悦目不足，而适口有余。"斯什乃合而一之，华实均停⑤，足占交游砥砺之益，南园盛事复睹于今日矣。余谓："一时之兴会，有关乎气运。"因弁数言，劝付梨枣，留为后起者之津梁。

劳阮斋诗钞序
进士何梦瑶邑人

孝舆神姿俊朗，隐映照[12]人，见者有阿龙故超之叹。而素抱大志，不屑与众为伍，人多忌之，动招谤尤。观其诗笔，矫首厉角，萧然尘壒之外可想也。父祖世为儒官，家学渊源，复好游览江河衡岳诸胜，以拓其心胸，著作日富。弱冠受知鳝门惠学士，补诸生，名大噪。庚戌诏修《一统志》，以荐与纂《粤东乘》，发凡起例，多出其手。总裁鲁秋塍太史亟称之，而横被口语，赖同事罗履先力白其诬，众论始帖然。未几，选太学，举鸿博试，可黔宰。当是时，苗乱初靖，惊鸿未集，尚烦安辑。孝舆受命驰驱，不遑启处，历任锦屏、清镇、龙泉、清溪、毕节诸邑，是后迁镇远。所至有声，上官才之。孝舆虽鞅掌簿书，不废旧业，尝寄示宦稿，多忧时感事之作，沉郁顿挫，无复囊时剑拔弩张态，所进盖不可限量。乃年仅五十，遽卒于官，不获竟厥志，所作亦止于此。

---

① 新声野体：指与传统纯正诗文不同的风格。
② 建安：指汉末建安时期的诗歌风格，代表为曹氏父子与建安七子。
③ 正始：曹魏正始年间流行的诗风，以嵇康、阮籍等为代表。
④ 矩矱：规矩法度。
⑤ 均停：均匀妥帖。

惜哉！

孝舆居官廉洁，不名一钱，平生著作，没后无力授梓，赖其同年生澳门司马张柏园为刻《春秋诗话》一书以行，诗文尚有待。瑶与罗履先、苏瑞一并孝舆好友，不能续付剞劂，深用为愧。今其子寿之梨枣，孝舆殆不死矣！二子济、潼，皆能读父书，奋起庠序间。

送洪瑶圃同年序 名瑞元，番禺人，历任山东盐场大使
国子监学正劳潼里人

予友洪瑶圃，年弱冠与予同受知于武进刘少司空，补博士弟子，既而同食廪饩，乙酉科又同年，与计吏偕，志相同、道相合也。然瑶圃学问淹博十倍于余，尤长于诗赋、俪体，人咸以石渠①、天禄②期之，顾频上春官不第，至今乃循年例谒选，将宰百里，人皆为瑶圃称屈。瑶圃顾怡然就道，作诗别友朋，以守严一介自矢。予知其意念深矣。

吕新吾先生有言："士君子希清华之选，以为一身之荣可尔。若思实行所学，以有益于民生，则莫妙于守令之职。"斯言诚有旨哉！抑古人著《守令官箴》，蔽以三言：曰清、曰慎、曰勤。潼则以为是三言者，须以爱民为本。天下之官多矣，独邑令人称之曰父母，则必恻怛慈爱，视民如子，乃称所职。否则，清以沽名，慎以避罪，勤以营私，其所益于民生者几何？此程子"一命之士，存心爱物"之语所以为万世名言也。且夫爱民之实，不外教养二端，而教养之大，诚有非守令之职所得为者，然其所得为者不宜自诿也。贾生谓"积贮者生民之大命"，故程朱大儒及古今名臣，所至无不为民谋蓄积者，如劝开垦、兴水利、缓催科、禁糜费，及义仓、社仓之设，诚心实力行之，即未至家给人足，而使丰凶有备，民免死亡可矣。至于教民之方，非如世俗教习科举之文，窃取富贵已也。

---

① 石渠：阁名。西汉皇室藏书之处，在长安未央宫殿北。
② 天禄：汉代阁名。后亦通称皇家藏书之所。

我朝学政，凡应童子试，必覆试朱子《小学》论，意至深远，而主试者每视为具文，漫不加省。诚使人生自七八岁皆习《小学》，读之至熟，讲之至明，即资质愚钝，不能习举业、取功名，然《小学》义理已在胸中，孰肯以父母遗体逞凶行险哉？予尝论后世风俗不美，州县命、盗案多，由于教成人者之过少，由于教小子者之过居多。盖教小子者往往躐①等，童蒙一上学，辄教以经书深奥之言，而不教以小学切近之语。其经书又止令之读，而不使之解，则童子十岁内外，虽日读书，与不读无异；一旦去而改业，宜其不知孝弟、忠信为何物，此命、盗之案所以日多也。其有资稍颖异者，又辄教以作文应试，而无所谓切己体认、躬行心得者，故士子徒以利禄为心，其身虽在庠序之中，其行去市井无几。此人才所以日少、风俗之所以不古若也。明道先生为晋城令，教民有方，故三年中无强盗及斗死者。瑶圃则既闻之矣，亦在乎举而行之耳。

瑶圃性行温良，仁心为质，诚本此以治民，而行之以清、慎、勤之三言，而又虚怀采访，如宓子之宰单父者，则四境疾苦无不周知，万姓利病无不兴除，异时报最升迁，事或有殊，理则无二。虽宰天下可也，岂独百里之间胜任愉快哉！上可以报朝廷之知，下可以慰友朋之望，此岂非瑶圃意中事乎？

潼性慵才拙，甘守乡园，常忧愆咎之日积。古人临别赠言，区区之意，非敢谓有补于瑶圃也。因慕颜、仲二子之相规，于其行，作序以贻之，瑶圃其必有以教我矣！

忠义乡说 附

进士陈炎宗 里人

佛山，堡名耳，乡则曰"忠义"。顾天下艳称②佛山，几忘其乡之为

---

① 躐：超越。
② 艳称：羡慕并赞美。

忠义，毋乃爱其地而逸①其美乎？夫曩者②之锡③此乡以嘉名也，地以人荣；至传之今日，则人又以地荣矣。乡人士不以之自耀而但称佛山，故天下亦遂循而忘之也。虽然，有美弗彰，君子惧焉，谓无以厉世而翼教④也。惟揭忠义之名，昭表里之意，俾天下咸知是乡之美不在烟火之稠、文物之盛、货财之富，而在二十二人之赤忠与其子弟之从义，昭当时，风后世。生其地者，固感溯而兴起；游其地者，亦爱慕而流连。于以扶奖人伦，敦劝名节，君子不有微权乎哉！

佛山镇论 附

陈炎宗

南海之都六，其一曰"西淋"；西淋之堡十，其一曰"佛山"。计其图甲，佛山非有异于诸堡也，而邑必以为首称。岂惟一邑？举十郡⑤之村落，无一足与拟者，殷乎盛哉。或谓："地当省之上游，西、北两江汇于此而后入海，实岭南一大都会。"故四方之估⑥，走赴如鹜，市镇之盛，宜矣。然天下之市镇不一处，豫有朱仙，楚有汉口，江右有吴城，其远近商贩，肩摩踵接⑦，率与佛山同。而佛山顾独有异于诸镇者，则以为忠义之区也。忠义著而货贝萃焉，天之所以报也；货贝萃而义不失焉，地之所以饶也。生近市而文行兴焉，不因利而移其性也；居接市而科甲峙焉，忘乎利而显其学也。且数百年来，贤士大夫类能秉忠蹈义，刚正廉清，是皆本先人之教，在市而无市心也。佛山之盛盖如此，彼仅视为市镇之雄者，乌足以言佛山哉！

---

① 逸：散失，失传。
② 曩者：以往，以前。
③ 锡：赏赐，给予。
④ 厉世而翼教：激励世人，辅助教化。
⑤ 十郡：指广东省之十府。
⑥ 估：同"贾"，商人。
⑦ 肩摩踵接：人与人之间肩膀相摩、脚跟碰接。形容聚集的人极多，挤得水泄不通。

旧志小引

客有过余斋头,坐相与语,因及桑梓事。客欣然请曰:"天下者,一国之积也;一国者,一乡之积也。以君之博洽①,国与天下事无所不可,一乡之概可得而悉之与?"余曰:"未也。余生粤南偏,不及遨游天下名都大邑、山川风俗、人文景物,吊古人之芳踪,搜野乘之珍藏,披舆图之广记,以益余之不逮,譬犹坐井观天尔,而又乌称博洽为?矧②天之南有粤,粤之郡有广,广之邑有南海,南海之乡有佛山。即耳目见闻,颇识于怀,奚足多耶?"客曰:"国与天下,知君有志焉,偶未逮耳,请自乡始。"

客乃力叩余平日所为闻见者,随与语终日,咄咄不休。客曰:"嘻!异矣。以余所闻,令先翁超南公言君'弱龄③长于记述,成童④优于论断',殆非虚语。君其勿逊。"因出一编示客。客喜曰:"已有成书矣。盍公之,毋徒为枕中秘⑤?俾佛山乡志由此书权舆⑥,不犹愈乎?"

余曰:"抱此良愿久矣。第三寸舌耕⑦而资无从出,持钵⑧近于陋,敛箕⑨近于扰,计将安施乎?归而谋诸母,母曰:'所志云何?'余曰:'孝子顺孙则志之,义夫节妇则志之,绅衿荣显又志之,封赠恩荫又志之,甚至庙寺庵堂、氏族祠宇、里巷坟墓、历年灾祥以及幽光潜德⑩,有则必书。'母曰:'此事诚美。昔人捐资以惠浮屠氏,犹作无益害有

---

① 博洽:学识通博。
② 矧:何况,况且。
③ 弱龄:幼年、青少年。
④ 成童:十五岁以上的青少年。
⑤ 枕中秘:珍藏于枕函中的秘传宝书。
⑥ 权舆:开始。
⑦ 舌耕:以授徒讲学谋生。
⑧ 持钵:佛教僧徒持钵化缘,借指募捐。
⑨ 敛箕:以箕收取,苛敛民财,借指摊派。
⑩ 幽光潜德:有道德而不向外人炫耀,像隐藏起来的光辉。

益。兹役也费，吾老大，簪珥①无几，愿毁以成厥事，其梓诸。'于是辑旧文，录碑传，询故老，焚膏继晷②，历五阅月而笔稿始就，又历半载而梓工乃竣。每事必极其精详，毋敢欺己以欺世。于其所不知，盖阙如③也。独是人物一节，余何人斯，安敢妄为汝南评④乎？然采里巷之口碑及生平所敬仰者，虽一节之美，一行之善，据事直书。间有邑志已载，则采而录之；邑志未及载，则葺而补之。是必月旦舆论有同情，方垂诸简册而无愧。于是请教乡先达叔求霍老先生，及质之同人庞君犹仲、伦君甫明、霍君章宾，咸曰'善'。遂命儿曹象镳、象锦、象镗暨门徒梁胤昌编次较阅，而一乡之事，展卷了然。谓斯志为草创，以俟后人之增饰也可，谓斯志为遵母之志亦可，谓斯志为余之成书则不可，敢曰'国与天下有志未逮哉'？"

客复顾而笑曰："君之书成矣。君其勿逊。第劳费心力，又不靳解橐⑤，俾昔人之幽光潜德毋致泯泯无闻者，皆志书之为也，亦君之贻之也。请记其事于简端，庶后来有续是志者，亦知所自乎。"余曰："唯唯。"因述其颠末，聊以为引以报客。客顾是谁？顺德文康梁公之后，锡植梁君也。

里人李侍问撰。

李《志》原序

志何昉乎？昉诸《春秋》也。孔子曰："吾志在《春秋》。"朱子曰："心之所之谓之'志'。"⑥ 则凡事无大小，有志者事竟成也。然天

---

① 簪珥：发簪和耳饰，妇女的首饰。
② 焚膏继晷：膏，点灯用的油。晷，日光。比喻夜以继日地工作或学习。
③ 阙如：空缺。
④ 汝南评：也称"月旦评"，品评人物。出自《后汉书·许劭传》："初，劭与靖俱有高名，好共核论乡党人物，每月辄更其品题，故汝南俗有'月旦评'焉。"
⑤ 不靳解橐：不吝惜拿出钱财。
⑥ 心之所之谓之"志"：出自南宋理学家朱熹《四书集注》。

下舆地有志，省会郡邑有志，乡何为独不然？

吾佛山一乡，向无专志，有之自今日阊衷李君始。君生而聪颖，遇事辄记，读书之暇，多所著录。大司农忠定李公①甚器之，即乡人亦莫不称为"李家驹"也。一日诣予庐，语及修乡志事，欲予同事焉。予曰："吾耄矣，无能为也已，愿君其兼之。"未几而持文稿至，稽核甚详，采听甚当，举从前之事迹，一一胪列之，其用心可谓至矣。乃复以母命，不靳解橐，遂捐金以为梓人费。其隆德高谊，又非寻常所可及。况李君少失怙②，事母至孝，矢志芸窗③，读书角艺，安得休暇及此？

乃披阅其志书，顿觉纲举目张，幽遐④昭著。分列十卷，首舆地庙图，次岁时风俗，而以人物传终焉。固知天下事自有兼才，即纤埃罔不入其灵府⑤，倘所谓'胸中有全志'者，非耶？然佛山之地，五方杂处，民情土俗，与时消息⑥，按志而稽，损益可知已。有志竟成，洵匪诬也。余昔甲子与邺侯公同举于乡，又与忠定公同时在燕，皆阊衷君雁行⑦也。则今日之役，余安得不欣然而序其事于篇端？

康熙五年五月，里人霍得之撰。

陈《志》原序

志者，志⑧其事也。事有可志，奚问乡、邑⑨哉？邑之有志，固已。

---

① 大司农忠定李公：李待问，谥号忠定，佛山人，明崇祯年间任户部尚书。大司农，户部尚书的别称。
② 失怙：丧父。出自《诗经·小雅·蓼莪》："无父何怙？无母何恃？"
③ 芸窗：书斋的别称。内有驱虫之芸香，故称。
④ 幽遐：僻远，深幽。
⑤ 灵府：精神之宅，心之别称。
⑥ 与时消息：事物无常，随时间的推移而兴盛衰亡。与，根据；消，消减，衰退；息，生长。
⑦ 雁行：群雁飞行的行列，比喻兄弟。出自《礼记·王制》："父之齿随行，兄之齿雁行，朋友不相逾。"
⑧ 志：记载。
⑨ 邑：县。

凡一乡之事，志乘①所不及周悉②者，正不妨勒③成一书，以备稽考④。况粤之佛山镇为岭以南一都会耶？

余自辛未夏膺分刺广州之命，来莅兹土。周览二十五铺之丰繁，汾江、石云之秀丽，井疆⑤广袤，几与邑埒⑥，慨然思足文献而征⑦久远。考之邑志，略而未详。每于月旦⑧集绅士耆老，讲读圣训毕，凡兹乡之土俗民风、山川物产，以及忠孝节廉，遍访而周询之。佥曰："乡曾有志也，创之者为康熙间里人李君侍问⑨，今已散逸。"予闻而惜之，谋有以网罗而续成之，未逮也。

未几，乡之绅士咸以斯志来请。予俗吏也，腹且俭⑩，愧无以应。兹乡太史云麓陈先生文章宗匠，具良史才，且世于其乡，见闻尤切，宜肩厥任。正相与商确⑪，以始其事，会恩诏开科，大吏以场务檄予，辞不获⑫。阅十月而毕乃事，既又以西洋波尔都噶尔亚国⑬遣使通贡，大吏檄予送之入觐⑭，南北奔走，逾年而返。返则又承乏⑮澳门，五阅月而代。距商确之日，两年余矣。回署之三日，方欲理前说而经始⑯之，乡之绅士来告曰："兹乡之志，太史云麓陈先生与诸同志已编辑成帙，登

---

① 志乘：志书。
② 周悉：周到详尽。
③ 勒：雕刻。
④ 稽考：稽查，考证。
⑤ 井疆：井邑的疆界。
⑥ 埒：等同。
⑦ 征：证明，验证。
⑧ 月旦：阴历每月初一。
⑨ 李君侍问：李侍问，字阊衷，清康熙年间纂《佛山忠义乡志》。
⑩ 腹且俭：胸中贫乏，比喻学问浅少。
⑪ 商确：商讨，斟酌。
⑫ 辞不获：推辞却得不到允许。
⑬ 波尔都噶尔亚国：葡萄牙旧称。
⑭ 入觐：入朝拜见皇帝。
⑮ 承乏：暂任某职的谦称。
⑯ 经始：开始经营。

之枣梨①矣。书凡十又一卷。"予闻之而喜，急取而披阅②之。笔意简括高古③，端委攸宜④，不支不漏⑤，洵⑥非具良史才者不办。是志也，虽仅一乡之事，实佐邑乘之所未及周悉者也，讵⑦可少哉！诸绅士复问序于予，予不文⑧，又重违⑨其请，为弁⑩数语于首。

乾隆十有九年岁次甲戌二月朔旦⑪，奉政大夫、同知广州府事、驻扎佛山、加一级纪录⑫四次平江⑬毛维锜撰。

陈《志》原序

余家居吴中，知岭外风景与江南异。故自奉命来粤，凡所莅之地，必先兢兢于书俗民风，正恐出政而斯民扞格⑭也。顾异地之民情难以遽悉，其可依约以求而历历⑮可考者，莫如志之所载。山川、井里、风俗、人物以及艺能⑯、文事之细，靡不毕具。民好民恶，一展卷而了然矣。

客岁⑰冬，予承乏佛山，急欲一睹是乡梗概。求诸省志、邑志，备

---

① 枣梨：雕版印刷。旧时多用枣木或梨木雕刻书版，故称。
② 披阅：展卷阅读。
③ 高古：高雅古朴。
④ 端委攸宜：事情的始末记载得体。
⑤ 不支不漏：既不枝蔓，又没有遗漏。
⑥ 洵：实在，诚然。
⑦ 讵：难道，岂。表示反问。
⑧ 不文：不才，对自己的谦称。
⑨ 重违：难以违背。
⑩ 弁：序文，引言。
⑪ 朔旦：阴历每月初一。
⑫ 加一级纪录：清代官员的奖叙制度，分为两种：一是纪录，二是加级。纪录分三等，加级亦有次数之别。
⑬ 平江：今江苏苏州，古名"平江府"。
⑭ 扞格：互相抵触。
⑮ 历历：清晰貌。
⑯ 艺能：技艺才能。
⑰ 客岁：去年。

而不详。访之父老，云昔有李君某曾创乡志，今残逸不可得。予闻之，乃深惜之。今春，彭生来，袖书《忠义乡志》草一帙，谓："此即李君所创，今太史陈公纂修删定者也。"予藉慰不已，即展阅数次。不特山川之雄丽、井里之稠密，文物之盛、货财之富甲于东粤，抚今思古，此乡之命名昔以"忠义"称者，更足深人仰慕之怀，正不仅得悉民之好恶，而便[13]于出政施令也。太史之编定之者，岂徒以矜博洽、耀才能哉？亦欲使古之忠怀义行常昭千古，而后之安居此乡者，其亦知所兴起耶。予不敏①，体诸君子之意，而日教斯民无忘忠义焉可耳。

乾隆癸酉岁春仲②，古吴③赵廷宾序。

陈《志》自序

东粤有志，南海复有志。省合而括，邑专而详，志如是足矣。至邑之有乡，又各自为志，则不胜其烦而且伤于赘，何则？乡之地无几，其人其事之可纪者已采入邑志中，奚用再琐琐④为？

然独不可以是例忠义乡也。乡号剧镇⑤，屹为岭南都会，既与他乡不同，而莅以官司，卫以兵戎，举⑥非他乡所有。自明而始盛，至国朝而大盛，其人其事之可纪者，几与他邑等。不稽核文献，会萃成书，曷⑦以表⑧海国之名乡哉？夫博雅之士，遇一佳山水，尚思搜剔⑨幽奇，

---

① 不敏：没有才能，自谦辞。
② 春仲：仲春，阴历二月。
③ 古吴：苏州别称。
④ 琐琐：唠叨不停。
⑤ 剧镇：政务繁剧的乡镇。
⑥ 举：都。
⑦ 曷：怎么。
⑧ 表：表彰，显扬。
⑨ 搜剔：搜寻。

勒为一志，况考风俗，阐潜德①，揭忠义于前徽②，励名教于来世，幸逢右文③之治，曷敢不鸣其盛欤？乃自有乡以来，落落千百载，竟未有起而作志者，非有待于后之人欤？

康熙中，里人李君侍问始粗创之，为一乡文献，计意④良厚。而义例⑤不立，叙议多遗。《传》曰："言之无文，行之不远。"⑥今已残缺不存，志之有赖于修也亟矣。乡故多士⑦，佥谋⑧所以修之者，而属⑨余总其事。予以固陋⑩辞不获，爰⑪发凡起例⑫，广为搜罗，计分十数。曰"乡域"，谱井里也；曰"官典"，尊制度也。志乡事、乡俗，而风谣⑬备矣；志乡学、乡防，而文武灿矣。人才征于选举，名宦著于讴思⑭。标人物以树先型，采艺文以垂不朽，可以兴，可以观矣。盖本于旧志者十之一二，余皆新辑。维桑与梓⑮，见闻颇确。事核而辞直⑯，或庶几⑰焉。

夫一邑者，一乡之推⑱也；一国者，一邑之推也。地有大小，而治

---

① 潜德：不为人知的美德。
② 前徽：前人的美德。
③ 右文：崇尚文治。
④ 计意：考虑，计较。
⑤ 义例：著书的主旨和体例。
⑥ 言之无文，行之不远：语言没有文采，就不能流传很远。出自《左传·襄公二十五年》。
⑦ 多士：贤士众多。
⑧ 佥谋：众人筹划。
⑨ 属：委托。
⑩ 固陋：见识浅陋。
⑪ 爰：于是。
⑫ 发凡起例：说明全书要旨，拟定编写体例。
⑬ 风谣：反映风土人情的歌谣。
⑭ 讴思：讴歌以表达思念之情。
⑮ 维桑与梓：古代村落的房前屋后，遍植桑树、梓树，故有"桑梓之地，父母之邦"之说。后代指故乡。出自《诗经·小雅·小弁》："维桑与梓，必恭敬止。"
⑯ 事核而辞直：事情确实，文辞直截。出自班固《汉书·司马迁传》。
⑰ 庶几：相近，差不多。
⑱ 推：推广，演变。

无大小也，则志亦无大小也。是志虽一乡之私书，而可以补省志、邑志之所未及，即视为一邑、一国之书，无不可也。若曰夸大①以侈②其乡，则余岂敢？

乾隆十七年岁在壬申九月谷旦③，里人陈炎宗撰。

陈《志》原序

志何昉④乎？昉于史也。史又何昉乎？昉于《诗》也。古者三代⑤盛时，命太史采民风以观其俗尚。自封建⑥废，采风之典不行，而史之权遂操于官矣。故作史者，至今日为难。孟子云："王者之迹熄而《诗》亡，《诗》亡然后《春秋》作。"⑦《春秋》者，史之所由。名志者，特史之一端⑧，而名胜与乡国之志，又郡县志之一端也。彼其前有所稽，后有所考，犹不能无互相得失，而况吾乡佛山未尝有志者乎？则修创之难，其什伯⑨于他志，又何疑哉？

忆曩者世宗皇帝时命修《一统志》⑩，各省皆开局分纂，祖承督抚大人之聘，佐会稽太史鲁启人先生，与诸子同襄局事，甫一载而书成。其时，吾乡诸君子即以佛山之志见委，祖因病力辞，后又以瓜期⑪相逼，

---

① 夸大：夸赞，夸耀。
② 侈：夸大。
③ 谷旦：良辰，晴朗美好的日子。旧时常用作吉日的代称。
④ 昉：开始。
⑤ 三代：中国历史上的夏、商、周三个朝代的合称。
⑥ 封建：西周时实施的"封土建国"制度。君主把土地分给宗室和功臣，让他们在这块土地上建国。
⑦ 王者之迹熄而《诗》亡，《诗》亡然后《春秋》作：出自《孟子·离娄下》。
⑧ 一端：事情的一点或一个方面。
⑨ 什伯：超过十倍、百倍。
⑩ 《一统志》：即《大清一统志》，康熙时创修，雍正时继续编纂，历十余年告竣。
⑪ 瓜期：任职期满换人接替的日期。

遂匏系①一官于筠城②。然每当送科回日，诸君子复重理前说。然终以职守所缚，不能也。

迩岁幸值太史云麓陈先生告假返里，祖于是手额而喜曰"佛山志有其人矣"。遂速③诸君子往请，太史亦力辞至再而后允。及告竣，悬之国门④，遂成不刊之书矣。祖于是慨然叹曰："笔具三长⑤，胸罗四库⑥，太史其真良史才哉！"

盖为此志者，所难有三，所不易者有四。溯吾乡自明代以前，版籍⑦无征，碑碣失考，则稽核难。即访之各族子姓，而家乘⑧所垂，不能无鲁鱼亥豕⑨，即故老所述，亦不免传闻异词⑩，则征信难。向者陈眉公⑪有云"史册若账簿"，然熟读打算，恐涉米盐之零杂；删芜就雅，又类金石之标题，则比事属辞难。若避此三难，即有四不易者以随其后。何者？前贤功绩有显有微，即载之传记者，亦有直有讳，倘泾渭莫分，亦奚辞夫知罪⑫：其不易者一也。又况立乎今日，以上溯千百载之肇基，

---

① 匏系：在官位上没有太大的用处。出自《论语·阳货》："吾岂匏瓜也哉！焉能系而不食？"
② 筠城：新兴县城的旧称。
③ 速：催促。
④ 悬之国门：战国末年，秦相吕不韦召集门客编撰成杂家名著《吕氏春秋》。为了精益求精，请人把全书誊抄整齐，悬挂在咸阳城门，声称如果有谁能改动一字，即赏给千金，结果却没有一个人能对书上文字加以改动。后指著作质量极高。
⑤ 三长：唐代史学家刘知几认为，修撰史书的人必须具备三方面的专长，即才华、学问、见识。
⑥ 四库：中国古代图书分类方法，将图书分为经、史、子、集四类。
⑦ 版籍：登记户口、土地的簿册，又泛指书籍。
⑧ 家乘：家事的记录，家谱。
⑨ 鲁鱼亥豕：书籍在撰写或刻印过程中的文字错误，如把"鲁"错成"鱼"，把"亥"错成"豕"。
⑩ 传闻异词：传说不一致。出自《公羊传·隐公元年》。
⑪ 陈眉公：陈继儒，号眉公，松江府华亭县（今上海松江区）人。明代文学家、画家。
⑫ 知罪：作史者对历史人物的褒贬。出自《孟子·滕文公下》："《春秋》，天子之事也。是故孔子曰：'知我者，其惟《春秋》乎！罪我者，其惟《春秋》乎！'"

若但按图索骥，则蔚宗①良史，常璩②且笑其续貂③；倘徇情滥收，纵韩愈文章，刘叉亦笑其谀墓④：其不易者二也。抑祖尝闻之前辈矣，修志与修史不同，史一成而不易，志则屡修而屡易其辞，若所易者而当，则后人攘⑤为己功；所易者不当，辄诬前贤为失实：其不易者三也。又不独此，即使所易而当，亦有所不可者。昔《西湖志》⑥铁冶岭有莫婆井，是善士莫公之妻所凿，有一士恶其名不雅，改为莫公井，夫亦谓夫与妻一而已。后梦莫婆见责，其目遂瞽：其不易者四也。

况吾乡原胜地也，肆号五都⑦，轮蹄⑧相杂，习尚易为转移。所幸风气醇厚，士习克端。缙绅敦礼让之风，学校无城阙之刺⑨。所赖操持教化者因事而利导之、整齐之，则帝治光华，王民皞皞⑩，不难复见于今日。兹试与诸君子扬挖⑪此书，其修辞也简，其笔削也严。不漏不卮⑫，有伦有脊⑬，于以表扬圣朝之烈，而著往哲之芳徽⑭。风俗转而日新，文

---

① 蔚宗：范晔，字蔚宗。南朝宋史学家，著有《后汉书》。
② 常璩：蜀郡江原（今四川成都崇州）人。东晋史学家，著有《华阳国志》。
③ 续貂：即狗尾续貂，比喻拿不好的东西接到好的东西后面。
④ 韩愈文章，刘叉亦笑其谀墓：韩愈，唐代著名文学家，常为豪门贵族和官宦人家撰写墓志铭，文中不乏溢美之词。其友刘叉因不满其做派，在光天化日之下从韩愈家中拿走数斤金子，并说："此谀墓中人得耳，不若与刘君为寿。"事见李商隐《齐鲁二生·刘叉》。
⑤ 攘：抢夺，窃取。
⑥ 《西湖志》：记述杭州西湖历史文化的志书，清雍正九年（1731）由浙江总督李卫主持纂修。
⑦ 五都：五方都会。泛指繁盛的都市。
⑧ 轮蹄：车轮与马蹄，代指车马。
⑨ 城阙之刺：讽刺乱世时学校废弃不修。出自《诗经·郑风·子衿》："挑兮达兮，在城阙兮。"
⑩ 皞皞：心情舒畅貌。出自《孟子·尽心上》："王者之民，皞皞如也。"
⑪ 扬挖：扬抑。褒贬，评说。
⑫ 不漏不卮：记述完备，没有缺漏。漏卮，有漏洞的盛酒器。
⑬ 有伦有脊：言之成理，有条不紊。
⑭ 芳徽：盛德，美德。

光因而增胜。关门无犬吠之醉人①,旗亭多画壁之红粉②。闺阁亦解诗书,孺子亦知吟咏。虽谓兹志之修,顾可一日缓哉?吾愿诸君子生斯长斯,聚国族于斯,念旧德,服先畴③,以无忘先正④之古处,则以是书备采风之咨度,亦无不可也。

夫乃或者曰:"乡以人重耳,未闻人以乡重也。"予曰:"不然。通德之里⑤,其乡固以郑公而重也。然子独不读《晋书》乎?乌衣之巷,其子弟之游观而至止者,都人士莫不艳之慕之,曰'此玉麈王家⑥也'。其子弟又岂不以乌衣巷而重耶?故古人之不轻去其乡,以此。昔石建过里门而不式,万石君怒而不食。⑦孔子于乡党饮酒立谈,备著于《鲁论》,岂非以父兄宗族之所在欤?故又曰:'观于乡而知王道之易易。'⑧《毛诗》亦曰:'维桑与梓,必恭敬止。'古人之重其乡也如是。夫重其乡,即所以重其人也。"祖,乡人也,因得次其始末以为吾乡庆,而乐为之序。

乾隆十八年岁次癸酉季春吉旦,里人李绍祖撰。

佛山忠义乡志卷十一终

---

① 关门无犬吠之醉人:比喻没有盗贼惊扰。
② 旗亭多画壁之红粉:比喻文风鼎盛。旗亭画壁故事,出自唐薛用弱《集异记》。唐开元年间,诗人王昌龄、高适、王之涣在旗亭相聚,恰有梨园歌女登台奏乐演唱,唱的都是当代诗人的名作。三人约定在墙壁上画记号,看谁的诗被唱得最多。
③ 先畴:先人所遗的田地。
④ 先正:前代的贤人。
⑤ 通德之里:东汉著名经学家郑玄的故里,在今山东高密西北。为表彰郑玄之德,孔融在其故乡建通德门,因此得名。
⑥ 玉麈王家:东晋望族王氏,居建康乌衣巷(位于今南京秦淮区),权倾朝野,文采风流,功业显著。玉麈,玉柄麈尾。
⑦ 石建过里门而不式,万石君怒而不食:出自《史记·万石张叔列传》。按:此处有误。据《史记》,石建为万石君之长子,终身孝谨。万石君之幼子石庆醉归,入外门不下车,万石君因此怒而不食。
⑧ 易易:很容易。

【校记】

[1] 孤嫠：原作"孤嫛"，据民国《佛山忠义乡志》改。

[2] 捐糜：原作"捐糜"，据民国《佛山忠义乡志》改。

[3] 笃祜：原作"笃祐"，据文意改。

[4] 鹤鸣：原作"鸣鹤"，据《周易》改。

[5] 分：原作"公"，据文意改。

[6] 梁：原作"梁"，据文意改。

[7] 日：《苏东坡集》作"月"。

[8] 元祐：原作"元佑"，据《宋史》改。

[9] 给：《杜工部集》作"来"。

[10] 彝：原作"寻"，据乾隆《佛山忠义乡志》及本书卷十改。

[11] 杨孝元：原作"杨孝先"，据文意改。

[12] 照：原作"数"，据民国《佛山忠义乡志》改。

[13] 便：原作"梗"，据道光《南海县志》改。

艺文志下 赋记 古今体诗 著述

赋记

国朝

佛山赋

进士梁序镛邑人

南海衣冠之气，番禺都会之区。仙城穗降，珠海澜趋。人文瑞应，天市垣符。通阛带阓，曲路交衢。宅以万户，辟此一隅。乾坤萃其清淑，山川蔚其扶舆①。原夫佛山之称也，慧业三生，色身千劫。埋宝相于涅槃，出金人于荷锸。建兰若②之层层，洗莲花之叶叶。佛则庄严，山则岌嶪。尔乃地脉蜿蜒，冈势崱屴③。西淋耸南，王借峙北。蠕阜顶圆，鹰沙嘴直。绿松点黛，朱霞炫赪。斯翊卫④之钟灵，实奥衍之启域。况复汾流近碧，郁水遥青。既缭绕以如带，复交锁而如肩。分燕尾而异岸，曲莺胫而连汀。趋海门而屡折，回沙角而还停。当其万瓦齐鳞，千街错绣，棋布星罗，栉比辐凑，炊烟乱昏，灯火连昼。二十七铺之廛，一十三汛之堠⑤。社鼓赛而雷鸣，市廛哄而云逗。

爰有芝房胼蚃⑥，桂观明禋，络以珠玉，构以金银。经垂帝颛顼之

---

① 扶舆：犹扶摇，盘旋升腾貌。
② 兰若：寺庙，即梵语"阿兰若"的省称。
③ 崱屴：高大峻险貌。
④ 翊卫：弼辅护卫。
⑤ 堠：古代瞭望敌情的土堡。
⑥ 胼蚃：连续不断，繁盛貌。

祀，纬称汁光纪之神。璧主图书启献，斗司挹注勤民。神镜与汤盘并古，宝瓶偕禹鼎同珍。仰灵旗于太乙，效皇舞于上辛。九重开乎闾阖，万姓荷其陶甄。于是懋迁有无，阜通货贿，龙户夥颐①，蛮船款乃。帆拖春水之蓝，旗炫斜阳之采。运再稻而堆黄，装六米而积皑。牙郎借箸以筹，估师拥楫而待。賨蠓购于蕃航，虞衡②通于桂海。纷杂糅以越纻吴绫，光陆离而阗玉胡琲。刻楮薄三年之能，铸铁无六州之悔。斯食货之攸关，遑觊缕③夫琐猥。

若乃鸣珂号里，昼锦称坊，门曰通德，宅曰高阳，乌衣群谢，马粪诸王，则知地以人著，名以行芳。溯前贤而俯仰，览胜地以徜徉。里学流馨于俎豆，义勇著绩于旂常④。薇省⑤尚书之第，兰台⑥御史之庄。喜登瀛而作署，应列宿以为郎。社有榕而风自古，园有鹤而迹未荒。迄今文风日盛，文采愈彰。云蒸霞蔚，凤翥鸾翔。延陵拥碧幢而建节，陇西献丹扆而巡方。十仞之台既著，百川之汇斯长。春何杏而不紫，秋何桂而不黄。宜品藻者羡三珠之宅，会文者登大树之堂。

乱曰：珊瑚兮海市，娜嬛兮福地。百万买邻兮，吾其何寄。

佛山赋

附生陈文瑞邑人

郁葱乎！作岭南之保障、都会之大观者，其堡之西淋乎！万家春树，九市歌音，赤珠埋窟，云石成林。莺领弯而冈小，鹰嘴锐而沙深。地无鹊兮留巷，园有鹤兮在阴。水衡则金钱山积，鲛室则锦段霞侵。廛隧栉比，冠盖骈临。景遗风于往代，慕忠义以咸钦。盖四百年虎踞龙

---

① 夥颐：盛多。
② 虞衡：古代掌山林川泽之官。
③ 觊缕：委曲详述，极力刻划。
④ 旂常：旂与常。旂画交龙，常画日月，是王侯的旗帜。借指王侯。
⑤ 薇省：紫薇省的简称。唐代由中书省改置，后复原名。借指中枢机要官署。
⑥ 兰台：指御史台。汉代的御史中丞掌管兰台，故称。

蟠，自天锡号；廿七铺峰回路合，抱海为襟也。

原夫佛山之称也，华严色相，梦幻头陀。埋金身之十丈，历灰劫以千磨。牧子歌来，横烟中之短笛；樵夫踏去，压月里之轻蓑。既而常星夜落，宝塔光趀。印尼牟之串串，廓舍卫之峨峨。和钧乐而鸣，梵音缥缈；冠蓬山而舞，仙珮婆娑。此固仿塔坡之遗迹，遂作镇于山河。

岂知人事迁移，四郊多垒。当正统之末年，值萑苻之盗起。烽没狼烟，地平鱼齿。方援绝以计穷，问不恐而何恃。则有仗义同心，毁家输士；栅树重城，枪飞劲矢。分铺输兵，编图护理。稷曲则三刻逾沟，沌阳则两甄合轨。能发能收，知己知彼。潜披鞍甲，掩旗来天上之军；窜逐鲸鲵，竞渡掬舟中之指①。况乃灵应通神，铜瓶效技，海鸟横江，乌云匝圮，覆战舰而风旋，落云梯而火毁。堙浚鸿沟，帐焚铁水。铙歌动地，喧呼疑草木之兵；旗帜漫天，大队起蚊虻之市。盖运筹者二十有二人，而保全者二百五十里。嗟奋义之仲儒，乃衔兵而竟死。鲜独力兮不败，知众志兮可倚。上流要害，呃吭所关。师徒一唱，铠胄斯娴。乃选行伍，列部班，振铜铎，响刀环，严严翼翼，整整闲闲。居者不改市，行者不回辕。星缘箭落，月待弧弯。搜穷狐兔之墟，房摧昏黑；提出骷髅之血，轮染朱殷。闻跅跳之就戮，俾苗民之格顽。赏功旌烈，抚散痌瘝。于以答神明之贶，于以酬膂力之艰。镇以绰楔之辉煌，纶綍自天闾而下；锡以鸿名之焜耀，卒徒皆衣锦而还。乡由昔肇，志不今删。烈士社之精灵犹在，流芳祠之祀典常颁。所宜仗龟蛇旗剑之威，呼神为祖；联臂指腹心之用，倚将如山。

遂乃扫荡妖氛，堵安廛次，补亡羊之牢，空求马之肆。洲则白鹭浮烟，桥则锦澜漾翠。问字于古洛先生，赋诗于橘园散吏。花歌陌上之骢，酒买村前之帜。缀春灯于树杪，明月投怀；散春社于桑阴，夕阳扶醉。百有余年，海邦无事，纵沧桑之屡更，仍休征之洊至。物竞殷盈，

---

① 掬舟中之指：船里被砍断的手指可以捧起来。形容战败后的惨烈场面。出自《左传·宣公十二年》："中军下军争舟，舟中之指可掬也。"

人思乐利。家有御侮之谋，士有同袍之志，噫海寇之鸱张，又环城而睢恣。望楚幕之有乌①，知郑师之已备。彼狐鼠之跳梁，非干羽②之所忌。城开不夜，太乙之火干霄；台喜登春，九天之云垂地。盖自中国有圣人，而兵革之不试也久矣。今当奋文揆武，激渭扬泾，重云几观，春风满庭。耸海口之鳌峰，文澜震荡；敞田心之鳣席，风雨蒙冥。载高往构，载廓前型。乌浮黝垩，螭撼丹青。势蠚天关，引星辰而焰上；人来金马，吞云梦以渊渟。遂设招贤之馆，齐夸发刃之硎。海色河声，并入元音之奏；鸾骞凤翥，同分翠墨之馨。张云锦于星边，天门鈌荡；灿管花于梦里，文苑通灵。

然而世运以士风为本，侈汰与富裕相因。慨沿流之靡曼，匪旧俗之真淳。周末文胜，殷道尊神。纷五方而并集，又日异而时新。梨有园而何盛，巫奚术而不贫。彼淫昏之野祀，复朘削于吾民。乃经炊与史酌，独守朴而存真。更通商以业艺，故财阜而用均。然而斯地也，田原海变，山倚江滨，沃饶奥衍，百货斯陈。水发源于浈郁，山结秀以轮囷。清风劲节，有冼少汾之纯臣焉；坦夷清惠，有霍晋江之良循焉。梁主事之渊源理学，李忠定之笃志彝伦。小弦风而大弦雅，爞如日而饮如醇，莫不仰鱼头之骨鲠，步骥尾之清尘。倘振靡而式俗，是所望于仁人。

仆少产此都，心仪往哲。草劲禁风，梅寒厉雪。白云翘足于高天，红友助谈于薄酾。思来感新，事往词切。闻所闻而来，疑传疑而别。彼忠质之循环，亦千古而一辙。我皇上化洽陬隅，萌消诡谲。鲸波息海，灵台偃伯之时；龙气垂天，玉府抡材之设。乡先生之雅望，嚆矢先声；都人士之仪型，凫鹥后列。又谁不砥行明经，而蔚为此邦之人杰？

---

① 楚幕之有乌：楚军的帐幕上停着乌鸦。形容阵中没有人。出自《左传·庄公二十八年》："诸侯救郑，楚师夜遁。郑人将奔桐丘，谍告曰：'楚幕有乌。'乃止。"
② 干羽：古代舞者所执的舞具，文舞执羽，武舞执干。指文德教化。

佛山赋

廪生廖衡平邑人

广州府治西南有佛山者，山横拥翠，河列环襟，名留南浦，胜选东林，望鹅潭而地近，隔羊石而波深。萃南海之衣冠，人文蔚起；接西城之云物，佳气常临。

原夫功开陆贾，治建尉佗，驱除魍魉，断斩蛟鼍。蛮烟豁日，洪流不波。于是开东南之都会，为来往所经过。瀍涧斯宅，风雨以和。地本仙都，云石常临于断岸；山留佛号，慈航普渡夫恒河。山则争奇，形如互倚，或蜒蜿以相连，或徘徊而欲止。烟云蔽日，木挺十寻。锦绣生春，花明数里。岭上之玉笙吹罢，犹闻彩凤谐音；林间之斗酒携余，尚有啼莺入耳。河流驶急，水带潺湲。稻田清润，藓石成斑。下放扶胥以外，远探浈郁而还。莫不鉴清波而恨永，对流水而心闲。琵琶伤洲畔之秋，请看枫荻；箫管泛江心之月，不怨关山。

夫其阛阓周通，闾阎鳞次。九市开场，群材委地。商旅殷阗，瑰奇骈坒。纨以齐夸，珠因秦异。念此乡之宝玉，尉不清贫；据全越之膏腴，人怀乐利。地惟毓秀，人亦钟灵。扶杖观化，负耒横经。养菁莪而作士，拔茅茹以充庭。人则敦诗而说礼，家还曳紫以纡青。草是科名，阆苑之仙风可挹；乡留忠义，常山之余烈犹馨。别有深闺淑女，绝世佳人，机丝入夜，砧杵兴晨，不矜纨绔，自乐綦巾。族本良家，蛾黛之铅华不御；居原近市，鲛绡之锦段[1]常新。斯固人纯朴以自守，俗勤俭而可亲者也。士有揽胜地而神留，睹淳风而愿结。闲寓目于物华，远追踪于人杰。写东都之富丽，须知规讽为心；纪南越之声明，勿谓广长饶舌。诚足以备采访于𫐐轩，非漫同夫臆说。

佛山赋

廪生麦照顺德

客有游芳踯躅,选胜登临,蹑康乐屐,囊祖床琴。渺沧溟于一粟,涵宇宙于寸心。望岭峤以涉远,浮渤澥以测深。于是跨苍梧,逾郁林,舵舣汾水,冈陟西淋。波光振荡耳目,云气濡染衣襟。题壁兮扫苔尚涩,呼酒兮对花闲斟。蓄怀旧之雅念,摅阐幽之微忱。历巨镇而括大略,发元想而叩知音。归而质诸逆旅主人曰:"盖闻东粤之雄,莫先于穗石之岑也;南海之饶,莫过于禅山之浔也。虞衡泽国,辟阳阓阴。万有包孕,与气浮沉。仆尝盘旋凭眺,往复而追寻矣。盍为我总其端委,考厥古今,谱诸弦管,协乎讴吟,寿以贞石,贵比吉金,著都会之极盛,为遐迩所同钦乎?"

主人殷然而起曰:"今夫山川不钟毓乎灵奥,无以知安乐之有窝也;物产不麇集乎瑰玮,无以见瑞锦之成棻也。斯地则夙称沃衍,俗鲜烦苛。风雨所会,节序同和。郊牧壮丽,士女繁多。桑麻鸡犬,露笠烟蓑。含哺鼓腹,其乐如何。盖自创建以来,历数百年而不见乎干戈。户有食鼎,里表鸣珂。软尘香陌,镜沼金波。信有美于吾土,恒永矢其弗过。以故宅斯邑而有年有干,遵正路而无偏无颇。秀良盛衣冠之气,作息兴耕凿之歌。银鞍绣轴兮载道,牙樯锦缆兮填河。此则其梗概也。至于绮交彩错、棋布星罗者,更乐得为我客剖析而缕悉之。

"原夫福地奇踪,塔坡故址。聚千载之间气,讶三佛之特起。肇锡嘉名,实本于此。尔乃列巘交撑,群峰并峙,巍巍石云,神龙所止。爱赤珠之葱蒨,携短筇而徙倚。绿松挺翠,赤霞凝紫。白泥郁龙,相距尺咫。络诸峦以绵亘,泂五奎之聚美。蠕崖则圆如满月,王借则兀立数里。既循青云之路,复览晓烟之市。阜邱三四,稠星叠绮,惟莺冈与凤冈,随呼名而可指。嶔崎者山,瀿洑者水,汾海环流,渺渺弥弥。其北江来自小唐,合溱湟而交注其清泚;其西江则源发于郁州,溯牂牁而靡识其涯涘。他若大塘混混，二步洧洧，涌名婆滘，沙称鹰嘴。如洛浦与东溪，固更仆而难纪。惟磅礴之融结，随胜迹以跻攀。冈心之肆朝往，江口之渡晚还；庆真之楼凤翼，通济之桥虹弯；沙塘之冶炉自炼，普君之牧唱偏闲。望南浦之画舫，拥东林之翠鬟。扶南耸蓊蔚之秀，蓉洲占水石之寰。左有张槎、庄步之乡，右有平洲、夏滘之湾。白鹭之涟漪散练，琼馆之歌舞联班。鸟则有金鸦黄裳，缟衣白鹇，鹍鶒鸦鸽，鹈鴂鸐鸾。兽则有麖麞豪獲，猘貐犴獌，猓猱蠷蚪，辣羚犍狐。其鳞介也，鲟鳇张喙，鳛鳖耸山，江瑶璀玮，所获良艰。其草木也，棕栝蔽野，梡㮙当关，龙荔溪荪，驳驳斑斑。其蔬果也，金薯玉薯，香菌芥兰，杨梅半熟，丹荔已殷。其禾黍也，藕皋枕海，绿塍连环，而粳穊稵穞之属，两歧同颖，又纷然错出于其间。

"且客亦知夫通工惠商者之普其美利乎？阛阓当衢，间阎扑地。场辟四途，街横十字。华绨遍廛，锦簇成肆。珍采云稠，瑰宝雨坠。裘葛盈箘，缃纨在笥。镠镂锟铻，琳琅珮璲。齿革藤竹，髤漆陶埴，剥蟹脍鲥，炰羹肉戬。是故闽估吴侬，联盖结驷，轮蹄争驰，帆樯远至。翁张居奇，朱顿同志。握牙签以运筹，挈珠囊以迎伺。饶积拟《齐民》之篇，弃取参白圭之智。况以岛舶之来，夷鹃之寄，玛瑙玻璃，珊瑚翡翠，火齐木难，方诸阳燧，鹤顶龟筒，犀角象鼻，盖极泉货之渊薮，综海陆之美备，纵孔庶而繁硕，曾莫罄其一二。遂有元夕鳌灯，端午水戏，秋社冬蜡，椎牛扬觯；更有任侠豪夫，冶游香骑，画鹢眠花，红楼买醉，椰浆仁频，素馨茉莉，金缕歌清，银珰装媚，落窑魕之钿钗，拖艣艣之衣帔，即浪荡于婆娑之场，究无伤于风流之事。"

客曰："嘻！主人所云，可谓绘蕃昌之象，而穷绚丽之形矣。仆闻之，侈蜃蛤舟鲛以为富，孰与廉泉让水，淡泊以味乎，至道之经也。诧金石丝竹以为美，奚若言坊行表，静穆以式乎，先正之型也。我思乡标忠义，营作藩屏，民殷土沃，岳峙渊渟，挺奇表于头角，遂大魁于彤廷。绍渊源于乔梓，四抡元于家庭。奉恭敬而严居处，除虎石而动雷霆。过澜石海云之馆，访伯纲读古之亭。莱孺之埶睦共赖，敬问之孝行堪铭。繄棣华之竞秀，仰忠定之德馨。商国事于夜漏，呼计臣于槐厅。号仙客以玉楼，则宗岳之词赋，笔吐珑玲焉；推先生为古洛，则桂魁之学术，道究渺冥焉。又若颖悟而奇童绝慧，高洁而老翁独醒。桂院之香可挹，鹤园之迹未零。斯皆足留芳踪于简策，垂令誉于丹青，历千秋而不朽，昭万祀以常灵者也。

"而仆更慕乎词坛独辟，文院重闱；名流硕彦，美景良辰；轻裘缓带，野服葛巾；乌皮几净，龙脑香匀；鼠须毫滑，鸲眼砚纯；浣花笺洁，松烟墨新。爰有握瑾怀瑜之士，扬风扢雅之伦，鼓吹休明之手，润色鸿业之人，莫不收视反听，含情待伸；意匠默运，妙绪无垠；驰骋万仞，囊括八夤；临风舒锦，大雅扶轮；机杼在手，阿堵传神。咸戛戛以独造，岂陈陈而相因。或锷锷而烈烈，或炳炳而麟麟。发思风于胸臆，流言泉于齿唇。惟伐毛与洗髓，无小疵而大醇。是以箧中聚绣，席上皆珍；餐花入梦，摘藻如春；精光迸露，元气浑沦；节和音雅，金声玉振。用是家弦户诵，党塾莘莘；说礼敦诗，蹈德咏仁。作隆平之黼黻，为造化之弥纶。配沾润于云雨，守矩矱于洪钧。标文柱于天南，留邹鲁于海滨。将行远而堪称寿世，观光而利用为宾矣。

"方今骈繷广被，车轨合辙，八极恬熙，九垓固结，沐浴膏泽，歌咏恳切。谨耻慎廉，怀芳履洁。登三而众志孚，吹万而群芳悦。务力返乎敦厖，庶式遵乎礼节。仆愿士吐雄光于虹霓，而不改清操于冰雪；农竭耕耨于胼胝，而不遗余力于畦畷；商均权石，而不穷锱铢于盐铁；工循规矩，而不作淫巧于奇谲。鲛绡不夺乎布帛，熊蹯不厌乎鱼鳖，金玉不弃乎瓦缶，华厦不鄙乎野穴。示勤俭于后昆，缅典则于前哲；还淳化于自然，安大巧其如拙。若夫玳瑁玑琲之珍，此特扶舆之输泄耳；猫睛鸦鹘之奇，此又异物之环列耳。而欲与礼门义路、积阀累阅者同日而语，不亦劣乎？"

主人甫闻是言，悄然容改，矍然心折，称曰："至矣哉，我客之为此说也！义挟风霜，词霏玉屑。现不坏身，运广长舌，将以开拓万古之胸襟，而推倒一时之豪杰。愿敬佩乎德音，聿永奉为圭臬。"

佛山赋

举人拟冼沂里人

昔在东晋，有西僧航海而至，结茅于乡之隅，爰集众而谈经，匪留形于面壁。《寺志》："东晋时，有西僧航海而至，结茅庵讲经，故名经堂。至唐贞观二年，塔坡铜佛出现，奉于经堂，又名塔坡寺。"见《省志·古迹》。既而塔坡宝现，佛相光腾。是空是色，菩提幻丈六之金身；无我无人，般若度大千之世界。布金无地，祇树何园？访高僧之迹，古已如斯；闻故老之谈，名缘以此。遂以佛山名乡。遂为之赋曰：

季华旧迹，季华，乡名。十堡所同，乡旧名以此。福地佳名。形家谓佛山为福地，四氹伏也。星分牛宿，考分野，广州牛宿为多。县隶于府，则乡自同。地接羊城。乡至省城五十里。丫髻峰高，百里之来龙特耸；峰在花县，乡之远龙也。仙人脉近，仙人岭在大埔村，出将军冈。万山之降势弥清。为乡之近龙。二水分流，浈郁之分源各异；西、北二江，郁为西江，水尤大。五星聚美，陈《志》载五星聚美，云赤珠，非是。狮龙之聚讲方成。狮冈为石湾龙，郁龙为佛山入脉龙，两两聚讲而去。王借几寻，望去日光始射；蟠峰一点，拥来月影初横。王借冈如日，踞沙口上游；蟠冈如月，峙于栅下下流。海外三山，旗鼓之星峰卓立；三山、西淋，在五斗汛外。如旗如鼓，为乡之捍门。云间列帐，几屏之护从相迎。狮冈过石湾，各山皆回顾佛山，如屏帐然。见《形势龙脉图说》。外势既详，内形可视。矫若龙翔，屹如鹄峙。汾江渡口，红日朝霞。汾江古渡，由西、北二江至此分流，故曰分流。后人喜合恶分，故易为汾。古洛涌边，绿波春水。湛甘泉题冼桂魁所居为"慕洛"，因改名慕洛子，涌社因以名之。后湛甘泉题其墓曰"放达士，古洛冼子"。见本传。旗带水兮何深，旗带水为神庙形胜，屈曲百余丈，达于涌上。竖灵杆以悬神七星旗。锦香池兮何弥。在神祠前，合灌花池为一。庆真楼观，既鸟革而翚飞；即八景之一。灵应祠自明李尚书修后，规模宏敞。国朝佛山分府杨楷倡建后楼，以妥圣亲，体制益备。崇正文章，更蛟腾而凤起。神祠左为崇正学社，乡人四仲月会课于此。云烟生四壁，田心之文院巍峨；向为侨寓课文之地，今则土著、侨寓俱不分矣。复蒙吉制军、李制军、卢抚宪拨款培植，文风益日上矣。桃李植三春，学舍之鳣坛懿美。栅下、汾江义学，分府黄兴礼倡建，后杨楷改建于分府署左。莺鸣欲去，蜿蜒之莺状已平；莺冈饶形胜，举人吕淑平其半为花园，大失面目矣。陈《志》。佛宝方埋，璀璨之佛光至止。塔坡冈既出铜佛后，今为列肆。冈剩一抔土耳。牧竖亦少到，惟鬻花与金鱼者多。

尔乃阛阓则计以万，间井亦逾乎千。货物列肆，田畴连阡。再获之禾耕，向春风夏雨；双歧之穗种，来夕雨朝烟。少糯多黏，传自坡仙之集；东坡论南海土宜云："黏以为饭，糯以为酒。"而乡田种糯更少。初熟三熟，纪来郭子之篇。乡田皆再熟。至郭义恭《广州志》云："三熟则罕见，一熟亦有。"圃菜连畦，问南岸植瓜之侣；园蔬适口，忆西窗剪韭之年。罗汉名松，应记金刚之偈；观音有竹，堪参玉版之禅。罗汉松、观音竹，名园所植。其外常蔬，与各乡同。卢橘杨梅，三墟竞买；表冈墟，今大墟。塔坡墟，今普君墟。盘古墟。后添新墟，不入三墟之内。今同纪之。荔枝龙目，六市争先。官厅市，今官厅脚。公正市早市，即冈心烟市。三元市、晚市、朱紫市、今朝市，为六市，后添三角市、大桥头市、细桥头市。菊舍蟹黄，细桥头之持螯可嗜；大桥头卖谷，细桥头则海鲜罗列。明虾鲜蟹，贩者互争先焉。竹篱梅白，新涌口之脍鲤弥鲜。新涌口上多疍民居住，以渔为生，价颇贱。土毛既列，工作宜知。冶肆纷罗，人擅嵇公之业；乡中打铁者甚多。锅炉旁列，世传卓[2]氏①之奇。铸镬锅釜，为乡土产，钟鼎皆然。钟始两栾，火铸五更之候；鼎成三足，丹逢九转之时。鼎即香炉，有三足、四足、两耳者。赤缆几家，青烟四吐；铁线亦乡土产。有大缆、二缆、上绣、中绣、花丝。铁丝千尺，红焰纷披。铁线、铁锅，乡多仰食于此。八景"孤村铸练"即此。冠履川楚，自福禄里帽店，潘涌里鞋店，弥望皆然。货贝华夷。西、北各江货物聚于佛山者，多有贩回省，卖与外洋者。不止佛山缎、佛山纱流行外省也。

原夫灵应为名，忠义是宝。当黄贼之披猖，比红巾之跳蚤。人齐厥心，神致其祷。御贼时，众牵羊至庙血誓。梁广后至，见羊至庙踯躅。广大声："必有二心

---

① 卓氏：战国时冶炼业大亨。出自《史记·货殖列传》。

者!"其人失色逃走。广集众追获，刑以儆众，人心乃一。事见梁祠谱内《梁广传》。依涌以作池，列栅而为堡。古洛涌一带，皆当时连夜所掘，城门头即其列栅处也。俨正正而堂堂，恍汤汤而浩浩。平鱼齿而可防，危兽角而能保。惟时真武之君，焕其灵，示以道，奋天戈，致天讨，遣三十六神，庙内奉三十六天将。助二十二老。古榕树杪，蚊可成旗；贼每见古榕树上蚊结成旗，有大人冉冉而出，故不敢近。落雁沙旁，网疑结草。雁落平沙，即城门头外、近圣堂乡、斩贼伪千总彭文俊处也。或中枪而僵，贼有向栅嫚骂者，枪一发，立毙之。或应弦而倒。散鸟兽于行间，奠清平于仓昊。搀枪不动，是九天九地之奇；孙武子动兵九天之上，安营九地之下。妖祟全收，乃六甲六丁之捣。《遁甲》：六甲即六仪。六丁，玉女骑龙虎。彼蚁聚而蜂屯，竟雪消而雾扫。贼怒甚，联舟八百，四面急攻。乡老每败之，斩二千余级。贼擒，又雇船追杀贼党，拯救难民无数。见揭《疏》。于是朝隆报功之典，俎豆两陈；敕封庙为灵应祠，春秋谕祭，乡为忠义乡。乡怀保障之恩，笙歌再造。流芳祠内，仰止情殷；二十二老归功于神，不受冠带。左布政揭稽疏免其徭役，乡人建流芳祠以报之。榕社树旁，英风配早。战时，霍仲儒先登被炮死，配于青龙、义榕两社，论见陈《志》，今祀于大魁堂。每春秋值事致祭，更支庙租，交银其子孙岁祀。

爰是武功奋，文教修，礼乐举，干戈投。烝髦士，聘名流，文艺富，器识优。求志有斋，不乏传经之彦；求志斋建在旧汾江义学内。养蒙结社，益多问字之傅。四社学，冼主事桂奇有《记》。笔陈纵横，既葩摛而藻捴；才猷彪炳，更册纪而名留。则有冼汝实之十行并下，致治廉明；《冼光传》。梁日孚之千里寻师，立朝梗直。《梁焯传》。为国家柱石，李葵孺之奏牍堪传；《李待问传》。作郡邑屏藩，庞孝移之仁恩可忆。《庞景忠传》。高挹少汾之风，《冼桂奇传》。洁仰叔求之德。《霍得之传》。孝友相承，各《孝友传》。义行是力。《人物志》内义行各传。母称贤淑，彤管流徽；湛甘泉题冼桂奇母陈氏门曰"贤母门"。女表幽贞，旌闾生色。乡节孝坊甚多。

既考贤良之行，更观名胜之乡。柳汁绿沾，登云路上，在石路。与蟠冈相望，有登云桥。桃花红映，平政桥旁。往石硝各乡大石桥。曲曲垂虹，挂半湾之月冷；即村尾垂虹，八景之一。双双流水，印一塔之波光。即《形势论》云"外河内涌，两水合流。文笔特峙，砥柱中洲"者。海雾山烟，拥东林之翠；江灯渔火，归南浦之航。二俱八景。古寺云封，舍利射佛王之塔；塔坡寺，今仍名经堂。潮省和尚求舍利回，建铁浮图以藏，仿阿育王塔式，见《古迹·金石门》。危楼日暖，灵丹耀仙子之场。万真观为道流聚集之区，内有太乙楼、洗心亭、半舫轩各名胜。招鹤园中，文简公之奇文孰考；冼主事筑鹤园，文简为记，勒于碑。今文载志，而园易碑亡矣。钓鱼台畔，慕洛子之逸致何常。钓鱼台，慕洛子冼桂魁所隐居处。今易。乞巧盛夸于七夕，七月七日，文士集栅下文塔，祝文星；闺阁则盛于乞巧。题糕竞集于重阳。九月九日，乡内绅士集崇正社学，祀文帝。其登高赋诗者间有。陌上花开，归曾歌缓；园丁树卖，飨亦云香。焙荔枝者，未花即定名买树，坡仙所谓"买夏欲论园"也。茉莉素馨，堆盘龙之宝髻；鹰、文二沙疍妇以此为饰。歌童舞妓，扮彩月之霓裳。秋色之扮，至今不衰。传闻故老云，御黄贼时以此疑贼而安民心，故今沿之不革。石云缛秀，五月人多游石云山。鹰嘴苍茫。七月盂兰会甚盛。春流川媚，夏雨农忙，梅经冬雪，竹点秋霜。纪四时之景物，吊今古之兴亡。时则纵登临，肆游赏，望平楚之青苍，睹物华之骀荡。旷野绵延，长江滉漾。农安力本之勤，士借作人之养。民风既皡皡时雍，吏治亦蒸蒸日上。王联晋之治绩常存，初设佛山同知时在任，甚勤俭慈明。有《传》。汪后来之流风可仰。汪千戎儒雅工诗，解组后寄居佛山沙塘。有《传》。治纪鸣琴，歌传击壤。览词赋之纷披，视形图于指掌。猗欤休哉，大观有象。

　　新选《佛山赋》，炳炳琅琅，增光《乡志》多矣。但乡内形势事实，似未暇枚举，聊拟此以为记里鼓车①，非敢竞长也。雩门冼沂识。

石云山赋

附贡吴弥光里人

　　客有挐舟汾水之湾，蹑屐福山之峤，曲彴萦纡，回波缭绕。染蔚蓝于袖底，一角秋光；写丹赭于毫端，半林残照。何年凤地，幻此珑玲？对岸蠕冈，自成耸峭。宛彼小山，丽于平泽。树影半遮，潮痕欲拍。峨

---

① 记里鼓车：又称记里车、大章车，中国古代用来记录车辆行过距离的马车。

峨金鹜之峰，隐隐石龙之脉。波分白鹭洲边，路转赤珠冈脊。问归帆于南浦，练影拖蓝；曳散策于东林，烟霏凝碧。望去非尘非雾，翻同玉局擢云；看来或立或眠，恍讶初平叱石。居然崷崒，并是嶔岑。天开图画，地辟山林。客记小丘之胜，人留丛桂之阴。一品洞天，甘露长滋慧福；三生净土，闲云欲证禅心。有数陂陀，既平原隰。岚光则簇簇疑浮，础润则层层欲湿。莫嫌肤寸①，人需雨沛风油；且此容与，客是岩栖谷汲。远忆机偷织女，文采成章；曾经天补娲皇，云霞四集。郁郁霏霏，树底江湄，容经露洗，骨有霜知。皱削则苔痕点染，岢岈②则草色迷离。记春到波纹，几重镜漾；看秋来雾縠，百叠罗披。讵仇池之峻挺，固粤渚之英奇。彼夫越秀崔巍，浮丘疏瘦。菖蒲涧风景犹存，歌舞冈霸图非旧。讯西樵之云谷，翠叠高低；问南海之石门，青排左右。五羊迹古，地罕真仙，九曜形奇，天分列宿。缩天台之万八千丈，入袖方珍；割巫峡之七十二峰，化烟逾秀。兹之数笏，嶙峋一卷。磊砢薜绿藤，斑雾环烟锁。蓬阆半支，芙蓉几朵。或水天澄澈，石露岩巉；倘风雨合离，云生澹沱。形堪承盖，待扶大雅之轮；气得多英，宜置通人之坐。所以消夏寻踪，冲寒接趾。悟至理于灵根，访嘉名于水浃。凿非力士五丁，移岂夸娥二子？地原卑牧，谦亨称物之心；山自静长，太古如年之晷。宜有诛茅结屋，漱石名流，凭谁范水模山，孤云画史？

---

① 肤寸：古代长度单位。一指宽度为寸，伸直四指的宽度为肤（一肤为四寸）。也用以比喻极小之地。

② 岢岈：山深貌。

古今体诗

五言古

国朝

汾江古渡
崔振鳌

深深汾水头，隐隐江色暮。皇皇远行人，簇簇汾江渡。水深停渡频，日暮争渡喧。望去渡旁渡，帆影如云屯。我披楼上风，客泛江中水。一忙与一闲，相去成千里。念此舟中客，名牵与利缚。毋乃行路难，而怯风涛恶。我欲钓东风，人海殊匆匆。何处寻清流，可容垂钓翁？

又
王俊勋

佛山货财薮，汾水东门户。出入必由斯，河道塞帆橹。三叉水分流，疾若箭离弩。石气激盘涡，地维设深组。风送呕哑声，大半榜人语。缤纷争济川，挥汗辄成雨。后波续前波，往复成今古。向沐真武灵，电扫群狐鼠。江河今晏清，恩可天地补。我暂脱尘鞿，买舟问渔父。朝参壮缪①祠，忠义钦出处。暮泊石云山，幽寻松菊主。酒边纵豪谈，残月落前浦。

庚戌夏日，偶游吴氏园林，赋呈晓桐二兄
五斗口司巡检郑籽仁和

主人爱幽居，辞官归计早。选兹曲水滨，远避红尘道。就树创园

---

① 壮缪：三国蜀国名将关羽死后，后主刘禅景耀三年（260）被追谥为壮缪侯。

林，羡君结构好。轩敞引凉风，亭虚涤烦懊。阶盈百尺松，盘植芝兰草。泛泛贴荷钱，唼唼浮鱼藻。负墙千顷田，青葱遍早稻。偶来流览久，顿觉开怀抱。何须慕蓬瀛，即此堪娱老。

村尾垂虹
廪生吴伫里人

万里路迢遥，所喜在通济。游踪不暂停，共借长虹势。行尽落花村，转眼惊新霁。谁家挂酒帘，正宜此点缀。隔岸扣禅关，正凭此维系。彩缠杖履过，气吞舟楫逝。常同玉练垂，恰漾縠纹细。清溪返照时，孤亭月明际。倒影现玲珑，幽赏空尘世。回思题柱人，壮志愧难继。佳气羡饮波，遣怀聊一憩。

井秋官坊客居井
拔贡黎简顺德

缘莎垂石髯，游虹袅文绠。后园鹊查查，日嫩桐枝冷。梦急弦声繁，愁到苔绪静。我家横门水，花落黏春荇。当年双鲤鱼，亲吸惊鸿影。

冯明经钦邻斯佐自广州来问樵夫秋官坊
黎简

尔已两番来，我自一番起。去腊闻尔到，实恐桑户死①。我魂送尔还，风雪六十里。今来惊我瘦，我已眼似鬼。语切辄欲哭，身在则又喜。我死云窒荒，替人属于尔。汲汲著书叟，侃侃古太史。尊人潜斋先生。森森四乔松，翩翩贵公子。诸郎润如玉，去官清似水。为儒尔家学，贫

---

① 桑户死：子桑户，古代的隐士。出自《庄子·大宗师》："子桑户、孟子反、子琴张三人相与友……莫然有间，而子桑户死，未葬。"

者士常耳。倘非贫若斯，何得文至此。忆我见叟时，实自濠上始。冯彤文濠上精舍。谓我有血性，庶或识道理。同味若草木，侧身亦师弟。尔载呼我兄，亦载恭敬止。春风吹绿波，碧草芳未已。茸茸帆上雨，鱟鱟潭下鮪。空蒙水烟外，微阳耀桃李。川光递阴晴，笔兴溢素纸。归时不临河，来不能倒履。入门拜堂上，为我问杖几。我病眠不熟，梦见或寡矣。

题弼唐村外石泉 佛山百里内惟此有水

黎简

莽莽视润野，淙淙隐鸣玉。坐此数升水，斗窳几尺谷。物以稀致贵，逾时不盈掬。担夫日两瓿，即以果其腹。不易烹乳茶，况得湔垢服。山水一源弱，地庶万有俗。旁有野客过，见此怆欲哭。嗟汝本澄莹，多扰则取浊。吾家东樵下，曾不以濯足。

七言古

明

送梁职方焯入西樵

尚书湛若水增城

元厓子掉头不肯住郎署，直入烟霞去。梁伯鸾一身与之若比翼，追迹蹑影凭高耊。翳门牢关守九虎，扣之不开日将暮。徘徊四顾独谁语[3]，山高云深不知处，从天倒下非凡步。二人一笑平生欢，携手高谈谢云驭。《采访册》补入。

国朝

经堂落成

庠生冼湘里人

牟尼何年降井里，长向荒烟卧不起。一自宝光出塔坡，以佛名山从此始。山人嗜佛创经堂，玉磬金铃彻上方。兴废从来迭相倚，旋见修竹横破墙。迩来恰沐仁风遍，捐资修饬法王殿。层层布地缀黄金，金光直射如来面。鸟斯革兮翚斯飞，潆洄栅水环禅扉。十年前忆经游处，都似茫茫春梦归。只今径辟羊肠曲，禅堂十步九移目。喜从市井得丛林，巢鹤一声烟树绿。参差碧树倚檐边，隔断红尘别有天。古来名刹只如此，奚用远问香积前。我来已礼千百相，徘徊不去瞻遗像。悟得员通偈八千，始信梦时同一幻。吁嗟乎谈经台渐成荒陂，倏尔光辉生故基。百年人事知几变，挥毫聊续鸡园碑。

汾江古渡

潘参彦

朝寻汾江渡，暮寻汾江渡。汾江潮汐万万古，行人如蚁朝复暮。唯有岸柳今犹昔，送尽去来名利客。汾江之水清且深，岸柳那识行人心？汾江之水清且浅，岸柳偏着行人眼。欲牵柳丝系游缰，劝君及早归故乡。君不见臧氏谷氏均亡羊①，闲者自闲忙者忙。

塔坡牧唱

潘参彦

坡柳绿深坡草碧，坡上牧童青箬笠。乌犍斜系柳阴中，藉草卧吹三

---

① 臧谷亡羊：指臧、谷二人牧羊，臧挟策读书，谷博塞以游，皆亡其羊。后因以为典，喻事不同而实则一。出自《庄子·骈拇》。

孔笛。横鞭还过饮牛亭，亭边扑扑飞牛虻。雀儿鼓翅虾蟆跳，野塘水满齐牛腰。牵来仍放陂陀脚，远树森森烟漠漠。日暮闻歌不见人，隔林月下敲牛角。

塔坡牧唱歌
附生谭澄新会

塔坡冈上现毫光，嘉名肇锡荣此乡。塔坡寺改余芳草，澹烟疏雨行人道。牧竖晴来破翠微，山花着笠云着衣。飘飘逸兴翻歌曲，步虚声寂如堪续。按微几腔霜树红，扣角一声秋草绿。我来访迹眼逾青，锦槛高悬印月亭。宝珞金装看缥缈，斜阳如画乱峰小。余光隐约市中丘，余音断续水边楼。野讴四起日云暮，芳村拥翠寻归路。悟破瞿昙色即空，我赓一阕咏香风。归途唱和遥相识，牛背翻为三弄笛。时平不用长夜歌，编作新声古太和。

侨寓秋官里月下咏枯树
黎简

敝裘蹭蹬天峥嵘，仰面查牙枯树撑。空拳白战北风里，凛有生气骄无情。栖乌夜惊打门声，飞起影堕月地明。何时林昌好画手，净纸泼墨为写生。我方迟回玩画本，忽然貌我画里形。贯休寒岩古木下，着此面壁千年僧。物近致远谁解得，解者吾与之夜行。客居始见叶满庭，春来未归看汝荣，亦可同踏藻荇横。心遥岁短忽自惊，故园梅树缀云英。两年花底死生阔，今夕梦中天水清。

夜雨平叔佛山送福节相
黎简

夜雨金声锵瘦竹，雁叫新风寒粟粟。湿萤避寒攒近人，照尔舟梦江南春。断肠柳恽吟白蘋，暮愁茫茫蝴蝶云。津头鸣钲惨将曙，浅水凉烟此何处？近知减带兴乡愁，腰腹仍大难伛偻①。

仁寿寺
监生吴奎光里人

石桥横卧蟠彩虹，清晨入寺闻疏钟。方塘半亩新鲤跃，古佛卧壁蛛丝蒙。方袍古衲恰退院，茶瓜清话谈元空。清蝉报响万籁寂，如以定水悬当中。颠当断渡久不作，波平不复铃语风。须臾粥鱼报午饭，斋厨一饱权朝饔。果腹便便作短睡，梦与四大参无终。数点花雨落不落，蘧然一觉闻秋蛩。

送苏都阃擢任肇庆参府
内廷教习莫鸿仪里人

浈湟之水向东流，离亭日落生新秋。芙蕖欲谢柳腰瘦，飒沓黄叶汾江头。行旌飘飘此中驻，却喜停桡为觅句。文韬武略古所难，怀才自得圣主顾。回首京华十数春，素衣已欲化缁尘。归来懿范遥相挹，拟续《闲情》自有真。相期此去旄节杖，鹰鹯堪化德为尚。挽落天河洗甲兵，丹青书勋麟阁上。

佛山正埠酒楼歌
吴奎光

酒楼，酒楼，汝知有人间不死之丹邱？兹何不建诸洞庭之野、潇湘之流，与古贤而为俦？胡为独处乎百货充斥之区，商贾云集之府，猥鄙琐屑之中，湫隘嚣尘之所？犹复开层轩而俯江，泻千觞而飞羽。呼酒保而喧咙，乃郁郁而谁语？斯楼之所遭，亦于是而良苦。虽苦有足多，汝且听我歌。汝今阅十八省之人物，接一万里之舻舸。壶中兀兀封醉侯，

---
① 伛偻：腰背弯曲。

座上一一驱愁魔。豪雄正如鲸吸川，日月任彼龙腾梭。伯伦一《颂》王绩《记》，大书壁间如蚪蜺。白云劝酒可以醉，俯视槛外舟楫来往真么麼。有人袖得柴桑诗，日向楼上高吟哦。螟蛉螺蠃不知日凡几，惟见展旗诸岭环立如翠螺。噫嘻，汾江之水生素波，第一楼头春又过。汾江第一楼，乡先辈陈云麓先生读书处。谪仙已远放翁老，楼兮楼兮将奈何？

佛山栅下海口新建文阁

吴奎光

飞阁巀嶪高刺云，沐日浴月光景新。光气熊熊不可遏，千秋万载兴斯文。我来鼓勇登绝顶，禅山一带何由骋。近把蟠峰远展旗，五级层层出高迥。汾江如丝天际来，蜿蜒曲折波纹开。百里十里此一束，披云抉汉真奇哉！阁上明禋有司禄，阁下铺芬苻松竹。一声欸乃①柔橹来，万顷川原豁尘目。嗟余生本草莽臣，鼠肝虫臂②余此身。俯仰古今览八表，胸怀万里供烟云。烟云处处堪陶写，区区况是枌榆社。他日题糕复泛觞，升高望远开重阳。

佛山新涌曲 有叙

吴奎光

南海方言谓港曰涌。佛山浚涌，始道光辛巳十一月，终壬午三月落成。自新涌口至栅下文阁，长二千九百余丈，深七尺有奇，阔三丈六尺。为工凡五阅月，糜白金无算。由是涌之淤者、失者尽复。溯有明至今，盖三百余年所矣，不可以不志，长歌纪之。

君不见古者畎浍浚距川，遂人之职周官传；又不见汉家二渠疏郑

---

① 欸乃：象声词。开船的摇橹声。
② 鼠肝虫臂：出自《庄子·大宗师》："伟哉造化，又将奚以汝为？将奚以汝适？以汝为鼠肝乎？以汝为虫臂乎？"意为以人之大，亦可以化为鼠肝虫臂等微贱之物。

白①,搜剔水利居民先。我家汾水阳,为作新涌曲。新涌之源来汾江,通津桥侧春波绿。田原却恃大基围,旱潦频将孖窦束。溶溶直下基脚来,势似之元注民屋。已潴东莞浸绿萝,又向西园绕黄竹。东莞地、黄竹、西园[4],皆地名。后悉仿此。大湾去去从南行,都府衙前几往复。右抱南善如束绡,左出仁安新庙桥。春到两堤千树鸟,月明夹岸两枝箫。仁寿寺边刚一折,石梁横断如金玦。水势疑吞四面山,波光倒映三官碣。平流自此向南奔,十里炊烟遮不绝,鳞鳞万瓦扇骨园,古洛钓台存不存。春原牧散浮牛鼻,秋雨潮生濯锦鳞。城门头转地藏庙,水势潆洄发长啸。东南之折入田心,一片沧涟堪晚眺。东下垂虹似建瓴,流花漾絮不曾停。语燕衔泥过菜市,渔舠张网近茶亭。自此水源分两片,右出普贤左水便。澳口原从黄碥来,塘头亦向青洲见。二水滔滔又合流,鳡鱼嘴利不能收。丁字水朝龙母殿,石碛龙过细桥头。再锁危桥号平政,十桥汇水波澜盛。通津、孖窦、新庙、镇南、三官、城门、简村、通济、澳口、平政,凡十石桥。直送谯楼汇戍台,横趋文阁涵明镜。忆从明末成蒿莱,此水沧桑亦可哀。叠次瓦陵当路掷,寻常鸡犬过河来。洼者泬为潢污氹,昂者垒作陂陀堆。暑中一雨起渍湿,潮气侵人在呼吸。蒸为瘴疠不可当,沼岸悲啼嗟何及。道光辛巳斗柄回,建议清涌涌为开。倡修正属苏都阃,成算多因李茂才。决渠如雨锸如云,百年壅塞一朝新。焦劳镇日持筹客,辛苦沿溪负土人。溪旁占筑尽毁拆,乡中豪猾皆惊魄。讵无蜚语作谤声,任怨任劳能鼎力。白鹭洲人不自量,互乡之众难拂拭。蜗角竟从蛮触争,螳螂那与车轮敌。从此渐渐出涧泉,一方水利庆长天。芙蓉照影三千丈,薜荔埋芳二百年。道光二年春日丽,真武来游刚雨霁。彩船乐部相新鲜,玉女金童森护卫。竞渡冲波夺锦标,歌儿弄水夸新制。斯时河伯亦效灵,人各买舟歌利济。兰桡桂楫也经过,曲曲村庄滟滟波。后人倘念前人绩,令我长思康合河。茂园方伯清省城六脉渠有功。

---

① 郑白:郑国渠与白渠的并称。

五言律

明

寄冼少汾主政
府尹庞嵩邑人

买醉分春道，凭高忆少汾。洞中长爱日，树杪几怀人。叱驭青牛出，移书白鹿新。倘然双燕在，遥借日同论。《鹤园诗集》。

国朝

流芳祠
举人陈清杰里人

一代朋忠在，千秋大义存。连营声势壮，合祀姓名尊。漫拟云台[①]宠，空留草野魂。即今修俎豆，功赏未堪论。陈《志》。

过白鹤洞有怀冼比部
谢圣培里人

地僻无喧杂，于焉称野情。独醒人已往，谁与鹤争清？古道留芳竹，幽林和远声。从来高逸士，难绊是浮名。陈《志》。

秩满入都，舟发汾江，别舍弟遇超
进士梁翰顺德

海国一帆轻，秋高旅雁鸣。到家犹是客，别梦倍关情。殿阁开贤路，风云萃帝京。文章思有用，去去问前程。

---

① 云台：汉明帝时因追念前世功臣，图画邓禹等二十八将于南宫云台，后泛指纪念功臣名将之所。

捧檄偏余感，临岐泪满襟。一抔亲未卜，万里我何心。计食人增口，谋生橘少林。濒行无别嘱，知汝力能任。

汾江夜泊
贡生、冼沂填讳吴恒孚里人

咫尺即家园，维舟向夕昏。悠悠孤雁影，落落野萍根。对酒难为醉，临风欲断魂。渔灯三两点，流火杂荒原。

归舟夜次岳利沙阻风
吴恒孚

宁免离乡苦，淋漓一叶舟。微茫云似墨，飘泊迹如鸥。梦觉山钟冷，烟开戍鼓收。小园梅正发，春向雪中留。

夏日汪鹿冈先生过，集拜螯堂，迟陈元堂、高于天、甘石川
吴恒孚

有客撩诗思，熏风破沉寥。裁笺招鹤侣，泼墨写芭蕉。翻局凭高手，回头悔折腰。石台新试茗，蟹眼入葫瓢。

蠦冈渡头
黎简

清川连野色，平望不曾分。隔水招春渡，空亭冻石云。_{有石如云，杂以丛木，名石云山。}西流开大地，南极放斜曛。渔唱时还起，田歌悄未闻。

佛山入秋热甚
黎简

杉艇卧轩轾，苹汀风播掀。梦回身异县，心到雨翻盆。人气朦残

月，江光炯别村。书斋旧桐树，露叶试秋痕。

期以八月十日还家，二日作诗留别佛山交游
黎简

月照一村花，携家人到家。水光知木落，竹影转灯斜。三载经炊玉①，今秋得及瓜。吾生半流寓，兹别倍堪嗟。

竹院
知县李凤阳里人

深院竹风开，清秋客与来。剧怜淹旅梦，遗恨泣荒台。寒食春烟锁，重阳暮雨回。老僧居不俗，且把菊花杯。

哭李椒堂观察
监生吴俶里人

不尽平生感，因思己巳年。观察是岁回粤。须眉君未改，衰朽我堪怜。听雨宵连榻，看花晚放船。别离弹指顷，肠断旧啼鹃。

转运东南重，抡才给谏除。远凭衡岳雁，特寄故园书。悬榻言相待，抠衣愿本虚。湘灵谁鼓瑟，渺渺正愁予。

石云山
进士吴荣光里人

春风吹树色，青到数陂陀。岩气含烟润，岚光得水多。地山卑自牧，天海静无波。昨日看云至，溶溶酿太和。

---

① 炊玉：以昂贵如玉的米、粟做饭。形容生活困难。

访冼少汾比部鹤园故址

吴弥光

醒翁不可作，公自号醒翁。故址自堪寻。鹤话兴亡事，人怀高尚心。遗风存井里，古月剩园林。碧水流如昨，思公共此深。

一纸陈情疏，千秋孝养思。名登循吏传，心与古人期。逸境无尘到，孤怀有鹤知。吾庐幸相接，揩杖自题诗。

斋中独酌柬冼孝廉雩门

莫鸿仪

雨色兼春色，云容似病容。寄怀空对酒，抚景正愁侬。径转开三面，门扃第几重。故人频问讯，静听足音跫。

雨余清昼永，枯坐对浮缸。花气香侵袂，苔痕绿到窗。此间人语寂，隔院鸟声哤。若问浮名念，今朝被酒降。

七言律

明

谒灵应祠

南海令骆用卿余姚

异国奇香过海龙，万家烟火见灵通①。时和②明受春秋祀，寇扰阴收保障功。北极云来庭外树，南天鹤返庙前风。我来粤省人何识，喜雨横江慰野农。

---

① 灵通：人与神灵之间感应相通。
② 时和：天气和顺，天下太平。

寇退志喜
梁实里人

鼠辈无端起战争，经年烽火满江城。汾流旗帜连云布，王借干戈耀日明。仰荷天威行殄灭，故教神道播先声。从今作息安耕凿，共戴尧天①乐太平。

国朝
初归福山，承王东村、梁药亭、陶苦子过访留宿分赋
进士程可则邑人

曳杖南归秋已残，山乡聊借一枝安②。故人为我移舟至，永夜逢君破涕欢。槛外雨来风谡谡③，帘前灯尽露漫漫。哀情别绪劳相慰，更与殷勤励岁寒。

送和公药亭用喈后，复枉见过，留宿戢山草堂分赋
程可则

昨折津头杨柳枝，已拚离恨向江湄。何因却对寒山月，又得回衔浊酒卮。灯火一龛如梦到，云峰千叠暂行迟。与君不寐聆宵柝，鼓打潮声是别时。

登车何事复停鞍，岂为知交欲去难。骨肉渐于行处少，肝肠重作别时欢。漏分五夜惟忧尽，月落中庭不觉寒。明发河梁莫惆怅，梅花一路好同看。

---

① 尧天：称颂帝王盛德和太平盛世。尧，传说中上古的贤明君主。
② 一枝安：安于家居的生活。出自《庄子·逍遥游》。
③ 谡谡：形容风声呼呼作响。

舟次佛山过程周量蕺山草堂留别
进士梁佩兰邑人

又得停舟访故人，却怜前日别离频。酒香满盏不惜醉，月色上衣从著身。强比远书灯下作，若为他夜梦中亲。所思动辄隔千里，到岭驿梅随马尘。

送左必蕃同汾归里
大学士李光地安溪

一帆归渡楚江清，休为汀苹动客情。仕路息机终洒落，当时直道已分明。天边雁去飞偏远，海畔鸥闲宿不惊。惟有青门故人意，西风愁望五羊城。采访补。

王借山
拔贡柯有遇里人

芙蓉如画照空青①，海上神鞭借不成。一自飞章②逢柱史③，至今灵石④寿苍生。春归鸟鹊巢荒寺，日暮牛羊牧古营。闻说青山销浩劫，年年听尽汐潮声。

---

① 空青：青空。
② 飞章：报告急变或急事的奏章。
③ 柱史：指老子。相传老子在春秋时曾任周柱下史。
④ 灵石：相传老子西出函谷关时，以石为案台著《道德经》，其石通灵，抚摸可得长寿。

又
附生冯甡邑人

借来何处一峰尊，骢马①曾经达九阍②。势峙长江龙作骨，气连五岭石为门。凌霄壁影横秋雁，出峡涛声起夜猿。所以孤峦称绝胜，盘灵分秀入花村。

又
监生陈锦光里人

一山突兀峙中流，王借遥分粤岭秋。海畔童吹归犊笛，沙头人泊打鱼舟。远天东望星初见，斜日西旋影尚留。村屋颇宜烟景媚，候潮枕石更何求！

省志局留别罗石湖诸子
拔贡、县令劳孝舆里人

局外闲身且暂逃，频行何事首重搔。江山如此难为别，天地于人亦已劳。冬暖孤鸿随腊返，潮回寒月到天高。故人莫惜佗城远，陆贾风流正自豪。

汾江秋怀
佛山千总[5]汪后来番禺

三十年前领戍来，渡头草木手亲栽。倦飞鸟影有时返，一往溪声去

---

① 骢马：青白色相杂的马。
② 九阍：九天之门。代指朝廷。

不回。夕照远扶枫叶赤，蚤霜寒迸菊花开。眼中未免悲陵谷①，何处禁愁强举杯。

茶庵即事
汪后来

岂有春风草不花，奈何春去不还家。隔园树密自啼鸟，昨夜雨寒微听蛙。觅得野蔬僧饭熟，吟随天籁日痕②斜。虚言老大心情淡，每到沉寥③生叹嗟。

移居山紫村
汪后来

三间矮屋野田颇，窃敢铭之曰邵窝④。老幼提携无恙在，乾坤风雨奈吾何。方移润笔⑤钱供客，更觅惊人句入魔。大笑戎衣耽岁久，羸身⑥犹得试轻蓑。

大沙塘寓斋同门人林云轩赋
汪后来

野日侵门想柳遮，雨余聊插一枝斜。新交地主鱼频馈，旧识耕佣菜肯赊。偶卷疏帘通舞燕，倦临积水梦浮家⑦。白头消尽从王志，蜂蜜空排屋角衙。

---

① 陵谷：山岭与深谷。比喻世事变迁，高下易位。出自《诗经·小雅·十月之交》："高岸为谷，深谷为陵。"
② 日痕：日光。
③ 沉寥：形容心情寂寞孤独。
④ 邵窝：北宋理学家邵雍称其居为"安乐窝"。
⑤ 润笔：请人作诗文书画的酬劳。
⑥ 羸身：瘦弱的身体。
⑦ 浮家：泛舟而居。

夜水新添与岸平，斜铺竹簟①月痕生。芳鲜撷罢群鱼沫②，烟火消余一鹤鸣。云拥春愁归浩渺，风披襟影鉴分明。会心已在言诠③外，不待诗成见性情。

墙角橙花扑盏香，狂来休学老夫狂。眼中诗胆④推无本，时习与上人在座。座上雄心逊卞庄⑤。谓陈竹楼。化羽⑥定嫌天地窄，为萍不厌水云长。人家艇子能相借，齐唱渔歌入渺茫。

次和汪鹿冈大沙塘寓斋同门人林云轩赋
进士陈炎宗里人

庐接林塘梦亦香，无边风景触人狂。白鸥暖泛三春浪，紫燕轻投五柳庄⑦。楼外青山云不断，门前芳草雨初长。相过正拟寻幽胜，徐听高歌更渺茫。

裘马⑧诸君总不如，先生高卧任乘除⑨。石边苔长餐雏鹤，水底蒲多泊细鱼。索画客来茶正熟，乞诗人去座都虚。非关老大耽闲放⑩，惟有床头养性书。

---

① 竹簟：竹席。
② 鱼沫：鱼所吐之水沫。
③ 言诠：以言语解说。
④ 诗胆：诗人的胆识。
⑤ 卞庄：春秋时鲁国著名的勇士，相传能独力与虎格斗。
⑥ 化羽：人修炼得道，羽化登仙。
⑦ 五柳庄：陶渊明自号"五柳先生"，后用五柳庄指陶渊明隐居时的庄园，泛指隐居。
⑧ 裘马：轻裘肥马，形容生活豪华。
⑨ 乘除：自然界中的盛衰变化。
⑩ 闲放：悠闲放任，闲散。

又

举人何邵顺德

朱匣涵秋镜影平，闲居骑省二毛生①。谁传丹诀②留颜驻，对坐黄庭③叩齿鸣④。松爱千寻无佶屈⑤，月归方寸⑥尽灵明⑦。旃檀⑧忏悔从前事，不是烟霞不系情。

披离⑨残菊更何如，检点秋容节序⑩徐。塞上已闻翁失马⑪，濠边唯有子知鱼⑫。逢场处处看乌有⑬，作赋明明托子虚⑭。千载平原丝莫绣⑮，朱门新爱绝交书⑯。

---

① 闲居骑省二毛生：骑省，散骑常侍。二毛，花白的头发。出自晋潘岳《秋兴赋》："晋十有四年，余春秋三十有二，始见二毛。以太尉掾兼虎贲中郎将，寓直于散骑之省。"
② 丹诀：炼丹术。
③ 黄庭：道教丹道术语。亦名规中、庐间，一指下丹田。因其黄色为土，正为结丹之土地。
④ 叩齿鸣：道家所行的祝告仪式之一。叩左齿为鸣天鼓，叩右齿为击天磬，驱祟降妖用之。
⑤ 佶屈：曲折。
⑥ 方寸：一寸见方，又指心、脑海。
⑦ 灵明：通灵明敏。
⑧ 旃檀：古代印度的国王，初时不信佛教，轻侮佛法，后改过忏悔，成为佛教尊者。
⑨ 披离：分散，散乱貌。
⑩ 节序：节令，节气。
⑪ 塞上已闻翁失马：塞翁失马，焉知非福，好事与坏事在一定条件下可互相转化。出自《淮南子》。
⑫ 濠边唯有子知鱼：庄子与惠施在濠梁之上辩论"知鱼之乐"。出自《庄子·秋水》。
⑬ 乌有：即乌有先生，西汉司马相如《子虚赋》中虚构的人物，意为本无其人，亦指不真实的事情。
⑭ 子虚：比喻虚假不实的事情。司马相如假托"子虚"这个虚构的人物作《子虚赋》。
⑮ 千载平原丝莫绣：平原君，战国四公子之一，好客纳士，家中宾客常数千人，世人称贤，后人用彩色丝线绣其像以长作追念。出自唐李贺《浩歌》："买丝绣作平原君，有酒惟浇赵州土。"
⑯ 绝交书：断绝交谊的书信。三国魏时，嵇康与山涛为至交好友，同列竹林七贤，隐居山林。后山涛出仕做官，嵇康撰《与山巨源绝交书》，与之绝交。

又

附生李易简[6]里人

驱马艰难路不平，不须髀肉怨重生①。飘零宝剑终归匣②，委弃黄钟③何日鸣。酒倩④酡颜⑤宜半醉，镜临衰鬓厌分明⑥。寻常解道桃花水，输却汪伦一片情⑦。

砌草⑧闲拖屐齿香，青山无恙可容狂。何曾口腹劳安邑⑨，不分才名毁谢庄⑩。鸡肋⑪逢场拼一笑，龙沙⑫绕梦恨空长。相看行路难如此，合与浩歌⑬秋渺茫。

---

① 髀肉怨重生：比喻因生活安逸而无所作为。髀肉，大腿上的肉。出自《三国志·蜀先主传》。汉末，刘备寄住荆州多年，因见自己久不骑马，大腿上的肉已经长了出来，于是感叹不已。
② 飘零宝剑终归匣：比喻背井离乡在外做官的人终于回到故乡。
③ 委弃黄钟：比喻贤才遭受打击或摈弃。黄钟，古代一种器大声洪的打击乐器，多为庙堂所用。
④ 倩：借助。
⑤ 酡颜：饮酒脸红的样子。
⑥ 分明：清楚，显然。
⑦ 寻常解道桃花水，输却汪伦一片情：比喻朋友情深义重。出自唐李白《赠汪伦》："桃花潭水深千尺，不及汪伦送我情。"
⑧ 砌草：茅草。
⑨ 口腹劳安邑：闵贡，字仲叔，东汉初隐士，居于安邑县，家贫不能买肉，每天只能买一片猪肝，屠夫有时候不肯卖给他。县令知道后，吩咐属吏经常给他买猪肝。仲叔很奇怪，得知事情的缘由，感叹道："闵仲叔怎能因口腹而拖累安邑百姓呢？"连忙搬到别的地方去了。出自《后汉书·周黄徐姜申屠列传》。
⑩ 谢庄：南朝宋时文学家，有才华和名望。宋帝曾请其同时文学家颜延之评价谢庄作品，颜延之答："美则美矣，但知'隔千里兮共明月'耳。"后常用作文人相轻之典故。出自《宋书·谢庄传》。
⑪ 鸡肋：比喻做无多大意义而又不忍舍弃的事。出自《三国志·魏武帝纪》。
⑫ 龙沙：塞外沙漠之地，代指武功。出自《后汉书·班超传》："定远慷慨，专功西遐，坦步葱、雪，咫尺龙沙。"
⑬ 浩歌：放声高歌。

迟迟①曲径半花遮，门掩荒塘日已斜。耳热岂知壶易碎②，菊黄不厌蟹频赊。文章医俗何妨僻，烟水盟鸥③即是家。行乐及时君悟否，杜鹃啼遍旧官衙。

瓜实离离学邵平④，写生于此得平生。文鱼偶沫萍初荐，花柽⑤刚移鸟乍鸣。炊叶客涎新芋熟，围棋人劫夜灯明。汝南久矣无真评，为爱林逋⑥少俗情。

又

监生左业光

见说弓刀不系腰，雄心时有酒相撩。新辞故里寻幽僻，同在他乡慰寂寥。跃水白鱼知月冷，堕篱黄叶报霜消。米家图画⑦无妆点，一幅林塘带雨描。

平生愁与杜陵⑧如，一卷诗抄手较除⑨。间补破篱围斗鸟，偶拈残饭饲游鱼。依人不厌虬髯侠⑩，寄迹终嫌蝶梦⑪虚。花事寻常妨蜡屐⑫，湘

---

① 迟迟：长远。
② 耳热岂知壶易碎：耳热，醉酒。东晋大臣王敦酒后辄咏魏武帝乐府歌曰："老骥伏枥，志在千里。烈士暮年，壮心不已。"以如意打唾壶为节，壶边尽缺。出自《晋书·王敦传》。
③ 盟鸥：与鸥鸟订盟同住水乡，比喻退隐。
④ 邵平：秦时被封为东陵侯，负责看管秦始皇帝生母赵姬之陵寝。秦灭后沦为布衣，于长安城东南霸城门外种瓜，瓜味鲜美，皮有五色，世人称之"东陵瓜"。
⑤ 柽：又称"河柳"，叶细如丝，婀娜可爱，天之将雨，柽先起气以应之。
⑥ 林逋：北宋诗人，杭州钱塘人。隐居西湖孤山，终生不仕不娶，唯喜植梅养鹤。
⑦ 米家图画：米芾，北宋书画家。其山水画别出新意，多以水墨点染，重意趣不求工细。
⑧ 杜陵：指杜甫，唐代诗人，号少陵野老，一号杜陵野客、杜陵布衣。其诗饱含对生活的倾诉和对怀才不遇的愁闷。
⑨ 较除：校订并删除。
⑩ 虬髯侠：唐传奇《虬髯客传》中的人物。其人髯赤而蜷曲，结识李靖、红拂，欲起事反隋，但因不愿与李世民争夺天下，乃遁入扶余国，杀其国君，自立为王。
⑪ 蝶梦：庄周在梦中化身为蝴蝶的故事。出自《庄子·齐物论》。
⑫ 蜡屐：以蜡涂木屐。指悠闲、无所作为的生活。出自南朝宋刘勰《文心雕龙·雅量》。

帘①低着半床书。

破阶不补绿苔遮,叶舞西风一任斜。索画易偿高弟②代,买山③无价故人赊。林泉绕遍多因月,儿女婚完不恋家。莫怪懒趋开府幕,宵听鼍打泽边衙④。

世路崎岖那是平,萍踪何处不浮生。暮蛙两部鼓常奏⑤,秋日孤悬鹤乍鸣。老眼尘缘看浑噩,盛年雄概梦分明。谁人向冷偏违暖,莫较长情与短情。

谢陈云麓太史及诸先生游罗浮青霞洞访少汾从祖读书台佳章

国学冼有文里人

洞前洞后半飞花,步入书台愧一家。归养当年曾有疏,景行此日更摛葩。岂徒高尚从文简,便接渊源溯白沙。兴起斯文千古共,琳琅佳句遍青霞。

鹤园花夕柬汪鹿冈千戎

冼有文

一日三秋寄意长,劳劳何必问行藏。得闲日煮西樵茗,无事时烧东莞香。不数韬钤师李杜,懒酬宾客付元黄。乞诗乞画人应去,浊酒相将醉后狂。

---

① 湘帘:湘妃竹做的帘子。
② 高弟:高徒。
③ 买山:比喻贤士归隐。
④ 鼍打泽边衙:鼍,一种爬行动物,又称"扬子鳄"。打衙,打鼓。鼍于泽边窟中打鸣,其声似打鼓。
⑤ 两部鼓常奏:两部器乐合奏,特指蛙鸣。出自《南齐书·孔稚珪传》。

蝶
左业光

多事巢栖与穴居,廓然天地便蓬庐①。桑田作业终愁变,花蕊为粮食不虚。懒散似仙浑是友,逍遥如梦怅非余。繁华本属君乡国,不为趋荣也曳裾②。

湖南留别呈卢绍弓座主
国子监学正劳潼里人

严冬朔雪迫归期,万里担簦迹又移。敢道郑玄成学后,谁云司马倦游时。白云遥望情原切,绛帐回瞻意转迟。方寸顿教迷去住,岳云江树总萦思。

佛山即事
署五斗口司巡检孙锡

曾闻劫煞永消除,比户丰盈乐有余。对此南薰③财自阜,集来北雁宅无虚。长街曲折惟容辙,分水纡回总绕庐。记得故乡喧闹处,吴门风景略相如。陈《志》。

自题灌花溪_{溪在宅西,众水所汇}
吴恒孚

花浦依依近草堂,草堂,大兄读书处。隔溪春色未全荒。荔枝个个争先

---

① 蓬庐:古代驿传中供人休息的房子,犹今旅馆。出自《庄子·天运》:"仁义,先王之蓬庐也,止可以一宿,而不可久处。"
② 曳裾:拖着衣襟。裾,衣服的大襟。"曳裾王门"比喻在王侯权贵门下作食客。
③ 南薰:歌名,相传为虞舜所作,歌中有"南风之薰兮,可以解吾民之愠兮"等句。

熟，橘柚垂垂带晚香。风定鸣禽来枕簟，雨余秋潦入池塘。招邀断续东山札，酒债诗逋事却忙。

不学青门亦种瓜，篱边菊影进横斜。危楼月晒虚窗雪，古木风回一叶鸦。蟹眼煮来云作茗，鹅经换去笔生花。秋深最抱登临兴，翘首南庐是我家。

春日大兄西华草堂落成漫赋
吴恒孚

依稀花萼接烟村，玉树新栽百鸟喧。纵目人收天外翠，绕栏鱼跃水中门。亭开曲槛仍留月，池带清溪自有源。近讶风尘蔽行路，且耽书卷闭闲园。

西华新款草堂春，周折依林画里人。宝鸭池塘偏得偶，水仙岩石自为邻。兰开并蒂飘香远，树发连枝受性真。世事茫茫何足问，且将风月遣闲身。

病起过西华草堂偶成
吴恒孚

不到林丘九十天，花开花落似经年。庭边尚忆啼春鸟，树底新添咽露蝉。曲水细看鱼在藻，回栏争羡柳含烟。登楼恰值熏风候，试谱闲情入五弦。

自题白鹤山房
吴恒孚

十亩山房山气佳，蓬门何处问生涯。青溪旧接高峰麓，白鹤新巢密树斋。书在未应愁寂寞，琴横聊尔写中怀。解嘲不拟扬雄宅，苔藓苍茫绿上阶。

闻从弟本荀在汾江与冯正中、胡肇公诸子勤修社事，示之以诗

吴恒孚

葩经①南国采风多，律法精微慎琢磨。寂寞天涯空复尔，绸缪海内竟如何。莫凭小慧成佻薄，正好虚怀养太和。料得汾江秋月上，不教三径长藤萝。

佛山秋官里寄石帆、云隐

黎简

萧条海日拓寒晴，饥鸟仓皇一叶轻。云黑误投阴野早，影孤深畏冻江明。高歌十日遗生死，落羽三年切弟兄。雾里少微烟里艇，勿言渔父有诗名。

石帆、仙城来佛山肯留二日送之诗

黎简

经年忧患茫无语，两日盘餐不讳贫。身续梦魂来道故，命坚磐石得尝新。鼓声坎坎师杭苇，旗尾萧萧风偃蘋。小艇独冲官舸去，万貔貅里岸儒巾。时有闽台之警。

汪湖壖广州来佛山相过夜话

黎简

十载相知三送别，自君之出又三年。两人今夕前途梦，一角黄茅黑雨天。药裹蠹尘多鬼疟，诗材灵怪杂神弦。岁饥未负文章腹，山泽形容合上仙。

---

① 葩经：即《诗经》。出自唐韩愈《进学解》："《诗》正而葩。"

夏日偕陈畹同过南泉庙赏荷
州判李贤里人

南泉满路好风俱，延赏清池买玉壶。响到千茎承雨盖，圆垂一叶走盘珠。鸳鸯水泛人来未，鹦鹉杯倾客醉无？我亦追陪芳渚北，诗题红叶到平湖。

塔坡牧唱
潘学元

春草茸茸牧塔坡，数声迢递耳边过。童蒙那识横经趣，天籁偏能扣角歌。短笛频吹音断续，野花遍插舞婆娑。普君祠外西斜日，牛背归来尚自哦。

村尾垂虹
潘学元

村尾遥分一水通，长桥稳驾接西东。天边才委衔山照，村外旋垂饮涧虹。日影波光连断处，云情雨意有无中。任教五色江郎笔，多恐描来未尽工。

留别佛山士民
佛山都司苏兆熊鄱阳

庖代汾江近八年，殊恩叠降九重天。承平久绝萑苻警，训练常严步伐愆。风定角声烟成寂，公余射的画堂悬。惭无功绩孚民望，重负名流赠别篇。

骊歌才唱意殷勤，判袂河干别盏醺。数载鸿泥留幻迹，一时马首怅离群。参戎似我惭难称，久宦如家未忍分。此去韶阳千里隔，禅山回首感《停云》。

南浦客舟

举人李天达里人

葭苇茫茫隔水湄，客来南浦赋新诗。岂无一叶斜阳渡，难慰三秋尔室思。荻岸似曾垂钓叟，渔矶犹忆落棋时。深情已许同舟诉，书画船来只自知。

汾江古渡

梁序镛

汾流燕尾迹成陈，三月桃花涨又新。冉冉百年谁彼岸，劳劳千古此征尘。归帆近带仙城曙，去棹遥通庾岭春。阅尽往来无限客，生涯人与宦游人。

庆真楼观

廖衡平[7]

杰构凌虚凤翼翩，峥嵘遥望五云边。衢尊寿献南山近，阁道星明北斗悬。应有篆碑题碧落，更无尘梦奏钧天。楼居自是仙人好，桂观蜚廉忆汉年。

塔坡牧唱

梁序镛

太平风景满山阿，叩角无劳宁戚歌。芳草有情谁遣此，夕阳偏匿待如何？参差短笛吹来惯，婀娜长腔和者多。犹有耕田随作息，康衢遗调共吟哦。

孤村铸炼

梁序镛

风俗还淳卖剑时，农田凭汝铸锄夷。梅间宋璟吟初罢，柳下嵇康僻未知。天道循环犹橐籥，禅门参偈亦钳锤。分明只借辛勤力，点雪红炉①却是谁？

东林拥翠

梁序镛

郁葱佳气满平林，十里寒生万木森。沙岸送青连钓笠，石床分绿压眠琴。画图全展初晴湿，楼阁才遮便夕阴。欲问远公今不见，隔溪空听断蝉吟。

村尾垂虹

梁序镛

红桥雁齿客扶藜，遥认长虹饮涧低。碧水涨时晴雨歇，画船通处夕阳迷。凌云才子应题柱，入月神仙或化梯。凭语郊居原有赋，逢人休误是雌霓。

冈心烟市

屈宋才番禺

路入冈心即市廛，哄声喧处涧人烟。馔供鸡黍蝇趋热，酒羡羔羊蚁慕膻。三月早瓜浮绿嫩，一筐新荔劈红圆。盘飨莫叹无兼味，说法还参玉版禅。

---

① 点雪红炉：大火炉里放进一点雪，马上就会融化。比喻对问题领会极快。出自《雪山集·大慧禅师正法眼藏序》。

汾江古渡

屈宋才

古渡烟横落日昏，仙乡名佛水名汾。潮痕没石蜂窠合，橹影冲波燕尾分。入港船炊菰米饭，临流人着藕丝裙。芳情未必输桃叶，时有歌声隔岸闻。

塔坡牧唱

附生廖卓然[8]顺德

雅韵悠悠起塔坡，樵风一径转山阿。古今浩劫头陀寺，山水清音孺子歌。笠影渐低红日近，笛声遥遏白云过。问谁酬唱应无偶，一笑人间俗调多。

村尾垂虹[9]

廖卓然[10]

老蛟吹浪势凌空，鞭石谁成利涉功。乍见江头横匹练，旋看村尾挂长虹。烟云北望三山合，舟楫南来五岭通。借问何人题柱去，夕阳流水自匆匆。

庆真楼观

附生黄文光里人

高标廊庙拥巍峨，九日登临逸趣多。北望楼台浮蜃蛤，东来风雨震龟鼍。烟开市镇千家小，月落城门一雁过。到此尘缘超绝处，晨钟暮鼓壮高歌。

孤村铸炼
陈畴邑人

为访名乡入胜门，当时铸炼失孤村。不闻夜劝炉间力，惟见人归市上喧。千古文章纯火锻，十年富贵冷灰存。嵇康已去成陈迹，柳底寻来感旧论。

又
监生舒彬里人

天高野旷半田园，霞蔚云蒸又一村。踊跃祥金归大冶，郁葱佳气接平原。一犁春雨占农事，半壁秋山误烧痕。百炼转怜柔绕指，遐荒容易失刘琨。

汾江古渡
余怀涤

广州关对粤关遥，关畔年年荡画桡。三面楼横丁字水，半江人语子时潮。雁飞误忆高歌日，波绿愁看欲别宵。知有离情流不断，春来折尽短长条。

东林拥翠
附生郭泰舟南海

未辨枫林与桂林，东头人指翠森森。栽培名节风霜古，盘错根株岁月深。可有放春来阮啸，也应分绿到嵇琴。享年莫怨不才老，荫暍人怀樾下[①]心。

---

① 樾下：树荫之下，指林间隙地。出自《淮南子·人间训》："武王荫暍人于樾下，左拥而右扇之，而天下怀其德。"

村尾垂虹
梁彰世

朝匪隮西暮匪东，疏林缺处露长虹。虬形断续烟迷岸，霞彩翻腾水拍空。沽酒客归残雨后，浣纱人话夕阳中。花汀倚棹频回望，村北村南一道红。

孤村铸炼
杜伯棠 三水

大造为炉妙莫论，良工铸炼在孤村。宝光万丈相摩荡，紫气千重互吐吞。剑戟销来争战息，鼎钟认得姓名存。太平无复干戈事，野老携锄向隰原。

汾江古渡
廖衡平

断岸中横两水分，渡头终古占河汾。半江湍濑重滩恶，五月飞涛数里闻。贾舶风樯移碧浪，酒楼歌板倚红裙。即非桃叶还牵绪，独立苍茫对夕曛。

冈心烟市
廖衡平

九市通衢列肆连，人家处处起炊烟。四时花鸟官无税，百室鸡豚岁有年。旧酿倾尊招价好，新蔬盈担占春先。只怜几度沧桑后，卖线犹依古庙前。

庆真楼观
廖衡平

巍巍庙貌列星辰，百尺飞楼仰庆真。葆羽流慈歌大父，欈枪驱孽惠编氓。连天雨色春祈社，动地金声夜赛神。晴日登高闲眺望，良田千顷稻怀新。

塔坡牧唱
廖衡平

拍岸潮痕染黛螺，芊绵碧草长平陂。塔阴横处日刚午，蓑影欹时风正和。别浦清音流水调，隔江余籁答渔歌。归来犊背闲吹笛，相送松声落逝波。

南浦客舟
麦照

簇簇帆樯若荠浮，天南客子共维舟。绿波江外将离棹，红树湾前买醉楼。芦渚昼长应梦蝶，蓬窗夜静合盟鸥。海滨素有安澜庆，月影波光任去留。

东林拥翠
陈文瑞

夏木芊茸拥夕阴，翠屏叠叠耸高林。浓添晓雨青疑滴，嫩借朝阳绿转深。干老千年栖鹤梦，风高一夜作龙吟。野人随处搴芳好，眠向苔衣一鼓琴。

南浦客舟
屈宋才

渺渺汾江汗漫游，客来南浦荡轻舟。绿波芳草斜阳岸，春水桃花古渡头。载酒有时倾北海，挂帆随意向东流。等闲好借文通笔，写尽销魂赋别愁。

同吴朴园暨芍泠、砺生中表登庆真楼晚眺，即过学为圃，访吴柳塘，小坐留日亭作
进士温承悌顺德

杰构盘雕斗出尘，凭危目极大江滨。地蟠南越川原壮，雨洗西山面目真。估客帆飞烟树杪，名园春与绿波新。_{是时园外小河新涨。}水村历历都如画，一棹柴门访戴①频。

题吴氏昆仲《吹篪集》后二首
温承悌

百绯穿成锦样鲜，联珠花萼有新编。西堂草绿人初觉，南海波澄月正圆。程氏交亲怀旧德，_{芍泠、砺生与余为中表。}羊昙涕泪感当年。_{芍泠有《集芙蓉馆和作》，砺生有《挽先少司马诗》。}相期共爱秋容好，试看黄花晚更妍。

记得年来汗漫②游，一门俊及许同俦。鸾笺五夜敲铜钵，骊颔三秋赋石头。听雨联床传彩笔，凌风跋马佩吴钩。苍茫湖海元龙气，倚遍人间几酒楼。

---

① 访戴：指晋王徽之雪夜乘兴坐小船往剡溪访戴逵事。后为拜访朋友的代称。出自南朝宋刘义庆《世说新语·任诞》。

② 汗漫：广大，漫无边际。

佛山

吴荣光

苍茫海水护桑田，谁向西来卓锡先。净土隆安埋佛地，青山贞观说经年。乡名忠义新笾豆，世阅元明旧市廛。千四百春残劫尽，到今熙皞好人烟。

衣冠佳气接扶胥，山色周环一渚居。几辈风流开里社，往时兴废问樵渔。庭无响石梁仪部，巷有鸣珂李尚书。回首昔人调鹤地，竹深松老认吾庐。余所居，为前明冼少汾比部鹤园。

入都舟次三十六江楼与诸弟话别叠留别韵却寄兼柬田心书院学侣

吴荣光

两江三十六江津，江水滔滔送远人。杯酒连宵依耐影，风云顷刻乍离身。卅年征雁星霜惯，四度歌骊岁月新。最感膝前徂暑别，丙戌六月朔日。苍茫海气旧途循。

倚棹江头且勿忙，登楼重与趁朝阳。离心记补陔华膳，朴园侍奉先通奉最久，补余子职所未逮。同梦期联廨舍床。朴园、柳塘、芗泠、庶庵，俱预订来署小住。此后身名须爱惜，从前颜发各青苍。孔家粮俸田家树，他日归来话正长。约置义田赡族。

乡志书成欲暮秋，凭将此笔问交游。风流旧有融颐宅，月旦新参李郭舟。但使里间归质正，宁随世俗与沉浮。田间他夕论文地，可忆挑灯读索丘①。

出处那堪几度经，明明心迹草堂灵。只怀教孝重生日，余在黔藩任，得通奉公病信，请告。蒙天恩逾格，准告归省，即获全愈，实出鸿慈再造。敢惜衔恩五纪

---

① 索丘：八索九丘，古书名。出自汉孔安国《尚书序》。

龄。月满罽宾①兵气靖，时闻叶尔羌之捷。春回萧蓼露华零。余到京日，正值上元曲宴。迁儒正喜群材备，好看皇州柳色青。

重经芳草园
吴奎光

阅世真如赴壑蛇，五年曾此泛流霞。予数年前与黄文园、吴雁山诸君命觞于此。青蒲酌碎碧瓦碗，白雨翻残红藕花。座上狂歌[11]同激荡，尊前醉墨任纷拿。自从一别成今昔，怕听村原起暮笳。

题李忠定公《松石轩集》后
吴弥光

危论铮铮动帝阍，采珠开矿念吾民。岂徒桑梓传遗爱，直使君王重计臣。公《传》："上呼计臣而不名。"挽漕一时饶善策，乞骸十上遂闲身。归来松石编诗好，晚节如公复几人。

雨后过学为圃，与柳塘三兄小酌
举人吴林光里人

芳园缓步趁新晴，烟树蒙蒙户半扃。春水桥头双桨碧，夕阳天外一峰青。逃禅因悟禅中趣，豪醉须从醉里醒。远望暮云迷去路，空阶点点起流萤。

和苏都阃留别四首
冼沂

汉南种柳记当年，攀折江潭欲暮天。感物桓公原未老，从军窦氏更

---
① 罽宾：西域国名。

无怨。河山保障雕弓挂，戎马绥安画戟悬。竹帛书勋他日事，应留金石纪名编。

人生何必着儒冠，百万师当一剑存。玉帐威寒严虎旅，金符令重肃旌门。兵机漫说能通左，军诫谁云只效孙。最幸太平刁斗卧，拥旄从此伫高骞。

戡暴安良一片心，兴除利弊力能任。名山草色平原远，古道花香野戍深。好学情怀原自昔，耽吟诗句更传今。低回倍忆江郎赋，惜别销魂孰与寻。

销魂桥畔重殷勤，落日离亭酒半醺。穗石烟霞新结侣，汾江风月旧同群。寒生秋水龙泉耀，高拥行旌虎节分。好是韬钤堪报国，宝刀谁赠判泥云。

庚辰北旋晚泊沙口赠莫教习风山

冼沂

无端髭鬓老风烟，屈指论交已廿年。笔阵纵横惭我拙，诗情瘦硬爱君妍。枣花燕市连衵坐，枫叶吴江对榻眠。最是颍川长使酒，怜才谁比窦婴贤。

忆叔

莫鸿仪

才非小阮本疏顽，爱我如同左右班。卅载抚循怜伯道，十年遗恨泣东山。临风莫解香罗佩，独鹤曾随剑阁还。泉石归来春梦永，牵衣犹记旧时颜。

暮春登栅水文阁

庠生方钰里人

峨峨杰阁出江皋，横障汾流气势豪。两岸已移精卫石，一泓初见广陵涛。春风涨暖蛟螭静，奎璧光悬日月高。烟景只今如画里，天功何敢说贤劳。

七言绝句

明

汾溪

进士冼桂奇里人

清溪万里接河汾，洙泗①源流一脉分。风罢舞雩②归去晚，直从濂洛起斯文。

鹤园

冼桂奇

老鹤将雏起万松，碧桃初熟荔枝红。芳园景色流风③远，独念当年友鹤翁。

浴鹤池

冼桂奇

仙禽自爱羽无尘，却向池中浴日明。渔人网罟④何能及，塞雁沙凫也自惊。

---

① 洙泗：洙水和泗水。古时二水自今山东省泗水县北合流而下，至曲阜北，又分为二水，洙水在北，泗水在南。春秋时属鲁国地。孔子曾在洙泗之间聚徒讲学，后因以"洙泗"代称孔子及儒家。
② 舞雩：古代求雨时举行的伴有乐舞的祭祀。此句出自《论语·先进》："浴乎沂，风乎舞雩，咏而归。"后指乐道遂志，不求仕进。
③ 流风：前代流传下来的风气。
④ 网罟：捕鱼及捕鸟兽的工具。

古洛钓台

冼桂奇

古洛新成一钓台，石桥流水几人来。相逢莫问行藏①事，且看沙鸥日往回。

国朝

佛山四时杂记

孙锡慧

烛花火萼缀琼枝，一派笙歌彻夜迟。通济桥边灯市好，年年欢赏起头时。

黍角蒲觞②已荐新，龙舟来往跃龙津。缘知乘舫游多乐，记否当年鱼腹人③。

玉蟾④流彩照长空，韵事⑤清宵选妙童。仿佛羽衣天半落，锦澜西畔塔坡东。

商勤握算士披编，烛遍千门总可怜。几度团圞⑥相慰藉，团冬过后是团年。

---

① 行藏：做官和退隐。
② 蒲觞：端午节喝菖蒲酒以祛除瘟疫之气，后为端午节的代称。
③ 鱼腹人：指战国时期楚国诗人屈原。相传楚都被秦军攻陷后，其于五月初五自沉于汨罗江，葬身鱼腹。
④ 玉蟾：神话传说月中有蟾，而月色洁白如玉，故以玉蟾为月亮的代称。
⑤ 韵事：风雅之事。
⑥ 团圞：团聚。

佛山竹枝词
附生何若龙里人

履端①六日趁墟期,灯市繁华色色奇。最羡鱼灯成比目,树头花底缀双枝。

心愿多年与梦悬,花迎绮陌②过南泉。观音不少杨枝水,池里常开并蒂莲。

昨宵秋色彻南楼,晏起③云鬟尚未修。渔妇叩门鱼换米,呼僮沽酒细桥头。

铸犁烟杂铸锅烟,达旦烟光四望悬。谩说红楼金漏永,辛勤人自不曾眠。

又
附生梁东大里人

六街呕哑④踏歌声,侣伴招邀逐队行。忽见彩绳风力紧,秋千飞入彩云轻。

百尺龙楼与凤楼,镂金错采⑤万花浮。每逢上巳争行乐,簇拥香旌是处游。

---

① 履端:正月初一。年历的推算从正月初一始,故谓之"履端"。
② 绮陌:繁华的街道。
③ 晏起:很晚起床。
④ 呕哑:声音嘈杂。
⑤ 镂金错采:精工绘制,雕饰华丽。

又

附生陈捷扬里人

簇簇红灯细细风，素馨芬馥①半帘通。玉儿②好伴王孙宴，却挽莲舟入画中。

不到鸡鸣不肯休，纪纲街口闹中秋。齐看环珮三更月，道是花神夜出游。

又

陈昌玶里人

汾江船满客匆匆，若个西来若个东。何处可容垂钓叟，石云山下一孤篷。

春风走马满街红，打铁炉过接打铜。颇爱塔坡留胜地，卖花翁对卖茶翁。走马、胜地，俱街名。塔坡，冈名。

纤手亲镌柚子灯，鸳鸯红艳影层层。郎携好认关情处，妾坐阶前月似冰。

姗姗③月底耍儿郎，抹粉涂脂惹客狂。都道色心强似女，如何私借妾衣裳。里呼采童为"色心"。

又

袁英里人

端阳竞渡庙前湾，水店飞觞④尽醉颜。一笑彩棚人散后，鼓声犹绕石云山。

---

① 芬馥：香气浓郁。
② 玉儿：美人。
③ 姗姗：走路缓慢从容的姿态。
④ 飞觞：传杯行酒令。

打网轻舟破晓烟,栅东鱼较栅西鲜。小姑荡桨临流市,箬笠红衫正妙年。

社亭依岸水潾潾①,几度烧香趁好春。频祷归人人不见,浪传名字唤知津。陈《志》。

佛山秋朴绝句六首

黎简

万瓦低迷暗月明,古墙灯碧乍寒生。不知海外风云色,已入街西木叶声。

红紫云林山翠屏,扬雄秋室卧揵肩。平生柳树多才思,忍对盆花病叶青。

老树西风送浅寒,风廊云篆藓痕干。鹤樵山势营邱树,王山如层云,李树多盘屈。画本天真面壁看。

竹戛秋声花覆庐,药烟茶梦阆窗虚。移家未忘梧桐月,时落天棍照读书。

阿翅挑书重压肩,缥题犹黯药炉烟。日日翻书逢饮子,离乡新泪续陈编。药烟阁之书,手不触将四年矣。昨日从侄挑一担来,中多妇病数年间所服饮子。

小像清疏慈竹林,六铢衣薄警寒深。诗笺画绢苍苍色,香缕灯煤夜夜心。亡妇禅病图小影。

黄淑亭佛山相过三绝句

黎简

一帆烟雨满船花,还过花村野老家。腻碧如油白苹水,门前随意得鱼虾。

忧患安身托六经,压船烟海道山青。樵夫昨梦搜奇字,到尔巢书天

---

① 潾潾:形容水的清澈。

放亭。

秋官坊里我比邻，四度春风几故新。旧雨苔深车马迹，可无人说赁春人。

汾江竹枝词
梁序镛

梨园歌舞赛繁华，一带红船泊晚沙。但到年年天贶节，万人围住看琼花。

何处侬郎挑菜归，疍家沙地想依稀。东风开遍菜花早，莫看一双蝴蝶飞。

又
庠生冯达昌顺德

海关关复广州关，只隔盈盈一水间。风月自来无例税，满船装去又装还。

又
廖衡平

银烛千行月一钩，与郎同倚水边楼。低头莫问汾江水，但忆江名便起愁。

木棉花谢鹁鸪鸣，通济桥头春水生。箬笠筠笼归路晚，蒙蒙烟雨又清明。

又
麦照

赤珠冈接赤霞冈，叠翠攒青地脉长。共识五星齐聚美，联珠佳气映文昌。

瓜皮小艇荡新潮,鹰嘴沙前住画桡。花里灯光花外月,衣香人影醉通宵。

轻舟归去掩篷窗,粤海关前早发桹。我有新诗三五首,不防漏税过汾江。

又

廪生陈日新邑人

清幽书院两相连,吉贝花开罩眼鲜。若到文人摘藻后,此花那似笔花妍。

汾江江水自西来,一日江头见两回。绝怕郎心似江水,到头才合又分开。

又

屈宋才

莺冈三月百花飞,排草街边草正肥。见说兰台风景好,何人走马看花归。

又

廖卓然

琼楼玉宇一家家,士女如云烂若霞。献罢心花呈巧绣,共迎菩萨坐莲花。

乡名忠义至今存,保障功成俎豆尊。二十二人名姓在,买丝端合绣平原。

鹰嘴沙前选艳歌,名姝灼灼定情多。渡江送客过汾水,水自分流人奈何。

又
岑清泰邑人

路入荒园一径通，溪花亭柳两蒙蒙。扁舟载得黄湾酒，浴鹤池边吊醒翁。

治世偏生御侮才，乡间保障亦雄哉。流芳祠外风吹雨，犹见提戈破贼来。

春水连江荡桨行，江边楼阁见层层。宝洲寺内钟声急，十二朱栏正上灯。

柚灯如昼妒姮娥，丝竹沿街按节歌。纸马莲舟都入画，果然秋色比春多。

又
崔茂龄邑人

芦花风起打江波，鹰嘴沙边净绮罗。两岸画船齐照水，问谁分得月明多。

又
舒彬

绿云裁叶绛云葩，灯买新墟一六夸。都让元宵文会好，春风先上笔尖花。

海面无心看水嬉，轻衫白氎日长时。檐间一听丫蝉叫，早卷珠帘买荔枝。

又
附生梅璿枢顺德

接官亭下柳千条，春水桃花荡画桡。多少文园题柱客，登云桥北跃龙桥。

铸锅烟接炒锅烟，村畔虹光夜烛天。最是辛勤怜铁匠，拥炉挥汗几曾眠。

著述

《广居堂稿》《鹤园集》。俱冼桂奇撰。《蜩笑集》。李畅撰。《管见焚余》。陈厚撰。《六休堂稿》。李陛问撰。《啸霞轩集》。陈士兴撰。《嚼蜡编[12]》。李敬问撰。《苏燕游稿》。李应问撰。《史涉》《诸疏稿》《松石轩文集》《松石轩诗集》。俱李待问撰。《海日堂集》《遥集楼诗草》《萍花草》。俱程可则撰。《锦亭集》《青原集》《经正录》。俱关捷先撰。《木强集》。黄德昌撰。《开益集》。陈吾力撰。《秋园集》《树人堂稿》。俱黄金胜撰。《吾师录》《春州铎言》。俱霍俊韡撰。《东溪集》。梁宗鼒[13]撰。《四书讲说》《四方草堂集》《天文岁钞》。俱罗颢撰。《迷阳小草》《却曲纪吟》。俱李锡梭撰。《十九秋诗集》。李茂撰。《兰芳堂诗集》。陈锦光撰。《四书辑释》《易经要义》《春秋详训》《古文端》《易园诗文集》。俱麦在田撰。《卷曲集》《杜诗注》。俱罗湛撰。《冰玉堂文集》《北行漫钞》《西游诗草》。俱陈清杰撰。《同善录》《呻吟辑要》。俱霍宗瑝撰。《四书直讲》《函和集》。俱梁绪祐撰。《杜诗矩》《鹿冈集》。俱汪后来撰。《读史吟》。吴俊常撰。《省轩日记》。左业光撰。《竹斋丛谈》。陈捷扬撰。《覆瓿集》。梁东大撰。《督耕堂集》。冼有文撰。

以上所载书目，日久无考，或板已锓溌，姑仍之。至后所续列，必已发刊可购观者乃录。若但以书名及未梓手抄报采访局者，一概不登。

《春秋诗话》《阮斋文钞》。俱劳孝舆撰。《四书择粹》《孝经考异辑注》《救荒备览》《四礼翼》《荷经堂文稿》。俱劳潼撰。《拜鳌堂集》《玉耕堂诗敲》。俱吴恒孚著。《涛轩文稿》。霍超士撰。《俎豆群言》。霍超士门人辑。《保产备要》。冯秉枢撰。《训蒙论》《戒赌说》。俱劳潼辑。《息讼论》。陈锦撰。

《建业堂诗集》。吴奎光撰。《归省初、二、三集》。吴荣光撰。《吹篴诗略》。吴荣光辑。《丛桂斋吟草》。冼湘撰。《鸰原诗稿》。冼汪撰。《北行吟草》。冼沂撰。

佛山忠义乡志卷十一终

【校记】

[1] 段：原作"叚"，据文意改。

[2] 卓：原作"桌"，据文意改。

[3] 谁语：原无，据《湛若水全集》补。

[4] 园：原无，据前文补。

[5] 千总：乾隆《佛山忠义乡志》作"千戎"。按：千戎为"千总"之别称。

[6] 李易简：原作"李简能"，据乾隆《佛山忠义乡志》及本书卷十、卷十四改。

[7] 廖衡平：原无，据民国《佛山忠义乡志》补。

[8] 廖卓然：民国《佛山忠义乡志》作"唐卓然"。

[9] 虹：原作"红"，据本卷改。

[10] 廖卓然：民国《佛山忠义乡志》作"唐卓然"。

[11] 歌：原作"歆"，据文意改。

[12] 嚼蜡编：乾隆《佛山忠义乡志》作"嚼蜡篇"。

[13] 梁宗𩓣：原作"梁宗秩"，据乾隆《佛山忠义乡志》及本书卷九改。

佛山忠义乡志卷十二

金石志上 金 石

省志《金石》不载前明，不胜载也。若吾乡则灵应祠内铁镜、铁瓶，号为古物而无款识。佛山石榜刻于贞观，陈《志》所遗，而十年前已佚。唐石仅《于履揖》等三碑，移自陕省。五代经幢亦非乡物。其余皆明以后修庙宇、纪园亭之石耳。撰者未必尽为可传，书者未必尽能合法，名式体例亦未必悉遵汉魏韩柳之文。顾地限一区，例应宽采。兹汇而录之，并及筠清馆所刻自晋迄元名人法帖六卷、定武《兰亭叙》一卷，以俟后人采择。后之视今，亦犹今之视昔，安知陂陁林立，不由此与年俱古也。志《金石》。

金 年代无考，玉附

铁镜。灵应祠古器。铸造不可考，久藏祠中，顽黑无色，盖千年物也。明嘉靖中，筑祠前照壁，出此镜悬之，则光芒四射，不可逼视。遥望宝气腾跃，若有神寓焉。俄邻乡以镜能远照，惊眩不安，遂仍还之祠中。陈《志》。

铁瓶。灵应祠养花瓶也。高五尺，铁质，制极古朴。当御黄萧养贼党时，乡人取以诳贼，贼遥见，疑为大炮，不敢逼。噫！瓶能却贼，瓶真宝也哉！陈《志》。

小莒刀。黄朝珣家藏。朝珣妻吴氏将生，氏父遇一道人，赠以此刀，曰："是大钱，为君喜征。"至家而氏生，因以与之。长，携莒刀归朝珣家。生子三：长昭汉，附生；次光汉，武举；三廷槐，按察司知事。黄家以为吉祥，世守之。

铁浮图。高一丈六寸，重一千八百余斤。潮省和尚祈舍利回，建此塔于经堂以藏之。至敬来和尚重建。

铁钟。在丁氏祠堂。新会陈献章撰铭，铭曰："出佛山冶，入济阳堂。厥声锽锽，震于无疆。"

玉带。计玉片二十块，每块厚两分。洁白光润，明澈照人，工作精古，岁久之物也。灵应祠神所系。村尾梁氏施送。图。

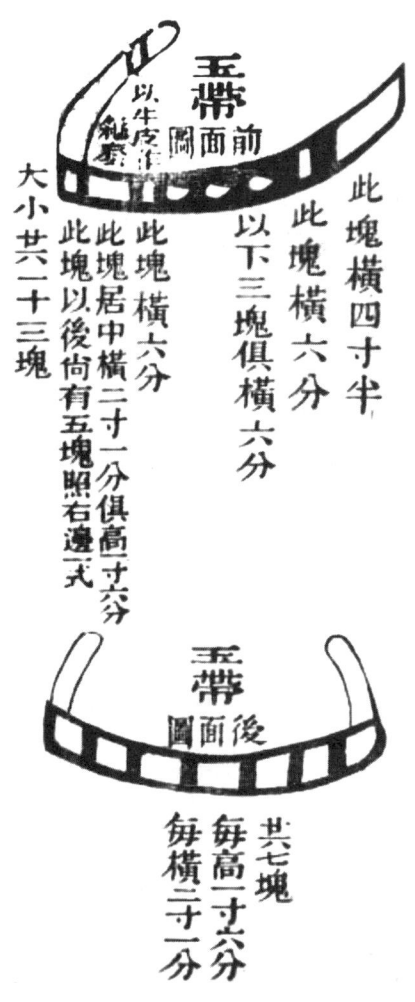

石

唐

"佛山"横榜。八分书,二字在普君墟。贞观年间刻。今佚。

于履揖墓志开元十五年正书

唐故延[1]州肤施县令上柱国①于公墓志铭兼序。

公纬士[2]恭,字履揖,其先东海人也,汉太守定国之胤。洎五代祖谨仕魏,遂居河南,今即河南人也。绩著前史,庆贻后裔。曾祖宣道,隋左卫率、皇凉甘肃瓜沙五州诸军使、凉州刺史、成安子。祖永宁,皇商州刺史、增建平公。父元祚,皇益州九陇县令、袭建平爵,尚德静县主。公即主之次子也。公言行周密,风仪闲雅。弱冠以诸亲出身,解褐授好畤县尉。初大周御宇,分邦制邑,划尔畿甸,隶为稷州,选部甄才,擢授斯职,亦当时之荣选也。自兹已降,累迁郡邑。寻赞临颍,复典肤施。关右驰声,许邦思惠,非此能备也。开元十四年春,天子若曰:县令在任清白者,选日擢用。公即随调选。方俟迁陟,命何不融②,疾成不治。以其年秋九月戊戌卒于私第,春秋六十有六。时来不偶,其如之何!

夫人谯郡戴氏,妍妙凝华,贞顺勉行。自承馈盥,克谐琴瑟。降年不永,虽恨偏沉。同穴相期,果然终合。开元十五年七月乙酉,权袝京兆神和原,礼也。拱树萧萧,坐看成古;佳城杳杳,空见微月。嗣子弼婴等泣血崩心,绝浆茹蓼。昊天莫报,长夜不晓,虑陵为谷,刊石为

---

① 上柱国:官名。战国楚制,凡立覆军斩将之功者,官封上柱国,位极尊崇。北魏置柱国大将军,北周增置上柱国大将军,唐宋也以上柱国为武官勋爵中的最高级,柱国次之。历代沿用,清废。

② 不融:不长久。

表。铭曰：

死生有数，昼夜不舍。嗟彼于公，长归地下。高坟峨峨，宅此崇阿。千秋万古，孰知其他！

韦妃墓志_{建中三年正书}

唐故韦妃墓志_{六字盖石上大楷书}

大唐泾王故妃韦氏墓志铭序

给事郎、行河南府洛阳县丞、翰林学士、赐绯鱼袋臣张周撰

夫必有妇，其尚矣。先务德礼，次求容功，兼而有之，方谓尽善。不尔，则不足以侍执巾栉，宜其室家。故《诗》称"好逑"，《传》著"嘉偶"，非必获是，孰媲名王？妃姓韦氏，盖京兆长安人。祖湜，皇朝中散大夫，颖王府司马，赠光禄卿。父昭训，皇朝中散大夫，太子仆，赠卫尉卿。皆公望自远，吏才兼优，来以"何暮"①见歌，去以"不留"兴咏。妃即淮阳府君之第四女也。自汉及今，门为望族，男不卿士，女则嫔嫱。蝉冕鱼轩，与时间出，腾光简谍，昭晰纷纶。妃蕙以为心，馨其如苣，词懿而定，服纯而衷。位则千乘小君②，行则一人犹母。虽贵无寿，命也如何！呜呼！享年四十八，以建中二年十二月己酉薨于寝，以三年二月庚申葬于原，礼也。存不育男孕女，没无主祀执丧，有足悲夫！铭曰：

关右著姓，海内名家。气与兰馥，颜如蕣华。宜乎作嫔，于王之室。如何不淑，中路先毕！松槚交植，涂刍③共来。一昼朝露，千秋夜台。目睹原野，心伤埋没[3]。日既光沉，人亦薰歇。中无可欲，焉虑发掘？但恨长辞，独归城阙。

按《唐书》："泾王侹，肃宗子，始王东阳，至德二载进王泾。

---

① 何暮：即"来何暮"，本为东汉蜀郡百姓对太守廉范的颂辞，后用为赞扬地方官德政之典。

② 小君：古时称诸侯的夫人或诸侯的母亲为"小君"。

③ 涂刍：指涂车与刍灵，皆古代送葬之物。

史思明陷河洛，诏充陇右节度大使，兴元元年薨。"子迨，延德郡王。妃韦氏，郧公房。祖滉、父昭训，并见《宰相世系表》。滉，齐州刺史。昭训，太子仆。与《志》详略互异。汉丞相韦贤自邹徙杜陵，至唐时定著九房，宰相十四人。太宗妃生纪王慎、肃宗妃生充王偲者，皆韦氏。又开元二十四年为寿王瑁聘韦昭训女，即妃姊。见《玄宗贵妃杨氏传》。《志》所谓"自汉及今，门为望族，男不卿士，女则嫔嫱"也。颖王璬，玄宗子。《百官志》：正五品上曰中散大夫；王府司马，从四品下；光禄寺卿，从三品；太子仆，从四品上；卫尉寺卿，从三品。建中二年妃年四十八，则知生于开元二十二年，其薨先泾王三年。《志》云"存不育男孕女"，则知迨非妃出也。张周，见韦执谊《翰林院故事》，建中已后，周自洛阳尉改河南县丞，又改兵曹，又改虢州司马，皆充翰林学士。丁居晦《重修承旨学士壁[4]记》：张周，大历十四年自洛阳县尉充，建中二年改河南府兵曹参军，兴元二年除虢州司马，依前充。今结衔①作河南府洛阳县丞，与执谊、居晦所记可以互证。给事郎[5]，正八品上。此石与于履揖、刘崟二碑，嘉庆二十五年里人吴荣光得于西安，今在吴大树堂内筠清馆。

刘崟墓志_{大和八年正书}

唐故楚州兵曹参军刘府君墓志铭_{并序}

进士景炎撰

公讳崟，字子嵩，望美彭城，家寄京邑。曾皇祖祢，德行咸高，仕位佳政。属干戈乱动，告牒失遗，略而不言。公青春怀橘，白面凌云，出事公卿，奏成品秩。解褐任洵阳县丞，才继陆安，政敷五德。次任宁

---

① 结衔：指旧时官吏编制罗列官衔。诰册奏表等官司行文及墓志、神道碑等庄重严肃文体提及相关人等身份时多用。

国县丞，上司勒留，下士远慕。虽不亲临百姓，第亦播显多能。三任楚州兵曹，位亚题舆，道益熊轼[6]①。馆驱[7]事集，戎旅获安。公累任清肃，上考成高□□□有殊，何寿年不永！太和八年七月一日，游[8]怀德私第[9]，享年六十有二。仁兄悲切，痛失鸰原②，哲弟浦阳县尉□□职度[10]支不复同衾，那堪异乡？夫人赵氏，顿罢鼓瑟，□哭悴[11]容，德继敬姜，声齐孟母。嗣子欢郎，年未志学[12]，□美少孤，上维号天，未能主葬。女三人，长适杨族，次居□□，□在襁褓[13]。非□亲戚惨怆，实亦行路悲伤。子婿杨氏□报□[14]泰山之恩泪，送逝川之落室。又泣血难报，罔极□□，志石弘农意焉。以太和八年十一月廿六日，葬于长安县□□乡窀穸，礼也。恐陵谷迁变，乃刻[15]为铭。

辞曰永寿[16]，楚楚刘君[17]。刀笔凌云。□于难继[18]，善政易闻。两赞大邑，一橡理君。身殁名扬，不朽兰芬。棣萼断肠，孀妻昼哭。雅合更荣，如何不禄！坟起旷野，殡毁华屋。天然□岗，长埋片玉。长女佳婿，祖奠潸然。下泪即日，沾恩早年。安魂纪德，万古称传。

五代

《南汉陀罗尼石幢》乾和三年正书

加句灵验佛顶尊胜陀罗尼。

曩谟婆誐嚩帝一。怛嚩路枳也二。钵啰底尾始瑟吒野三。没驮野□□□□但你也他五。唵尾戍驮野尾戍驮野六。娑摩娑摩三满多嚩婆娑娑□□□颇啰拏誐底□□□□□婆嚩尾秫第九。阿鼻诜左睹铪□□□□□□□□啰嚩左曩十一。阿蜜㗚多鼻晒罽十二。阿贺啰阿贺啰阿欲散驮啰柅□□戍驮野戍驮野十五。誐誐曩尾秫第十六。□瑟柅洒尾惹野尾秫第十七。□□□□□□□□□□□□他誐多十九。嚩卢谒二十。娑□□□□□□□□□□□多㘕哩驮野廿三。地瑟姹曩廿四。

---
① 熊轼：伏熊形的车前横木，因以指代有熊轼的车，古为显宦所乘。后借指太守。
② 鸰原：代指兄弟。出自《诗经·小雅·常棣》："脊令在原，兄弟急难。"

地瑟耻□□□□□□□□□□贺多曩尾秋第二十八。萨嚩嚩啰拏□□□□□□□□□□□□□□多□阿□□□□□地□□□□□□□□顙摩贺摩顙三十三。怛闼多部三十四。句知□□秋□□□□□地秋□□惹野惹野□□□□□□□□□□□□驮地瑟耻□□□□嚩日嚟□日□□□□□□□□舍唎嚧萨嚩□□□□□迦耶跛□□第四十四。萨□□底跛哩□□□嚩怛他□□□者铭□□□□□□□□□怛他□□□湿□娑地□□□□没地野没地野五十。尾□驮野尾冒□野□三满多跛哩秋第五十二。萨嚩怛吃哩驮五十三。地瑟姹曩地瑟耻多五十四。摩贺母捺嚟五十五。娑嚩贺□尊胜心陀罗尼□□□谟三曼多□□□□娑嚩□□□□□□□□心陀罗尼□□□谟婆誐□一。耶瑟握洒二。惹野睹三。嚩罗毗惹野四。□□□□□□五。

□□和三年，太岁乙巳二月□□日，□□□□□陈十八郎敬□造加句佛顶尊胜陀罗尼幢一座，追荐幽途故误物并乞自身□□□□□长于□□□□禅院供养设斋处赞记。

按：乙巳为南汉主刘晟乾和三年，此幢末纪年"和"字上当是"乾"字，石在吴氏筠清馆。

明

重建祖庙碑记

《祭法》曰："法施于民，能御大灾大患则祀之。"观此，则佛山之民崇奉祖庙，不妄矣。庙之创，不知何代，以其冠于众庙之始，故名之曰"祖庙"。所奉之神不一，惟真武为最灵，其鼓舞群动①，捷于桴鼓影响②，莫知其所以然。

当元季时，群盗蜂起，有龙潭贼势甚猖獗，舣舰于汾水之岸，欲摽掠乡土。父老求卫于神。是时天气晴明，俄有黑云起自西北，须臾烈风雷雨，贼舰几尽覆溺，境土遂宁。乡有被盗者，叩于神，盗乃病狂，自

---

① 群动：众人。
② 桴鼓影响：鼓槌与鼓，影子与回声，比喻反应迅速。

赏所窃物归其主。复有同贾而分财不明者，矢于神，其昧心者即祸之。其灵应多类此。

洪武间，乡耆赵仲修重建祠宇。缘卑隘无以称神威德，宣德四年己酉，士民梁文䉲等广其规模，好善者多乐助之，不终岁而毕。丹碧焜耀①，照炫林壑。复与冼灏通率众财买庙前民地百余步，凿池植莲，号曰"灌花池"，由是景概益胜。塘之税，文䉲、佛儿分承输官②，其崇奉可谓诚至矣。

众请记其事于石。余谓："神之像乃土木为耳，无言语可闻、号令可畏，而能使强戾者不得肆其暴，昧心者不得遂其奸。《记》谓'法施于民，能御[19]大灾大患'者，神岂爽乎哉？民之崇奉宜矣。噫！世之都高位、享厚禄、以保民为己任者，求如神之为，何不多见耶！此陆龟蒙所谓'缨弁言语之土木'③，视神之为，可不发愧而以善政自励者欤！文䉲等所以勤勤恳恳而新是庙者，盖亦借神之灵化人，使咸归于善耳，厥志良可嘉也。"遂书于石，俾后人知所崇奉云。

宣德四年己酉，邑人唐璧撰。

庆真堂重修记

盖闻天地之间，道为最大；三才④之内，人为最灵。故圣神之德，有以合造化，致中和⑤，位天地而育万物，各得其所，体物[20]宁得而远之乎？恭惟玄天上帝，太阴之化，水位之精，职居四圣之中，威镇九天之下。剪除妖怪，迅秋令于雷霆；快护善良，沛春恩于雨露。有求皆应，无愿不从。

本堂奉事香火，世世相承。建基之初，不知何代也。似为冠一乡众

---

① 焜耀：光辉；辉煌。
② 输官：向官府缴纳。
③ 缨弁言语之土木：出自唐陆龟蒙《野庙碑》。
④ 三才：天、地、人。出自《周易》。
⑤ 致中和：人的道德修养达到不偏不倚，不走极端，十分和谐的境界。

庙之始，名之曰"祖堂"。自前元以来，三月三日恭遇帝诞，本庙奉醮宴贺。其为会首者，不惟本乡善士，抑有四远之君子，相与竭力以赞其成。是日也，会中执事者动以千计，皆散销金旗花，供具酒食。笙歌喧阗，车马杂遝，看者骈肩累迹①，里巷雍塞，无有争竞者，岂非致中和之效乎？大德之间，庙前有榕树二株，被风吹颓，乡人聚以二百余众，扶立不动。是夜忽闻风雨声，次早树起而端然，岂非圣神之德验乎？名之曰"圣榕"。

元末群盗蜂起，时有龙潭贼来寇本乡，舣船数十艘于汾水之岸。乡人启之于神。是时天气晴明，俄有黑云起自西南，既而狂风暴作，飘贼船于江之北，覆溺者过半。望见云中有神人披发，方知帝真救民于急难之中，驱贼于水火之际，有此显现。后元祚将移，神亦升天矣。贼乃买致守庙僧，用荤[21]秽之物窃污神像，遂入境剽掠，而庙宇圣榕俱为灰烬，守庙僧不数日亦遭恶死。

迨我圣朝混一天下，民安其生，有乡老赵仲修等节次抄题重修庙宇，忽于小桥浦见水涌，随即一木跃出于淤泥之中，濯如也。众以为神，稽之父老，传言其木系是创基之初雕塑神像之余，不敢毁以他用，是用藏之，迨夫岁久而失其踪也，今显出，岂非神现而用之乎？遂命良工雕刻圣像如故，以奉事之，祈求雨旸时若②，百谷丰登，保佑斯民，以迄于今矣。

缘其栋宇卑狭，未足以称神光，宣德四年己酉，乡之善士梁文缙出为主缘，化财重建。其趋事赴工者，不厌不怠，经之营之，毕年成之。起工之夜，庙前现一火球，大如车轮，滚于地上，光彻远近，倏然不见。竖柱之日，化缘中有不洁，神责其傅匠者，以言其过。庚戌之秋九月朔日，曙色初分之际，庙前现一神旗，风烟飒飒，初浓渐淡，隐隐不

---

① 骈肩累迹：肩挨着肩，足踵相接，形容人多拥挤。
② 雨旸时若：晴雨适时，气候调和。出自《尚书·洪范》："曰'肃'，时雨若；曰'乂'，时旸若。"

见。丁巳岁六月十有七日，现一白蛇蜿蜒之状，往来于栋梁之间，鸟雀惊喧，观者渐众，遂隐于藻棁①不见。如此者，皆神光不测之妙也，何其盛欤！

矧兹庙貌隘塞，无以阐其胜览。正统元年丙辰岁，主缘梁文縉等各出己财，买到庙前民地一丘，以步计之一百二十有五，凿为灌花之池，植以波罗、梧桐二木于余土之上。其地税粮则有梁文縉、霍佛儿分承在户，以输纳之，冀千载之下无以侵占，永为本堂风水之壮观也。

噫！积善之家，必有余庆；积不善之家，必有余殃。岂不信哉？近因邻境有无知者，妄借神伞以为竞渡之戏，灾害随至，悔何及也！乡间有被盗者，旦夕来神前祷告，而贼人阴怀畏惧修省之心，遂生无妄之灾，将财物以归其主也。又有同生理②而财物不明，誓之于神，其瞒昧之人皆有恶报。以此明彰昭报者非一，难尽枚举，姑书此以记之。

正统三年春二月花朝前一日，化缘□□□立。

灵应祠田地渡额事记 目四十条，见《祀典门》

呜呼！莫为于前，虽善弗彰。莫继于后，虽美弗传。是祠之建，肇宋元丰。御灾捍患，赐额褒功。瞻彼神明，赫赫厥灵。顾彼前修，创造惟周。祠成绩著，刻木传流。阅历岁久，虑其颓朽。正德癸酉，贵等会首。竭力构材，焕然重修。流芳堂建，爰及牌楼。灌花池饰，寒林所就。六房改造，三门新构。庙貌增光，辉映宇宙。松柏森严，四时拥秀。永期壮观，民安物阜。噫前之开，惟今之继。实先后之用心若是，咸欲传之悠久而有征耳。述前继后，端有望于后人也欤！

大明正德八年岁次癸酉孟冬吉日，撰跋霍球、会首霍时贵、舍石霍珪，书丹陈谏，篆额张恺、祠道士苏澄辉。

---

① 藻棁：绘有水藻图案的梁上短柱。
② 生理：生意，买卖。

祖庙灵应祠碑记

南海县佛山堡，东距广城仅五十里，民庐栉比①，屋瓦鳞次，几万余家。习俗淳厚，士修学业，农勤耕稼，工擅炉冶之巧，四远商贩恒辐辏焉。境内神庙数处，有所谓祖庙者，奉真武上帝像，因历岁久远，故乡人以"祖庙"称之。水旱灾沴，有所祈禳，夙著灵响，一乡之人奉之惟谨。

大明正统十四年己巳秋，海贼黄萧养初以行劫禁锢，越狱亡命，有司缓于追捕，遂纠合恶党，剽掠村落。掳资货，焚庐舍，迫胁兵民从之为逆，弗从辄杀之。聚其乌合之众，以数万计。舟楫塞川，攻围广城。而南海、番禺诸村堡多有从为逆者，声言欲攻佛山。父老赴祖庙，叩之于神，以卜来否。神谓："贼必来，宜早为备。"于是耆民聚其乡人子弟，自相团结，选壮勇，治器械，浚筑濠堑，竖木栅，周十许里。沿栅置铺，凡二十有五。每铺立长一人，统三百余众。刑牲歃血②，誓于神曰："苟有临敌退缩、怀二心者，神必殛③之。"众皆以忠义自许，莫不慷慨思奋。

居无何，贼果率舟数百至，而其比邻村堡从逆者，皆视佛山为奇货，破之则大有所房获，以充其欲。是以四面环而攻之者，昼夜弗休。每当战，父老必祷于神。许之出战，则战必大胜斩获；不许，则严兵防守，不敢轻出。贼夜遥见栅外列兵甚盛，有海鸟千百为群，飞噪贼舟上。又见飞蚊结阵自庙间出，飘曳空中，若旗帜形。贼屡攻而屡败之，获贼首级千数百计。贼又造云梯临栅，阻于沟堑，不能前却，众掷火炬焚之。贼计穷，无如之何，遂退兵二里许，联舟而营，意将久住，俟栅内食尽人愈，不攻自破矣。然佛山大家巨室，藏蓄颇厚，各出粮饷资

---

① 栉比：像梳子齿那样密密地排列。
② 刑牲歃血：为了祭祀或盟约而杀牲畜，歃血为盟。歃血，用牲血涂在嘴边，表示守信不悔。
③ 殛：杀死。

给,人皆饱食无虑。贼中有自恃勇悍、翘足向栅嫚骂①者,栅内火枪一发,中之即毙。凡若此者,乡人皆以为神助也。贼虽不复敢攻,而相持累月弗退。景泰改元四月十一日,黄萧养被擒,就戮于广城。贼闻之,一夕散去。

盖佛山为广城上游,足为声援。佛山失守,则广城愈危。其所关系,岂细故②哉？贼平后,予与金宪③淮阳宫公安同出诸处村落,招抚民之被寇流散者,俾还复业。因过佛山,见其濠堑、木栅与凡战舰俱完然在,召其父老而奖劳之,父老述神明灵应事甚详悉。予与宫公往谒祠下,再拜瞻仰,嗟叹久之。诸父老请予为文记其事,以示来世。

予归而言于方伯揭公稽,既而公以佛山耆民能保护境土及真武灵应疏闻于朝,命下覆实。而父老复诣予请记甚勤,义不可拒。因曰："真武上帝,昔我成祖文皇帝崇奉极其隆重,建武当宫观,至今选廷臣往彼护视罔阙④。而普天之下士庶之家奉侍是神者,在在有焉。然其感通或有不同者,何哉？盖在诚心之至否何如耳。大抵动天地、感鬼神,不过一诚而已。有其诚则有其神,无其诚则无其神,此理之自然也。《书》曰'至诚[22]感神',讵弗信乎？惟尔佛山一境民庶之于祖庙,莫不极其严奉,其来久矣。比剧贼临境,又能倾心叩祷,厥诚不亦至乎？神乌有不感通者哉！宜乎灵应昭昭如是,非偶然也。且夫叛寇罪逆滔天,荼毒生灵,人神共怒,朝廷命将以大兵四集,贼尚不量力度势,自来送死,安知非神明欲其亟亡而使之然耶？呜呼！夫彼各乡从叛党类,其父母妻子今皆安在？而佛山一境晏然无恙,室家相庆,父子兄弟、乡党族姻欢好如旧,共享太平,视彼作恶者,相去岂特霄壤⑤之悬绝？而忠义之美

---

① 嫚骂：辱骂。
② 细故：细小而不值得计较的事。
③ 金宪：明代金都御史之美称。
④ 罔阙：无缺。
⑤ 霄壤：天和地,比喻差别极大。

名将亘古而不息。矧诸父老殚心竭虑，保全境土，未常①有德色②希望之心而勤勤切切，惟欲表彰神明之休烈③，以昭示遐永④。若此者，皆可嘉也。因为备书而详录之，俾后之来者世世严奉，无有懈怠，则神亦福汝、庇汝于无极矣。"请文立石耆民名氏列之碑阴。是为记。

会稽陈赞撰，河南按察司佥事五羊赵纯篆额，广西宾州知州南海钟顺书丹，景泰二年六月立。

梁节妇霍氏墓记

嘉靖元年秋，湘厓子承提学魏公委以毁淫祠、建社学、敦尚风节于广之佛山。至之日，如命，事事谕民意指⑤。父老曰："乡人梁能妻，姓霍氏，节妇也。使君欲闻其概与？节妇念一乃归，不半载，厥良⑥客死湖州。计居室十有八月，遗腹生梁商，躬纺绩以抚教其成。事衰姑⑦，克执妇道，姑死，依外氏⑧。孀处四十年，初晚一节，六十四岁以终。"湘厓子曰："是可叹矣！余其尚之。"顷之，乡士大夫云云如前，且曰："吾徒几欲暴⑨之，而中沮于物议，谓'文移⑩动覆勘之扰，牌坊费里甲之措'也，未举坐此⑪。"湘厓子曰："是又可叹矣！余当闻之。"顷之，里族状状亦如前，且曰："节妇殁，子亦继亡，弱孙梁聪弗能营葬者，阅四载矣。"湘厓子曰："是又可深叹也！余为掩之。"

---

① 未常：同"未尝"。
② 德色：自以为对别人有恩德而流露出来的神色。
③ 休烈：盛美的事业。
④ 遐永：长久，长远。
⑤ 意指：意图，旨意。
⑥ 厥良：丈夫。
⑦ 衰姑：年迈之婆。
⑧ 外氏：外祖父母家。
⑨ 暴：显露。
⑩ 文移：文书，公文。
⑪ 坐此：因此。

时即往其庐，顾节妇之棺置于外氏之寝门，子商之棺横于邻室之幕次①，而弱孙梁聪者，穷而无所归也。呜呼！所闻难忍闻矣，所见宁忍见耶？奈何人事天道，变改不符有如此！微我魏公风教之崇，物色之及，则节妇身后之名几不著矣。然停棺数年而不克成葬，抑岂有待而然耶？霍有两生，曰旸、曰敦者，义于氏，愿以先茔之西吉壤②厝之，而别厝梁商于他所，又自请以董葬事。湘匡子授以葬具，七日而坟成。以所毁淫祠之木石改而亭之，揭石大书，表其贞节，筐以特羊匹帛而祭之，以文复为传以鸣之。庸敷魏公之意，而出公人之财，湘匡子不得而与也，节妇不可谓不遇矣。

由节妇之事观之，则知贤人君子自求己志而不见知于人者，世固未尝无也。间知之而不能汲引③之，顾从而违之，俾不通厥事，大率类此。吾于是又重有所感也。世无后材之文，则可以④彰仲举⑤之义？独恨才惭野史，文不足以彰之，则节妇虽遇犹不遇也。噫！是碑竖于祖庙铺大塘前坟亭之西，向草蔽其面，土掩其半，几成废朽。余命工人铲草木，去泥土，涤其污垢，乃录出付诸梓，使后世不独知其人与文为不朽，并知其墓与碑之所在。虽有豪强，必不起狼贪之心而夺占之矣。

嘉靖元年提学魏校委教谕蒋鳌治葬。陈《志》。

四社学记

吾乡故有社学四焉，盖督学庄渠魏公所毁诸淫祠改建者也。是时崇本务实，教化兴行，风俗改观，人才辈出。余时尚少，列诸生，歌诗习礼，今犹能记忆其盛。自庄渠公去后，教化不修，社学且废，二十余

---

① 幕次：临时搭起的帐篷。
② 吉壤：风水好的坟地。
③ 汲引：引荐，提拔。
④ 可以：通"何以"。
⑤ 仲举：陈蕃，字仲举，东汉名臣，以"不畏强御"闻名于世。此处借"徐孺下陈蕃之榻"的典故说明无后材之文，则无法彰显节妇之义。

年矣。

嘉靖庚子,婺源觉山洪公巡按我广,慨然以风俗为己任,查复各郡邑社学。学宪西洲[23]欧阳公、郡守西村胡公奉行惟谨,吾乡社学遂复修焉。社学师俱由郡守选经明行修①者充之,其教先德行而后文艺,士习彬彬然可观矣。

先是社学匾额不存,觉山公乃取义命名,因方立教。曰"蒙养",示养也;曰"敦本[24]",示立也;曰"崇正",示趋也;曰"厚俗",示风也。是故果行育德②则蒙养端,履忠居信③则本立固,释回反经④则趋向正,隆礼由让⑤则风俗淳。于以作圣入神,崇德广业,此其大务也。然则社学之设,岂徒阶利禄已哉?余惧人昧诸公作兴⑥意也,故为记之,冀与诸君子勉焉。

嘉靖辛丑九月日记。冼桂奇撰。

世济忠义记

余尝稽古之人所以制大敌、弭大难,未有不因甲兵、据险塞,居得意之位、操能致之权者。及其论功于朝,则必晋殊秩,膺显号,铭之旂常,藏之金匮石室⑦,死则庙而祀之,不以为异,其有功不受赏者盖寡。惟夫祸变起于仓卒,而当其时与地,无甲兵之援,无险阻之限,而又无得意之位、能致之权,彼豪杰者出其间,不忍坐视其危莫之救,徒以其忠义之所激发,能使阡陌末耜之辈奋而为精兵而大敌破,咆哮啸聚之徒

---

① 经明行修:经学博洽,德行美善。
② 果行育德:以果断的行动培养高尚的道德。
③ 履忠居信:躬行忠诚之道,恪守信义。
④ 释回反经:回,邪僻。去除邪僻,回归正经。
⑤ 隆礼由让:推重礼仪谦让之风。
⑥ 作兴:兴起,创作。
⑦ 金匮石室:古时保存书契文献之处。

化而为良民而大难平，其成事之难，概夫有所凭藉者，功相万①也。若此者，不尤伟欤？然而有司不以表扬，朝廷不以入告，不得论功于朝，卒与闾巷之人同湮灭不见。况敢希荣宠，崇庙祀，流闻当时，声施后世哉？

自余所睹闻者，则余所见之南境曰"佛山"，百余年来两遘②变乱，而亦莫不有豪杰之士共济艰难者出焉，人才之不必取借于异代、异地亦明矣。正统十四年，黄萧养作乱，为岭南患。聚党数万人，楼橹二千艘。攻城掠地，僭号称制，张官置吏。所过之地，屠戮殆尽。则佛山之父老若梁广、梁懋善、霍伯仓、梁厚积、霍佛儿、伦逸森、梁濬浩、冼灏通、梁存庆、何燾凯[25]、冼胜禄、梁敬亲、梁裔坚、伦逸安、谭履祯、梁裔诚、梁颙、梁彝频、冼光、何文鉴、霍宗礼、陈靖者二十二人，度贼且至，首倡大义，罄资财，树木栅，浚沟堑，储兵械，一夕而具，盖若神所助焉。贼至，则供具酒食，以劳敢战之士，不避锋镝，为有众先。飞枪连弩以摧其阵车，镕铁水焚其皮帐，奇谋迭出。斩其伪将彭文俊、梁昇、李观奴，生擒张嘉绩等，前后斩首二千余级，无亡矢遗镞③之费，而黄贼已困矣！由前所云，无甲兵之援、险塞之限，徒以忠义之所激发，能使阡陌耒耜之辈奋而为精兵而大敌破者，非此也耶？左布政使揭稽上其事于朝，而当事者归之真武之神，名其乡曰"忠义乡"，而二十二人之功不与焉。此余之所闻者也。

嘉靖三十年，山东、淮、徐皆大祲④，岭南尤甚，道路死者相枕籍⑤。盖因年谷不登，赋役繁多，财力诎乏⑥，人无余蓄。有司限民平粜，法非不良也，顽悍之民从而挟取之，而剽掠之衅启矣。佛山尤地广

---

① 相万：相差万倍。极言相差之大。

② 遘：遇到，碰上。

③ 亡矢遗镞：损失箭和箭头，比喻军事上的细微损失。

④ 大祲：严重歉收，大饥荒。

⑤ 枕籍：即枕藉，纵横相枕而躺。

⑥ 诎乏：困乏。

人众，力田者寡，游手之民充斥道路，欲为乱者十家而七。当是时，倡为乱首者一二人，而四境之民一日云合而响应者四五百人，明日则数千人矣。初犹以乞济为名，旋即恣所欲而取之矣。白昼大都之中，斩关而夺之金，倾覆良善，震动官府，而乱势成矣。时则主事冼子桂奇奋同室之斗，不避艰险，亲往谕之。诱之以利，惧之以祸，其人亦皆愧服，解其党而去，愿受约束，是日所保全者盖数十姓云。于是画为权约，先自出粟煮粥以劝，二十四铺之有恒产者亦各煮粥以周其邻近。遣人分护谷船米市，以通交易。阴械为首之最桀骜者一人，以警冥顽。亟诉当路遣官抚谕，以安良善。乞粟于公府，以继粟之不足。始因淫霖①伤稼，躬祷晴于神，以慰民望。继因铁虫为灾，复为文以驱之。是以一权约立而民罔有背戾者焉。拯数百家之危，活千百人之命，而不尸其功者，冼子是也。由前所云，无得意之位、能致之权，徒以其忠义之所激发，能使咆哮啸聚之徒化而为良民而大难平者，非此也耶？佛山及张槎之父老多冼子之功，合词于行部，欲与二十二人者并入祀典祀之，冼子闻而力止之。此余之所睹者也。

谨按国朝议功之典，以宁济②一时与摧锋③万里者同赏。然则二十二人者能捍外变，摧锋于万里；冼子能靖内乱，宁济于一时。其劳佚久速有不同，而同于共济艰难者也，要皆在所议者。顾非其时与地，则人以为是适然矣。汉邹阳④有言："明月之珠，夜光之璧，以暗投人于道，众莫不按剑相眄⑤者，无因而至前也。蟠木根柢，轮囷离奇⑥，而为万乘器者，以左右为之先容⑦也。"天下之事大率类此。余独悲二十二人者，布

---

① 淫霖：大雨。
② 宁济：安定匡济。
③ 摧锋：挫败敌军的锐气，打败敌人。
④ 邹阳：汉文帝时吴王刘濞门客，后改投梁王，被人诬陷入狱，后文见于其所撰《于狱中上书自明》。
⑤ 眄：仇视；怒视。
⑥ 轮囷离奇：屈曲盘绕的样子。
⑦ 先容：先加以雕饰。引申为替他人介绍、推荐。

衣起穷巷，建大勋劳，将必有隽异之行为众所推服者，而当时之人皆淳朴，不以文字显于世，故其行不录。冼子甫登第授职，辄谋归养，屏迹城市，开径方山，古今载籍，靡所不究，又多著述。迹晦而道愈明，身隐而名弥显，足以取信于乡人旧矣。夫以介然一身，坐销大变于万姓危疑之日，谓不有所本哉？余暇日为此论，入吾之家乘，将以告吾子若孙，知邻境有此变乱，而亦莫不有豪杰之士共济艰难者出焉，忠义乡之名于是为不诬云。

无何，广西大参元生陈子至自钱塘，丹阳令石台岑子至自京师，闻余有是论也，率诸士庶造云帽之庐，谓余曰："吾乡有忠义之士焉，功成而弗居，名立而不传，犹幸吾子之持正论也，或可藉以不泯。愿吾子之言，吾将图为锦，藏之祖堂，岁时祭祀赛会必张之，以明示我后之人，其于风化似非小补。且冼灏通者，冼主事君之高大父也，世以忠义相济，其庸可无述乎？"余故并论，著题曰"世济忠义记"以归之。

明刑部郎中邑人卢梦阳撰，湖广按察司副使邑人陈绍儒书丹，河南按察司佥事邑人李兆龙篆额，嘉靖三十年癸丑八月立。陈《志》。

修通济桥纪略

余乡通济桥，莫详其所自始。夷稽厥道，水通大沙、弼堂、简村、石硝、奇槎诸乡，陆通魁冈、大江、深村、石头、石湾、黎涌、潘村、麦村诸乡。其称名固当，盖诸乡以佛山为大都会，桥其要津也。

代修代圮，记其近者。嘉靖三十八年，深村堡霍观察勉斋①修，以飓风毁。隆庆二年，观察之伯霍隆修，又复毁。万历九年，邑令葵东周公修，柱架焕然更新，可通舆马②焉，比于创矣，今才五十年而毁尽。

---

① 霍观察勉斋：指霍与瑕，号勉斋，霍韬之子。明嘉靖年间进士，曾任广西佥事。观察，明代按察司佥事之别称。
② 舆马：车马。

不肖少年周道①上冢，业不胜飘摇之色，迨持服②归来，跋江干③，所见惟孤橇零丁，蠹穿啄剥，几不可措。往者、来者侦潮涸搴裳④以涉，心甚念之。

一日，与建衷季兄语。兄曰："余抱此愿久矣，余将罄力焉，弟其为我共此。"不肖曰："甚幸。持钵，陋也。敛箕，扰也。昔人捐百什以惠浮屠氏，无宁捐此。惟是经营度量，工无窳⑤，材无伪，而后贻厥⑥永。为吾兄能也，并无以烦里旅⑦。"兄曰："余不惮费，敢惮力？"因谋诸父老曰："易故而新。其结楹也，木与石孰便？"父老曰："木石之相去远矣，特苦费耳。既任厥费，盍易诸？"不肖曰："非也，盍策其便者？兹桥会上游诸乡之水，建瓴⑧而下，水溢固自有时，万一茫茫巨浸⑨，谓桥石实壅然，谁执其咎？"父老曰："若等筹之熟矣，以诸乡之壑易吾一桥之安，吾弗助子，子其无惑。"不肖曰："甚幸。"

卜筑有日矣，粥堂、大沙诸乡以墩石壅水来告，相踵于道。于是吾乡父老日有难色。言者曰："盈盈衣带水，环诸乡而放于海，恃通济为疏瀹⑩之门。下弥狭，上将弥壅，百万其鱼矣。桥以称'济'也，奈何称'厉⑪'？向之年固木楹也，从木便。"难之曰："溯吾乡而上，滨于水者，以粥塘为大，粥塘之为桥，约略自在也。两岸束以巨石，空梁以行，才可十五尺。吾桥空视之不啻宽矣，即结石而捍于中流，不及桥空

---

① 周道：大路。
② 持服：守孝，服丧。
③ 江干：江边，江畔。
④ 搴裳：提起衣裳。
⑤ 窳：恶劣，坏。
⑥ 贻厥：留传，遗留。
⑦ 里旅：乡里群众。
⑧ 建瓴：居高临下、难以阻挡。
⑨ 巨浸：大水，洪水。
⑩ 疏瀹：疏浚，疏通。
⑪ 厉：祸患。

三之五。诸乡倚涌带为利，墟者、场者，与夫延潴①而耕者，日越夫故畔焉，而天行固无恙也。使狭足以障流，请廓其甚狭者，无以问吾桥。举大事当计久远，奈何委巨材于阳侯②？幸诸岁月，从石便。"如是筑舍者数月，莫适所主。已而乃用木石参半之说，盖两利而并存焉，诸乡乃帖然③无异议，而乡父老犹呶呶④焉，谓予"实迁就毕局，非策也"。

经始于天启五年八月二十八日，以六年二月二十二日讫工。界桥为七楹，从旷制也。中植巨木为柱，磐以蹲鸱，凡三楹。以叠石而达于榷流之上，下如末锐杀其啮。益以固岸之石，绵亘而洞其中焉，凡四楹。其长一百二十尺，墩广九尺有咫，木梁五尺有咫。东岸构亭而覆之，缭⑤以周垣⑥，凡两楹。长三十尺，广十五尺。一以息民役，一以建贞珉，而乡约聚会咸丽⑦焉。盖以价贸诸梁氏者，阖费糜⑧三百二十有五缗，其石取诸潭州，盖驰檄以命工垂⑨，署邑玉笥张使君所惠也。余则季兄及余共肩成事，以迄于落。

噫！家季兄剔历丞簿间，以廉谨闻，资产仅逮中人。而罄所有，为德无倦色，此特举其一耳。顷麦村等乡日持酒食为劳，具以见孚义之笃如此。桥既成，追维⑩率作劝相⑪之始，繄使君之德不敢忘，乞言志诸有永，备述梗概以闻。并以告夫后之有事于斯者，并中楹而石之，可长无圮患已。

天启五年八月经始，六年二月讫工。里人李待问撰。陈《志》。

---

① 潴：积水。
② 阳侯：古代传说中的波涛之神，借指波涛。
③ 帖然：顺从服气。
④ 呶呶：喋喋不休。
⑤ 缭：缠绕。
⑥ 周垣：围墙，城墙。
⑦ 丽：依托。
⑧ 糜：同"靡"，消耗。
⑨ 工垂：即工倕，人名。相传是尧时的巧匠。代指能工巧匠。
⑩ 追维：追忆、回想。
⑪ 劝相：劝助，劝勉。

通济桥记

粤故泽国也，职方以粤为尾闾①，而西、北两江为近。北自陵江度浈水，西发源黔、滇[26]，经万里[27]，度羚羊②，会北于黄木，建瓴南下，稍折而西，由大帽放于海。其东折支流不可数，一径于佛山，诸乡汇焉，通济桥所由作也。

乡父老为余言："岁甲寅西潦作，丙辰则北江决防，坏墙屋，则墟里为鱼。假令桥在，不以此时圮耶？"《语》曰："近川者浸。"扼衡流而桥，故自苦；不桥，又病涉。炎海③戍夫④，无水可度；蓝关⑤迁客[28]⑥，有马不前。

余代庖⑦南武⑧，不获以余闲缮濒水修途，窃自愧。而中丞李公以栗里⑨故，偕兄司幕君，慨然树不拔之基，捐橐金，不烦里旅，不爱省试勤渠⑩。时里中议伐木者难石，议垒石者难木，几为道旁舍。公谓桥以"通济"名，必通而后有济也，遂用木石参半之说。经始于天启五年八月，落于六年二月，计工余半期。桥长百二十尺，凡七楹，蹲鸱三。桥之外更亭之，以休行者。岁时讲约好会，亦于是焉。在向常修于观察霍公与瑕，继新于邑令葵东周公，然未若今壮而备也。凡糜金钱三百二十五缗，皆司幕君任之，而中丞公佐之，以底于成，厥功伟矣哉！

---

① 尾闾：传说中海水所归之处。
② 羚羊：羚羊峡，位于今肇庆市鼎湖区，为西江的险要之处。
③ 炎海：泛指南海炎热的地区。
④ 戍夫：戍守边关的人。
⑤ 蓝关：即蓝田关，故址在今陕西蓝田县。
⑥ 迁客：遭贬迁的官员迁客骚人。出自唐韩愈《左迁至蓝关示侄孙湘》："云横秦岭家何在？雪拥蓝关马不前。"
⑦ 代庖：替别人做事。张国维时任番禺知县，其时南海无知县，故权代之。
⑧ 南武：广州古称"南武城"，此处代指南海县。
⑨ 栗里：晋代诗人陶渊明的家乡。后泛指家乡。
⑩ 勤渠：殷勤。

抑予因是而知政焉。《记》曰："善沟者，水漱之；善防者，水淫之。"① 漱则为川，淫则为防。下令如流水之源，不涸不波，可饮可溉，覃耕凿②而不知，盖取诸川。圮滥则无经，不由道则泛滥，故君子受之畜。自好者以畜其德，忠谏者以畜其君，长人者③以畜其民，此物此志也，盖取诸防。而且上不病壅，下不病壑，置尊中衢④，高下斟酌焉，盖取诸通。翟宗鲁临河负胠瘠者⑤，子产以乘舆渡溱洧⑥，岂其市德？置宝筏于迷津，济众生于彼岸，盖取诸济。川以行仁，防以正义，通以亨屯，济以拯溺，修此四者，故全也。

抑更因是知中丞公焉。桥圮数十年，公一朝修复，明作之效，已自章章⑦。今天下敝起因循⑧，多至不可收拾。通公明作于天下，何蛊不干⑨？坚石固[29]其岸，邦家基也。巨材壮其趾，栋梁任也。犬牙相函，鱼鳞密次，权衡事也。一木所干，万钧为轻。踊若戴鳌⑩，矗如岳压。望之若垂长虹、跨紫虚⑪，履之若从明河⑫、趋阁道⑬。掩天纮⑭、转坤

---

① 善沟者，水漱之；善防者，水淫之：擅长修建沟渠的人，会利用水流冲刷来清理沟渠，让水流畅顺；擅长修建堤防的人，会利用水流中的淤泥来加厚堤防。出自《周礼·考工记》。
② 耕凿：耕种务农，生活安定。
③ 长人者：为人之长者，指当官治民的地方官。
④ 置尊中衢：出自《淮南子·缪称训》："圣人之道，犹中衢而致尊邪，过者斟酌多少不同，各得其所宜。"
⑤ 翟宗鲁临河负胠瘠者：翟宗鲁，明代博罗县人。嘉靖年间举人，曾任教谕。据记载，翟宗鲁有背负胠瘠者渡河的故事。胠瘠，头部萎缩。
⑥ 子产以乘舆渡溱洧：子产，春秋时期郑国大夫，执政郑国时，曾用自己的乘舆渡人于溱水、洧水。出自《孟子·离娄下》。
⑦ 章章：彰明，显著。
⑧ 因循：沿袭按老办法做事。
⑨ 何蛊不干：干蛊，指补救过失，泛指主事、办事。出自《周易·蛊》。
⑩ 戴鳌：相传瀛洲、蓬莱等仙山，随潮往来，漂流不定。天帝使巨鳌举首而戴之，始峙而不动。
⑪ 紫虚：天空。因云霞映日而天空呈紫色。
⑫ 明河：天河，银河。
⑬ 阁道：星名，属奎宿。
⑭ 天纮：天所维系之处。

轴①手也。"善建不拔②",闻诸老子,予请以方中丞公。于是乡父老闻而歌曰:"周道如砥③,垂虹而伟。于万斯年,率由道揆④。"公亦执爵而落曰:"汤汤⑤中流,可方可舟。百年有作,虽休勿休。"於戏,功伟矣!客顾谓"伐石潭州",予差有力焉。余小子碌碌,所谓"因人成事"者也。贪天之功,予则何敢?公名待问,号葵孺,登万历甲辰进士,见任巡抚应天都御史。司幕名征问,号毓劭,原任直隶镇江府经历。俱本里人,并书于石。

天启五年八月经始,六年二月讫工。东阳张国维撰。陈《志》。

乡仕会馆记

夫士君子负有用之才,应当世之用,出而抒素蕴之奇抱,处而垂不朽之令名,讵非盛事耶?乡之诸先生,由衡门⑥而奋迹鹏程,抑何彬彬盛耶!

考其始,而通籍藩臬监司,则有公会以纪姓氏,以序名齿,继而院司考成⑦,荐上留部,谒选都门,皆有会馆,以联梓雅,以纪除授。视前人之轨辙,为后学之楷型,则兹会不为不重也。独吾乡会无专馆,前诸先生几经议创,而落落难合,竟作道旁舍。凡有公会,咸至止灵应祠,旋聚旋散,率无成规。俾前辈高风遐轨⑧,世远渐湮。后人虽竞勤仰之思,未免望洋之叹。

---

① 坤轴:古人想象中的地轴。
② 善建不拔:善于建树的不可能拔除。出自《道德经》。
③ 周道如砥:大路平坦,畅通无阻。出自《诗经·小雅·大东》:"周道如砥,其直如矢。"
④ 道揆:准则,法度。
⑤ 汤汤:水势浩大、水流很急的样子。
⑥ 衡门:横木为门,指简陋的房屋。
⑦ 考成:在一定期限内考核官吏的政绩。
⑧ 遐轨:古人之遗迹,前人之法度。

迨天启改元，值舜孺李公、完素梁公并奉予告①，解绶还里，倡义于灵应祠之右扩隙地，而新其垣堵，饬以涂垩。大中丞李公颜其堂曰"嘉会"，而诸先生冠盖毕集，车驷如簇。奈门径纡曲②，庭除湫隘，每厌视之，辄谋改迁，蔑有应者。二公乃慨然力主鼎建之议，遍阅而斯地适符其胜。首捐资售地，以为诸仗义者倡。毓劻李公、完赤梁公、锦湾黎公力赞襄之，陈玉京等八人共协成之。二公亲身经画，不辞劳瘁，聚材鸠工，庀费计庸，甫数月而门庭堂奥焕然改观，规模宏远矣。

乃谋所以留芳于后者，恳余搦管③以记。顾余言微，曷足为兹馆重哉？虽然，大中丞翁命之矣。嘉会之义，不可思乎？按《易·文言》云："嘉会足以合礼。"盖礼以忠信为质，毋徒周旋揖让，以饬弥文④，斯其会为可嘉也。今而后务矢合簪⑤之谊，岁有会，会有规。劝诱德业，纠绳愆过。所以风励流俗，维持世教，厥功诚伟，将俎豆⑥而尸祝之无愧矣。昔文潞公、富郑公⑦晚而退休，与诸公为洛阳耆英之会，都人士至今颂之。然则斯会也，与古人较隆而媲美，奚不可？

是役也，工始于丁卯四月十七日癸丑，讫工于十月初七日庚子，凡醵资姓氏，并列碑阴。是为记。

承德郎、南京北城兵马司正兵马、前知京山归化二县事庞景忠撰。天启七年丁卯正月立。陈《志》。

---

① 予告：汉代二千石以上有功官员依例给予在官休假的待遇。告，休假。后代凡大臣因病、老准予休假或退休的皆称"予告"。
② 纡曲：迂回曲折。
③ 搦管：握笔，执笔为文。
④ 弥文：弥加文饰。指礼制或文饰繁复、夸张。
⑤ 合簪：同僚。簪，簪缨，古代官吏的冠饰。
⑥ 俎豆：古代祭祀、宴飨时盛食物用的礼器，后引申为祭祀和崇奉之意。
⑦ 文潞公、富郑公：皆为北宋名相。文彦博，封潞国公。富弼，封郑国公。二人退隐洛阳时，与司马光等共十三人结洛阳耆英会，置酒赋诗相乐。

修崇正社学记

本乡文昌宫，盖先辈课艺暨虔修祀事之区也。人文勃起，科甲联翩，虽由人杰，实关地灵，盖若斯之重哉！岁久圮坏，观者不无中兴之意。乃历议鼎新，而资无从出。数十年来，竟成筑舍①。说者谓"近来文章匪采"，端实由此。

会比部李康老以忤魏珰②还里，瞻仰之余，低回久之，慨然捐资若干缗，并劝诸生随家饶乏③，助工若干缗，庀材鸠工，鼎而新之。于是圮者修，坏者饬，数十年颓废之景象一旦轮奂④。且听形家言，迁大士于右殿，恢⑤厥门路，高厥屏墙，而塑文昌帝像于其中，以起后学敬仰，洵盛举也。工既讫，而督漕尚书李葵老、户部主政庞未老皆赍助金至。孝廉霍叔老亦慨往岁祀典不光，甲子获隽时，捐资二两，俾岁收子钱⑥，以修岁事。而东莞氏之罚金与清查宫后铸冶余地岁租及文昌堂馆租亦附焉。嗣是而文献有征，粢盛⑦丰洁，人文辈出，诸老之功真堪不朽矣。

但收支无藉则干没⑧可虞，今议设簿二扇，凡岁中一切收租支数揭于[30]出纳，俱要登明簿内，以待稽查，庶不失从来美意，而后辈亦知振起之有自耳。

里人霍从龙撰。

栅下天妃庙记

按传，天妃，林氏女，闽之莆田人。父名愿，仕宋为巡检。女生而

---

① 筑舍：筑室道谋。比喻人多口杂，办不成事。
② 魏珰：珰，宦官别称。此处魏珰指明代著名宦官魏忠贤。
③ 饶乏：长短，多少。
④ 轮奂：屋宇高大众多。
⑤ 恢：扩大。
⑥ 子钱：利息。
⑦ 粢盛：古代盛在祭器内供祭祀的谷物。
⑧ 干没：侵吞财物。

灵异，不肯结褵①，能言祸福，辄奇中。没后，其乡人立庙于湄洲之屿，岁时崇祀焉。屿在兴化之东南海中，与琉球国望。宋宣和间，敕封"顺济夫人"。元至正，改封"灵惠"。我朝洪武初，敕封"护国庇民妙灵昭应宏仁普济英烈天妃"，春秋有祭，载在祀典。海滨山澨②，无不思洁蘋藻③、荐牺牲。庙貌崇隆，香火鼎盛，几与汉寿亭侯今关帝并称。猗欤！盛矣！

五羊城南有特祠，当事者春秋司享。南海佛山忠义乡栅下里古有天妃宫，以增形胜。岁时遝迆虔祷，车击肩摩，应将桴鼓。其所从来，匪朝伊夕④。然地势湫隘，祠宇岁远渐湮。

会今上改元之始，岁为戊辰，乾坤焕然，恩沦中外。而余兄好问方解幕政，休沐⑤里中。遂与诸铁商陈震祥、周文炜等，议为鼎新之计。醵金五百有奇，庀材鸠工，扩其地，易其制，一大创之。工始于四月初九日辰时，落成于九月十三日入火。地纵七丈，衡三十一尺。前有门，门有棹楔⑥。内有广除，宏阎朗洞。左右两庑，翼然岿然。中堂广深，设神像、俎豆其间。后建公馆堂寝，为乡人及众商宴集之所。巍焕一新，壮宇内巨观，不独雄视乡国而已。

余兄以诸商意缄书⑦漕署，授余记其事。回望家园，神爽⑧如在，谊何敢辞？考祀典，恤大灾、捍大患、有大功于民者，俱得血食于斯土。

---

① 结褵：成婚。
② 海滨山澨：海和山的旁边，指偏僻之地。
③ 蘋藻：蘋与藻，泛指祭品。
④ 匪朝伊夕：不止一日。
⑤ 休沐：休息洗沐，古时官吏五日或十日一休沐。后代指休假。
⑥ 棹楔：门旁表宅树坊的木柱。
⑦ 缄书：书信。
⑧ 神爽：神魂，心神。

溯稽路允迪、张源、陈嘉猷、彭必盛、林霄、姚隆①前后诸公获福于神者，如此显应，则吾乡所梯山航海②，出入商贾，涉历宦途，以至于耕凿歌咏，其徼惠③岂浅鲜哉？今日海不扬波，普天同治，上而后王君公，下而农贩婴孺，无不知崇奉者，其于祀典又何有焉？是宜世世享有庙祐，而余且乐为操笔以纪于贞珉。是为记。

崇祯元年戊辰□月，里人李待问撰。

重修灵应祠鼓楼记

灵应祠之镇忠义乡也，诚一方鸿芘④，万古巨观。其为右掖也，有鼓楼焉，源远流长，递修递圮。迄今夕阳斜入，碧草堆长，殊深壁破垣颓之感，其何以峙左右之钟鼓而壮庙貌之形胜也？余每徘徊环顾，中心踊跃，亟欲旦夕而鼎新之。

幸赖梓里⑤同志者多，咸乐捐输，得若而⑥人，合得金钱若干，而遂庀材鸠工，于五月十五日经始，八月之晦日告成，实冲宇霍君之力居多焉，肃次芳名勒石，永垂不朽。今而后，闻鼓兴思，莫不倍奋忠义，期继响于千秋，亦好义终事之一斑云尔。

崇祯二年己巳□月，里人李待问撰。

重建南擎庵记

大士之祠遍普天也，所覆所载之际，黄耆黄口⑦之俦，莫不肖像以

---

① 路允迪、张源、陈嘉猷、彭必盛、林霄、姚隆：均为坐船从海上出使外国的使者。路允迪于宋宣和年间出使高丽，张源于明初出使暹罗，陈嘉猷于明天顺年间出使朝鲜，林霄、姚隆于明成化年间出使暹罗，均在海中遇险，据传在天后的庇护下安然无恙。
② 梯山航海：登山渡海，长途跋涉。
③ 徼惠：求取恩赐。
④ 鸿芘：尊长的庇护关怀。
⑤ 梓里：故乡。
⑥ 若而：若干。
⑦ 黄耆黄口：黄耆，年老长者。黄口，儿童。

事，尊亲同于祖祢①。盖法雷②频震，智月③常圆，若或使之也。

汾水南擎庵，起不知何许年，圮不知若干日，但见黍离④稷穗，风雨不除，庇神君仅片瓦尔。虽林可浮，履可渡，八万四千臂目栖息于何有之乡，而妥侑⑤之道殆不然也。

伦君泰我等与乡僧海福、普来鸠工庀材，经营拮据，且不惮沿门持钵，而属缘弁于余。诸檀樾⑥亦欣然义助，吉涓⑦巨细之务皆问于神。今落成矣，竹苞松茂，鸟革翚飞⑧。是役也，不日成之，盖神助也。董是役者，伦君泰我、梁君清宇、冼君九寰、崔君海屏。夫有美不扬，后何以劝？余故列其姓名巅末⑨于左，使后之君子知所自焉。

里人庞景人撰。

重修灵应祠记

昔人谓"南海盛衣冠之气"者，岂偶然哉？说者谓"地脉使然"，而不尽然也。是必有神明之胄血食其间，如解州之关夫子庙，朱仙镇之岳武穆庙，是皆其神灵降绥⑩，禋祀⑪兹土，用能维千百年之命脉，而俾国家长享有道于不穷。

吾乡佛山，旧为南海之冠，凡庇兹宇者，咸获鸠其保聚，生齿日

---

① 祖祢：先祖和先父，泛指祖先。
② 法雷：佛教用语。比喻佛法能破除众生之迷妄而使其开悟，如雷霆震醒动物。
③ 智月：比喻智慧之光明。
④ 黍离：远行者经过西周镐京，见宗庙宫室遗址荒废，黍稷离离，内心忧伤。后用以形容苍凉、荒芜的景象。出自《诗经·王风·黍离》。
⑤ 妥侑：安坐。
⑥ 檀樾：即檀越，施主。以财物、饮食供养出家人或寺院的俗家信徒。
⑦ 吉涓：即涓吉，择取吉祥的日子。涓，选择。
⑧ 鸟革翚飞：像鸟张开双翼，山鸡展翅飞翔一般。形容宫室的华丽。
⑨ 巅末：颠末。从开始到末尾，事情的全过程。
⑩ 降绥：降伏安抚。
⑪ 禋祀：洁身斋戒以祭祀。

繁，四方之舟车日以辐辏者，则实惟帝之灵爽有以致之也。其庙号"祖堂"，以其岿然为诸庙首。其神司北方之水，是为玄帝。予自幼闻诸父老，言帝之著异于吾乡者不一，独于御黄萧养之乱，为神最灵，亦最奇。后予服官于朝垂三十余年，累藉神庥，备员卿辅。

岁辛巳，予以请告①南还，即谒神祠。而见夫墙垣日久，茀茨不除，朱题漫灭。又其堂庑湫隘，虽曰具粢盛，备肥腯②，不疾瘯蠡③，而一拜一跪间，得毋顾风雨而飘摇，委神依于草莽乎？因退而敬捐俸金，谋所以新厥庙貌者。材取其庞，工取其坚，自堂徂基，壮丽宏敞。榜其殿曰"紫霄宫"，外列牌楼。复以其前为照壁，饬以鸱吻。

是役也，董其事者则有予侄述生、从侄几生。经始于辛巳孟夏，历数月而工始竣。由是而游于庙中者，遂有轮轮奕奕之观焉，而心力亦云竭矣。顾自念筮仕以来，清白之衷久矣在帝左右，今兹之役，实荷神棐。继自今其惟帝昭明，迄用丰年，岁修禋祀，以阜成我忠义之赐邦，上翌圣主有道之灵长，下启我师之毗倚④，俾吾南海衣冠之气日新而月异者，又岂独一乡之福庇而已哉？因书其事于石，以垂不朽云。

崇祯十四年辛巳月，里人李待问撰。

文昌书院记

佛山忠义乡向无文昌专祠，有之自大司徒李公始。公尝捐百金，购学田隙地亩余，以为山川之秀毕萃于此，因创文昌院三楹，设祀业以供春秋伏腊，约费壹千叁百余两。经始于崇祯壬午秋，落成于癸未之冬。金碧丹垩⑤，辉映日月。一以培风气之不足，一以作士类之维新，甚盛心也。

---

① 请告：请求休假或退休。
② 肥腯：古时祭祀用的猪。
③ 瘯蠡：六畜疥癣之疾。
④ 毗倚：亲近倚重。
⑤ 丹垩：油漆粉刷。

予按《天官书》① 以梓潼之神权舆于张仲②，其言九十三化，大都以忠孝为本，在周则与吉甫③佐宣王中兴，历汉、蜀、隋、唐以至有宋，拯溺亨屯④，诛逆助顺，寓[31]内尊崇之。操觚⑤者乞灵，干城⑥者觊胜。弓韣⑦乞禖⑧，靡不奔走趋事，不但扬越⑨已也。

公自幼服膺神教，通籍⑩四十余年，过化⑪三邑，以"循卓"称。典礼掌铨，则寅清⑫简要，凛然树南宫眉目⑬，旋以九列⑭开府⑮吴中。吴为天下财赋之区，公汰奢侈，崇节俭。时珰焰煽虐，章凡数十上，而无片词媚权。不茹不吐⑯，惟公有之。比督漕务，疏通运道，挽无愆期。时流贼披猖，募行伍三千，饷犒、衣甲、器械，所费贰万余，无从搜括，尽捐纸赎，公费不足，仍以俸继之。迨两抚报代，毋论荐举，不任谢恩，即一切俸薪，坚辞不受。江之南北，至今服其廉洁，口碑如一日也。入掌邦教，三边持戟之士借公宿饱，免呼庚癸⑰。公移居公署，杜交际，绝情面，仰屋⑱而筹，殚厥心力，虽寝食亦且不遑，以至积劳成

---

① 《天官书》：司马迁《史记》中的一篇。
② 张仲：周宣王时人，与尹吉甫共同辅佐周宣王，中兴周朝。
③ 吉甫：周宣王贤臣尹吉甫，官至太师，辅助三代帝王。
④ 亨屯：解救困厄。
⑤ 操觚：执笔作文。觚，古代作书写用的木简。
⑥ 干城：保卫国土的将士。
⑦ 韣：弓袋。
⑧ 禖：古代求子的祭礼。
⑨ 扬越：亦称"扬粤"。古代百越的一支，后泛指南方。
⑩ 通籍：记名于门籍，可以进出宫门。后称做官为"通籍"。
⑪ 过化：经过其地而教化其民。出自《孟子·尽心上》："夫君子所存者神，所过者化。"
⑫ 寅清：言行敬谨，持心清正。出自《尚书·舜典》："夙夜惟寅，直哉惟清。"
⑬ 南宫眉目：群才中的杰出者。
⑭ 九列：九卿的职位。
⑮ 开府：建立府署，自选随员。
⑯ 不茹不吐：形容人正直不阿。出自《诗经·大雅·烝民》："维仲山甫，柔亦不茹，刚亦不吐。"
⑰ 庚癸：古代军中隐语，指告贷粮食。
⑱ 仰屋：抬头仰望屋顶。形容穷困得想不出办法的样子。

病，手足痿痹。先帝悯其忠勤，遣医颁赍，上尊①禁脔②络绎于卧榻前，眷注之隆，近代罕见。五疏乞骸，始获赐传而行。

自公释重负归里，省会监司干旌在门，必求促膝以请，语次无非为桑梓计久远。当连寇窃发，自鸠工以筑铳台。又增城北垣堞，修复古路凡二百里。岁祲，捐廪以赈闾左，人人德色。所居之乡，设营堡，建桥梁，立大宗祠，置尝田③、书田④，鼎新玄帝庙，不靳解囊数千余金，乡党咸称义举。至于居家，则敦尚俭朴，布衣疏食，无异书生态，内外之人皆化之。自公创为书院，文运蒸蔚而起，诸士尊之如父师。

及捐馆舍⑤，诸士失其典型，哭公于书院，奉其像位而祀之，俾予为记。予知公之精爽⑥陟降⑦不越兹地，生平靖共正直，与神之忠孝颉颃⑧，崇祀一堂何愧焉？予乡李忠简⑨创慈度寺于海珠，崔清献⑩舍宅地为学宫，迄今四百余年。两公血食⑪，附在寺学。以公视之，鼎足而三，洵不朽盛事。予雅服公在朝在野，始终一节，不揣书其崖略⑫，益信公之忠孝通于神明，实不诬也。

崇祯十五年壬午经始，癸未冬落成。失名。陈《志》。

---

① 上尊：古代祭祀或燕饮时放在上位的酒杯。泛指上等酒。
② 禁脔：晋元帝镇守建康时，食物缺乏，每得一猪便视为珍品，猪脖子上的肉尤为精美，群臣不敢食而荐于帝，当时称为"禁脔"，指帝王所钟爱者。
③ 尝田：族内各房共有之田，通常依托在宗祠。
④ 书田：所得地租专门用于补贴本族子弟读书的田。
⑤ 捐馆舍：抛弃馆舍。死亡的婉词。
⑥ 精爽：魂魄。
⑦ 陟降：升降。
⑧ 颉颃：不相上下，互相抗衡。
⑨ 李忠简：李昴英，谥号忠简，广州人，南宋名臣。曾捐资重建慈度寺（位于今广州海珠区），后人将其附祀于寺。
⑩ 崔清献：崔与之，谥号清献，广州增城人，南宋名臣。曾捐地建南海学宫，后人遂将其附祀于学。
⑪ 血食：享受祭品。古代杀牲取血以祭，故称。
⑫ 崖略：大略，概略。

国朝

重修厚俗社学记

吾儒德业，不恃生质之良也，而在乎学之之功。又不独学之之功也，而先乎教之之力。一人之教，莫若推于一家；一家之教，莫若推于一乡。古者家有塾矣，党必有庠，所谓"一道德而同风俗"，不在是欤？

吾乡之有社学，其来已远，曰"崇正"，曰"敦本"，曰"蒙养"，本坊厚俗居其一焉。前人聚族于斯，以为圣人之道，百行典型，不可不亟讲也。于是鸠工庀材，巍然堂构，俾群子若弟少而习之，壮而行之，以成仁厚之风。此社之所由设，名之所由命也，意良美矣。以故人文蔚起，或以行谊著声，或以经学名世，或抚字而载歌良牧，或执法而敢忤权珰，或主计而持筹、忧劳成痼，或矢志孤忠、慷慨临难，岂非居恒教之有方，学之有渐，为斯社之明验也哉？

迨历久风雨，颓其南阳，而前楹奉祀参差不一，几于废坠，维新孔亟。余有志焉，而未能逮也。会里中区君、何君首倡厥议，相率金助，得若干缗，适平虚上人驻锡①境内，共襄盛事。经始于今夏六月念六之吉，迄仲秋而落成。祀诸神位仍之也，而迁于堂。念事重名教，义捐者不可以不记，属余为言，勒诸贞珉②，以垂将来。

余惟斯社，盛德大业所从始也。有前人之开创，文章聿兴；借今日之绍修，儒风丕振。是作者与述者咸穆然于古道矣。后之学者，少习壮行，毋忘斯意，庶几终成厚俗乎！若夫文章经济，蝉联鹊起，媲先贤之休烈而光大之，余不敏矣，愿诸君子交勉焉。区君名兆魁，字文昭；何君名贤，字奕良；上人法名成均，字平虚，并有功于斯社，因备记之。

里人李象丰撰。康熙五年岁次丙午冬十一月二十六日立石。陈《志》。

---

① 驻锡：僧人出行，以锡杖自随，故称僧人住止为"驻锡"。
② 贞珉：石刻碑铭的美称。

文院祭器记

新文昌书院既建，中祀文帝，左祀魁斗星君，右祀金甲神君。三神中惟文帝龛帷备具，供器辉煌，踵事增华，已无可尚。而左、右二神，犹多缺略，有待义举。壬申春，邵子东垣、唐子贤峰、曹子晓峰、江子在公、陈子国侯、万侯同集院中，慨然兴思。归而筹诸同志，共得二十余人，各捐其资。不数月，增建星君、神君神龛二座，复于案前设立供器二副，端严庄肃，三神如一，行将使入庙者触目生敬，因敬生慕，因慕生力。读书实践以对神明，修文明道以希先哲。则此一举也，人才之兴，士风之振，皆于是乎在，岂特区区为观美而遂已哉。夫有功必录，以示劝也。若兹诸君义举，不可不传。因勒于石以志不朽云。

赐进士出身、翰林院检讨郑际泰撰，康熙二十一年岁次壬申七月乙亥吉日敬勒。

修灵应祠记

南海，广郡附郭邑也。所隶有佛山堡，距会城五十里，为上游地。连乡接畛，沃衍四达。漓、郁之所经于其北，四方商贾之至粤者，率以是为归。河面广逾十寻①，而舸舶之停泊者鳞砌而蚁附，中流行舟之道至不盈数武。桡楫交击，争沸喧腾，声越四五里，有为郡会之所不及者。沿岸而上，屋宇森覆，弥望莫极。其中若纵若横，为衢为衖，几以千数。阛阓②层列，百货山积。凡希觏③之物，会城所未备者，无不取给于此。往来驿络，骈踵摩肩。廛肆居民，楹逾十万。虽曲遂[32]之状，无以过也。

其逼西一隅，为地脉所由钟，有祠而颜曰"灵应"，所祀为玄天上

---

① 寻：古代的长度单位，一寻等于八尺。
② 阛阓：店铺。
③ 希觏：罕见。

帝。垩斫①之制，大类唐宋以上，盖其所以权舆乎兹乡者，不知几千百年矣。当明景泰中，海寇黄萧养倡乱，屠陷乡邑，郡南数百里，堡落万千，无不为其所胁。至于覆官军，围郡县，锋焰所至，曾莫与撄。而佛山四面列栅，相距数旬。贼众辄见皂麾中有巨人，玄衣披发，手挥长剑，冉冉而出，故当之者毋不披靡云。事平后，布政使揭公上其状，诏予祀典。迨崇祯时，乡人大司农李捐资重修，制度视前稍扩矣。惟祠前之地逼于民居，湫隘特甚，且历代所捐送田亩为香灯奉者，悉入中饱。

甲子之春，乡绅士庞之兑、李锡简等，耆老冼闇生、何景纯、庞燕甫等，发愿重修，设簿广募。祠前民舍，高值买置。牌坊廊宇、株植台池，一一森布，望者肃然。而几筵榱桷②，丹雘③一新，盖庙貌于是成大观。而田亩铺舍咸就清理，收其岁租以供祀典，中饱之弊遂绝，则绅耆继事之劳不可没焉。然神之为道，至幽杳难知者也。而帝之灵，其应如响，盖不特退贼一事为然。其于佛山之民，不翅如慈母之哺赤子，显赫之迹至不可殚述。

若是者何也？岂以南方火地，以帝为水德于此，固有相济之功耶？抑佛山以鼓铸为业，火之炎烈特甚，而水德之发扬亦特甚耶？吾闻上帝之祀，有天下者之礼则④。然而兹下逮于氓庶⑤，毋乃亵神而渎其贶乎？不知王者之祀，郊天之大典；氓庶之祀，事天之实心也。然则所谓"上帝"者，一天而已矣。万物本乎天，是则能事天者，乃其真能事上帝者也。佛山之民其庶几乎！故在五行则有相济之用，在人心则有敬神之功。帝之庙食乎兹土者，岂偶然哉！余备藩东粤，百神之所主也，故于落成，序其事以志之。凡田若干亩，铺舍若干椽，土名若干处，与首事

---

① 垩斫：雕琢，塑造。
② 榱桷：屋椽。
③ 丹雘：涂饰色彩。
④ 礼则：礼法，礼仪的准则。
⑤ 氓庶：百姓。

之绅耆、捐助之善信①，其名氏悉载于碑阴。

康熙二十三年岁次甲子□月立。广东承宣布政使奉天郎廷枢撰。

杂记

祠原载户税八十三亩，万历清丈始余税六十九亩，此时侵占已不可问矣。浸复以癸亥清庙地而起海槎之讼，后之闻者佥曰"清则有祸"，而不问祸所由成，以庙地为畏途，任其侵占结舌者，又数十年。春秋谕祭，绅士罔闻。即有遣官，而上慢下盗，亵神不堪。其违神明、蔑典制者，甚矣。癸亥之夏，偶与南洲李君、彝仲梁君、熊子简君、翰章梁君、图章梁君避暑园林，谈及其事，思欲肃清，用慨然同志焉。稽旧志，考父老，烈日披汗，历近地而访之，准时定租，计岁八百余金。每祭，集绅士、里排，丰粢盛，陈祭器，严对越，拜舞饮福，以彰朝廷德意。岁租自办粮、两祭之外，留为乡中大事支给。业租备焉，用立簿一扇，载其事宜，颜曰"杂记"。独是尚欲丈清祀田，桩明四至，写载田形，删定旧志，付之剞劂，使家传户晓，经久永垂，则尚俟董厥成之君子也。余日企而望之。

康熙二十五年上元谷旦，庞之兑东侣氏记。

重修锦香池记

昔晋记室②郭景纯留谶③于灵洲曰："南海盛衣冠之气。"当是时，人物盛于江左，粤隶属遐陬④，乃若所云，岂非灵气所钟，善审气机者豫得而券⑤之耶？夫气之翕而聚也，必有神焉守之；气之流而行也，必

---

① 善信：善男信女。
② 记室：即记室参军，六朝时置，掌管文书之官。
③ 谶：将来要应验的预言、预兆。
④ 遐陬：边远一隅。
⑤ 券：契合。

有神焉宣之。虽时有先后，主之者惟神。

　　佛山乡夙称"巨镇"，牂牁之水西来，青螺之嶂北峙，勋名文物，埒于中邦，五岭以南，亦一都会也。其间四方之贝货，商旅之辏集，仕宦之往来，络绎于兹。有神曰"真武玄帝"，保障功高，不可殚述。昔景泰间，渠魁黄萧养蜂拥流劫，乡邑或惧而倒戈。此乡借神威镇，星旗赫濯①，望风披靡，卒罹天诛。有司疏厥功，请封典，敕为灵应，令州县岁修祀典，载在邑乘，童叟至今纪之。

　　神庙食于斯，据形胜之上游，接灵洲之佳气，委蛇窿伏，延袤百余里，特钟灵于此，维帝主焉。初祠曰"龙蟜"，形家者言曰："玄武属水，龙得水而变化，乃神。"爰凿池于祠之南，为锦香，为灌花，二池相表里，以潴众流之汇。日久淤堙，至今灌花为平壤矣，锦香尚存。甃以砺石，缭以雕阑，刻石为龟蛇状，引流种树其间，游观者有临流眺望之乐。

　　日久池水渐涸，雨潦时至，四衢为之洋溢，是坎离②不交、山泽之气未通也。爰议浚之，由古洛社涌旁始，结石渠，引水而灌之池。谋诸人，人曰"可"。卜诸神，神曰"从"。质诸星历、形胜诸家，佥曰"吉"。用是醵金输粟，锹土鸠工，不数月而告成。自是众流之水以池为归，龙得水而神益灵，龟蛇得水遂其生，日星云物得水而显其精，文之澜、词之源、学之海得水以成其文。猗欤休哉！

　　神之在天，犹水之在地也。神之降福，犹水之在下也。挹之注之，则罩而阔；疏之瀹之，则流而行；潴之蓄之，则停而平。凡此皆人力之为，亦神威之佑也。工既竣，将勒石以纪其事，属言于予。予世居此乡，荷神庥庇，仰报无从，兹举也，何敢逊谢？爰捉笔而为之记。

　　里人冼煜撰。

---

① 赫濯：威严显赫貌。
② 坎离：《周易》的两卦名，坎为水，离为火。

新文昌书院记

粤稽古文帝，肇自清河①，应乎张翼②，现十七世宰官身。斯文提衡③，绥佑介眉④，随祈祷无不征应。立庙建阁，设像以昭事者，普天之下，所在都有，而南海佛山为尤盛。自国朝奠鼎以来，四方辏集，而英俊多萃此乡。其间簪缨蝉联、听鹿歌芹⑤者接踵而起，无非明神主宰，阴持默相，乃人怀享祀之诚，而庙貌未肃，岂所以奏昭假⑥、来景福⑦乎？

岁癸丑，侨居诸君陈绣卿、卢挺朝等毅然倡议，或捐地，或捐资，力任经始之劳，一时同志又皆踊跃题助，共成厥美。外辟崇门，内建巍殿，广厦堂堂，廊庑翼翼⑧。仰明威之俨若，惟陟降之在兹。岁时瞻礼有所，春秋会祀有期。钟簴豆笾⑨，秩然具饬。且永置祀业，旁葺厨舍，次第修举，以答文明启佑之庥，以襄国家作人之效。联道义声气之同，讲艺文风教之辨，胥于是乎在。

建庙盖肇于今，然由涣而聚，由聚而兴，由兴而隆，隆光大知，必什伯异地而于昭永永也。惟诸同志益敬厥业，虔厥事，创始者毋以勤劳于前而懈其志，踵事者毋以增华于后而易其规。勿异勿同，辑熙祀典。惟帝式临，久而愈赫。山川之气，积而弥昌。父兄之教先，子弟之率

---

① 清河：据传文昌帝君曾转世为清河县令。
② 张翼：张宿和翼宿，均属二十八宿。相传文昌帝君转世身梓潼帝君张亚子是张、翼二宿下凡。
③ 提衡：用秤称物，以平轻重。指简选官吏。
④ 介眉：祝寿之词。出自《诗经·豳风·七月》："为此春酒，以介眉寿。"
⑤ 歌芹：考中秀才，成为县学生员。古时学宫有泮水，入学则可采水中之芹以为菜，故称入学为"采芹""入泮"。出自《诗经·鲁颂·泮水》："思乐泮水，薄采其芹。"
⑥ 昭假：向神祷告，昭示其诚敬之心以达于神。
⑦ 景福：洪福、大福。
⑧ 翼翼：整齐有秩序的样子。
⑨ 钟簴豆笾：钟簴，一种悬钟的格架，上有猛兽为饰。豆笾，祭器，木制的叫豆，竹制的叫笾。

谨，于以应运笃生。而科名，而勋功，而理学，如伦如霍，如梁如方，如陈、湛诸先生者①，后先辈望。登坛建鼓，经纬哀然②，咸将拭目俟之诸君子。砻③贞珉以垂远，属余纪事，敬勒数言，同事者备书于左。

赐进士第、中宪大夫、湖广武昌府知府胡景曾熏沐拜撰，敕授文林郎、直隶河间府故城县知县黄挺华熏沐篆额，敕授文林郎、河南怀庆府河内县知县李枟熏沐书丹，康熙二十九年岁次庚午孟春吉旦。陈《志》。

重修灵应祠记

西雍四畤，秦祀不闻黑帝子。汉兴，高祖加祀北畤，五帝之名始著。前代正统间，神捍黄萧养乱，庙遂为吾乡灵应祠。谕祭春秋，祀典勿绝，宜哉！岁三月，都人士上巳赛神，莫不虔恭饬事。饮至，庙中奉璋以告，奉酒醴告，奉粢盛告，钦哉！盖各承灵一天，睹备物之咸有矣。然年甲不再，日月其除。兹往事之易湮，维废兴于吾党。变本加厉，因故宇而光大之，实予叔祖忠定公捐资，力新厥美，而予家大人瑞映公亦捐资，任兹厥劳。则庙石固存，宁俟口碑传信耶？迄今世远人违，田渐并于豪强，器或隳于世守。

予向忧之而力未逮。借缘首冼阁生诸公广为募化，而庙貌之剥蚀以新。东侣庞公与同事六君子力为廓清，而祭器之残缺以饬。庚午之役，予亲身勘丈，而田土之湮没以归。凡岁时衷对，庙中遂无不平不戒之虑焉。今春吾弟公赏与值事诸公，复恐其久而漫灭也，于是图诸剞劂，嘱予志之。首庙貌，次土田，次祭器。夫钟鼓集鲸音之震响，用妥神依；楼台肃猊座之高明，聿毗圣寿。览入庙而生其敬者，览斯图而可知已。

泰山之祀，爰锡祈田；保介之咨，受釐上帝，所以成民力而致于神

---

① 如伦如霍，如梁如方，如陈、湛诸先生者：伦文叙，明弘治十二年（1499）状元。霍韬，明正德九年（1514）会元。梁储、方献夫，均为明代内阁大臣。陈献章、湛若水，均为明代理学名家。
② 哀然：聚集、众多的样子。
③ 砻：磨刻，雕琢。

也。今而后，其敢有率我蟊贼而荡摇我疆里乎？召虎平淮，昭有功则锡尔珪瓒；俔父南代，节孚金则彰尔鼎彝。神为天子默佑斯民，可无钟悬之守也。庶几哉其无有讥挈瓶而悲失坠者矣。

余尝俯仰百年间，神之威灵如在也。而庙典之存亡，创兴之率由者，代有其人。予故嘉诸君子能相与有成，与庞、冼诸公之志无遗后先，用大慰予所未逮者。扬神庥于罔替，享国祀之无疆，其在斯乎！是为记。

康熙二十九年庚午月吉旦，里人李锡祚撰。《庙志》。

崇正社月课碑记

天有光华之象，应于日月星辰；地有荣昌之气，萃于山川河岳；人有经济之才，征于文章品行。故其人而端庄，文则严正博雅也；其人而诡僻，文则佻巧而幻窅也；其人而浅俗，文则疏庸而卑靡也，一代之兴，应运以生者，世不乏人。处今日，岂无卓然自命，一出而应庙廊之选，于以起草承明①、待诏金马②裕如者，必其积学有素、博通经史、根极性命之理者也。如仅摭拾余唾，侥幸一时，亦属涂饰耳目，终非大成之器。吾乡自昔英贤辈出，冠盖相望，其辉煌传志者，指不胜屈。文人萃聚，益彬彬大都会也。迩因文体屡变，操觚者靡所适从，非得一二有识之士，商榷[33]砥砺，期归大雅，乌能出而穿杨拾芥、名噪海内耶？余解组林皋，投闲十载，窃以此举商之同志，兹幸羽翼有人，踵而成之，端不负先贤接武之意。

考社学旧有月课，因供给无资，今诸友慨然捐资，创建铺舍，岁收所入，以勷会事，实美举也。董厥成者，有李公冕、梁翰章、彭寿庵、冼襄文、黄兼三、冼容子若而人。鸠工庀材，不日而成。昔先儒许衡有言"为学莫先于治生"，借此以资为学之具，今而后文明日盛，庶追踪

---

① 承明：汉承明殿旁屋，侍臣值宿所居，称承明庐。后以入承明庐为入朝或在朝为官的典故。
② 金马：金马署，西汉时国家藏书处。借指集书省、翰林院等机构。

往哲与。余愿诸公始终如一，余亦拜手而称庆矣。爰勒贞珉，以志不朽云。

乡进士、奉直大夫、协少正尹、知湖广安陆府荆门州事、加一级、前文林郎、贵州瓮安县知县兼掌贵阳府开州印务、督理平大黔威四府军饷、壬戌科乡试同考官、里人庞上梓拜撰，诰授明威将军、广州左翼镇中军守备、里人李圣龙书丹，乡进士、吏部候选中书李绍祖篆额。康熙四十二年岁次癸未仲秋吉旦。

清复灵应祠租杂记

五帝之祀，载于《月令》。其一为黑帝。黑帝者，颛顼之神，居水之位，司冬之令，而为大一之佐。盖周天之度，三百六十有五，而二十八宿为经。北方七宿曰斗，曰牛，曰女、虚，曰危、室、壁。象曰龟蛇，谓之玄武。武者，星形；玄者，水形。北帝者，玄武之精也。吾粤星分牛女，同隶北垣，呼吸与帝座通。由此言之，神之为民捍灾御患，成民忠义而为累朝崇报所由归者。

禅山为粤巨镇，秀气攸钟，故祖庙为灵独显。其实帝之神在天，有感斯通，则正不必沾沾于祖庙也。独是庙貌由来已久，而祀典载在春秋者，又炳如日星，则其本末始终，志之不可不详。曩者祀事，历久而敝，土田铺舍，半入强侵。赖庞、李、简、梁诸君子力为廓清。癸未，值事诸公嘉之，实为文以叙其事。而"乡饮"一条，亦属同时修举，故并刻之。其余前后纪事碑文、前明谕祭祝文及题匾额、门柱、对联，与夫众当事题赠诗章，概未授梓。更有事而无碑者，如李忠定公捐俸金数千重修殿宇，当时勒石未就，今文稿犹存。他若附庙近地供祭土田，虽各图形，而本自何人？税载何户？亦缺而未备。凡此者皆不容泯灭。是用忘其固陋，黾勉搜罗。凡夫一事一言，有关于庙祭者，莫不付之剞劂。夫纪载明则神之威灵如见，威灵见则承其下者皆生恭敬慕悦之心，匪独洁尔笾豆，奉祀春秋已也。行将顾名思义，为臣思忠，为子思孝，为弟思悌,为民思良,力践忠义之实,以为明报国家幽格神明之本,则人心风俗,胥于焉系之。今兹之役,夫亦事之不容或已者也。若夫神之显灵于某年月日,前朝谕祭至我朝谕祭于某年月日,创庙于某年月日,重修于某年月日,则自有前人之言在,今亦不复赘云。

康熙四十五年岁次丙戌腊月谷旦。值事霍游凤、梁世美、霍宗光、陈绍猷、李锡瓒、陈世瑛、梁厥修、梁应球、冼元瑞、李象水、梁国珍、罗世彦、李炳球、李泮、陈一凯。

重修文院并起厅厨碑记

士君子读书取科名、登仕路,若有阴相而默助者,得非文昌司命之力欤。往者,侨寓诸君谓佛山为福乡,集四方名士,倡议捐地酿金,启建文院。规模宏敞,栋宇巍峨,奉香火而赡俎豆,于以尊神贶也隆矣。在昔,沂庵胡先生经始之,序业已备悉。然而历年既久,风雨浸淫,重以西潦之余,堂庑厨壁,半伤倾圮。莫不欲葺而新之,而经营苦于独力。会予荷圣天子洪恩,护丧归里日,诸君子为予言之。予肃然曰:"斯美举也,顾可缓乎哉!夫殿宇堂皇,而后神庥滋至。不独祀春秋、洁苹藻为观礼之场,而岁时课艺亦毕集于此。独鸠工庀材,非一手足之烈。"予随捐薄俸为美举倡司,而诸君子敬募,同人乐助,遂焕其堂,垩其壁,踵事增华,无隳经始。盖亦借文昌赫濯之灵也。

今春,适予南旋归里,诸君子以美举厥成,过索予言,欲勒贞珉,以寿乐助诸同人于不朽。予谓莫为之先,虽盛弗传;莫为之后,虽美弗彰。今宏新其堂栋,润色乎鸿规,举从前欲创而未创之模,一旦巍然焕然,将见帝德无疆,神庥永锡。翼文运以振士风,佑科名而登云路者,未必无小补云尔。谨记。

原都察院左副都御史、加一级左必蕃撰,首事卢德臣、林天才等。康熙五十三年岁次甲午孟冬谷旦立。

建茶亭记

禅山,东南一巨镇也。其西北一带,上溯浈水,可抵神京①,通陕洛,以及荆吴诸省。四方之来游者,日以万计,然皆以舟舶泊岸,不少劳余力也。独南路通济桥为镇后门户,当南、顺、新三邑要冲。来市于禅者,皆道经于此。或竭半日之程,或尽半日之力,肩不得息,至此者渴思如焚,苦无驻足之所。夏日炎炎,尤可畏也。

予忝居斯土,按其形势,尝欲与同人买地构亭,从胡武昌、梁宪生诸先生所为施茶者以居之,使事与地适。后以出宰沅邑,宦游京师,卒卒②无须臾之闲[34],盖有志而未逮也。今岁春,同里玉书、尧章两梁君以施茶事废坠,慨然起而修之。复醵金卜地于宝丰社右,以襄前人所未逮。其地广可半亩,前建亭,亭临水,周遭引以栏槛,与涟漪相映。后辟一轩,爽垲③殊绝。暑月以上,人煮茗其间,遥瞻俯瞩,真胜概也。

工竣,将勒石焉,梁君具其始末,乞予言为记。予跃然喜曰:"是予之志也夫!是予之志也夫!"德洋恩溥④,被冒宇宙者,君子之心。而随志[35]以施,循分自尽者,吾人之事也。是举也,虽区区无当于大德之施,然使三邑之征途跋涉得憩息于斯亭焉,未必非参赞⑤之一端也。梁君其与诸君子并垂于不朽也哉!

特授奉直大夫、户部四川清吏司主事、加一级纪录二次、丙申钦差监督居庸关赈务、前工部屯田司主政、乙未行取御试畅春苑、湖广常德府沅江县知县兼摄龙阳县事、辛卯科湖广乡试同考官朱相朋撰,乡进士、吏部拣选知县陈清杰书丹,前任浙江湖州府归安县知县曹汲篆额,

---

① 神京:京城。
② 卒卒:匆促急迫的样子。
③ 爽垲:高爽干燥。
④ 德洋恩溥:帝王或朝廷给予臣民的深厚恩泽。溥,水多的样子。
⑤ 参赞:(人对天地化育的)参与和帮助。出自《中庸》:"能尽物之性,则可以赞天地之化育;可以赞天地之化育,则可以与天地参矣。"

康熙六十一年季冬九日，首事梁玉书立。

修复旗带水记

考之《传》曰："权以济变，智在利人。"是以邓训改石臼之渠①，前史谓其有阴德；谢傅筑新城之埭②，后人食报③于川原。则水之为利大矣哉！

距羊城之南四十里为佛山镇，地为五都之市，舟车绣错④，盖东南一大咽喉也。在昔有明之盛，文章甲第，笼跻⑤一时。士大夫之籍斯土者，列邸而居，甍连⑥数里。昔人所谓"南海盛衣冠之气"者，不信然欤？

环镇十里，有庙曰"灵应祠"，是前朝所封号也。有神曰"玄帝"，司北方之水，于位为坎，于五行居首，故其神最贵最灵。入国朝以来，春秋谕祭，登以封而酬以庸，甚盛典也。

庙之左为崇正社学，右为流芳祠，前有渠为水道，长四百六十余丈。纡回⑦衺袤，九折而达于海，旧名"旗带水"。形势家以此为地脉之筋络也，地气旺则筋络流通，况粤四面滨海，田多沮洳⑧，少坟植，为四渎之尾闾，其以得水为胜也宜矣。自明之季，厥道堙塞，人物财贿视昔稍替⑨焉。虽其乡之士君子数有志于修浚，而力未逮。

壬寅岁奉神降言，谓"宜修举者六事"，而此旗带水居其一。予前

---

① 邓训改石臼之渠：邓训，东汉开国功臣邓禹之子。当时朝廷下令疏通石臼渠漕运，工程险峻，死者众多。邓训调查后，改为用驴车运输，保全百姓数千，故《后汉书》称其有阴德。
② 谢傅筑新城之埭：谢傅，指谢安，东晋太傅。谢安镇守新城时，在城北修建一座堤坝。
③ 食报：受报答。
④ 绣错：色彩错杂如绣。
⑤ 跻：超越。
⑥ 甍连：房屋连绵成片。甍，屋脊。
⑦ 纡回：曲折回环。
⑧ 沮洳：低湿的地方。
⑨ 替：衰废。

宰斯土时，镇之绅士具呈于予，谓神道之有合于人事也，而吾即准人事以修复之，亦何不可？于是值事诸子秉心勤瘁，协力赞襄。群策不谋而成，众材不戒而备。揆日戒徒，畚挶①既具。庙租之外，锱铢悉本于金题；故迹是因，秋毫无夺夫穑地。百堵兴而工程讫，一时水之故道遂复其旧云。

渠广内六尺而外一丈，深五尺，长与旧等。共用工银二百四十余两，灰石木料银三百三十余两。落成日，癸卯榜发，隶镇之社学获隽者四人，于堪舆家之说似不可云无验，然此非予所知也。

予所知者，以通沟洫，以资灌溉，大田多稼，如坻如京②，于以荷神庥，介景福，粒蒸民③，绥百禄④，不诚一劳而永逸哉？即以予之不敏，亦得窃附邓训、谢傅诸君子，以纾圣天子之南顾者，即此亦其一端矣。于是诸子皆曰"善"，遂书其始末，刻之于石，以垂无穷。俾后之列渠而居，时加修筑，勿塞勿淤，慎毋狃一时之安而惰窳以将事，是则予之志也夫！是则予之志也夫！

值事诸子为梁国选、何钟良、梁国辅、李炳球、陈元佐、区际时、潘泷源、李源、霍方叔、陈捷扬、霍鉽、陈应奇、李潮、李连茹、霍旦存、霍其赟、梁仪舜、李绍鹏、黄万珍、黄国絃，皆镇中绅士也。是为记。

钦授中宪大夫、广东广州府知府、前知南海县事、庚子科广东同考试官、纪录二次、己卯科举人宋玮拜撰，雍正三年岁乙巳仲秋吉旦。陈《志》。

忠义流芳祠记

南海，粤东首邑。佛山，南海巨镇。考之志，佛山旧名桂华乡，敕

---

① 畚挶：盛土和抬土的工具。
② 如坻如京：像小丘和山冈。出自《诗经·小雅·甫田》："曾孙之庾，如坻如京。"
③ 蒸民：百姓。
④ 百禄：多福。

赐忠义乡，岂非乡以人重哉！明景泰中，海寇黄萧养作乱，假设名号，迫胁齐民，凶焰将及。季华乡之壮士梁南园等二十二人，誓不从贼，谋同捍御，祷于北帝神祠，祈默为相佑，神报以吉。于是二十二人各出其资财，以供兵食，备器械。率乡之子弟合力巡守，环村树栅，一夕而就。栅上时有群鸟飞翔，若旌旗队伍之状，贼望见惊怪。时值中秋，朗月皎洁，外严守备，内令儿童鼓乐游戏，以示暇豫。贼果骇愕，不敢犯而去。及寇平，藩司揭公上其事于朝，遂敕赐神祠为灵应祠，春秋遣官致祭。复嘉予二十二人忠义，授以冠带职衔。辞不受。赐其乡为"忠义乡"以旌表之。后二十二人殁，立祠于灵应祠侧，名"忠义祠"，子孙世世奉祀无缺。然祠虽建，而素无祀田，每当祭日，其子孙敛财以供办，此亦向来之缺典也。

予摄篆兹土，思与邑中兴举废坠。适祠之后人梁广庵等呈称追念旧勋，乞酌有余以补不足，请于其先人捐入灵应祠之田土名"排后窦"，今成铺屋者，量拨一间以为祭业。余即行属官，集乡之绅衿里老，详议具报。详称众皆欣跃，遂允其请，将排后窦东首铺屋一间与祠中，永远办祭。呜呼！当海寇之猖狂也，攻城略地，锋不可当。仓卒顺从以求延旦夕之命者，所在多有。而佛山一乡，地平鱼齿，非有城堡之固，甲兵之强。此二十二君一旦奋其忠义，遂能捍御强寇，不污兹土。又功成谦退，辞还褒典。《易》曰："劳而不伐，有功而不德。"岂非古君子之高义哉！予泊舟河下，恭谒北帝神祠，因仰二十二君之风规，记其始末，勒石藏诸祠壁，俾后之览者感发兴起焉。

敕授文林郎、署理南海县事、候补知县蒋迪撰，雍正七年岁次己酉四月二十六日立。

修茶亭记

救天下编户之渴者，哲后①也；救一乡道路之渴者，义士也。有司

---

① 哲后：贤明的君主。后，君主。

幸逢哲后，又冀得观义士以为快，此予今日所以因南海茶亭之建，不以为小而弗一言也。

南海茶亭之建于佛山通济桥外。先是，顺德人有侨寓禅山者，为武昌郡牧胡公，首捐资置租，乡人亦助以有成，今者亭既立矣。夫亭之义取乎留，汉应劭①以为行旅宿会之所，秦汉十里一亭，亭置一长。明顾宁人②谓"必有居舍，如今之公署"，又谓"必有人民，如今之镇集"。代异制殊，而所谓公者，结于胜地以供游玩之资，结于别野以佐偃仰之便，如是止矣。兹之茶亭则专以利物，为行旅之宴会。炎天溽暑，人喘且倦，交待茗碗，以润喉吻。而掌是茗者，即为亭之长可也。

嗟乎！草木之瘁也，得水而色不枯；鱼龙之困也，得水而翅能奋。人亦有然，其谁实苏之耶？《周礼》：六行之终也，曰"恤"。而古君子之周饥馑以睦宗族、惠邻里也，有义田、义仓之设。其余分谷煮糜，拯人之饥，史亦有纪其事以为劝。兹之救渴与救饥将毋同③？此举愿常行之，此举以外，尤愿广行之矣。呜呼！人有终身之渴，有一时之渴。终身之渴，圣天子岁为民慰之；一时之渴，尔民亦推德意以慰之。予为民牧，亦不用生其渴也夫！

特授广东广州府知府、加三级陆阳庞屿撰，雍正十一年岁次癸丑腊月吉日立。

佛山忠义乡志卷十二终

【校记】

[1] 唐故延：原阙，据《全唐文》补。

[2] 公讳士：原阙，据《全唐文》补。

[3] 埋没：原阙，据《唐文拾余》补。

[4] 壁：原作"璧"，据民国《佛山忠义乡志》改。

---

① 应劭：东汉学者。著有《风俗通义》等。
② 顾宁人：顾炎武，字宁人，明末学者。著有《日知录》等。
③ 将毋同：即"将无同"，表示怀疑、揣测的语气词，即莫非相同、是否相同。

[5] 郎：原作"即"，据民国《佛山忠义乡志》改。

[6] 熊轼：原作"能轼"，据《全唐文》改。

[7] 驱：《全唐文》作"驿"。

[8] 游：《全唐文》作"逝"。

[9] 第：原阙，据《全唐文》补。

[10] 度：原阙，据《全唐文》补。

[11] 悴：原阙，据《全唐文》补。

[12] 志学：原阙，据《全唐文》补。

[13] 襁褓：原阙，据《全唐文》补。

[14] □：《全唐文》此处无脱文，按上下文，应是。

[15] 刻：《全唐文》作"刻石"。

[16] 永寿：《全唐文》作"永寿□□"。

[17] 《全唐文》此处阙四字。

[18] 继：《全唐文》作"纪"。

[19] 御：原作"遇"，据乾隆《佛山忠义乡志》及上文改。

[20] 各得其所，宁得：乾隆《佛山忠义乡志》无。

[21] 莘：原作"晕"，据乾隆《佛山忠义乡志》改。

[22] 至诚：原作"至咸"，据《尚书·大禹谟》改。

[23] 洲：乾隆《佛山忠义乡志》作"州"。

[24] 本：原作"木"，据乾隆《佛山忠义乡志》改。

[25] 何焘凯：原作"何寿凯"，据本书卷八改。

[26] 滇：原作"滇"，据道光《南海县志》改。

[27] 里：原无，据道光《南海县志》补。

[28] 迁客：原作"仙客"，据道光《南海县志》改。

[29] 固：原作"因"，据乾隆《佛山忠义乡志》改。

[30] 揭于：乾隆《佛山忠义乡志》作"揭放"。

[31] 寓：疑应作"宇"。

[32] 曲遂：应为"曲逆"。据《史记·高祖本纪》，汉高祖刘邦过曲逆县，望见其屋室甚大，曰："壮哉县！吾行天下，独见洛阳与是耳。"问其户口，乃有

三万余户。曲逆，今河北顺平县。

[33] 榷：原作"確"，据民国《佛山忠义乡志》改。

[34] 闲：原作"间"，据民国《佛山忠义乡志》改。

[35] 志：乾隆《佛山忠义乡志》作"地"。

金石志下 石 法帖

石

国朝

赞翼堂记

古者井田之法，八家同井。孟子释之曰："乡田同井，出入相友，守望相助，疾病相扶持，则百姓亲睦。"是井田不独所以裕国，尤所以联民。我朝定鼎，生齿日繁，幅员日广，井田之法不能行。而比户①开图建籍，立户输将②，与井田之法无异。然开图建籍，直省皆然，惟粤东广州郡属南海县内佛山乡为特异。佛山一乡，内开八图，编八十甲，税富丁多，里皆仁厚。兼以地势坤③，龙蟠虎踞，水绕峰回，元魁④叠出，又成一名镇。四方商贾，舟车辐辏，皆由开图建籍得地、得时所致也。

余为南邑宰久矣，心焉数之⑤。迨乾隆己未岁，八甲里民于灵应祠前东南侧卜地建祠，以妥开建图籍先人。春秋祀典以光前，届限互登以劝课，官无考成之误，民无追呼⑥之扰。祠宇落成，请记于余。余喜其有井田之义、裕国联民之风、报本追源之意，公余⑦为之记。

魏绾撰。

---

① 比户：家家户户，一户挨着一户。
② 输将：缴纳赋税。
③ 地势坤：易以坤为地。出自《周易》："地势坤，君子以厚德载物。"
④ 元魁：殿试第一名，即状元。
⑤ 心焉数之：心中思量、明辨。出自《诗经·小雅·巧言》："往来行言，心焉数之。"
⑥ 追呼：追赶呼喊。吏胥到门号叫催租，逼服徭役。
⑦ 公余：公务之余暇。

重修文院碑记

田心之有书院，凡以萃四方之人材，敦崇实学，砥砺廉隅。而考文论德，共相鼓舞于学术昌明之会，意甚善也。我侨寓之丽泽于斯土也，非一日矣。建于康熙癸丑，为堂数楹，供奉开宣扬化帝君，昭诚敬，重文教，一时绅士彬彬称盛焉。始其事，则绣卿陈君等四十三人。嗣是春秋有祭，岁会有常，神灵赫濯，而文教愈兴。岁甲午，挺朝卢君等二十六人又拓其地，以建院之东堂，增华式廊，壮丽恢宏。元灯之雅集，文人之胜事，于今赖之。讵风雨之侵蚀，堂阶之朽坏，兼之西堂未建，两翼不得其平，观者殊减色。爰集同人，用谋修建，佥曰"可"。而委其任于登科等一十三人，劝捐乐助，不日而千金有奇。鸠工庀材，重兴工作。其可因者踵故，而更新其未备者。购地而创建，圈堵以墙，使之完故，俾前后左右形势适均。期年而工乃竣。夫莫为之前，虽美弗彰；莫为之后，虽盛弗传。

是役也，建始于辛酉孟夏，落成于壬戌季春，用金一千有奇，所余者留为重修祀典、春秋祀事。丁日敬而行之，功毋过于前人，事实关乎美举。人材之蔚起、帝庥之宏敷，当必应时而显者矣，岂仅曰后先辉映以夸一时之盛事也哉？用志巅末，勒之贞珉。所有佥题，谨列于左。

乾隆七年岁次壬戌仲秋上浣谷旦，重修首事冯登科、陈世宝、黄露、黄振泗、伍乾、劳善士、张承灏等同立石。

汾江义学记

成周之制有乡学，有国学。乡学者，二十五家为闾，闾有塾；五百家为党，党有庠；万二千五百家为州，州有序。各萃其子弟而教焉，俾仕焉归老而有道德者为之师是也。汉魏以降，学制代更。至宋庆历间，允参知政事范仲淹之请，诏天下郡县各立学，初置教授。迄今六百余年，祖其遗规。而乡学或有或无，所在不一。夫教化始基起于闾巷，则培养人材以储国家之用，乡学之设，焉可缓哉？

南海为广郡首邑，有镇曰"佛山"，烟户①逾二万，四方挟货贿②贸迁，梯航③毕集。其土著暨侨居者，秀异杰出之士，多治经生业，阛阓鳞栉，弦诵相闻。旧有崇正社学一区，在祖庙左侧，建自前明，延山长④课授生徒。圣朝文教覃敷⑤，人才日盛。向所谓社学者，庳隘不足以容，则另僦民舍以为肄业所。市廛喧杂，深惧弗胜。

乾隆戊午，余调佐兹郡，即谋所以广之。适刺史石门冯君捧檄归省其封公⑥鹿步先生于里第，语次，雅有同志。余遂割俸三百金为倡，冯君乔梓⑦率诸绅士踊跃捐输，共成厥美。会奉差北上，未暇鸠工。比南旋，亟饬匠选材，图完是役。经始于癸亥秋八月，阅五月而竣。自讲堂、斋舍至庖湢之所毕具，美箭⑧嘉卉，四时葱蒨⑨，触目见造化生意。宏整坚厚，不事藻饰，取垂久远，计糜白金一千缗有奇。诸生之负笈而趋者，咸欣欣然有喜色，请志其事。

余因进而诏之曰："诸生亦知设学之旨乎？夫学者，读书明理，讲求经济实用，以为化民成俗⑩之资。非呫哔⑪章句，取科第荣身已也。考庆历时，胡安定⑫先生教授苏、湖，设经义、治事二斋以课士。有司请下湖学，取其法，著令为太学程，召安定为国子师，迄今彪炳史册。今

---

① 烟户：人户。
② 货贿：财货，财物。
③ 梯航：登山渡水的工具，指水陆交通。
④ 山长：古代对书院讲学者的尊称。
⑤ 覃敷：广布。
⑥ 封公：古代因子孙显贵而受封典的人。
⑦ 乔梓：乔木、梓木，两种高矮不同的树木，后用来代指父子。
⑧ 箭：竹。
⑨ 葱蒨：草木等青翠茂盛貌。
⑩ 化民成俗：教化百姓，使形成良好的风气。
⑪ 呫哔：诵读。
⑫ 胡安定：指胡瑗，北宋学者，因祖居陕西路安定堡，世称"安定先生"。先后主持苏、湖两州州学，创经义、治事两斋。

圣天子侧席①求贤，孜孜图治，各宪仰承德意，以振兴文教为己任。如端溪、粤秀两书院，皆遴聘宿儒，厚给饩廪，朔望亲枉车骑，稽其课程。诸生生当斯时，勉自树立，究明体达用②之实学，异日出膺民社③，用治行著闻，使天下憬然想慕苏、湖之教。余不敏，窃有光焉。若虚声标榜，徒骛文章词华之末，是岂所望于诸生者哉？"诸生曰："善。"遂次其语，勒之石。

诰授奉政大夫、广东广州府分防佛山督捕海防同知、加三级天都黄兴礼撰，南海灵洲谢铨书丹，乾隆九年岁次甲子春王正月谷旦立。

新建忠义乡亭记

佛山，岭南巨镇也。珠江九曲，环抱如带。仕宦之所往来，商贾之所出入，货贝舟航之所丛聚。地灵人杰，烟火万家，衣冠相继。志载晋世景纯来止灵洲，登高望远，谓"南海盛衣冠之气"，盖即此也。或曰："岭以南皆海，故扶胥有南海神庙，景纯所言，恐不尽此。"其说未知孰是。

镇有尊神，号称"玄帝"，声灵赫濯，保障一方，显应验著。正统间，流寇流劫乡民，南海、番禺诸处多有从而为逆者。舟至汾水，父老奉神出战，馘④首千计，贼犹未退。忽见神立云端，披发跣足，手执皂旗，贼遂惊走殄绝。有司疏绩以闻，敕封神祠为灵应祠，乡为忠义乡，岁令所属州县尊之俎之，以隆神祀；丝之竹之，以谐神听。歌其功焉，颂其德焉，历二百余年勿替。

余以乾隆戊午分符兹土，莅事以来，赖神佑庇，风雨和会，市廛晏

---

① 侧席：单独一席，不正坐，谦恭以待贤者。
② 明体达用：胡瑗提出的教育主张，将儒家的纲常名教作为"体"，应用到齐家治国中。
③ 出膺民社：担任地方长官。
④ 馘：割。

安，萑苻①无警。念汾江为一境灵胜，谋构亭江干，以延眺览，且备行旅息肩驻足所。因缩俸钱所入，选材僝[1]工②。行店居亭复捐助共襄，而畀巡检黄君董厥役。两阅月告竣，民以为便。昔欧阳永叔③治滁之明年，听泉凿石，辟地为亭；苏子瞻④治扶风，为亭堂北，凿池其南。今余之建是亭也，不过因其址而广大之，池不用凿，地不用辟，非永叔、子瞻二公比。然落成之日，与客登临，可以送往迎来，可以接宸书⑤，可以揖上宪⑥，可以肃一镇之观瞻。红日一窗，清风满座，阶前绿水，四时映带。后之君子，登高作赋，览胜怀人，知斯亭之建，非徒为游览之地、休息之所，与二子后先辉映也，则幸甚。

时乾隆九年岁次甲子春王月⑦谷旦也。黄兴礼撰。

修医灵庙记

自神农啜草辨性，保物济用，以补救夫天地阴阳乖沴⑧之气，两之以九窍⑨之变，参之以九藏⑩之动，而医肇焉。由是人得是理物者，扁鹊秦和⑪；神得是物理者，有医灵万寿帝。然人之道绝续无常，帝之道久弥光、远弥彰，盖于今为烈云。

余闻山川神祇，有功德于民则祀之，况浃⑫人骨肤，入人性情，令

---

① 萑苻：泽名。后指盗贼出没之处。出自《左传·昭公二十年》："郑国多盗，取人于萑苻之泽。"

② 僝工：筹集工料，完成建筑工程。

③ 欧阳永叔：欧阳修，字永叔，北宋名臣。任滁州太守时曾建醉翁亭。

④ 苏子瞻：苏轼，字子瞻，北宋名臣。任凤翔府判官时曾建喜雨亭。

⑤ 宸书：圣旨。

⑥ 上宪：上司。

⑦ 春王月：正月。

⑧ 乖沴：不和之气，邪气。

⑨ 九窍：人体的两眼、两耳、两鼻孔、口、前阴尿道和后阴肛门出处。

⑩ 九藏：人体中的九种内脏。

⑪ 秦和：指医和，春秋时秦国医家。

⑫ 浃：通达，融洽。

天下之痛心疾首咸望以纾忧，如帝德者哉！帝之香火遍界，功及生民，无往不在。然在禅山之华村里有帝庙，为灵更著。里之人祈赛者肩摩于道，凡负痛以叩于帝者，辄不惜调剂①以度人厄，且犹恐属于冥冥，参术君臣②，复形乩③教，真不啻饷[2]酬④而面命之。是帝道保物而物得恃，帝同人而物愈得恃⑤。

庙之创，不知昉自何年，昔之父老重修，迄今复百余载。风雨渐历，榱桷湮颓。里之人食帝德，因念神庥。族兄秀日暨缘首冼应赓等集众抒诚，命工丹腹，栋宇焕然。其诹日选辰，皆出乩授，是帝之爱人无已，则凡所以降福斯民、消灾弥厄者，何所不至？至于抱沉疴而望救，则又其显者矣。故闾阎苍首时，疾痛呼天而天若弗及者，惟帝及之；童稚婴儿，时疾痛呼父母而父母弗及者，惟帝及之。将见夫阴阳乖沴之气，天地之所不能齐，帝之力皆有以补之，则帝之德盖与二气同不朽矣。

顺德赵鸣玉撰。

汾江义学碑记

予筮仕岭南，得广郡之龙门令，继又调琼之乐会、陵水，及廉之钦州。乾隆丙寅年，以边徼俸满⑥，升授佛山同知。政暇，至汾江义学，与掌教及镇之绅士论文讲学。见其地深而广，瞻其宇峻而丽。讲堂后两旁学舍，鳞次而列。折而之西，地可盈亩，植以花柳，藏修⑦之所计可容数十百人。伟哉佛镇之乡校也！

---

① 调剂：调治，调节。药物制剂的配制。
② 参术君臣：参术，人参和白术。君臣，中医方剂中的主药与辅药。
③ 乩：通过占卜问吉凶。
④ 饷酬：馈赠，酬报。
⑤ 帝同人而物愈得恃：据文意，疑应作"帝道同人而物愈得恃"。
⑥ 俸满：官吏任职满一定年限后，依例升调。
⑦ 藏修：专心学习。出自《礼记·学记》："君子之于学也，藏焉，修焉，息焉，游焉。"

询之掌教，咸曰"绅士捐金而成"，与前任黄君《义学碑记》若合符节①。迨岁底，灵应祠值事绅耆呈缴周年清册，予查核之下，内有开列汾江义学掌教聘仪修金及一切铺陈供应支银八九十两，心窃疑之。见前任黄君碑未齿及②，爰访绅耆，复出案牍视之，然后知义学之建，盖有由也。

先是，镇之祠业岁租约三百九十余两，被里排③侵蚀，约正生员李懋谐吁于初任王君，通详列宪，请建义学，随蒙准行，而王君已卒。嗣后黄君以理事赞郡，迁佛山同知，莅任即以建义学为首务。遂与祠之司事梁东大、区枚卜、李成励、霍信[3]，值月彭金祈、李高等商度，念购地庀材，非千有余金不足以济，而祠租之三百九十余两，除春秋谕祭及恭祝万寿等项外，所余无几，因劝阖镇绅士捐签，及祠租之赢余，以充建学之用。又另议历年掌教修金供应，俱在祠租拨出。此义学之始终本末，而神恩之广被为无穷也。

予谓："上有菁莪、棫朴④之化，下有磨砺、振奋之风。上以学感，下以学应，此理之常，无足异者。今圣天子文治光华，普天之下莫不俾率以归于醇雅，而神又佐以威灵，出其余资，成此乡校，使化而益化，非盛世之乐覩者哉！"予因前碑之所未逮，故备论之。

乾隆十一年丙寅石阡田宏祚撰。

海口文昌阁记

乾隆七年九月，佛山之文昌阁落成，诸绅士相率来谒，请余志之。佛山固岭表一大都会也，控东西省之上游，四方商贾，奔走鳞集。乃其

---

① 若合符节：比喻两者完全吻合。
② 齿及：提及，说及。
③ 里排：明代赋役法，每年轮流由里长一人、甲首一人催征租税；凡十年一周，曰"排年"。某一年轮值充当的里长，称"里排"。清初仍之。
④ 菁莪、棫朴：皆为《诗经》中的篇名，比喻作育人才。

诸生独闭户潜修，弦诵①自乐，不见异物而迁焉。宿学之余，类多得隽以去。故广郡科第之盛，甲于粤中。南海科第之盛，甲于广郡。佛山科第之盛，又甲于南海。地灵人杰，或亦其形胜使然欤！

余窃考佛山图经，地本凤形。凤为文明之象，产是地者，宜其有秀出奇伟之材，奋王路而登天衢，以黼黻②太平。兹所建之文昌阁，适当凤翅。尝读《卷阿》之诗曰："凤凰于飞，翙翙其羽。"③诸生之升华耀采，其不藉此翙翙者欤？故诗继之曰："亦集爰止，蔼蔼王多吉士，惟君子使，媚于天子。"言爱君也。又继之曰："亦傅于天，蔼蔼王多吉人，惟君子命，媚于庶人。"言爱民也。诸生束发肄业，非徒弋取④科第，从事于利禄之路而已。必上之以爱君，下之以爱民，讲求实学，为天下国家之用。夫羽毛不丰满者，不可以高飞。凤凰非竹实不食，非梧桐不栖，其立志之远且大也。否则鹪鹩之巢林，不过一枝；⑤斥鷃之决起，止于榆枋⑥。岂余所望夫诸生者耶？尝恭绎上谕，谆命直省重臣颁行经史，振兴学校，洵成周《卷阿》之盛际矣。"凤凰鸣矣，于彼高冈"，斯非诸生乘运而兴，"雍雍喈喈⑦"之候乎？

夫文昌星在薇垣⑧，天文也；圣天子化成天下，人文也。以文明之曜，临文明之地，而又逢文明之世，余于诸生有厚望焉。阁自经始，至今已七年矣。其在丙辰，佛山之发解者为谈君德；其在辛酉，佛山之发

---

① 弦诵：弦歌和诵读，泛指授业、诵读之事。
② 黼黻：礼服上所绣的华美花纹，此处指辅佐治理国家。
③ 凤凰于飞，翙翙其羽：凤凰高飞，百鸟慕而随之。翙翙，鸟展翅振动之声。出自《诗经·大雅·卷阿》。
④ 弋取：获取。
⑤ 鹪鹩之巢林，不过一枝：鹪鹩，一种小鸟，筑巢仅需要一根枝丫。比喻所需有限，很容易满足。出自《庄子·逍遥游》。
⑥ 斥鷃之决起，止于榆枋：斥鷃，一种雀，飞起之时，高不过榆树，比喻眼界小。出自《庄子·逍遥游》。
⑦ 雍雍喈喈：鸟和鸣声。
⑧ 薇垣：又称"紫微宫"，传说中天帝居住的地方。在北天中央位置，以北极为中枢，有十五星，文昌星即其一。

解者为陈君炎宗。以三科而出两元，人皆诧为盛事。然此其乘韦①尔。嗣今以往，人才蒸蒸蔚起，凡冯翼、孝德、圭璋②之闻望日出，而为纲[4]为则，以光辅我国家，四海九州群仰佛山为阿阁③，而以为凤凰之所萃处焉，岂不休哉！

诰授奉政大夫、广东广州府分防佛山督捕海防同知、加三级天都黄兴礼撰，乾隆十三年岁次戊辰仲秋谷旦立。已上陈《志》。

汾江义学增建求志斋记

汾江义学创自前司马天都黄君，堂、庑、庖、湢綦备，遴聘儒宿，以主讲席。数年于兹，人文蔚起，负笈而来者溢于学舍，振兴之效，略可概见。予下车月课诸生，临视慨然，思有以广之。适有锾金，乃于义学右偏隙地复构讲堂，翼以庑廊，颜曰"求志"，亦犹黄君所谓读书明理、讲求经济实用之意，以相勖云尔。予莅兹土，岁凡四更，大吏调遣奔走之日多于抚理，何异传舍哉？继自今日，益而扩之，俾景慕之士不至于庳隘。有造有德，遍于乡隅，庶风为近古，予盖有厚望焉。

乾隆十九年二月，吴县毛维锜撰。

重修流芳祠记

闻之：忠可鼓勇，义足动众。余每读古，见凡忠义之士，其捍灾御患、临危制胜之烈绩，不尽乘权挟势而乃克树立也。民不能忘馨香，而祀亦不必铭钟镛、题竹帛而斯为旌扬也。

丙子秋，余调司兹土，阅乡志有《忠义二十二老传》，以明正统流寇黄萧养之乱。于时寇挟排山倒海之势，凭临我境，会城师旅固封疆而莫为捍援。乃二十二老独以全镇安危为己任，歃血订盟，竭忠仗义，破

---

① 乘韦：四张熟牛皮，比喻先送的薄礼，此处意为早期的事业。出自《左传·僖公三十三年》。
② 冯翼、孝德、圭璋：均形容美好的德行。
③ 阿阁：相传黄帝时，凤凰巢于阿阁。

家财以资军食，出奇计以陷强敌。凡士农商贾，有识力者，靡不听其驱锋冒刃而罔后。我北帝亦显灵而阴助之。寇之排山倒海而来者，竟兔脱云奔而散，全镇获安。其忠义良足多，而智力尤特出矣。余临文慨仰其为人，不禁勃勃生奇气。迄今乡名忠义，志不忘也；关号胜门，纪其绩也；祠称流芳，扬其休也。镇之食德报功，亦盛矣哉。

兹己卯春季，制府大宪李重民生，实积贮。余建社仓于观音堂后隙地，因过流芳祠，目及倾颓荒芜。溯洄往烈，怅然久之。爰集保者后嗣，考其故，知安于颓俗而莫为之理。复稽其尝业，幸犹有籍而易为兴。乃以理谕后嗣，提当年之租十五金，以法绳当尝铺者得十二两，以情感获利铺户满盈店义助二十八两有奇，共五十余金。为之经画，鸠工庀材，颓者易之，倾者植之，荒芜者剔除而整齐之。涂以金碧，文以丹黄，不匝月而祠宇焕然。拟吉迎神，陈牲醴，集众以祀。仰栋抚楹之下，二十二老之忠肝义胆、伟烈英风，俨乎如见，不禁肃我敬慕。镇之绅士、商民及二十二老之嗣裔，其观感兴起又当何如也。因纪其事，勒石以垂后。董其事者，典吏萧超、长班李长龙。

乾隆二十四年岁次己卯夏仲谷旦，南川王棠撰。已上《采访册》。

拨祠租给会课碑记

夫事有创之于前，久而无容易者，必其势之可长守也。亦有创之前，旋或变而通之者，则其时之合更张也。惟不失创之之意而又有以永其传，则虽起创者，于今日应且叹为实获我心焉尔。吾乡之文章甚盛，而社学之会课尤昭。其始无恒式，或疏或数，间又隳弛。爰有李君公冕、梁君翰章等创为久远计，于灵应祠外筑两旁小肆二十余间，收僦值以供课事，盖纠众资而成者，时康熙癸未岁也。

会课岁凡四举，以春、夏、秋、冬偶月循之，至今垂六十岁矣。其擘画措置，洵大有裨于文事者。顾天下事，有其举之，莫可废也。而或格于势之所难行，黜于义之所当革，则故辙难仍而机在善转。要使美举长存，实有所借，以引于无尽。此非识因时之妙、操易简之术者不能。《易》曰"穷则变，变则通，通则久"，其谓是欤！夫前所筑肆，灵应祠地也。借祠地而有助于乡之人文，神之所不禁也。今以修祠之故，务极宏丽，不撤两旁小肆，胡以壮观瞻而称巨雄？则尽毁而以地还祠，盖势不容已，而义不得缓也。然则会课将由是而废乎？曰："何可废也？"前六十载之有会课，固资神之地利矣。兹宜仍求神之终其惠，俾多士世世拜神之赐也。余知神必乐与而勿论也。

于是，社中诸同人议岁割祠租银三十六两，以充课费。舆情协，士心欣，殆善继昔人之志也。夫神锡福于吾乡至渥也，锡福以教思之无穷①为大，神若将其所有以仰赞圣天子文治，故创建义学，岁糜七八十金，皆于祠租取给，会课与义学同条共贯耳。彼既承给，此亦宜然，况所给不及义学之半，若尤简而易行哉！虽然，社中受神之惠，固永赖矣，而所以为报称者安在？夫乘此拨给之初，毅然振起，谨饬其规款，丰备其功需，庶可宣神德而光文垒乎！若第循一岁四举之故事，苟且塞责，是委神贶于草莽也。且前仗小肆之租，尚或有逋缺不及时之虑，今则叩祠箱而即应，视前更完便，又奚为不公慎以勷雅典哉？吾知淬厉日勤，才华辈出，当必有负闳博之望，膺丝纶之任者，是神之大有造于吾乡士也。而始事李、梁诸君，亦当默庆继我者之善成其美矣。此千秋佳事，不可不记，诸同人因以见属，于是乎书。

乾隆二十六年岁次辛巳冬十一月谷旦，里人陈炎宗撰。

崇正社文会规费碑记

原夫社学之名，昉自前代。按，洪武八年，诏天下立社学，以教乡社民人之子弟，犹古之党、庠、塾、序也。此佛山之有崇正社，而社之会课所由兴欤？然亦未得文献之征，不敢以臆度也。若其人文之盛，余

---

① 教思无穷：费尽心思教导人民。出自《周易·临》："君子以教思无穷，容保民无疆。"

则闻之夙矣。

今太史陈公云麓,家从叔篙师辛酉主试之拔解。试毕,假归省亲。余方薄宦江左,从叔以便过署,道粤中人文之盛,尤称云麓先生,领袖群英,世居南海之佛镇,表望木天①,所可豫决,当由地灵所钟云。今春来莅,喜逅斯文,此非夙昔之缘耶!思揖多士,分笺课艺,以抒二十年来积慕,乃甫接篆上台,即檄余董科务,遽趋会垣,未获觇梗概,辄格格不是释。兹月之吉,以假旋,谒文帝庙,壁间张崇正社学会课榜,见而喜,召吏前,诘以课之起,以创自康熙癸未对;问其规,向定二、四、六、八月之四日,许已未进之文武与俱,各给以纸,亭午治膳以供,衡文者有润笔,优等则奖励有差;问费所自出,则乡先达李公冕辈百二十人于社右灵应祠前建市廛二十余,以岁入租税为资,约可四十余金。闻此,叹规画之善,洵鼓舞人才,培养之良法,何风之古也!

越日,孝廉霍君偕同事诸俊彦进词,以往岁重新灵应祠,社中所捐之市舍悉撤去,以广其前廊。社学之租则于祠中之余,岁输三十六金,归捐建偿用,将勒珉垂后,请记于余。此与余所问答较详尽。因思国家人材莫不兴起于学,汉文翁之教蜀也,教养兼至,期于适用,一时声教大洽,比于齐鲁唐州学,生徒学成者,长吏设乡饮之礼而荐送之,韩子所谓歌鹿鸣而来也。

吁,古人之于学,有如是耶!他若鹅湖、若安定游其中者,胥趋于善,卓然成材,学之益于世,岂细故哉?崇正会课,自李公冕辈创义以还,士之见用于世者,乡志具在。今霍孝廉复联同志以绵其规,弦歌不[5]辍,多士济济。"南海多衣冠气",吾乌知其不为佛镇云耶?然则自今以往,社之课肫肫日淳,视前代所称闾里启塾,守令程课,学士益知向方者,更得称便捷,收实效,将见日新而月盛,论秀而升,士之飞黄腾达,试礼部,对大廷,其才足以魁天下,不于此社会课基其始哉?他日归晤我叔,亦得举崇正会课良规以告,见佛镇人文之盛有自来也。爰

---

① 木天:秘书阁的别称,因其屋宇高大宏敞,故名。也指翰林院。

乐为之记。

乾隆二十七年岁在壬午六月望，浙江沈生遴撰。

重修南海佛山灵应祠碑记

国家治隆化洽，百神效灵。虽村社田师，亦福民而享报，况司天一之水，称北方之帝者哉。吾乡有灵应祠，厥祀北帝。曷名灵应？则以明景泰时神捍大患之故，盖眷护所由来旧矣。迄今士庶殷繁，文物蔚盛，倍加于畴昔，非神之益昭其庇欤。夫虔于事神，用仰承圣天子敬神之德意，此固官是地、居是地者之所宜为，奚敢有圮弗修、有美弗饰也哉？

驻防司马赵公睹斯祠之将颓，慨然兴修举之志，爰谋诸乡之人士。佥曰"愿如公旨"。各输其力，合资一万二千有奇。经始于己卯之秋，迄辛巳之腊月告成。欢趋乐事，殆神之感孚者深欤！其规度高广仍旧，无减增，从青乌家言也。材则易其新良，工必期于坚致。门庭堂寝，巍然焕然，非复向之朴略矣。门外有棹楔，则藻泽之；棹楔前为歌舞台，则恢拓之；左右垣旧连矮屋，则尽毁而撤之，但筑浅廊以贮碑匾。由是截然方正，豁然舒敞，与祠之壮丽相配。其圣乐宫及祠右之观音堂，亦并修建，图整肃也。于以揭虔妥灵，其庶几与。

夫神之祠遍天下，独是祠邀谕祭之典，故锡福无疆，久乃弥著。神若借以报春秋礼飨之休命也。然则今之栋宇辉煌，余知神必陟鉴安居，以绵威惠于是地焉尔。抑余闻之，神无不爱于人，而予福则量其可受。惟庆神之新其祠，即勉以自新其德，则迓嘉祥而拜神赐，必属桑梓之吉人，且为国家之良士。此则司马公之所厚期于吾乡者，而非徒以重修侈雄巨之观也。

余曩修《乡志》，于祠事载之极详，亦欲乡之父老子弟，群入祠而生敬，随发其仁义之馨香，斯俗美风淳，不负神之保庇，兹何幸新祠之益有以耸其目也，余窃忭焉。会值事诸君以记言见属，遂欣然振笔从之，为次其概，以镌诸石，俾盛事传于世世无穷云。

赐同进士出身、翰林院庶吉士、解元、里人陈炎宗撰。里人朱江书丹并篆额。乾隆二十七年岁次壬午季秋吉旦，值事彭金祈、龚珆等立。

重修汾江义学碑记

汾江固岭海之名乡也。士生其中，好学而多显。余分符广州，驻防斯地，闻其俗之秀而文也，窃用为忭。下车与诸生相见，即殷殷以劝学为第一义。诸士咸有喜色，若羡余之知所务者。予因询曰："乡不有校乎？"对曰："有义学一区，在汾江之南，前司马天都黄公所倡建也。"予颔之。遂亲诣其处，则见庭堂轩敞，群房鳞整，以是集多士讲学，洵得所矣。独是建于乾隆甲子岁，迄今二十三年，阅时非浅，渐就圮矣。讲堂之梁蠹，后室之垣崩，瓦多穿漏，门半朽败。余喟然曰："夫事创之于前，不能保其勿坏，在后来者善补其缺耳。"为低回久之。继而屡课生童，给笔札，具膳羞。余巡览终日，益怃然不自安也。爰进诸士，委以重修。蠹者易之，崩者筑之，穿漏者完之，朽败者新之。其费则出于灵应祠岁辨所余之羡金，凡三月告竣，于是焕然改观矣。夫兴废举坠，政之善经。矧事属教育，所系尤重，特患绌于财之无以应也。

余于灵应祠祀事，督令撙节，刊落浮冒，遂岁赢百余金。此举适借以为用，不费士民一钱，殆神所乐予而默相之，余敢自以为功欤？抑闻之士无宁宇，志或缘之隳，今坚致完好，居之安矣。架贮经史，亦羡金购置，足资讨论矣。诸士其尚濯磨砥砺，以仰副圣天子作人之雅化。他日炳炳琅琅，蔚为国华，汾江其大有耀与！夫后之视今，亦犹今之视昔，余踵黄君而有事重修，似不负黄君开始之雅志矣。乃岁月积迈，则饬旧葺颓，不重有赖于后之人欤？然则节无益以助教泽，固莅汾江者所宜留意也，余有后望焉！余有厚望焉！诸士请书其事于石，因援笔揭其实云。

佛山同知祖承祐撰，乾隆三十一年丙戌孟冬吉日立。

旅食祠碑记

王右军云："死生亦大矣，岂不痛哉！"夫修短随化，终期于尽，固理之常耳，犹不能无痛，况非常凶诊，数百人歼于一炬，可不为大哀乎？余于旅食祠之建，怆然有余痛也。

溯吾乡以福地称，堪舆家谓四煞伏藏，永无灾劫。故自宋迄今，类皆康乐寿考，人歌得所。嗟乎，去岁丁亥十月之异，胡为乎来哉？夫会馆演剧，在在皆然，演剧而千百人聚观，亦时时皆然。乃颜料之会馆，顾独蒙不测之灾也。衅发于祝融，人迷于仓卒。突前扉兮勿通，奔后垣兮乏窍。乘屋兮下牵不得升，入井兮层挤不得掉。烟纷罗兮哀号，焰飞腾兮狂叫。魂瞀乱兮失东西，魄焦烂兮无老少。痛矣哉！天耶？人耶？伤心惨目有如是耶！仁人君子，能不思所以平群憾而妥群灵耶！为之葬埋，穴相枕也；为之忏荐，岸同登也。是足以平之、妥之乎？未也。同死者五六百人，宛若携手同车，携手同行，不得萃一室以处，则茕茕其未安也。为之创栋宇，备堂寝，俾旅居而旅食焉，夫然后咸有所归也。斯祠之立，非恻隐所结撰而联幽冥之情志也哉？助资者既动于不容已，经营者尤力以肩其成。信吾乡之多义人，而恤灾慰死之有合乎古也。夫天地之大德曰生，而凶诊之来，乃缘气数，是岂不爱五六百命而付之一烬乎？实出偶然之气数，不关人事也明矣。况恤灾为迓福之道，慰死为保生之基，继自今吾乡人益勉为善事，庶俗美风淳，世获吉护，则永无灾劫之说，未始不信而有征耳，而斯祠之享祀，不与之长存哉！

当火之明日，余寓羊城，乡人以其事来告，余方与客饮，闻之惊悼，遽投箸而起。客亦愕然变容，欷歔感叹，因罢酒。诚深痛而大哀之也。岂第如右军所云寻常之生死哉！兹执笔纪所以建斯祠者，犹痛从中来，縈縈于楮墨间也。祠建于汾水南擎后街。经始于戊子岁之正月，阅十月告竣。深九丈八尺，广二丈七尺零。门庭寝室皆宏整。旁筑一轩，亦爽洁。庖厨灶井，皆砖石砌固。楹栋构良，可垂久远。其首事诸君暨捐助士女姓名，并列于左。

赐同进士出身、翰林院庶吉士、加三级、乾隆辛酉科解元陈炎宗撰，乾隆三十三年岁次戊子十月吉旦，首事国子监太学生里人梁德溁等同鼎建。

重修文昌宫堂寝碑记

南海之佛山镇，岭南一都会也。余忝分符广州，驻防其地，首留意于土俗，窃叹其士民之好义而奋于公也。夫官典所贵者，祝圣寿，宣上谕，居恒凛凛，罔敢斁焉。而佛山士民乃知以此为第一义，非素矢敬慎者能见及此欤！夫既重其事，则必定厥宇。倘匪轩敞整备之处，未足以明虔。

乡有文昌宫，在灵应祠左，夙称宏洁，以是为鳌祝读法之所，亦云妥矣。余下车之始，心窃嘉之。俄而，彭生金祈等以堂将圮宜亟修来告，余曰："善哉，是不可缓也。"爰允其请，且勖以巩固。未几，举人霍君超士等又以并修后寝来告，余曰："事有相因而济者，不亦善乎？"殆不容已也。司事者其连岁修之，以观厥成。兹两俱告竣矣，余甚喜其公事之完美也。盖前之请特葺已形之废坏，后之请则预救将形之倾颓。合堂寝而重新之，煌煌乎伟观也欤！士民趋赴之勤，其曷可没与！矧是举也，出灵应祠租羡之项，不费民间一钱，又仍其旧而饬理之，无丝毫变易，而已焕然耸人心目矣。是岂徒神之安其宇哉？于以颂万寿之无疆，揭圣训之有典有则，用知严庭阶而遥瞻云日，庶几乎肃视听而共尚典型。余且借是以伸其俨恪，而士民尊亲之诚亦于此著矣。其有裨大义，岂浅鲜哉！

夫佛山五方杂处，商贾辐辏，而士民顾慕义急公若是，此莅斯土者之所乐与也，为忭慰者久之。适彭生等谒余，请记其事。余为述其由来暨其一再之劳瘁，可垂久远而有赖也，付诸贞珉，庶复得以览焉。

佛山同知韩绍贤撰。

重修汾江义学讲堂碑记

汾江义学之建，历今四十余年。倡于乾隆戊午，分宪黄君讳兴礼公祖捐俸以率绅士佥题，又益以灵应祠租，共成此举。然是时虽延师教习，尚属权借他所，未有定在也。至癸亥购地于广德里，秋八月经始，阅五月落成，而义学遂廓然大观焉。自讲堂而书斋而厨而井而余闲隙地，布置有条。由是歌诵恒于斯，游息恒于斯，每岁不辍。

丙辰之岁，分宪祖君讳承祐公祖暨李君讳良翰司台延予在此掌教。讲习之暇，尝与生徒譬论升堂入室之语，而叹斯堂之正大光明，斯室之精微深奥，鼎建之功匪易也。夫非堂则室无附，非升则入无由，故升堂为学人进步第一关。兹之讲堂亦义学要地第一着也。无讲堂则宣教不肃，课文无地，顾不重欤！

乃去岁庚子，堂忽遭蠹倾颓，未及修复。今辛丑岁，承分宪王君讳煦公祖暨刘君讳方煦、郑君讳籽两司台命，复延予掌教，遂权将麒麟社霍祠为义学，而重修讲堂之议亟亟乎。于是乡之正副及司事、绅耆诸先生体王公祖、郑司台栽培后学至意，竭力从事，将今年灵应祠租余羡之银，鸠工庀材，以复讲堂之旧，并于各书斋朽敝者葺之，阅冬初而告竣。回思予丙戌在此讲学时，堂固依然其不爽，室亦端然而未改，重修之视鼎建，宁多让耶？继自今我同人幸生圣主文治之朝，各踊跃观摩，无负当道大人作养之深心，无负乡中绅耆勤劳之美举，居肆以成事焉可也。

乡进士、文林郎、截选知县、义学掌教霍超士撰，乾隆四十六年辛丑仲冬立。

重修佛山经堂碑记

山以佛名，志所自也。名佛者何？相传晋代有西域僧至此结茅讲经。僧寻西还，其徒因构室而居，号曰"经堂"。地据省会上游五十里，仅南海县属一小乡耳。当乡初聚时，乡人尝夜见其地有光烛天，乃掘得古佛三尊，并有碣曰"塔坡寺佛"，遂以供之经堂，建塔崇奉，因名其乡曰"佛山"。嗣是日益蕃庶，自唐宋元明以迄于今，人稠地广，烟火十万余家。凡仕宦之所往来，商贾之所[6]出入，货贝舟航之所聚集，俱于是乎汇。而且衣冠文物之盛，几甲全粤。盖骎骎乎海滨邹鲁矣。

丁未冬月，余由西清奉命佐守广州，实隶乎此。莅治后天旱须雨，偕同驻防之都阃张公名象履者，躬谒各庙，为民祈祷。见所谓经堂者，惟像与塔在，余皆败壁颓垣，但存旧址。询之寺僧父老，佥称自雍正九年重修后，踵事无人，风雨飘摇，以致于是。余不禁浩然增叹，以兴废举坠为司土者责，况斯地为佛山肇基胜迹，岂可听其久而遂湮耶？且天下名都巨镇与纷华富丽之区，虽曰气脉使然，皆莫不有神明之胄，出其广大胠奁之灵，以维持默相于其间，乃能永隆而不替。

余考之志乘，佛山自明以逮国朝，甲第蝉联，富室栉比，近今数十年间，科名殷户，概逊于前。夫根茂实遂，本拨末伤，理有固然，今不昔若，职是故耳。都阃张公慨谓余曰："若是，则此地之兴修乌可缓哉？"因亟劝余力肩此举。无何，奉委解闽饷二十万两，往返数月。春初旋署，张公复为余言。余谬膺半刺，事神治民，职应分任，夫何敢辞？特以斯地废坠已久，重建工费浩繁，非借众擎，虑难猝办。张公曰："是固易易。积篑可以为山，集腋可以成裘。佛山一镇，绅衿商贾林林总总，于寻常醮会神功，尚且不吝施予，矧此举为地方兴利，官既乐为之倡，其生斯长斯与贸易于斯者，亦谁不欲其地之利而不争先恐后者？无是理也。抑不特此也，佛山居省上游，为广南一大都会，其地运之兴衰，东南半壁，均所攸关。是则经堂之建，举凡在粤之宰官荐绅，皆宜踊跃勷事，共成美举。将见祇园绀宇，轮奂重新，慧日照临之下，三江五岭，咸被休光，宁第一乡一邑而已耶？"余闻而憬然，既而欣然，曰："公言诚善。"余愧不能文，不足为志，诸君劝请，以是勒之于石，以作重修佛山经堂缘起。

乾隆五十三年岁次戊申九月朔日，渤海居士叶汝兰撰并书。

敬字亭碑记

字纸社之结屡矣，皆不久而废。何欤？无实业以赡其工人，无定址以稽其勤惰。有名无实，宜其兴而复废也。顾自斯社废，字纸之狼藉于道旁益甚矣。用再联同志，买屋为亭，买铺为业。业以资工食，亭以居工人。贮字纸，时焚化。今而后雇工有资，勤惰可省。凡我同人，愿皆顾亭名而思其义，毋任他人擅踞，毋俾承斯役者食其食不事其事，则斯举庶几其可久也。爰将签题姓名及买置屋铺修改各费，备刻诸石。

一、本亭一座三间，正间阔二十一坑。左右两偏间，各阔十三坑。另左边厨房一所，阔十一坑。深浅与本亭相齐。右边厨房一所，阔十九坑，深一丈。亭前正中为字纸炉。左右两廊各阔十三坑。本亭前至照墙外滴水，后至后檐外滴水为界。另铺一间，在新安街，北向，深三进，阔十五坑。乾隆五十三年用价银五十九两当官承买。蒙南海县严父师太爷恩准给照。

调署南海县正堂、加十一级纪录十三次严，为遵批再缴等事：现据五斗口司详解"举人劳潼等添缴承买佛山莺冈茶庵铺，价六十两八钱，详请给照"等由到县。当批"解到银两，兑收贮库，候给照劳潼等管业。此缴"在案。查本案庵铺，先经徐前县访获余天相等在该庵聚众烧香，业经讯详奉行，将该庵屋示召变卖，批解充公。续据该司批解，劳潼等承买该庵铺，价银五十一两二钱，到县贮库。当经前县查核，价数短少，批饬增估去后。兹据该巡司补解前来，合就给照。为此照给举人劳潼、吴廷招、区宏绪等：收执即便将承买茶庵修建惜字纸亭，其新安街铺屋一间，修整租赁，支给工人口食，以垂永久。该铺庵税粮向在佛山堡一百十八图十甲罗兆元户内，举人劳潼等递年遵照输将。如有别人争占庵屋，许即禀明拿究。毋违。须照。

一、修整亭铺二处。砖石、木料、灰瓦、工银、竖碑，连买屋铺价及房东置椅桌各费，共银一百三十七两八钱七分。

一、本亭除门首一廊以居工人，其余递年务必租与人做书馆，俾察工人勤惰。其人必能留心督率工人者，方得租赁。其余一切诸色人等，不得借住，亦不得批赁。

共实收银一百九十七员半。亭、铺二处共该地税四分，收在灵应祠户内递年附纳。

麦晅敬书。乾隆五十五年仲秋谷旦，值事劳潼、吴廷招、区宏绪、刘东阳、李宪邦等同立。

乾隆乙卯散赈碑记

昔人谓："士大夫不贪官不爱钱，而一无所济于人，毕竟非天生圣人之意。"李宏斋亦云："凡人不必待仕宦有职事方为功业，但随所到处，有以及物，即功业也。"至哉是言！士君子能常服膺是言，则物之不得其所者寡矣。忆乾隆戊寅岁，佛镇有赈饥之举。潼时侨寓平洲，未与其事，顾闻而慕之。迨戊戌岁饥，潼随诸君子后禀官签赈。时始事以名入官者十一人，后襄事又多数人。而事竣后，详宪给匾获旌者止五人。同事者颇不平，议颜一匾于崇正社学，尽载首事之名以示后。余笑曰："我辈欲为阴德。若必求人知，是阳德也。"事遂止。

迨丙午、丁未，连年救荒，中间因禀宪，于阖镇铺租二十取一散赈，而兼平粜。审户收租，事务繁冗。时共事者至数十人，后虽获旌于当道，而仍未能遍。众议立碑记之而未果。予乃甚悔前者阴德之言之恐或阻人为善也。且戊寅、戊戌两次赈饥，皆巡宰王公_{讳棠，四川人。}经理其事。止为之弹压众人，部署进止，而不干预银米之数。又通禀上宪，恳免稽核，俾吾辈无所顾忌，易于措手。及乎丙午、丁未，所有签赈、平粜，皆巡宰郑公_{讳耔，浙江人。}为之经理，一循王公之迹。时府宪张公_{讳道源，山西人。}阴遣人觇伺，适遇厂中早膳，见在事者俭于自奉，且办理井井有条。张公闻而嘉之，遽捐廉五百金，发来助赈。是皆大有造于吾乡者也。若俱不纪载，则后之官斯土者何法焉？

昨乙卯复饥，众议照前事例，签捐收租以复赈。蒙署分宪王公、讳宿善，山西人。邑尊李公、讳坛。巡宰柳公讳因材。皆捐俸为倡。刻日借社仓谷出碾，布散甚速。是年饥死者较少，因赈能应时之故。韩忠定云"救饥如救焚"，信不诬也。予常见开赈之日，贫民多鸠形鹄面，贸贸然来，几令人不忍睹。迨赈至数日后，菜色渐除，欣欣然似喜气溢于面，足步亦轻健。一时在事之人亦为之色喜也。愚谓即此可以见天地之心矣。至如袁黄所谓"济饥之人，其后必昌"，屈指古今，历历不爽，翻似非当日趋事之时所及计也。兹因以赈余银两，创立义仓。工竣[7]竖碑，并将签赈及首事姓名勒石，俾后有考焉。其自戊寅以下数次倡赈首事姓名，虽难尽考，然遍访众所及知者，一并附刻，以为人劝。

里人劳潼撰，嘉庆二年丁巳十二月立。

重修田心书院碑记

乡前辈陈云麓太史作《忠义乡志》，其《凡例》首条即云："乡为都会地，土侨错处，初无畛域之分，惟君子为能通天下之志，盖必自同人于乡始。"至哉言乎！人苟胸无畛域，廓然大公，可以同人于乡，即可以同人于国、于天下。《易》所谓"同人于郊""同人于野"者，不外是矣。

我佛山镇田心书院其始本侨籍人士所建，而乡中士友课文多集于此。于时即不分土侨，虽异乡人士亦咸会焉，犹之崇正社学，本土籍所建，而四季文课，侨籍亦得与焉。此吾乡士风和美也。尝慨明季社事之弊，同己则私之，异己则嫉之，虽至亲昆弟，苟不同社，即不免参商，胸怀褊陋至此。居乡如是，欲望其立朝之无朋党难已。吾乡人士独无此弊，盖能深体斯文一脉之意，而一视同人。此所以人文蔚起，而科甲勋名非他乡所能及，斯亦和气致祥之验也。院屡坏屡修，旧碑可考。数年来栋桷垣墉间多朽蠹，众议开签重修，愿捐者不分土侨，即异乡人士亦多签助，斯又本前人之意，扩而大之，所谓通天下之志者，此其基矣。院内旧祀文昌帝君，迩年增祀宋大儒先贤五子，犹有关系，俾入此者咸知文与道俱，道因文显，故曰"文所以载道"也。庶几兴起其任道之志，而斯文有赖乎！经始于嘉庆二年六月，落成于九月。

始其事者，给谏陈琬同先生倡之，李庶常凝修及诸同人和之。肩其劳者，则区子应魁、叶子楚华、唐子融修，暨予从侄作栋也。潼愧与其名而未任其事，工竣，众谓潼宜记之，潼固不得辞也。抑予有说焉，《序卦传》曰："与人同者，物必归焉，故受之以大有。"今书院之修，课文之会，既能与人同矣，尤望诸君子扩其大公之量，事事虚衷无我，舍己从人，戒荆公之坚僻，慕韩范之和衷。居乡如是，居官亦如是，庶几哉。善与人同，则斯世之丰亨豫大，及圣贤之盛德大业，俱由此而可致矣。所谓物必归焉，而所有者大，斯道斯民之任，实有赖焉，岂特文风日盛，科第蝉联，为乡国重已哉！予盖拭目俟之，他日虽老，犹将弭笔而纪其盛。

里人劳潼撰，嘉庆三年六月初一日重修，值事陈其煴等立石。

吉制府给发佛山田心书院会课支费并拨汾江书院膏火碑记

昔孔子为卫谋保庶之策，示以富教二端，遂为千古为治之大纲。其自一乡一邑，以至治国平天下，率不能外乎此。我佛山素称富庶，亦岭海之间一都会也。然前辈家云麓太史作《忠义乡志》有云："吾乡谬以饶富闻，而无蓄积之实，每遇饥馑，乏者辄数万人，饥寒切身，不顾廉耻，识者忧焉。是庶则有之，而富则未也。"迩年蒙列宪准建义仓，收汾水正埠铺租、艇租，随时积谷以备济饥之用，虽未敢望家给人足之盛，然凶荒有备，庶几得保庶之遗意。

兹又幸遇宫保大司马制府吉公节制两粤，甫莅任，即以化民成俗为首务。刊刻《圣谕广训》，到处张挂，以训诱愚蒙。又命各学《广文》，遍诣乡落，以土俗语解释上谕，使人人易晓。而于我佛镇尤为留意，尝以事到乡，传集绅士，谆谆告诫，委官择端正耆民二十人，赏以银牌，使之训饬子弟。复许令乡中举行乡饮、养老之礼，俾后生有所观感。其教之也，一何肫切欤！

吾乡有田心、汾江两书院，为造就人才之地。署郡司马李君，莅任捐俸，亲临课士，因将佛山赌坊充公羡项，请于制府，给为两书院膏火。制府既允，其请复以佛镇煤厂充公白金二千两为田心书院生息课士之费，余以为汾江书院灯火之资。遂言于方伯、司寇、观察、太守、邑侯诸公，无不赞成称善。公之惠及吾乡，一何有加无已哉！欧阳文忠有云："古之立学，择民之聪明者而训焉，使转相告语，劝诱其愚蒙。"然则公之课士，其为教训计也可知已。李君承前郡司马滇南杨君之后，而与之媲美。杨君洁己爱民，廓清盗贼，民歌颂之至今。李君能继其武，刻刻以弭盗安民为事，今复能体制府化民成俗之美意，而为惠于吾乡人士如此，乡人士其何以报称其万一哉！

兹承制府命，以书院《会课章程》勒诸石，用垂久远。因奉公长生禄位于右奕室，以李君为配，略表葵诚，属予记其本末。予前岁曾应制府命，忝为粤秀书院山长，近以老病归休。喜吾乡有公嘉惠，而未克力疾①躬诣以谢，心常歉焉。故勉应乡人之请，粗述其概，以志公之德于不衰。抑愚更有说焉，曾子曰："君子以文会友，以友辅仁。"愚窃谓乡人士会文于此，便当互相劝勉，身体力行，勉肩斯道之任。他日者，出则尧舜其君民，处则仪型其乡里，务使奸宄屏息，礼让兴行，海滨邹鲁之风，复见此日，则吾乡富庶可以长保，斯无负乎制府栽培及李君奉行之至意，岂徒借此以弋巍科、跻显仕已哉？又岂徒尸祝俎豆，遂足以仰报制府及李君之德于万一哉？予因不禁推明公之所以属望吾乡之意，以为乡人士勖云。

里人陈其煜撰，嘉庆四年己未仲秋立。

---

① 力疾：勉强支撑病体。

重修灵应祠鼎建灵宫碑记

儒者作事，论理不论数。而要事之成否，则无非数也。见为理所当为，辄思奋然为之，然或格于众议，或绌于物力，谋之而弗行，行之而弗成，直俟有大力者倡其说而众莫违，括其资而人乐助，而其事迄用有成，是不谓之数焉不可也。

予自乾隆丁未岁乞假归里，旋蒙当事延为粤秀书院山长，乡事概弗暇为经理。甲寅冬，诸友向予言，灵应祠祀北极镇天真武上帝，旁设神墩，安奉帝亲，前修庙时未之或易，此狃于故习而莫之革也。夫为子居中，亲乃旁坐，理不顺，情不安，甚非所以教孝也。今议庙后鼎建灵宫，崇祀帝亲，各自为尊，以正伦理。予曰："是宜勉为之矣。"既而事弗果成，询之众，佥曰："志不一，不可集事；财不裕，不可图功。"予曰："有其举之①，存乎其人，此中莫不有数焉，君等姑以待之。"

乙卯之冬，司马杨公名楷来署佛山同知篆。方予在谏垣，风闻公为山东单县宰，卓有政绩，廉介之声无间远迩。锄强梗以植善良，尤素志然也。佛山夙为文物之区，居斯土者类多醇雅。顾商贾辐辏，五方杂处，寇攘奸宄，恒溷迹其间。恣强横，逞凶暴。善良受毒者，多隐忍而无所控告。此匪党之所以日肆行而莫忌也。公至，廉知其状，亟捕治之。有以被害告者，公即差拘，立惩以法，民无讼累。公急于听断，至不遑食，初未尝以勤劳惮也。群匪畏公明威，潜为遁去。然公究以剧贼不除则善良不保，剧贼如陈迭举等，擒解速正典刑，余党悉相继捕获。凡各乡往来道路，奔走墟市，率无复遭乎刃而夺之金者矣。佛山人不更咸籍安堵哉！昔黄萧养寇佛山，灵应祠神实为捍御。公计擒匪贼，祷于神辄获，是神特付之以捍御，而感通冥漠，有独至也。

丙辰正月望日，公诣祠焚香，向乡人士曰："庙修自乾隆己卯，于

---

① 有其举之：出自《礼记·曲礼下》："凡祭，有其废之，莫敢举也；有其举之，莫敢废也。"

今三十余年矣。以起敬畏，则神将宜装饰也。以肃观瞻，则栋柱宜刮摩也，墙垣宜黝垩也。"捐俸金五十两为之倡，命乡人士董其役。众因言于公曰："前甲寅岁曾议建灵宫，缘其地有数百年古树，人不敢议伐，故众志弗一。兼乙卯之春，米价日腾，遂寝其说。今修灵应祠，其并建灵宫，可乎？"公曰："创别宫以隆享祀，礼固宜然，是乌可以不建？"遂出示谕重修灵应祠及鼎建灵宫，谆切敷陈，以此见公之留心风化也。人凛公明示，靡不响应，而神更式凭焉。

二月十四夜，天大雨以风，庙后树株大如合抱，忽折其右偏，折处如刀切状。中一株枯而复萌，大已盈拱，俱被压倒。数十工人睡廊下者，一无所伤，一无片瓦堕地，众共异之。翌日恭行谕祀，乡人士以告于公。公往视曰："神之欲建此宫也，其示诸此矣，夫复何所疑焉。"闻之而往观者，殆不可以数计。众于是愈惕然于神之灵，而倍加踊跃，佥捐工费银两共九千七百有奇。经始嘉庆元年二月，至十有一月而落成。余曰："事之成也，莫不有数焉。此非其彰明较著乎？"是役也，余虽厕名司事，然鸠工庀材，未尝身任，功不敢尸。即日有事于程材课工者，亦不自以为能。咸曰："杨公能成民而致力于神，神罔怨而罔恫也，民奉令而承教也。微杨公之力，其奚能为此也。继自今入庙而睹金碧之辉煌，观瞻肃矣，敬畏起矣。宫分前后，体统昭焉，伦理正焉。尊尊亲亲之义明矣，杨公之功亦伟矣哉。"爰悉书之，俾镌诸石。

里人陈其煅撰，里人李可端书，嘉庆二年丁巳仲冬立。

重修佛山书院碑记

皇帝御极二十四载，寰宇清谧，文教蔚兴。山陬海澨，讲舍相望。弦诵之声相闻，罔不笃志稽古，研求实学，冀为当世用。佛山固南海一乡也，衣冠士族，环居萃处，其子弟类皆颖异秀出，能承其先绪，以故甲科冠一邑。

余莅斯土三载，民靖盗息，幸际无事。乡之人士合辞来言曰："佛山之有书院，前司马杨公楷以旧地卑湿，卜宅迁建，今十有八年矣。惟是创造之始，规制未宏，又历年所摧堕及之，大惧无以崇德广业、琢磨有成、为邦家光。"夫兴教劝学，固有司责也，余心藏久矣。第书院之前地甚隘，民设蔬果以鬻。噫，喧嚣如市，肆业者恒患其扰。爰先捐俸金五百两，买地建照壁于前，缭以周垣，左右置二门出入。经界既正，观瞻壮焉。于是，乡人士若民忻忻慕义，乐输恐后。工费不扰，版筑斯作。经始于是年春，落成于十二月之望。自门徂堂，斋、舍、庖、湢毕具，端序轮奂，观者动目，煌煌乎较旧制加善矣。

今夫学校者，王政之本也；乡学者，造士之原也。成周盛时，家自为教，人自为学。凡饮射读法之典，皆于乡是举。而又有乡大夫、州长以时书其德行道艺而宾兴之。故风俗厚于闾里，而人才足于王国。今多士幸生昌明之日，又居海滨邹鲁之邦，讲劝有舍，修息有所，将见经明行修者，舒翘而竞秀，接踵而继起。上以仰慰朝廷崇建人文之德意，下足绍先圣往哲之风声于无穷。则斯地也，且将与鹿洞、睢阳比烈，又岂徒今日之规模已哉！因书以为之记。

佛山同知华亭王继嘉撰，嘉庆二十四年己卯十二月立。

重修佛山海口文昌阁记

天下之祀文昌以求福众矣。顾神明之舍不辨，崇奉之仪不至，神且弗歆，乌乎福？吾粤佛山之东南海口有阁，以祀文昌。建于乾隆七年，迄今九十余载。谭形势者曰："此文星也。宜乎举甲乙科、登显仕者，岁不乏人。"

道光乙酉二月，余备藩黔南，乡之人邮余曰："阁且日圮，众议醵金三千两有奇，鸠工庀材，因地势所宜而增高之。"属记于余。余捐廉襄工，以复曰：万物相见乎离而齐乎巽。巽，东南也，其象为风。九卦以风行权，居高则令可布也。其方为巳，十二辰以巳为文，非高则文不耀也。文昌斗戴匚六星。文者，精所聚；昌者，扬天纪，辅拂并居，以成天象而贵相理，文绪司禄赏功进士，意者其显铄昭著，万古如一日乎？今仍其方位，则神明之舍妥矣；隆其栋宇，则崇奉之仪著矣。佛山为省垣西南重镇，四面环海，气运所钟，商贾辐辏，人文奋兴，于今为盛。四方之迁者侨者，从学而来者，宦成而归者，权缗竿以起家者，执艺事以自食其力者，咸以风淳俗美，乡有贤者，梯航簦笈，鳞萃云集，偕来而卜居焉。

今阁之修也，文明之气高矗东南，上通斗极，光焰万丈，苍茫回合，下澈海水，而香烟灯烛，复与虹梁蛤户，沙碧云青，五色十辉，互相映发。厥文弥彰，其将有跻三台、魁多士者出乎其间，以应圣天子作人之运欤？抑又闻之：道书以文昌帝君一十七世为士大夫，在周曰张仲。《诗》曰："张仲孝友。"吾愿与诸君子敦锡类之仁，求笃庆之本。各亲其亲，各长其长。庶几风愈淳，俗愈美，毋戾神之教，以迓庥福于无穷也。是为记。

里人吴荣光撰，道光六年丙戌四月督修里人方钰等立石。

清浚佛山涌港记

涌泉之涌，岭南方言读为"冲"音，盖"恸"字之讹。或云恸，满；或云恸，出。实水之支港也。岁甲申，余备藩黔南，谒程中丞，屡及其在粤藩任内檄饬佛山浚涌事。越岁乙酉，涌段为蔗围村民占筑，阻浚尾闾，官已白案。其冬，制府阮宫保师行部，舟过佛山，登岸阅视。绅士以蔗围村众素强横，恐复为所阻，嗛嗛面诉。制府曰："阻者来一名，则执一名。"以至百十名，尽执送官，官有案无恐。于是乡人感制府之威德，而重思程方伯之始事也，属余为文记之。

按：涌自新涌口入佛山镇，周环三面，至栅下文塔入海，袤长二千八百三十丈，衡自十三丈至三四丈不等。士大夫以为文脉，商贾以为财源，而借余潴以灌田亩，通舟楫以便行旅，其尤彰明较著者也。顾岁久湮塞。嘉庆二十一年，李茂才荣邦就其所居观音堂一带，清浚四百余丈，以费绌而止。道光元年，佛山都司、今任潮州总兵苏君兆熊，与佛山同知徐君维清，倡率阖镇绅士、商民捐输助工，得洋银九千九百两有奇。咨询李茂才，清界址，选值事。以十月经始，至二年冬，将底于成，尚余十一段与在文塔前坦之四段，复因费绌停工。而蔗围村民遂借前与镇内所买文塔前之北坦田附近涌尾，毁界占筑，横障下游。四年，奉官牒催葳工。在事者以前情禀案，由县断令蔗围所买之北坦田照价收归镇内，勘拆挖浚。在事者聚商，阖镇衿耆按照碑刻旧章，哀义仓买谷羡余银二千三百两，以为浚余段之用，而工以竟。

於戏！佛山为粤之一隅耳，清涌为佛山稍重之事耳，而百十年之淤者，经几番筹画，一旦始通。非阮、程二公之督成，苏、徐二君之经始，曷克至此？余过新涌口，至栅下，见一水如带，与潮汐相消长。行舟利涉，农田深耕。慨然谓乡人曰："向之淤者，以图小利而占也，以惮扫除而积也。夫图小利则贪，惮扫除则惰。贪则众恶所归，惰则于己并有不利也。自今以往，念成事之不易，勿占勿积，将以此水为六门之堰，三坡之渠，与居人、行人长享千百年之利，岂不懿哉！"是为记。

里人吴荣光撰，里人李可琼书，道光六年丙戌八月立石。

南海吴氏方伯家庙记

道光乙酉秋，荣光备藩黔省，以先通奉府君年届七十五，荣光违侍十有六年，告于长官，援京官给假四月之例，陈请归省。越月，奉命护理巡抚，复具折奏达，得旨俞允。

十二月二十六日，抵家省觐，府君欣慰交集。既复进荣光与诸弟，而诏之曰："汝等承祖宗积庆，以有今日。汝荣光通籍二十有八年，位至二品；汝弥光举秀才，复以詹事主簿通籍；汝绥光亦仕进有阶。吾闻守其宗庙为卿大夫之孝。佛山居人稠密，未易得地，汝生祖妣易太夫人为汝祖侧室，族议不祔翰林家庙，岁时止祭于寝，吾心歉然。宅西家塾外为澹和堂寝室，飨堂之基已备。仍其式廓而修葺之，为我七房家庙，上祀汝祖玉堂公及祖妣黄太夫人，次及生祖妣易太夫人，次及汝母梁夫人。其庶母邓孺人及汝荣光前妇罗夫人等，以次另龛祔于两旁。俾神有所依，是在汝等。汝荣光居官清约，廉俸之入未遑多，及将来析[8]爨时，留祭产外，垂光、灿光等，若已授室，则所得全给之；若未授室，则其名下分业仍归公家转息，岁给口食，尚有余资，可充公用也。"荣光等谨泣而志之。

盖荣光不肖，不能长侍膝下，府君以简书可畏，将勉其复出，遂不觉其言之详且尽也。於戏，不料其言之既详且尽也。越两载，戊子夏，荣光在福建藩使任内，仓卒奉讳归。大事既毕，合诸弟而谋之曰："先人遗命不可缓也。"遂以己丑九月经始，以家塾作寝室，以澹和堂作飨堂，其冬底于成。以十二月十三日诹告府君，立七房方伯家庙，恭奉显祖玉堂公、祖妣黄太夫人、生祖妣易太夫人、显考通奉府君、妣梁太夫人栗主，告安寝室正中神橱。以庶妣邓太孺人及先二弟超垣、先四弟宠垣安于左旁前室，罗夫人及故媳严安人安于右旁神橱。并遵《大清通礼》"二品备春夏秋冬四祭"，以四仲月初吉举行，承先志也。其庙前厅事三楹内向，则以为祭日会馂及岁时荐新、朔望献茶，兄弟子姓集聚之所。凡一几一席、一花一木，皆府君数十年手泽所贻，敬谨留存，将使后之人依慕抚摩，识勤俭之意，增忾慢之思也。若夫国朝品官家庙定制，二品得用五间三门，兹为地所限，廓而大之，以俟来日。其祭产及一切章程另勒于石。

道光十年岁次庚寅秋八月吉旦，吴荣光立石。

南海吴氏赐书楼藏书记

余性好书籍，官京师二十年，聚至七八千卷。后以嘉庆己巳镌秩闲居，去其半以易米。最惓惓不忘者，宋拓《化度寺碑》、范氏书楼原石本宋版《史记》及《陈后山集》也。嗣外擢出京，以馆阁通行易得之本悉赠友人。嗣在闽省，建凤池书院，以重复者二千二百余卷捐置院中，盖三散矣。然余历走陕、闽、黔、浙十年，廉俸所入，短衣缩食以购之。闽浙多藏书家，余两莅其地，所得尤多。

道光乙酉冬，在黔藩任内告归省亲，除寄存杭州方苣田孝廉家外，检箧中金石简册将及二万卷，悉携以归，薏米之谤不足计也。丙戌北行，戊子夏在闽藩任内，奉先通奉讳遄归。大事既毕，偶阅囊存，卷帙半为蠹蛀。岭表卑湿，思有以保护之，因以建立家庙余工，于宅后购西邻区氏屋地作楼，楼中敬贮先帝所赐上方善本，余则仿方渐增壁为阁故事，将二万卷尽列两旁阁上，却霉蟫，登爽垲，统名曰"赐书楼"，记恩及也。庐墓归来，或与家园群季指函数典，或独手一编终日忘倦，始觉向者之未尝学问，徒躐科名，自今所得为已多矣。浙中寄存之本行当附海舶载至，续有所得，当增益之。后之人知有张茂先三十乘之载，不可悔沈攸之十年之读，盖借以博古知今，持躬应务，匪细故焉。余之贻厥谋者，惟此而已，尚其保之勿失。

道光十年岁在上章摄提格斗指亥之月、拜经之日，南海吴荣光伯荣甫记并书。

重修佛山田心书院碑记

田心书院者，始于康熙八年，佛山侨籍士人建，以祀文昌，暇则于此会文焉。地环以田，故曰"田心"。顾院无经费，会文者凡一纸一茶一面及奖赏所出，岁捐资以取给焉。盛时，会者至四五百人，每十数人主一会，岁则二十余会。会卷即日交主者，受；越宿，则不受。受则汇送乡先达，定甲乙，魁者奖制钱百余，以次递减。粤中论文者，至不敢轻阅田心会文，谓"此固文章薮泽，恐去取稍苟，贻笑大方"。此余自乾隆辛亥至嘉庆戊午，与会八年所及见及闻者也。

嘉庆四年己未，觉罗吉有斋协揆督粤时，以煤厂充公银二千两发交绅士吴、陈两家，置铺产，入其租息，作每岁院中会文奖赏之费。自是院有经费，而弊反由此生矣。佛山多学馆，使每馆月主一会，则受卷者越宿可受也，越二、三、四宿亦可受也。越宿可受，则馆中人能窥别卷之文，有佳者，或剽窃其一段一股一对，润色其文，以博取前列也。又其甚者，馆师擅加评阅，定甲乙，伪押先达印章以诳人。又其甚者，所伪印章，其人早已作古而莫之知也。于是文人学士以赴院会文为戒，以会文前列为辱。院中盛会久为数学馆之童蒙所据。於戏！协揆之爱士甚殷，而士之报以弊者愈烈。此又余于道光丙戌，予告归省时所及见及闻，而心焉伤之无可如何者也。

岁戊子，余奉先通奉讳遄归。大事既毕，见院中栋宇朽蠹，墙垣倾颓，爰集同人捐助，得银一千两有奇。选废材之可用者，佐以新料，于祀神正殿左右略加高深，墀植桐槐二，头门旁添设两便门，院左右增置房一间、小廊一所，院外筑月池，沿砌石路。费稍不足，续捐得银二百两。将底于成，适乡有官封赌博房产五所，例应充公，余请于督抚两院，拨入院产，以岁息增奖赏。总督李鹿坪尚书仍恐不敷，复捐银一千两，置铺房三间，现岁租六十四两零，合拨入及吉协揆捐置铺产，共得租息银三百六七十两。余慨然曰："是可以复旧章而防来弊矣。"

当房产未出租之前，院工落成，余以庚寅二月捐廉，邀同人会文于院，得文一千二百余卷，择其尤者，梓以问世。既乃集众公议，将本岁原租及李尚书捐未置产一千两之息银，自初会起加增奖赏，魁者洋银一圆，余亦每名照旧数递增。越宿以卷至者，峻却之。每会至三四百人。会日，余曳屦至院门前与二三老友稽古论旧。悠悠往事，越三十余年，余获复睹曩昔会文之盛，心以慰矣。因语学侣："自己未以后，院中诸弊丛生者，无专责，无稽查也。今以明年为始，设司事一人，以专其责。岁举，六家轮流稽查，绝觊觎而计久长，庶几无诈无虞。"四方人文闻风而来者，日新而月盛。于以切劘道艺，砥砺廉隅，以上应当代文明之治，他日纡华金玉，豜羽风云，必有因余言而重思吉李二公者。众曰"然"，请记始末于石。

道光九年岁次己丑十月，里人吴荣光撰。

重修佛山汾水关圣大帝庙记

圣人为万古扶世翼教，而其威灵所著，尤莫盛于显忠遂良之代。大之则激忠义而捍灾患，小亦彰善恶而厚风俗。余自通籍后，伏读列圣诏旨，敬记关圣大帝护国庇民之大者二事。一则嘉庆十八年平教匪案，一则道光八年获逆苗张格尔案，均于杳冥不可测度之际特见神威，电扫风驰，么麽立靖。朝廷屡加封号，载入祀典。炜矣哉！千六百余载以来，大义孤忠，炳灵宇宙，而于我朝崇奉愈隆，昭格愈著。岂不以太平之世所以激忠义、厚风俗，以保此万年，有道者帝心如天，天之所助者顺耶！使天下之人尊朝祀，仰神威，自大邑通都以洎山陬海澨，奔走耆髳，如鉴如临，承事于靡遗也。稽帝致曹操书有曰："日在天之上，普照万方；心在人之中，以表丹诚。"及其斥吴人，则有"神随天帝缥缈，下鉴人世顺逆忠邪。若者福，否者祸，令万古知有大丈夫。湘江汉水之人，异日当仰望我九天之上"之语。於戏！刚大之气，浩然沛然，孟子所谓"配道义，塞天地"，迄于今仰望者，岂但湘江、汉水也。

吾粤佛山，旧有帝庙，创于顺治八年，厥后递有增廓。计自嘉庆十年重修后，至今又二十有六载。地枕江干，沙水所蛰，墙基柱础渐就倾圮。道光庚寅正月，里人倡议重修，捐输麇至，得银一万一千余两，添购庙旁梁姓排草街铺地，兼葺庙后华光殿大慈阁。经营救度，越八月告成。栋宇用壮，金碧交辉。蝙蝠蠛蠓之中，神实凭焉。夫佛山自前明里社同心捍贼，以忠义名乡，生聚日蕃，风俗日厚。今乡人又能知作善降祥之理，事正神以求福，无惭衾影，各凛旦明。将见忠义之气，毓为嘉征。货隧骈罗，民居康阜。以遵道遵路为忠，以睦姻任恤为义。庶几罔怨罔恫，千百年承帝之休于无斁也。是为记。

道光十年岁次庚寅九月，里人吴荣光撰。

法帖

　　《筠清馆法帖》。共六卷。南海吴氏家刻，石在大树堂内筠清馆。第一卷，晋王羲之《乐毅论》《黄庭经》《霜寒表》《快雪帖》《告姜道》等六札，《头眩方》《曹娥碑》，王献之《洛神赋十三行》，卫恒、王珣、王濛、梁羊诰及无名人书。第二卷，唐太宗《秀岳铭》、《唐临兰亭序》残字、《唐临二王帖》、薛稷《涅槃经》残字、张旭《千文》残字、怀素《跋唐人书藏经》残字。第三卷，宋太宗书《崔灏诗》，宋徽宗《祥龙石诗》《梅竹文禽》《御鹰图》题字，蔡京跋，宋高宗诗，宋范纯仁告身。第四卷，宋蔡襄《茶谱叙》，黄庭坚书《弟子戒》，米芾诗札，宋薛绍彭诗，吴说札，吴琚《碎锦[9]书》，张即之札。第五卷，元赵孟頫书《洛神赋》及札，鲜于枢书《归去来词》，倪瓒诗札，樊士宽书，方叔渊诗，钱良右札，苏过书，马治诗，倪骏诗，钱壁札，杨遵《临张伯英、王逸少、柳诚悬帖》。第六卷，元王叔明《听雨楼图》内元十五人题识，元人《芦雁图》内元七人题识。帖内真迹及宋拓专行本及宋拓绛帖、鼎帖，绍兴米帖、阅古堂帖、群玉堂帖、即阅古堂所改。英光堂帖各种，皆吴荣光出自家藏及借自戚友家集成之。各帖经前人已刻者，因所自出之微有不同，或旧刻偶有错误，校正重刊。其余多世所未见之书帖。首筠清馆法帖第几帖，尾道光庚寅夏五月南海吴氏摹勒上石等字，皆篆文。

　　吴氏定武兰亭帖。嘉庆辛未里人吴荣光借商丘陈氏宋拓五字损本，手自模刻，阅八月乃成。有成亲王及钱樾、阮元、英和、觉罗桂芳等跋。石在筠清馆。

佛山忠义乡志卷十二终

【校记】

[1] 俦：原作"屛"，据文意改。

［2］饷：原作"响"，据文意改。

［3］霍信：乾隆《佛山忠义乡志》作"霍祥"。

［4］纲：原作"刚"，据民国《佛山忠义乡志》改。

［5］不：原作"之"，据民国《佛山忠义乡志》改。

［6］所：原无，据文意补。

［7］竣：原作"峻"，据文意改。

［8］析：原作"柝"，据文意改。

［9］锦：原作"金"，据《中国古代书画图》改。

佛山忠义乡志卷十三

乡禁志 告示

乡禁者，皆官司文告禁约，不过吏胥所承行，何取乎尔？取其有关一乡利弊。苟不志之，营私者将恶其害已而去其籍也。不志前明，遵现行功令也。条教赫赫，碑石林林，使人有所畏而不敢为，不大有造于乡乎？志《乡禁》。

告示

国朝

禁邻堡开涌碑示

广州府为凿河通海，蠹国殃民，叩天批示严禁，急救亿万生灵事：隆武二年四月二十四日，奉岭南兵巡道宪牌，奉两广军门平粤伯丁批：据乡绅、举、贡、监、生员、里排耆老冯球、霍得之、刘士斗、彭继先、李大宗等呈前事，称"粤东之害，莫大于西、北两潦淹浸，又莫大于海贼出没。按：琅边、街边、岭冈、三山、大沙、大江、石硝等处一十余堡，地势平洋，人家稠密，古称广州犄角，形胜来龙，原繇寨边渡海，入琅边，至矮冈头分股，左繇张槎经寺边、田心、罗播、三山、岭冈入佛山，转西华至石硝，为左股之尽龙。右繇大江、大沙、清水、弼唐、竹坡、赤朱冈、小墓、大墓,转来祥、石湾,至砂冈、潘村、澜石、石头、深村、奇槎,为右股之尽龙。其左股三山、岭冈一带,向系耕农秧地,县志并无涌洛,上而大沙、清水、弼唐、圣堂等山,万姓祖宗坟墓,俱以其为堂局。下而佛山、石硝、奇槎、平州各县数百乡村人民,亿万田亩粒食,又借其高垄阻御涨潦。屡奉抚按司道严禁私开河洛,历千百载并受宁宇。无奈田心、张槎二村奸宄出没,妄意变更。万历末年已图开浚,弼唐里保知其出谷接济澳夷,遂呈禁止。崇祯八年,霸基种树,坏人风水,众虑议呈。幸天严恶,电火焚槁。今经日久,故智复萌,前月内鼓众开涌,起自三山、岭冈、罗播、罗埠、寺边,左通街边大海,右通独树巨河,不顾二县数十堡能免两潦之患,全赖三山、岭冈等处一带高田屏卫,若使广开涌洛,潦水必建瓴直下,滔天巨浸,人民淹没,五谷失收,国家粮饷,凭何输纳?且近来海贼纵横,幸获安堵,亦因涌洛不多,易于防守。若田心、三山等处任其大行浚瀹,数里通津,诚恐奸歹随波出没,勾引海贼,沿乡劫掠,谁能控制?况风水民命所司,寺边、岭冈等处关系各堡来龙,诸坟命脉,妄加穿凿,即系斩断咽喉。今射利小民销圯贩卖,已俱借口,互相效尤。龙家之血脉受伤,亿万之性命难保。蠹国殃民,莫此为甚。球等百十乡村聚庐错处,岂容缄默。幸际天台留心民瘼,只得沥情联控,伏乞霜威肃法,准批巡道给示严禁,庶亿万生灵更生,国家粮饷有赖。并乞准将明示勒碑各乡,永垂不朽,功德无量"等情。

奉批:仰岭南巡道察报。奉此备牌仰府即察所呈开涌事情,关系风水民命,该府察确有无利害,具详本道转详等因,蒙批:依行南海县察报。今据该县申称"行据黄鼎巡司呈缴,大江、大富、张槎、土炉等堡里保耆民梁、冯、罗等结称,'结得罗播、田心、寺边、张槎、佛山等地方一带相连,于旧年十一月内果有开挖。各堡见得西、北两潦淹浸,地方可虞,风水有害,众谕已经填复,理合从公结报'等情,呈缴到县,备申到府。"据此,该本府查看得罗播、田心、张槎等村居民,先年图便利已，开凿涌源。彼各堡乡绅士民，虑及风水不利，致联词控。部批道牌行府察遵，行据南海县取具该地保耆民结得"前涌先年果有开挖，众谕已经填复"等情，结报在县，备申到府，覆察无异，似此无庸别议矣。照前项事情，关系生民风水，相应给示勒碑严禁，以杜后萌。缘由具详去后，合行给示勒碑严禁。

为此示谕三山、岭冈、罗播、田心、寺边、张槎各处乡民知悉：务要恪遵示禁，不许妄意变更，仍前私挖涌源，致潦水淹浸，伤害民生风水。如有故违，许各堡乡民指名具呈赴府，以凭拿究重治，决不轻贷。须至。告示者。

顺治三年正印八月初十日给示，原呈乡绅工部郎中霍得之、户部主事刘士斗、光禄署丞李敬问、国学博士李象蒙等。名未尽录。

禁修基越派碑记

南海县正堂宋，为天不赦行，豪强藐抗事：奉巡抚都察院法批，本司呈详："查看得南海县大富围南北二围居民谈昌期[1]等呈请通围协修一案，先奉前宪批：'仰广州府通判率同南海县查明，责令协修具报。'嗣经该通判以'基围之设原以防水患、卫田禾，围内业户自应按亩出工修固，以保粮命而均苦乐，若任佛山等堡胶执①旧例而不协修，则险基难固，应请批饬勒石，永远遵照'等由。详奉宪批：'佛山等堡是否抗违，或有别故？仰司速饬确查另详。'依经转行南海县确查详报去后。

"随据该县详覆，称'查已往之例，宜以各修各基，历有成规。犹如南海之不能越济番禺，番禺之不能越济南海。一旦创之协修，而必欲各堡同工，则将来愈起分争之衅。恐前此之独修者，今借此协修，必然退缩不往；前此之各修者，今强以协修，而终至裹足不前。彼此推诿，卒无成功。在佛山等堡，相隔数十里之遥，似难协修'等由到司。当查

---

① 胶执：固执，坚持。

该县所详与通判原详互异，未经查勘，终属疑似。又经驳行该县确勘去后。

"兹据勘覆，称'大富基围周围约六十余里，其形如箕，四围皆水。大富堡居箕之口，大江、张槎两堡各居箕之边，土炉一堡则居箕之腹，魁冈堡则居箕腹之下。其南箕尾则为深村堡，其北箕尾则为佛山堡。溯其水源，自西而东，遥吞大富箕口，使此箕口必借筑基堵截，则此基诚七堡利害攸关，难辞均修之责。幸天造地设，生一王借冈，为之砥柱，箕口遂分一江为两江，分北者北流，分南者南流，则箕口遂远无恙。水顺基行，非直冲围内，即此基间有崩决，是为侧入之水，地势既平，水势亦平，害不及远。且围内冈[2]山错杂，窦口泄水仍归外河，不能尽淹各堡田庐。查大富堡有七村，每年惟大富、塱边之民修补，不惟各堡有各修之基者未帮，即居中无基之土炉堡亦未有帮，近而大富堡之各村亦有帮、有不帮。但大富之基较各基高厚而功倍，又系沙土，视各基颇险。今议大富堡内向未帮修之各村及最近居中无基之土炉堡均应协修，其次大江堡虽有基而基实少，且逼近大富，亦可协帮。其张槎、佛山、魁冈、深村等堡皆有各修之基，而去大富之基甚远，不应协修。至不应协修之民，或置买大富基内田土者，亦应照田均帮，不得执各堡远居之说概论'等由，并绘图前来。

"本司覆查，此案该县踏勘①既确，而所议尤妥，足见留心民事，各属指不多屈②。但大江一堡基围虽少，终与无基有别，每年帮修，应视土炉堡酌减工料三分之二，庶几得平。其余应帮、不应帮，均如该县所议，以定章程可也。相应据由详覆，伏候宪查批示，以便转饬遵照"等由。奉批："如详，饬行遵照，缴，图存。"奉此，合行遵照，备牌到县"即便遵照，毋违"等因。

---

① 踏勘：现场调查。
② 指不多屈：形容优秀，名列前茅。

奉此，依经备行遵照去后。今再饬行，为此牌仰官攒①："急照宪批详内事理，即便遵照所议，大富堡内向未帮修之各村及最近居中之土炉堡均应协修，其次大江堡虽有基而基实少，且逼近大富，亦可协修。其张槎、佛山、魁冈、深村各堡皆有各修之基，而去大富之基甚远，不应协修。各堡之民，或置买大富基内之田土者，亦应照田均帮，不得执各堡远居之说而概论。至大江一堡，围基虽少，终与无基有别，每年帮修，应视土炉堡酌减三分之二。限文到三日内，取具各遵依甘结②缴报本县查考，毋得有违。"

康熙五十七年六月初二日。_{陈《志》。}

灵应祠庙铺还庙碑示

南海县正堂宋，为庙业恩断还庙，乞天给示勒石以垂永久事：现据举人梁叶千、李绍祖、陈清杰、李焕、陈文炯，贡生郑绍勋、冼湛、霍登元，监生霍游凤、黄上泰，生员李锡珽、岑尚丰、黄国絃、霍世荣，里民梁万履、陈祥、黄应同、岑永泰、梁修进等禀称"梁图首告梁翰章、简熊子等踞业欺神，叶千等以备历吞铺确据等事，覆明在案。荷蒙仁台洞烛前情，将排后窦塘地上盖庙铺九间断还入庙，永远收租广祀，仍着殷实忠正妥人收支，毋致侵欺。斧断之下，舆情允协③，阖镇讴歌。但恐岁月因循，复生觊觎，只得联恳天台④给示勒石，着令各佃照额输租，毋得踞铺掯阻⑤，任由短少。至嗣后轮管，务遵公举妥人收支留存，听众稽查，庶神享千秋，恩流百代"等情到县。据此，当批"准给示勒石"在案。

---

① 官攒：官员与攒典，即官吏。攒典，仓库、务、场等处的吏役。
② 甘结：旧时交给官府的一种画押字据。
③ 允协：和洽。
④ 天台：对太守、县令等地方行政官的尊称。
⑤ 掯阻：阻碍，阻止。

查先据绅士梁叶千等禀为备历吞铺确据等事，前来经批"查甲子、乙丑两年通共剩银一十余两，当筑塘搭铺之时，自必无可动支。则梁叶千等所谓'何用捐筑'，乃今日之苛论，而梁翰章等所称'捐工筑塘，捐建铺舍，收租广祀'，乃当日之真情。但捐之为言公也。梁翰章等身为会首，系庙中之人，既以广祀发愿，地则庙地，铺亦庙铺，何乃窃比庙外四方诸人租地盖铺为业之例，于成铺之后，概将上盖入己？岂非假公济私乎？历三十余年不觉者，神之厚以报其功。今一旦群起而攻之者，神之使以归此业也。应将从前已往，均无庸议。所有排后窦塘地上盖铺屋九间断还入庙，永远收租广祀。仍着庙属绅士、耆民公举殷实忠正妥人，轮年承管收支账目，毋致侵欺，自干神谴。梁翰章等获利已多，毋再贪吝争执，以期默邀神贶可也。毋庸质审①，立案存照，各簿发还"在案。今据前情，合就给示勒石。

为此示谕绅士里民梁叶千等知悉："即便遵照，将现断还排后窦铺屋九间，以及庙中一切田土祭业，嗣后务择殷实忠正妥人轮流管理，查核收支，免致侵欺。其现住排后窦九间铺佃，务遵批断，地系庙地，铺系庙铺，各宜赴庙承批，照额输租，毋得误听指使，踞铺捐阻，任由短少，致干查究。均毋有违。"

康熙五十九年五月　日。陈《志》。

拨铺给流芳祠祀典碑示

南海县五斗口司常，详为有祠无祀，恳批着赐以慰前功事：雍正六年十一月，奉署南海县正堂加三级蒋批：据里民梁广庵、伦圣仪等禀前事，称"前朝正统年间，强贼黄萧养围掠佛山，通乡无策。蚁祖梁南园等二十二人赴北帝庙杯卜，神许拒贼，捐粮助饷，督率壮练，设法防守。复借神威赫濯，披发现身，星旌耀敌，贼畏潜退，咸沾神佑，通乡

---

① 质审：质对审讯。

安枕，祖等联陈神功，特疏具奏。前朝敕赐灵应祠，春秋谕祭，祖等亦蒙旌奖，在庙右建立忠义祠，以垂不朽。蚁祖见庙无祭业，议将排后窦等处田宅捐送入庙，以为祀典，《庙志》可稽。迄今滋积租利每年约计三四百金，丰祀之外，仍有余溢。而蚁祖有祠无祀，神人难忍，况莫为之前，虽美弗彰；莫为之后，虽盛弗传。现今庙有余资，岂忍祠无祀典，势着联恳仁天金批，着令绅衿耆老量给猪羊祭品，俾蚁等子孙春秋祭奠，先人获偿前功，一笔阳春，公侯万代"等情上禀。奉批："仰五斗口司传集衿耆，确查妥议详夺。"印发到职。奉此，卑职遵即传集通乡衿耆，在庙公议去后。

随据绅士谭会海、梁叶千、黄国鈛、冼湛、梁绪祐、冼上莲、陈元佐、梁国选、梁仪舜、庞上枢、梁应璘、梁瑾、梁贻、何士起、梁应珠、梁调元、梁鳌、梁国辅、冼重、黄上科、陈国焕等，禀为遵依回覆，吁天赐详事，称"蒙台奉县台批，据梁广庵、伦圣仪等陈为一件有祠无祀等事，奉批'传集衿耆确查妥议详夺'，海等遵传赴庙众议，查得正统年间，逆贼黄萧养围掠佛山，伊祖联同二十二人捐粮防守，借神现身退贼，致蒙敕赐灵应祠，春秋谕祭。伊祖旌奖忠义，建祠庙右。但伊祠确无祭业，凡遇春秋，子孙科敛祭奠。而灵应祠每年租利，祭祀之外，实有余溢，致庵等以有祠无祀具陈。况稽《庙志》，排后窦等处，伊祖子孙俱有捐送入庙，现排后窦地一所，建得铺屋二十八间，菜塘二口，粪地二段，共租银贰百余金。今众查议就，将排后窦铺第一间满盈店，现租银二十五两，令伊子孙收租，俾二十二公永远得借供祀，庶见前功不忘，即捐送之义亦不忘矣。蒙传查议，合遵回覆，伏乞赐详覆夺、合众欢欣"等情前来。

据此，随该卑职查看得梁南园等，正统年间逆贼黄萧养围掠佛山，是时园等二十二人捐粮，设法堵御，后仰借神恩赫濯，贼畏潜退，联陈特疏具奏，前朝敕赐灵应祠，春秋谕祭，即园等亦蒙旌奖，在庙右建立忠义祠。今庵等追思念切，致以有祠无祀具陈宪台，蒙批仰职传集衿耆，确查妥议详夺。卑职随即传集衿耆人等。据禀，金云俱称"正统年间，逆贼黄萧养围掠佛山，委得其人，况园等子孙各有田产捐送入庙，今竟有祠名而缺失祭，庵等亦依依念切，议将排后窦铺第一间满盈店租银二十五两，俾春秋二祭，每公均沾裱帛，余资听令伊子孙收租供祀"，吁恳前来，似属妥协。但卑职微员，未敢擅便。今应否出自宪恩，统候批示遵行，非卑职所敢擅便也等由到县。

奉批："查胜朝正统年间，逆贼黄萧养围掠佛山，居人梁南园等捐粮集众，协力守御，义气所感，神显威灵，俾一乡安堵无事。至今民崇神功，愈不能谖公之忠义。但当年虽奉旌奖建祠，尚未议及祭典，宜庵等有给资设奠之请也。兹据该司详据绅士耆民议覆前来，应顺舆情，合将排后窦铺第一间店租银二十五两拨给公等子孙收租，永为忠义祠春秋供祀，以昭前功可也。此缴。"

计丈排后窦海便铺第一间地税三分，载在佛山堡二十图又一甲灵应祠户内，流芳祠子孙收租，永远办纳粮务。

雍正七年四月二十六吉日勒石。

官埠碑示

南海县正堂刘，为俯准碑谕勒石以垂永久事：雍正九年七月，绅士何际时等具禀前事，称"情由宦孽①霍文元等控占佛山忠义乡汾水正埠渡头盖铺、包塞、炮眼、茶亭、示亭一案，雍正九年四月内控，蒙仁台赏示饬禁，迨六月三十日，复蒙亲勘炮眼、盖铺、包塞。随蒙朱谕，内开'闸内右傍铺面与闸内中间偏厦一间，本应拆除，但查已历数年，姑准暂存，如有倒坏，不许修建，听其自销可也，碑中"税地"字样凿去，以杜后争'等谕。但闸外铺面建自雍正五年，闸内中间偏厦一间原属示亭，被占作铺、包塞，谕令自销，敢不凛遵？诚虑日后不毋修建，

---

① 宦孽：对宦官的蔑称。

又复告阻，兴词琐渎①。况炮眼原卫地方设立，安不忘危，洪恩出自仁台，俯准朱谕勒石，以垂永久，理合抄粘朱谕，禀明金批恩准，以便遵行，为此禀赴"等情。连粘抄本县于本年六月三十日顺道勘明朱谕："勘得汾水渡头乃往来官埠，固不得指为霍姓税业。即闸内一亭，地居中央，亦不得引为霍姓祖遗也。况查亭为远客所建，其为公物，又属可知。名之为'茶亭'，名之为'接官亭'，俱无不可。人人得而坐立，人人得而修理之，惟在人之好义与否耳。嗣后此亭永为公物，霍姓与众绅士俱不得专擅其美，愿新修葺者，禀官而后行。至于闸外，不许擅置一木，私起片篷。该保长仍不时拆除，勿令作践，致碍登涉。敢任意污秽者，禀明究惩。至闸外右傍铺面，与闸内中间偏厦一间，本应拆除，但查已历数年，姑准暂存，如有倒坏，不许修建，听其自销可也。碑中'税地'字样凿去，以杜后争。"先此谕仍候立案在词到县。据此，当批"如请，勒石以垂永久可也"在案，合示勒石。

为此示佛山堡士民何际时等知悉："即便遵照，将佛山忠义乡汾水正埠马头永为官埠，霍姓不得借称税地，冒列清查册内，旧址疏[3]通炮眼，以卫地方。至于闸之内外，埠边铺尾，不许擅置一木，私起片篷[4]。而茶亭、示亭不许停置什物，摊摆菱笠蔗果，堆积渣皮壅塞，以免阻碍湾泊往来饷渡、商民船只登涉。敢有不遵，仍蹈前辙者，许尔绅士、耆民即行据实指名禀究，该地保长仍须不时扫除，以免堆积污秽。各宜凛遵。毋违。"陈《志》。

贮庙租建义学碑示

南海县正堂魏，为贮庙租建义学事：乾隆二年十月二十七日，奉署理广东巡抚都察院王批，据前任佛山王同知申详"据佛山镇约正李懋谐禀首里民陈金望等侵蚀灵应祠租银一案，当经卑职吊查递年收支数目底

---

① 琐渎：琐琐絮聒而渎犯对方。

簿，与碑载额租不同，显有侵蚀情弊，随将各数簿檄发南海县查追去后。兹据南海县唤集质讯，据里民陈金望等虽供'收支庙租，并无侵蚀'，但查碑内开载额租银三百九十一两九钱零，今陈金望等止供认约收三百二十余两，此中已见其匿多报少。且查各里民递年收支数目，多系不经①之费。如每年新旧交盘，辄设酒席数十，醉口②肥家③。又于春秋二祭，里民年登七十，除设酒百余席宴饮外，每人另给银壹钱。其值年首事头人，除周年饮食不计外，每人每日又给工银叁分，习以为常，而各绅士不与焉。非侵蚀糜费④，其谁信之？卑职查佛山地广人稠，土著侨寓，读书之家正不乏人，从未有设义学，延师教读。又查灵应祠建立年久，庙貌将圮，修葺孔亟。请饬令通镇绅士里民，作速会同公举殷实品望八人，董理其事，将岁收租银三百九十一两九钱零，除春秋二祭及帝尊寿诞出游并香灯各项照旧动支外，尚有赢余，先为修葺庙宇。若能递年撙节⑤蓄积，即建设义学一所，延师教读，酌给薪水之资。以有用之庙租，留办佛山镇公事，未为不可。但不立法，收支终为士民侵渔。应令公举殷实品望之人，自乾隆三年起，每月应收租银报明卑职，著令公贮，若有支用，许即先期禀报谕给，不许迟误。年底仍将收支总撒⑥细数，造册缴查，以杜冒收滥支情弊，其值年里排不得干与。仍立碑庙侧，永垂遵守。至约正生员李懋谐收过酬劳银拾两二钱五分，系各里民公送，似非染指可比，应无庸议。今该县又议将庙租内每年扣除银十两，除岁首腊月停讲外，每月宣讲上谕，公送银一两，少佐膏火⑦。以公济公，事属可行。又查各里民自雍正四年起，至雍正十三年止，查

---

① 不经：近乎荒诞，不合常理。
② 醉口：大摆酒席，铺张浪费。
③ 肥家：贪污经费用来发家致富。
④ 糜费：耗费，浪费。
⑤ 撙节：节省，节约。
⑥ 总撒：总结，总计。
⑦ 膏火：照明用的油火，代指供学习用的津贴。

其收支数目，多属冒销，本应究追，姑念事久年远，数目烦琐，毋容深求。事干地方庙租，是否允协，理合详请宪台察核，批示饬遵"缘由。奉批："仰布政司确查妥议核夺，缴。"奉批："拟合就行备牌行府仰县。"

奉此，又奉本府信牌"乾隆三年三月初七日奉广东等处承宣布政使司布政使加三级刁宪牌，乾隆三年二月二十八日奉署理广东巡抚都察院王批，本司呈详：'查得佛山镇灵应祠庙租银两，先据前任佛山王同知详报"查明历系里民新旧轮流传管，多属冒销，议将庙租银三百九十一两零，除办春秋二祭，以及帝尊寿诞出游供奉香灯祭品与鼓乐护送人夫等项之用，于二百两内，又支银十两，为递年宣讲上谕约正值月舟资饭食之需，其余留为建设佛山义学、延师脩脯之费。至于收支数目，每年令佛镇绅士、耆老会同公举殷实品望端方八人，公同董理，毋许仍前侵蚀冒销"等由。本司伏查，设立义学，延师训诲生童，为振兴文教、作养人材之盛典。庙租余银留建义学，洵属美举，似应俯如县府所议，饬令次第详请举行。所有租银，亦应如议，令绅耆公举八人董理其事，将一切收支公同登记，尽归实用。倘有侵冒，详报究处。至生员李懋谐禀首里民陈金望等从前冒销侵蚀庙租银两，本应追出充公，姑念事经久远，且在赦前，亦应照府所请，免其深究。缘奉批行查议，事理是否允协，合就详覆，伏候宪台核夺批示，以便转行遵照办理'缘由。奉批：'如详，饬遵，缴。'奉批：'拟合就行备牌行府仰县，照依事理，即便遵照，饬令"佛镇绅士、耆老会同公举殷实品望端方八人，公同董理，毋许侵蚀，值年里排不得干与。以本年为始，将岁收庙租银三百九十一两零内支二百两，为每岁春秋二祭以及帝尊寿诞出游供奉香灯祭品与鼓乐护送人夫等项之用。于二百两内又支银十两，为递年宣讲上谕约正值月舟食之需。尚余银一百九十一两零，留为修葺庙宇、建设佛山义学、延师教读脩脯之资。其一切事宜，逐一次第，详请举行。倘有仍前侵蚀冒销，立即详报究处。仍立碑庙侧，永垂遵守。取具遵依碑摹缴查，均毋有违"""等因。

奉此，除着令佛山镇绅士耆老遵照奉行外，合就揭示立石。为此示仰佛山绅耆人等知照："即便凛遵毋违，须至①。"立石者。

乾隆三年九月　日立石。陈《志》。

禁颁胙碑示

特调广州府南海县五斗口司、加一级王，为剀切晓谕事：照得庙尝祀租，自应撙节蓄积，以待正事之用。岂任意销散，徒饱口腹之私。今灵应祠春、秋二祭，分颁胙肉一项，经奉前县宪张饬令节省，给示禁止。本年春祭，霍璋如等违禁颁胙，又经县宪访确，行令将霍璋如等一概责革，交着绅士李成励等承理。此诚上宪明察奸弊，厘正祀典之至意。本司职临斯土，敢不敬承。恭惟北帝神威赫濯，海宇咸尊，独我佛山名称祖庙，胡自昉乎？毋亦有佛镇之初，我北帝威镇其间，屡著灵应，祐庇蒸民，镇人尊而亲之，爰称其庙曰"祖"，如人家之有祖，称其堂曰"祖堂"也。里排其执是，故有饮福分胙之意耶？不思北帝声灵显赫，福善祸淫，洋洋在上，镇摄斯民，无远弗届。迄今梯山航海而来者，香烟血食，靡不望祖庙荐享而输诚，则谓庙为合镇之祖庙也可，即谓庙为天下商民之祖庙也，亦无不可。区区里排，宁足尽其远宗近祖之义也哉。体此而如以福胙当颁，则凡阖镇绅耆士庶，远商近贾，谁其不应？而乃独尔里排受兹福胙。于以普神休，则狭小北帝之声灵；于以崇祀典，则阻抑众姓之昭格。况此项祀租尝业，倡之为谁？助之何人？其中抒诚乐举者原有远图，未始为尔里排后人充腹而设。则分胙一事，早已实应节省。今承前县宪示禁，分宪屡谕，节省花销，诚法良意美也。兹秋祭在迩，首事李成励等自遵示禁，不肯仍循旧习。第恐无知里排，狃执故陋，妄肆谗言，不惟不明于义，抑且有渎于神，更不知一时之口

---

① 须至：必须，一定。旧时公文及执照结句习惯用语。

腹可娱，庙租之亏缺何堪？将来修饰庙宇，或别有正用，更何所恃？合再示谕。

为此示谕阖镇里民人等知悉：合宜洗除陋习，务遵示训。倘有仍执私见，或暗行匿帖，妄生异议，一经访闻，定即严拿详究，决不宽饶。各宜慎遵毋违。特示。

乾隆二十二年八月初五日。

禁设硝厂碑

乾隆四十九年九月内，有李润汉、冯焕承办高要县麒麟硝厂，瞒禀迁在佛山栅下河旁设厂，未奉详准，遽行筑造。阖镇绅耆行铺人等，以其干碍水道，贻害无穷，各联名上控。蒙宪批"饬禁押拆，永利商民"，并准录批勒石，以杜后患。今将呈词宪批谨列于后。

具呈举人区宏绪等禀，为联叩宪恩，饬迁硝厂，以通水道，以利民生事：切佛山水道上接西北两江，自黄鼎、沙口两岸基围夹水直抵正埠，止有小河横出，分泄什之一二。自此抵栅下五斗口汛外，始有众流分散水势，碑图可按。是栅下直接数十里，上流每遇潦涨，人不安枕。本年基围几于溃决。今被冯焕等瞒禀，突在栅下河边买田数亩，建设硝厂，现行工筑。忖思厂前之河，潮退时阔仅十余丈，深不过三尺。且河心现起沙坦，方忧阻塞。若更设厂煎硝，残泥堆积，田面必成土冈，河道愈加浅窄。西北潦涨，下流壅遏，上流益增其势。基围溃决，不待知者而知也。荡析离居，祸不旋踵。其害一。佛山四方杂处，田少人多，惟仰食他州之谷。潮退冬涸，沙口不能通舟，谷船必迂道数十里，由栅下始得至埠。倘此处淤浅，则谷船难通，民食奚赖？其害二。佛山百货所萃，众借营生，此水浅塞，各省货难至埠，四乡渡亦难通，生理立见萧条，居民将归游手。其害三。佛山南便一带涌滘，现禀请疏浚，以备蓄泄。荷蒙大宪饬催前县特勘详在案。倘外河日淤，一遇旱潦，田禾立受其殃。是居民方思兴一水利，不意硝厂先增一水患也。其害四。佛山民居稠密，地近富庶，每为贼党窥伺。从前盗案累累，近蒙大宪弭盗安民。倘此厂一设，恐有匪党假冒泥艇夜行，难于稽察。其害五。绪等睹此剥肤灾近，欣逢大宪留心民瘼，弭患恤灾，岂容此厂贻害。为此刷图联叩宪辕，伏乞俯准饬迁外地，庶上不误军需，下不贻民害。人戴二天，公侯万代，为此切赴大人爵前，恩准施行。四十九年九月二十八日呈。

抚宪孙批："栅下建设硝厂，是否有碍水道民居，仰布政司并查覆夺，碑图并发。"十月初一日复呈署督宪孙，蒙批："冯焕承开硝厂以后，讦控纷纷。区宏绪等又以干碍水道出而呈告，似系实有不便民居之处。仰东布政司并查妥议速详，毋任延误。"十月十三日，里民梁万邦等以一件"抗批筑厂"等事，呈抚宪孙，蒙批："是否实情，仰布政司并查详夺。"十月二十四日，白蜡公行龚万和等以一件"披陈下情"等事，纸行王恒有等以一件"叩宪饬迁"等事，铁锅炉铺行陈鼎茂等以一件"一厂设百商俱废"等事，各呈署督宪孙。蒙批冯元斯呈揭示："现据司详批饬确查另议，静候详覆。饬遵。毋渎。龚万和、王恒有、陈鼎茂等呈并发。"十一月日，蒙藩宪议详"佛山绅士区宏绪等以栅下建厂有碍呈控，兹奉宪批饬，均以设厂必须杜绝走私。随查栅下建厂煎硝，其地枕近佛山，炮竹铺多，诚恐走漏私售。一经宪台指饬，烛照无遗。与其防范于事后，孰若遏绝于未然。栅下地方应不准其建厂"等因。奉督宪舒批冯焕呈揭示："现据藩司议详，栅下枕近佛山，不堪建设硝厂，尔原顶麒麟厂，硝额无多，尽可在高要地方办理，批回遵照在案，毋再多事，致干严究。"又奉抚宪孙批冯焕呈揭示："尔前请设厂栅下，原图便于私售，并非急公。经本部院察出情弊，驳饬顶办麒麟旧厂。甫据司详，旋以泥尽告退，试问该县准栅下设厂时，尔尚力任兼办扶南十余万之硝，未据呈称泥匮，今只令办麒麟原额，辄云绝无可采，其谁信之？况陈泥原系四处购觅，并非专资肇属，何得假借借口，益征捏饰。候饬县差拘递赴高要县，押令即刻修复炉灶，领帑兴煎。如敢玩误，定行重究。"

十一月二十八日具呈举人区宏绪等，禀为害除民便，联谢鸿恩，并恳俯准勒石以垂永远事：切佛山一镇，面绕官河，中分二十四铺。汾水、大基、栅下三铺，皆枕近河旁，商贾辐辏，舟楫如织。而河道则上接西、北两江，夏潦每虞泛涨。在栅下，尤为消泄要津，稍或淤塞，水涸则难通舟楫，潦涨则淹没田庐。讵有冯焕承办麒麟硝厂，图便私售，竟在栅下河旁买李睿夫实田三亩三分，新筑厂宇，不顾残泥卸塞河道，贻害无穷。绪等切肤情迫，具以一件联叩宪恩等事，赴禀大宪。蒙批："冯焕承开硝厂以后，讦控纷纷。区宏绪等又以干碍水道出而呈告，似系实有不便民居之处。仰布政司并查妥议，速详，毋任延讼。"绪等遵候议详饬禁。兹奉大宪批发冯焕呈词揭示："现据藩司议详，栅下枕近佛山，不堪建设硝厂。尔原顶麒麟厂硝额无多，尽可在高要地方办理。批回遵照在案，毋再多事，致干严究。"

捧诵金批，仰见大宪子惠元元至意。众害喜除，群心感戴。惟是冯焕未奉批准之先，已肆行筑造。迨藩宪议详饬禁，犹不将厂宇拆除，诚恐仍怀觊觎，理合联情叩谢鸿恩，更恳恩溥万全，俯准录批勒石，杜绝后患，俾一切贪图射利、淤塞河道者，永不敢稍存兴建之念，则阖镇商民常得安枕，而甘棠遗爱百代不磨矣。为此联赴大人爵前，恩准施行。奉抚宪孙批："准勒石，仍候行司转饬，将厂押拆，以净根株。"各名未及全录。

核定正埠租项章程碑示

特授广州佛山海防督捕水利分府、加五级纪录四次叶，为遵谕呈明，乞恩赏示，勒石以垂永久事：现据举人劳潼，举人、国子监学录霍超士，副贡生、候委教谕李凤阳，生员张遇阳、区应魁、陈绍兼、冼湘、李天达、叶楚华、简居、叶琼华、劳作栋，监生陈君秀、杨惠鹏、曹应也、曹汝炜，耆民杨知士、梁圣宗等呈称"佛镇汾水正埠马头闸内外所有占筑铺舍，前奉府宪讯详列宪，饬令拆除，归还公众。合镇绅商乐捐修筑，闸门内外两旁无碍行人处所，仍用木篷搭盖铺舍，以便往来船只采买物件。各铺舍现递年共投得租银贰佰叁拾两还楚。今岁适当三年期满，除还会银及灯油、神诞、闸夫工食、书院开会、文武社祀典并竖碑各费外，所有余银及后租银应请如何支用，庶免私批侵渔之弊。兹奉宪面谕，着生等将租数逐一禀明，所有余租拨修义学。以后递年租银除支用外，有余则择地建屋，买谷积贮。遇岁歉则禀请赈给，赐批赏示，以垂永久，阖镇士民实荷鸿恩"等情，连粘租单一纸、递年应用章程一纸前来。

据此，当批"汾水官地捐筑收租，借充公费。递年所收租项，若不议成定规，难免私批侵渔之弊。兹据开租银数目支销，章程均经阅悉，余银亦应筹著。因书院乃文人萃会之区，必须学舍广阔，墙壁完固，始足令人兴大雅之思。况佛镇鸿儒鹊起，多士蝉联，尤宜丹青式焕，以见崇儒立教之意。所有余租尽先修理，随后择建仓屋，储谷待赈，俾无业贫民不使一夫失所。仍候给示勒石，以垂永久。该绅士等搏节妥办，毋负本分府情殷胶序、念切穷黎可也。粘单存"在案。合行出示。

为此示谕该绅耆、司事人等知悉：嗣后正埠官地铺舍后开租银及应用支销章程，遵照批内事理，妥协筹办，并勒石竖碑，永垂不朽。该司事仍将每年收支数目于岁底列明标查，毋稍滥费。特示。

广储义仓碑示

南海县正堂、加十六级纪录二十次、卓异候升彭，为义仓告竣，广储民食，联叩给示以垂永久事：现据佛山举人李天达、区宏绪，国子监学正劳潼，武举黄光汉、黄大纲，乡正生员张遇阳，生员袁象天、李应橝、陈绍兼、余文，监生陈君秀、梁时、吴承泰，耆民庞尚宾、伦灿高、黄仕林、李自天呈称"切佛山十堡设有社仓，遇荒捐赈，禀请宪示，尽出社谷散给赈后，仍将备捐银两买谷还仓。章程久定，但领赈至六万余丁,社谷止一千四百石。又出纳动需禀官,恐赈粜有稽时日。是以达等于乾隆六十年十一月内,禀请藩宪、府宪、分宪、县主,议建义仓,以佛镇通乡税地,汾水正埠马头闸内两旁余地,捐资建筑小铺十间。每年所得租银,除乡中支拨祀典、书院会课外,约有羡银壹百余两。每年秋成,添买谷石储仓,以待散赈。经前县主李详奉督、抚列宪批饬,给示勒石,遵照在案。惟是正埠马头各铺租银,每年共计羡银一百余两,止可买谷一百余石,其间晒晾看仓工食俱从此租而出。尚恐历年积贮究属无几,尤须随时设法广储。达等仰体列宪规条,正在悉心筹办。适本年六月二十五日遭风,埠内船户彭恒高等船艇多被破坏,无从开摆资生,哀求泣诉,情堪怜悯。达等再四筹维,将去年佛镇修造灵应祠神庙宇士民捐输工费现有羡余银两,交与船匠购材鸠工,装造船只,备应彭恒高等租赁,以资生计,递年输还租息,仍入义仓公项,买谷添储。不独各船得借营生,免至流离失所,在义仓亦有裨益,更可惠济无限穷黎。即镇外对河文昌、鹰嘴两沙,亦得一体按户赈恤。但恐日久弊生,棍恶觊觎滋事,有负义举,达等正在购工勒石。幸逢仁台下车伊始,首重民食,合将佛镇义仓告竣广储情由,联禀台阶,伏乞查照列宪批饬案由,赏示勒石,一体与各宪叙衔,则善作善成,前恩与新恩并垂不朽矣"等情到县。

当批:"添建义仓,广储民食,洵属善举。兹复以庙中余羡置备船只,使桑梓贫黎借资生计,具见该绅士好义可风,实堪嘉尚,候即给示勒石,以垂永久。抄粘附卷。"嗣查本案,前据该绅士等议,请"将乾隆六十年捐赈盈余,及佛山汾水正埠通约铺租递年余羡银两,添建义仓,买谷积贮,以备岁荒赈粜,出纳俱听民便,毋庸官为经理"等由。详奉两院宪批行,给示勒石,遵照在案。兹据该绅士等以"义仓落成,其正埠铺租余羡有限,每年秋成,添买谷石无多,佛镇地广民稠,尤须随时设法广储,以备不时"。查汾水正埠横过之文昌沙、鹰嘴沙二处,本年有疍户彭恒高等遭风,无力置船开摆。该绅士等议"将上年修造灵应神庙士民捐输工费余羡银两，装造船只，租于遭风疍户开摆，借资生计。所取租银仍汇并正埠铺租，一体买谷归仓，以资广储"等情，洵属以公办公。一镇三沙，均沾实惠。但事在创始，保无土豪岸棍从中觊觎。或借埠头名色，或借附近庙宇香灯为词，暗里抽分。或串无赖贫民、疍妇，恃恙强挽。更有冒称衙门差役、更保，以及棍徒小丑，往来充斥，故为扰害，均未可定。亟应严行查禁，合行出示晓谕。

为此示谕阖镇居民人等知悉：自示之后，所有正埠一切铺租，以及现在租赁艇只银两，悉听该绅士等照数收存，汇俟秋成，买谷归仓，毋许阻挠。该绅士等无非未雨绸缪，备荒起见，实于穷黎、疍户两有裨益。凡尔等埠内疍民，即应遵照，赴庙输租开摆，按期交纳，毋得拖欠。庶免绅士禀追，悔之无及。倘此番示禁之后，仍有前项不法匪徒，胆敢借端滋扰，许尔等疍户人等投明绅士，密禀拿究。该绅士等亦宜矢公矢慎，务期垂之永久，庶不负本县轸念民食、惠爱穷黎之至意也。各宜凛遵毋违。特示。

嘉庆二年九月十五日。

准复乡饮碑示

太子太保、兵部尚书兼都察院右都御史、总督广东广西等处地方军务兼理粮饷、世袭散秩大臣、骑都尉觉罗吉，为晓谕举行乡饮事：现据佛山忠义乡老民陈启贤等呈称"切佛山一镇，岭南都会，侨土皆知。自前明正统年间海贼猖扰入寇，佛山耆老各捐粮糒，率子弟出敌。蒙北帝尊神显灵护助退贼，有司疏闻，敕庙为灵应祠，封佛山为忠义乡，春秋谕祭，至今不泯。惟思灵应祠原有乡饮支费，出在庙租，不用库项，为劝善儆恶之至意。里民年登七十，宴饮于乡，历百余年不易。因前值事废弛，缺有数十。年来忖思，耄耋期颐，杖乡杖国，自古皆重，况太上皇帝曾赐千叟宴。又本年蒙大宪着府学亲临佛镇，宣讲训谕，以教化于斯民。今佛镇诸色人等往来繁杂，正宜敬老推贤，以肃风化；攻匪逐赌，以除盗贼。且上古庙尝轻微，尚有乡饮，而今比上有奇，岂可终废。上年经陈而乐呈请杨分府，蒙批'候饬值年绅衿查照复举'，后又给示，启贤等张挂庙前，现又蒙李分府批'照旧举行'等谕，前后各呈在案，而值事推延相待，竟至日久未行。只得沥情禀请大宪，恩准赏示晓谕，饬着值事早行乡饮，俾得老民肃整乡规，地方宁谧，则阖镇勒石遵守，顶祝无既"等情。据此，查佛镇乡饮之设，原以崇祀典而尊齿德，此礼难容废置。据呈前由，除批揭示外，合就出示晓谕。

为此示仰佛镇值事绅耆人等知悉：尔等俱系家号素封，是以举充值事。乡饮一项，礼教攸关，务须及早举行。毋论侨居土著，如系身家清白，持躬端谨之人，年登耄耋，皆得报名赴庙，拈香就席，以为闾里矜式。庶几劝善儆恶，仰沐神灵之福，永昭养老引年之盛典，岂不甚善。尔等务宜恪遵古制，勒石永垂，相传不朽，倘或视为具文，日久废弛，或致臧否混淆，或有不法匪徒擅入搅扰，一经本部堂察出，定将值事之人及生事之犯一并查拿究治，决不姑宽。速宜凛遵毋违。

流芳祠二渡奉准碑示

特调南海县正堂、加十七级纪录十次戴，为谢恩请示勒石，永沾祀典事：嘉庆六年十二月二十五日，奉广州府正堂福宪牌，嘉庆六年十二月初七日，奉布政使司常宪牌，嘉庆六年十一月十六日，奉两广阁督部堂觉罗吉批，据佛山流芳祠裔孙霍松作、冼良臣、冼建章、梁耀长、冼弈维、何奇山、梁滔万、梁达祯、梁华千、梁善万、陈作溢、何元华、梁远昭、伦琼广、梁君圣、谭拱三、梁荣光、梁吟长、霍荣宗、梁英爵、霍维新等呈称"松等流芳祠渡额，自明正统七年蒙巡按广东监察御史张大人，将在佛往省正二渡额二只，给入北帝庙香灯。至正德八年重修其庙，并广建流芳祠于庙右，安奉子姓各祖。是追念正统十四年被贼黄萧养纠党入境，松祖二十二老祷之于神，奋勇出敌，退贼有功。递至景泰元年，蒙左布政使揭大人疏闻于朝，因赐佛山为忠义乡，敕封北帝庙为灵应祠，春秋奉上谕祭，至今不泯。复赐松等各祖为忠义士。后乡民立祠庙右，名曰流芳。拨庙渡额一只入祠，着祠孙取租，永为祀典。历数百年无异。《佛山乡志》备载。缘祠内不肖伦灿高借承渡帖伦日升名目，遂起奸贪，认归自己伦家世承祖业，捏伊祖'义拨渡息入祠香灯'字样，纷纷瞒控，串渡夫麦粹武，先告伦广祀诱词告麦，其伦妒转反控祠等欺占伊祖渡只等情。如是舞讼，图想夺渡归囊，以致互控三载。由县、府、藩及分厅详，蒙督抚两广大人批准，渡仍归祠，着祠内公举殷实子孙承摆，尝祀有赖。其伦灿高、麦粹武拟以杖惩，追缴银帖在案。本年四月，灿高复又以伦日升名目瞒控，蒙大人批斥。兹祠内子姓再恳大宪赏示勒石，遗政后人，俾得遵照刊刷"等情。

奉批"仰东布政司查案给示"等因。奉此，查本案先于上年九月内，据该府详议，令梁流享承充佛山往省二渡一只，业经据由，详奉两院批允饬行，遵照在案。奉批前因，合就檄行，备牌行府仰县，即便查案、给示毋违等因。奉此，查渡夫伦广祀与梁时耀等互争往佛省二渡一案，业奉本府讯议革退，归回流芳祠内，众姓公举梁流享接承，详奉两宪批行，遵照给帖，该渡夫梁流享收执。并饬将伦广祀等分别折责收赎，着追缴麦粹武拖欠租银入祠供祀在案。兹奉前因，合行给示。

为此示谕流芳祠内众姓人等知悉：即便遵照。嗣后该渡永为祀典。如遇年老退摆接承，仍听祠内众姓公举殷实子孙接承，毋得混行争占。各宜凛遵毋违。特示。发仰佛山流芳祠勒石晓谕。

董理修碑冼作栋、霍日盛等同立。嘉庆七年三月十六日。

禁番摊赌坊碑示

钦命广东等处承宣布政使司布政使、军功随带加四级军功纪录四次广，钦命广东等处提刑按察使司按察使兼管全省驿传事务、加五级纪录十次秦，为赌坊业经查封，乞恩饬行府县严办，赏示勒石永禁事：现据南海县佛山镇乡饮正宾、前任浙江余姚县县丞、加捐布政司经历吴升运,前任四川夹江县知县莫应昌等赴辕呈称"窃赌博一途,最为民害。盖赌者盗源,一入其中,亡家破产,即为窃盗之渐。佛山人烟稠密,五方杂处。近有赌棍开设番摊赌坊,招引农工商贾及良家子弟局赌。业经佛山厅暨祁都司及五斗口司觉察查拿。开设未久,随即遍行封禁。共计单开一十七处。职等随以一件'德政遍施'等事,禀厅出示严禁在案。窃思赌坊既蒙查封净尽,惟恐日久懈弛,不肖之徒仍复勾串兵役,故智复萌,则虽禁仍如未禁。兹幸大宪初莅,阖省军民欣然向化,从此靖匪恶而安良善,绝赌博以息盗源。比户可封,指日立见。理合抄列经封各处赌坊,上叩宪恩,饬行府县从严查办,给示勒石永禁,庶赌棍知所儆戒。倘日后再有开设赌坊,许镇内衿耆、铺户随时禀报究办"等情到司。

据此,查开场诱赌,例禁森严,惟地方官不能认真查办,转使不法匪徒得以勾结衙门兵役,诱赌渔利,最为地方之害。除行南海县将开设赌坊查明封变,并移行实力严缉各赌党,务获究办外,合行出示严禁。为此示谕军民人等知悉:尔等务安分守法,勉为良民。如敢游手好闲,开设摊场聚赌,兵丁差役受贿包庇,一经访获,定即尽法究治。至该绅士等均有稽查之责,倘有棍徒聚赌滋事及保邻徇隐,许该处绅耆铺户人等随时具禀有司,严拿究办。各宜凛遵毋违。特示。

嘉庆九年七月十一日。

清涌碑示

特调南海县正堂、加七级纪录十一次徐,为晓谕开挖涌口以通水道事:照得前据职员吴泰来等,以"佛山地势南涌北海,上流西、北两江之水,自大富围直落栅下海口而去。近缘涌河淤塞,已将各处疏通。惟栅下塔前及炮台一带,被蔗围村民唐应昌等借有海旁田亩,任意占筑,并砌石路,阻碍下流"等情,呈请押拆。当经本县亲诣勘明,断令唐姓将原买土名栅下北便坦田让卖与吴泰来等,归众挑挖开涌,所有石路步头仍循其旧。随据唐应昌即唐乐秀等当堂具结，吴泰来等亦将田价银两备缴在案。

乃有乡老何道祥等借称"该田系属庙产，本村二千余人公共之业"，出头翻控，抗不领价立卖，以致河道尚未疏通。现奉督宪于另案批"饬查明前项河口，无论是否唐姓众匪所抗，速即传集绅士会同厅营，多带兵役，立限通浚。如唐姓有出抗者，全行拿解究惩"等因。奉此，除申请佛山分府，并移佛山都阃府会同本县督带兵役前往，传集绅士吴泰来等开工挑挖外，合就出示晓谕。

为此示谕蔗围村唐姓并各姓人等知悉：所有该处栅下北便坦田已断归绅士吴泰来等买受，应听该绅士多雇工人，赶紧拆挖深通，以利水道。其田价银四百七十两现在贮库，尔等应即赴案领回，另行买受管业。此奉大宪批行会同文武带兵督拆之案，尔等倘敢不知法纪，出头抗拒，不听将田开挖者，定即按名严拿，从重究办。不日督宪亲临查勘，该绅士等务须多集人夫，查照应开之处，赶紧挑挖报竣。其石路步头仍旧筑好，归作地方公众出入官路，利济行人。各宜凛遵毋违。特示。

道光五年十月初四日。

文阁前北坦田照

特调南海县正堂、加七级纪录十一次徐，为给照管业事：案据职员吴泰来、吴凤髦，举人林梁、冼沂等呈称"佛山地势南涌北海，上流西、北两江之水，自大富围直至栅下海口而去。近缘涌河淤塞，栅下塔前一带被蔗围村民唐应昌等借买海旁田亩，占筑石路，有碍宣泄"等情一案。先经本县亲诣勘明，饬据唐应昌等缴验印契二纸，系原买区、李两姓，土名栅下北便及文阁前坦田，载税十八亩零五分。又半截契尾一纸，唐应昌等称"系原买区效芬子户田，税七亩，因原契被蚀无存"等情，核对《推收粮册》相符。随断令唐应昌等将该田卖与吴泰来等开挖，以通水道。业据两造具遵。吴泰来等亦将田价银四百七十两缴库在案。

乃有乡老何道祥借称"庙产众人不愿立卖"为词，上赴各宪翻控。现奉督宪因唐姓另犯别案，饬令会同厅营，多带兵役，将该田照断押拆，大加通浚。惟粮从田出，今变田为河，吴泰来等情愿认纳钱粮，雇工挑挖，并开具收税户口，结状禀缴前来。除在于唐姓原纳平洲堡三十五图十甲白伍承户内割出前项田税一十八亩五分，又于平洲堡三十五图六甲唐文富户内割出税七亩，共割税二十五亩五分，收归佛山堡二十图另户灵应祠户内输粮，并通详立案外，合行给照遵守。

为此照给该职员等：即便遵照，将田开挖，此系当官承买之业，永作涌河，俾水势畅流，以免附近被淹，是亦该职员等自卫地方起见。嗣后递年银米，即于灵应祠户内照数完纳，毋稍拖欠，亦不得借税私行占筑。如有唐姓人等出头冒争，许即指明禀究。毋违。须照。

右照给职员吴泰来等收执。道光五年十一月初七日工典房承。

禁搭盖占筑涌河官埠官路碑示

特调南海县正堂、加七级纪录十一次徐，为晓谕永远遵守事：案照佛山绅士吴泰来等呈称"切佛山地势南涌北海，上流西、北两江之水，自大富围直落，从栅下海口而去。近缘涌河淤塞，已将各处疏通，惟栅下塔前及炮台一带，被蔗围村民唐应昌等借有海旁田亩，任意占筑石路，阻碍下流"等情。当经本县亲诣勘明，饬据唐应昌等缴验印契二纸，系原买土名栅下北便及文阁前坦田，载税十八亩零五分。又半截契尾一纸，唐应昌等称"系原买区效芬之子户田，税七亩，因原契被蚀无存"等情，核对《推收粮册》相符，随断令唐应昌等将该田卖与吴泰来等，归众挑挖开涌，所有石路仍旧筑好步头，留与蔗围村民湾泊农艇。其横水渡亦听蔗围村民开摆，取具遵结附卷。随据吴泰来等将田价银四百七十两禀缴，给何道祥、唐壮岳等领回。将前项共田二十五亩五分，收归佛山堡二十图另户灵应祠输粮给照。该绅士等收执并禀奉督宪批行，饬将涌河大加疏浚，连田开挖在案。

兹据吴泰来等具禀"业已开挖工竣，所有涌河长短、阔狭、丈尺、界至，俱经竖杙勒石。其石路步头亦已遵示修好筑回，作为官路官埠，以利行人，任从四乡农艇开摆湾泊。叩乞通详立案，给示勒明官埠官路，严禁复行占筑。沿涌居民永远不得搭筑填淤，以杜后患"等情。计粘缴《涌河界至清册》一本，绘图一纸前来。除批揭示并通详立案外，合行出示晓谕。

为此示谕佛山绅士及蔗围村各姓并沿涌居民诸色人等知悉：所有佛山文阁前北坦田至对面栅下汛河面，计阔三十二丈五尺，又汛地上至对面李家田基侧河水入口处，计阔十丈零二尺。水闸外炮台前河面，计阔二十一丈四尺，现经疏通，永作涌河。其栅下海口石路、步头系属官路官埠，任从蔗围村民及四乡农艇湾泊。其蔗围村横水渡亦听其开摆，以利行人。自示之后，禁止沿涌居民永远不得在于涌河及官埠官路搭盖占筑，以致淤塞。倘敢抗违，一经告发或被查出，定行严究。各宜凛遵毋违。特示。

道光六年五月二十三日。

禁拆卖祠墓告示

广州府正堂胡，为串毁祠墓，联乞赏示永禁事：现据候选训导吴清运等赴府呈称"窃以先民建祠立墓，期展孝思。平人灭主毁坟，尚干宪典。职等现查佛山乡内，惨见各姓列祖祠墓，拆掘纷纷，鬼哭人悲，实伤风化。盖缘木石旧料，价日倍增，墓经发迹，人多觊觎。不肖子孙营私忘祖，辄起贪谋。而土豪奸商乘机渔利，重贿串毁，唆诱多端。由是族恶涎贿，纠党成群。或托以垣墉渐坏，顶换修新，或捏以风水不佳，改扦另葬。一有沮止，百喙交争。甚至小人众而君子独，多遭诬陷，皂白难分。更有窥伺封篆，零撬偷挖，扭送莫及，种种作弊，防护殊难。

"忖思祭器虽贫不鬻，丘木待用不斩，矧属祠墓，岂容擅易。乃原夫勒卖之人，皆因渔利者贿唆而起，设使婪买畏法，则勒卖亦属徒劳。仰维仁宪关心孝治，恤及先民，当此浇风方长，亟须早为防制。去年十一月，何寅斗以祠危待救事，曾邀赏示严禁在案。用敢联叩崇辕，乞恩通赏示禁勒石，准饬各姓祠墓永远不得买卖，并行县司晓谕。如有借端拆掘，虽祠墓外祖业，半椽尺土，一经乡族首出，即拘买者缴回契物，卖者缴价充公，仍恳按律严办。纵已封篆，许该处更保及看守人等扭送，庶贿买知有后累，勒卖终须吐还。浇风赖息，先祖赖安，殁存永感"等情。

据此，当批"候分别出示严禁，以垂久远，并候行县知照"在词。除揭示并行南海县知照外，查盗卖盗买祠墓，大干法纪。先据生员何寅斗赴府具呈，当经出示，严禁在案。兹据呈前情，合再出示严禁。为此示谕该乡衿耆、更保及军人民等知悉：尔等建立各祠墓，原为祖灵凭依之所。凡属子孙，理宜恪守祀奉，以垂久远。岂容借端变卖及零星拆毁挖掘，顶换转售。自示之后，所有该处各祠墓及所遗外业，永禁不得擅买擅卖并零星拆掘，顶换转售。倘敢故违，许该乡衿耆及看守祠墓人等，随时就近赴地方官禀控严拿，押追原物，照旧修复，并将擅卖擅买之人从严究惩，决不姑宽。各宜凛遵毋违。特示。

道光十年九月初六日。

禁正埠私占踞摆示

钦加知州衔、特调南海县潘，为示禁事：现据职员吴凤髦、举人冼沂等词，令抱告吴升赴辕呈称"切职等乡内正埠余地，一向搭盖租赁，以资庙中公费。后被匪徒陈亚润等硬占。经前分宪徐、巡司孙示禁，仍归公用。职等上年呈台，蒙恩详明上宪，准照旧搭盖。如有匪徒借端私占，阻碍通衢，仍许职等查明禀究，毋稍瞻徇。职等伏思，匪徒间有觊觎，与其事至呈究，孰若先为禁止，以体仁台使民无讼至意。为此叩谢鸿慈，乞恩给示。只许承租人等照旧日勘定界至搭盖，有事拆去。其余无得借端添占，以安闾井，实为德便，切赴"等情到县。

据此，当批"候核案给示"在词。除揭示外，查本案先据职员吴凤髦等以"正埠余地，经王分宪详明各宪搭盖租赁，以供灵应祠公费，后被奸民占据，又经监生岑天祐等禀徐分宪，行前五斗司孙巡检勘明，照旧丈尺搭盖租赁，嗣被五斗司吴巡检出详，分宪押拆"等情，上赴各宪呈控批行查详，当经饬行五斗口司萧巡检查明"该处余地系属照旧搭盖，并无阻碍。前任吴巡检因承赁之人添摆过多，以致详请押拆，并无别故"等情详覆前来。又经详奉各宪批行，准其照旧搭盖，毋许匪徒借端添占在案。兹据前情，合行出示严禁。

为此示谕该处值事及租赁人等知悉：尔等止许遵照旧址搭盖租赁，如遇公事往来，即行随时拆除，事毕搭还，毋许奸徒借端添占。如有添占私收，阻碍通衢，许该处绅士查明禀究。各宜凛遵毋违。特示。

道光十年十月二十日。

佛山忠义乡志卷十三终

【校记】

[1] 谈昌期：乾隆《佛山忠义乡志》作"谭昌期"。
[2] 冈：原作"江"，据乾隆《佛山忠义乡志》改。
[3] 疏：原作"流"，据乾隆《佛山忠义乡志》改。
[4] 篷：原作"蓬"，据文意改。

佛山忠义乡志卷十四

杂录志

神非群祝，鬼载一车。逃禅乃贞女不得已之心，结社亦文人偶一为之事。事不属词，不比物，相杂也。陈《志》以莫可考之神，悉其庙宇，附《祀典》末，颇与人心风俗有关。粤祀之无稽甚矣，虽祈祷有验，不敢随声而附和焉。兹析其不入祀典、不见经史之事，为"杂录"一门，微示区别。若陈氏女以为尼而不得入《节孝》，诗人结社于前十三门无所专属，取殿终篇。志书日久，事迹必应续修，后来者或以为是，或以为非，听之可也。志《杂录》。

康熙五十八年，灵应祠牌楼前，童子年可十三四，缘柱登牌楼最高处，若履平地。手掠瓦木，掷下如飞。数千人聚观，无一伤者。咸谓"神实使之，示人以改修也"。陈《志》。

雍正元年，灵应祠神附人，言乡中宜修举者六事，首应浚旗带水。乡人士奉之惟谨，修复故渠。陈《志》。

忠义流芳祠在灵应祠旁，祀乡义士梁广等二十二人，以其有御海贼黄萧养功，保全一乡，乡人为之立祠。国朝康熙中，有汪游击作霖，湖广人，驻宿祠内。夜坐间，恍见二十二人旅而入，汪惊起避之。明晨，集绅耆祭祷，题其堂曰"钦崇风烈"。陈《志》。

霍烈士，名仲儒。明景泰时，同梁广等击黄萧养贼党于栅下海口，仲儒奋勇先驱，摧破贼锋。俄贼飞炮中仲儒，堕水死，尸逆流入港，面如生。里人哀而神之，立像配祀于青龙、义榕两社。夫梁广等二十二人生蒙恩旌，死享庙食，而仲儒同矢忠义，且以身殉，顾湮没无闻焉。岂仲儒身微①，因人举事，后讳言伤败，遂掩其烈耶？今虽奉以配社，君子谓"犹未足以酬也"，特建一庙以慰烈魂，是所望于扶植名教者。嗟乎！论功行赏之际，殉义而名灭者多矣，岂独仲儒也哉？陈《志》。按：霍烈士从前有庙在栅下，后圮。乾隆年间，迁牌位于祖庙大魁堂后座，有碑记嵌壁。

苏道士，名澄辉，字碧真，灵应祠巫祝也。尝募新祠宇，筑照壁，殚心瘁力，而疏于会计，有核其经费者，澄辉无以应也，遂郁郁而死。后见梦于其徒曰："帝尊念我微劳，许侍祠内，幸为我立像。"因塑像附祀于祠之左庑下，诸巫事之甚谨。陈《志》。

俗传：康元帅父康衢，母金氏，生于黄河之界，负龙马之精；赵元帅名公明，其神为玄坛；石元帅为五雷长。皆北帝部将。山紫铺、彩阳铺、医灵铺、明照铺俱有玄坛庙。耆老铺、锦澜铺俱有主帅庙。栅下铺有帅府庙二。桥亭铺有石公太尉庙，祷祀辄验。

《广州志》：金花神，广之金氏女也。少为巫，时称金花小娘。后没于仙湖之水，数日不坏，且有异香。里人陈光见而异之，偕众举殓，得香木如人形，因刻像立祠，祈嗣往往有验。祠毁，成化五年，巡抚陈濂重建，称为"金花普主惠福夫人"。张诩显诗："玉颜当日睹金花，化作仙湖水面霞。霞本无心还片片，晚风吹落万人家。"金花会盛于省城河南，乡内则甚少。惟妇人则崇信之，如亚妈庙各处，内列十二奶娘，妇人求子者，入庙礼拜，择奶娘所抱子以红绳系之，则托生为己子，求之多验，然年卒不永。

柳母者，俗传金华之乳母。庙在嵚岐铺。求子亦有验。

粤人祈子必于花王父母。有祝辞曰："白花男，红花女。"故婚夕，亲戚皆往送花，盖取《诗》花如桃李之义。《诗》以桃李二物兴男女二人，故《桃夭》言女也，《摽梅》言男也，女桃而男梅也。华山上有石养父母祠，秦人往往祈子，亦花王父母之义也。《采访册》。

龙母温夫人者，晋康程水人也。秦始皇尝遣使尽礼致聘。将纳夫人

---

① 身微：地位低下。

后宫，夫人不乐，使者敦迫上道。行至始安，一夕，龙引所乘船还程水。使者复往，龙复引船以归。夫人没，葬西源上，龙尝为大波，萦浪转沙以成坟。会大风雨，墓移江北。每洪水淹没，四周皆浊，而近墓数尺独清。墓之南有山，天将雨，云气必先群山而出。树木阴翳，有数百年古木，人不敢伐，以夫人有神灵其间。或云夫人姓蒲，误作温。然其墓当灵溪水口。灵溪一名温水，以夫人姓温，故名。或曰，温者，媪之讹也。夫人故称蒲媪，又称媪龙，唐李绅诗"风水多虞祝媪龙"。然媪非生龙者也，得大卵而畜之，龙子出焉，养之以饮食，龙得长大，盖古之豢龙氏也。始皇以为神，遣使迎媪，以尝闻徐福言，海神之使者，铜色而龙形，光上照天，意媪其同类也。求三神山，船既至，风辄引去，岂亦龙之所为耶？《采访册》。按：此亦龙神也。龙能致云雨，泽万物，国朝已有祀典，故龙母庙载入"庙宇"类。

禾谷夫人，或云后稷之母姜嫄也。今乡之禾花庙或是与。《县志》。

神火。当舍人庙未重修时，庙宇虽陋，然土脉隆盛，前望蟠冈。农人春耕秋获，每夜见神火，一自庙出，一自蟠冈脚出，始如星，继如杯，渐如盂钵，极大至如车轮，红光四射，互相涌跑。或合为一而后散，以渐而没。村人常见，不之怪。夜行者多疑焉。自修庙筑照壁、建戏台后，庙中之火不复出，蟠冈脚之火间见。或云：蟠冈脚之火为禾花神云。

梁舍人，本福禄里梁氏子。年十九，往粤西贩柴。归至中途，飓风覆舟死。已而现形如生时，雇舟引柴归，且曰："我臬台①舍人也，舟不得缓。"舟人昼夜趱行，不数日至。急登岸，命舟子随，抵家，则先入。舟子久候不出，因呼梁舍人。门内惊问，具言其故，兼述体貌。举家惶愕，拉往验柴，则果泊岸矣。方悟已溺死而为神也。里人异其事，立庙祀之，祈祷辄应，迄今不衰。陈《志》。

太尉者，不知何许人。祖庙铺、岳庙铺俱有庙，祷祀辄验。

---

① 臬台：明清各省提刑按察使司的简称。

二仙者，俗传樟、柳二神也。山紫铺有庙，祷祀亦验。

大圣庙，在观音堂铺。二圣庙，一在东头铺，一在锦澜铺。三圣庙，在真明铺，其神不可考，俗祷祀亦验。

盘古庙，任昉《述异记》："南海有盘古坟，亘三百里，俗云后人葬盘古皇也。"庙在明照铺、富文铺两处。

张仙，即花蕊夫人所祀蜀主像，乡人相沿祀以求子。庙在东头铺。

俗传广西有活三界神，不经之甚。有庙在大基尾汛旁及北胜街前，乡人多祀之。

白马将军、车公、石公、金鸡神，不见经史，庙一在天衢坊，一在黄涌口，二在聚福里，祈祷亦验。

普庵禅师，俗姓余，袁州宜春人。六岁修行，宋乾道五年涅槃。宋封普庵寂感妙济正觉昭贶禅师。有庙在山紫铺。

明简云颠道人，邻堡简村人，常居佛山，故邑志称佛山人。状若风狂①，善号召风雷，驱役百鬼。与人游蒲涧②，病日色太炎，谓曰："卿无苦，吾今令雷师张伞护卿。"即瞑目为呼使状。须臾，阴云凝坐上，四外日色如故。乡人以旱请祷，则为坛箕踞③其上，焚符篆，有顷，雷电滂沱交下。广城北门二里有女病魅，简视之，曰："老龟作祟耳。"因曰："昨遇一番蛮侮我，当役此蛮捉之。"即呼叱四指。俄一番人拥阴飚逾垣而入，手持一巨龟，大三尺，铿然堕地，昏仆久之始能视，其语侏僷④不可晓。简大笑，斥之去，而龟已死。其魅遂绝。陈《志》。

乾隆二十三年，颜料行会馆演剧，观者数百人，遭火俱毙。后即其地建"旅食祠"以妥之。当火发时，有叶兆资者，以寡嫂止一子，闻其在场，往救，友人阻之，不可，遂入寻侄，不见。火毁前门，人无出路。资有膂力，以手援人，俾从其肩背逾墙走，免数人，而资与侄同毙

---

① 风狂：疯狂。
② 蒲涧：位于广州白云山南麓，相传因涧边生长有菖蒲，一寸九节，故称。
③ 箕踞：两腿张开而坐，其状如箕。
④ 侏僷：形容方言、少数民族或外国的语言文字怪异，难以理解。

于火。又同时有外省商人，膂力更大，当前门毁时，奋拳破壁为穴，人有从穴出者，有从商膊上逾墙者，约活三十余人，而商竟被焚死。火灭后捡骸烬，至灶床底，见一童子熟睡，呼之始醒。问其故，答以火发时，有人导之来，云睡此可无虞，后事一无所知。观此，死生有定，不其然欤？《采访册》。

石狮，在石狮坊梁氏门外。梁氏祖名晚节，有友在西樵，以山石琢二狮子遗之。晚节竖于门首。日久能为怪，践踏田禾，农人夜伺之，见两物如羊，翻滚田中，急持梃趋逐，至梁氏门而灭。因以梃击两狮足，破焉，怪始绝。陈《志》。

女释悟几，陈元佐女。性至孝，以父母贫而无子，矢志不嫁，纺绩为养。及父母殁，或谓："子今可字人矣。"女泫然曰："吾去，谁奉父母祀者？"已而劝者益众，女曰："此难以口舌争也。"削发为尼，密处长庆庵中，岁时祀其父母。因静生悟，妙解禅几，遂自名悟几。年既老，始往人家为妇女演说孝义，申以果报，闻者感动。临寂，语其徒曰："吾往某巨室为男，可来问视。"如言迹之，巨室果以是日产子，掌中隐隐有"悟几"二字云。陈《志》。

陈云麓少时尝与李因斋、吴竹屏、左省轩结社汾江，称"懒圈四子"，流连文酒无虚日。其后因斋弟埭斋亦附焉，省轩以"懒圈小友"呼之，故亦称五子。因斋名易简，字未林，番禺人，以青衿终。埭斋名松筠，字复林，癸酉副榜贡生。省轩名业光，字能甫，顺德人，界园副都宪之孙，太学生，书法自成一家，得其片楮者珍若拱璧，年未四十卒。李、左皆世寓佛山。竹屏以就学甥馆，因移家侨居者十余年。省轩既没，竹屏亦返居五羊，而社事风流云散矣。今懒圈之名，犹播艺林、资雅谈，然诸子诗文未有编集之者。《粤台征雅录》。

自孙蕡、李德、王佐、赵介、黄哲结社于羊城南园，开抗风轩，以延一时名士，提唱词宗，称"南园前五子"。嘉靖间，欧大任、梁有誉、黎民表、吴旦、李时行复开抗风轩，以振南园之风雅，称为"后五子"。

张太初河图集十二人，倡"西园十二堂吟社"。云麓陈太史称"懒圈四子"。宗主吟坛，盖一时之盛焉。而前此惠天牧督学所取南海知名士何梦瑶、罗天尺、苏珥、劳孝舆，称为"惠门四子"。罗、苏尝与吾乡诸先辈唱和，而劳则吾乡人也。

佛山忠义乡志卷十四终